Habitantes de Babel

Políticas e poéticas da diferença

Jorge Larrosa
Carlos Skliar (orgs.)

Tradução: Semíramis Gorini da Veiga
Revisão: Alfredo Veiga-Neto e Carlos Skliar

Habitantes de Babel
Políticas e poéticas da diferença

2ª edição

autêntica

Copyright © 2001 Os organizadores

CAPA
Jairo Alvarenga Fonseca

EDITORAÇÃO ELETRÔNICA
Waldênia Alvarenga Santos Ataíde

REVISÃO
Erick Ramalho

EDITORA RESPONSÁVEL
Rejane Dias

Revisado conforme o Novo Acordo Ortográfico.

Todos os direitos reservados pela Autêntica Editora.
Nenhuma parte desta publicação poderá ser reproduzida,
seja por meios mecânicos, eletrônicos, seja via cópia
xerográfica, sem a autorização prévia da Editora.

AUTÊNTICA EDITORA LTDA.
Rua Aimorés, 981, 8º andar. Funcionários
30140-071. Belo Horizonte. MG
Tel.: (55 31) 3222 6819
Televendas: 0800 283 13 22
www.autenticaeditora.com.br

H116

Habitantes de Babel: políticas e poéticas da diferença / organizado por Jorge Larrosa e Carlos Skliar ; tradução de Semíramis Gorini da Veiga. — 2. ed. — Belo Horizonte: Autêntica Editora, 2011.

304 p.
ISBN 978-85-7526-032-6

1.Filosofia da educação. 2. Larrosa, Jorge. 3. Skliar, Carlos. 4. Veiga, Semíramis Gorini da. I.Título.

CDU 37.014

Sumário

Babilônios somos. A modo de apresentação.................................. 07
Jorge Larrosa e Carlos Skliar

Sempre em Babel... 31
Félix de Azúa

A paradoxal comunidade por-vir.. 45
Magaldy Téllez

O outro hoje: uma ausência permanentemente presente....... 79
Fernando González Placer

Lugares comuns e estranhamento social: a
problematização sociológica das mobilidades migratórias.... 91
Enrique Santamaría

Incluir para excluir... 105
Alfredo Veiga-Neto

O nome dos outros. Narrando a alteridade
na cultura e na educação... 119
Silvia Duschatzky e Carlos Skliar

Enredos da tradição: a invenção histórica
da região Nordeste do Brasil... 139
Durval Muniz de Albuquerque Júnior

Trivialidade e transcendência.
Usos sociais e políticos do turismo cultural................................. 163
Manuel Delgado Ruíz

Ser ou não ser Triqui: entre o narrativo e o político.................. 187
Alexis López

Identidade, diferença e diversidade:
manter viva a pergunta.. 195
Nuria Pérez de Lara Ferre

A qualquer coisa chamam Arte.
Ensaio sobre a falta de lugares.. 215
José Luis Pardo

Corpos inabitáveis. Errância, Filosofia e memória....................... 233
Eugénia Vilela

Estilhaços de utopia. Vontade de poder, vibração
transcultural e eterno retorno... 255
Martín Hopenhayn

A palavra múltipla: por uma educação (po)ética......................... 269
Joan-Carles Mèlich

Dar a palavra. Notas para uma dialógica da transmissão.... 281
Jorge Larrosa

Os autores.. 297

Babilônios somos.
A modo de apresentação

Jorge Larrosa e Carlos Skliar

> Adverti, irmão Sancho, que esta aventura
> e aquelas que são semelhantes a esta não são
> aventuras de ilhas, mas de encruzilhadas.

I

Já não é o capítulo terceiro do Gênese, mas sim o décimo-primeiro, aquele que catalisa nossas perplexidades. Quase ninguém pretende hoje atualizar o motivo da expulsão do Paraíso, da nostalgia do Paraíso, e da História Humana como uma reconquista do Paraíso perdido, porém o nome confuso de Babel aparece cada vez mais, com mais frequência, para caracterizar o confuso mundo em que vivemos. O nosso já não é um pensamento histórico, ou está deixando de sê-lo, ao menos quanto ao modo de historicismo, ao modo como o Ocidente pensou historicamente seu destino: já não mitificamos o passado nem projetamos na história nossas utopias, desconfiamos da história, tememos a todos aqueles que pretendem "fazer história", e ainda está demasiado próximo o horror que os construtores de utopias têm produzido no século recém-terminado. Não apenas não somos capazes de nos apropriarmos do passado convertendo-o em nosso passado, como também estamos, melhor dizendo, preocupados por liberar-nos de sua carga culpável e do seu peso paralisador. E a pretensão de construir o futuro nos começa a parecer tão vã quanto perigosa. Deixamos de pensar em nós mesmos com relação a uma Origem ou a um Final, a partir dos quais poder dar um sentido transcendente à nossa falta de destino. Se continua nos interessando ficcionar o passado, é para nos dotarmos de uma contramemória, de uma memória que não confirma o presente, mas que o inquieta; que não nos enraíza no presente, mas que nos separa dele. O que nos interessa é uma memória que atue contra o presente, contra a segurança do presente. E se continuamos ficcionando o futuro não é para projetar nele nossas expectativas, aquilo que ainda poderia depender de nosso saber, de nosso poder e de nossa vontade, mas é para abri-lo como imprevisível e desconhecido.

A nossa questão não é a nostalgia nem a esperança, mas a perplexidade. E é o Presente o que nos é dado como o incompreensível e, ao mesmo tempo, como aquilo que nos dá o que pensar. Por isso, ao nosso tempo não lhe cabe um tom elegíaco, de perda e lamento, no qual ressoaria a perda do que fomos e já não somos; nem um tom épico, de luta e entusiasmo, no qual caberia a conquista do que seremos e, entretanto, não conseguimos ser; nem tampouco um tom clássico, de ordem e estabilidade, no qual caberia o repouso satisfeito do que somos. O nosso não é o lamento nem a serenidade, mas o desconcerto. Por isso o nosso é, melhor dizendo, um tom caótico no qual o incompreensível do que somos se nos mostra disperso e confuso, desordenado, desafinado, em um murmúrio desconcertado e desconcertante, feito de dissonâncias, de fragmentos, de descontinuidades, de silêncios, de casualidades, de ruídos.

Com relação a esse presente confuso e incompreensível, outra vez é Babel, o nome confuso e incompreensível de Babel, o que melhor nomeia, também confusa e incompreensivelmente, nossa condição. Outra vez nos pensamos como babilônios, como habitantes de Babel, e também babélicos alguns dos temas que nos obsessionam. O nome de Babel atravessa, por exemplo, alguns elementos da tematização contemporânea da linguagem: se a língua era pensada no século XIX a partir do ponto de vista de representação ou, o que é o mesmo, a partir da relação entre significante e significado, hoje tende-se a pensá-la ao modo de tradução, isto é, a partir do ponto de vista da relação e do transporte entre sistemas de signos; frente aos temas clássicos da origem das línguas, de sua estrutura ou de seus traços comuns, hoje nos preocupam sobretudo suas diferenças, suas contaminações, suas dinâmicas fronteiriças, seus aspectos idiomáticos; e cada vez é mais claro para nós que o próprio sentido não é outra coisa senão o inesgotável do significado, o disperso, confuso e infinito do significado ou, dito de outra forma, o movimento vertiginoso do intercâmbio, do transporte e da pluralidade do significado. O nome de Babel atravessa também alguns temas políticos e culturais, como os deslocamentos maciços de populações, a violência racial, os enfrentamentos no interior das cidades, o caráter plural, mestiço e ao mesmo tempo crescentemente segmentado das comunidades, a progressiva destruição e burocratização dos espaços de convivência, a proliferação dos intercâmbios e das comunicações, a afirmação das diferenças em um mundo cada vez mais globalizado. E talvez não seja exagerado dizer que Babel expressa também a ruina de todos os arrogantes projetos modernos e ilustrados, com os quais o homem ocidental quis construir um mundo ordenado à sua imagem e semelhança, à medida de seu saber, de seu poder e de sua vontade, por meio de sua expansão racionalizadora, civilizadora e colonizadora. Em torno de Babel situam-se as questões da unidade e da pluralidade, da dispersão e da mesclagem, da ruína e da destruição, das fronteiras e da ausência de fronteiras e das transposições de fronteiras, da territorialização e da desterritorialização, do nômade e do sedentário, do exílio e do desenraizamento. E se Babel é o nome de alguns de nossos temas, é também, e sobretudo, o nome de muitas de nossas inquietudes.

Mas a atualidade do mito babélico não reside em sua capacidade de expressar um algo universal da condição humana, ou em sua especial adequação às características peculiares de nosso presente, mas no modo como nós o traduzimos, isto é, no modo como o estamos situando novamente em nosso imaginário e o estamos convertendo em uma espécie de dispositivo metafórico para dar sentido à nossa experiência, àquilo que nos acontece, ao modo como nos entendemos — ou não nos entendemos — a nós mesmos e ao mundo em que vivemos. Por isso o importante não é o que significa em realidade Babel, qual é a verdade que expressa Babel, o que quer dizer Babel, mas o que é que dizemos ou fazemos com esse mito, quais são os efeitos de sentido — ou de contrassentido ou de não sentido — que construímos com ele, como e para que o transportamos ou o traduzimos em nosso presente, e como e para que nos transportamos ou nos traduzimos nós mesmos em relação a ele.

Se este livro intitula-se *Habitantes de Babel* não é só porque o nome de Babel possa dizer algo sobre nosso presente confuso e sobre nosso mundo incompreensível, mas também, e sobretudo, porque nossas ideias, nossas palavras e nossas experiências não podem ser senão babélicas. Aprendemos já a desconfiar de todos esses discursos sobre a crise nos quais tudo está em crise exceto o discurso seguro e assegurado que a nomeia, a diagnostica e antecipa sua solução. Neste livro, Babel é um sintoma, um sintoma disperso e confuso de nosso mundo disperso e confuso e de nossos tempos confusos e dispersos; é um sintoma sobretudo, do que nos acontece, nos inquieta e nos dá no que pensar no que de confusão e dispersão existe em nós mesmos: o leitor decidirá a pertinência ou a impertinência do sintoma, se ele é de saúde ou de doença, e de que saúde ou de que doença. E para apresentar o livro a única coisa que podemos fazer é situar os textos que o compõem em relação a esses sintomas e mostrar assim algo daquilo que está em jogo nesse nos declararmos babilônios, nesse pensarmos a nós mesmos babelicamente, como habitantes de Babel.

II

Babel fala de unanimidade, de totalidade e de mesmidade: de uma cidade, de uma torre, de um nome e de uma língua, que são para todos a mesma coisa. E fala também do fim da unanimidade, da totalidade e da mesmidade: da dispersão dos homens, da destruição da torre, da perda do nome, da confusão da língua e do aparecimento de outros homens, de outras torres, de outros nomes e de outras línguas. Além disso, a dominante interpretação do relato em termos de culpa, castigo e expiação apresentou a condição babélica como uma catástrofe que teria de ser remediada. Daí a inveterada tendência de pensar antibabelicamente a política, a sociedade, a cultura, a ética, a linguagem ou a própria condição humana: lamentavelmente vivemos em Babel, como lamentavelmente fomos expulsos do Paraíso, e se nossa tarefa já não é mais reconquistar o Paraíso, ela é sim, nos dizem, refazer a Unidade ou, pelo menos, administrar a Diversidade, mesmo que seja, isso sim, a partir do ponto de vista da vantagem do Capital e da ordem do Estado.

Circula hoje um certo antibabelismo, um pensamento — ou um pressuposto não examinado de muitos pensamentos, quase um tópico de senso comum —, segundo o qual Babel é o sintoma de alguma de nossas enfermidades. Por isso, teríamos de compor e recompor uma e outra vez a pluralidade humana, teríamos de aceitar e celebrar as diferenças, porém, isso sim, representando-as, desativando-as, ordenando-as, fazendo-as produtivas, convertendo-as em problemas bem definidos ou em mercadorias bem rentáveis; teríamos de produzir e canalizar os fluxos e os intercâmbios, porém, isso sim, de forma ordenada, vigiada e produtiva: teríamos de convocar toda a alteridade possível, de permitir-se todas as comunicações, porém, isso sim, silenciando, dosando, ressignificando e harmonizando as vozes dissonantes, governando os silêncios dilaceradores e regularizando e rentabilizando os deslocamentos.

Um sintoma do fim das utopias históricas é que a palavra *liberdade*, essa palavra na qual o pensamento ilustrado via, nada mais e nada menos, que o *telos* da História da Humanidade, tem sido praticamente abandonada pelo discurso político e, portanto, pelo discurso pedagógico. Já não fabricamos grandes relatos de emancipação e seguramente tem razão Jean Luc Nancy, quando afirma que as pessoas se arrebentam de fome, de droga, de guerras, de aborrecimento, de trabalho, de ódio, de revoltas, de revoluções. Explodem ou são mutiladas, em vida, alma e corpo. Todas as liberações (nacionais, sociais, morais, sexuais, estéticas) são ambíguas, dependem também de manipulações — e entretanto, cada uma tem sua verdade. A liberdade manipulada (pelos poderes, pelo capital), esse poderia ser o título de meio século. Pensar a liberdade deveria querer dizer: livrá-la das manipulações, aí incluídas sobretudo as do pensamento.[1]

Hoje as pessoas continuam arrebentando. Porém agora não construímos grandes relatos de emancipação, mas pequenos relatos de convivência. Agora as palavras ambíguas, cada uma delas com sua parte de verdade e sua parte de manipulação, são democracia, comunidade, coesão, diálogo... e outras palavras relacionadas, como diversidade, tolerância, pluralidade, inclusão, reconhecimento, respeito. E são essas palavras as que nos soam como falsas quando as ouvimos no interior de muitos dos discursos dominantes no campo político, educativo, cultural, ético, estético ou, inclusive, empresarial. São palavras cada vez mais vazias e esvaziadas que significam, ao mesmo tempo, tudo e nada: marcas, clichês, etiquetas de consumo, mercadorias que se avaliam bem no mercado com a alta da boa consciência: palavras que mascaram a obsessiva afirmação das leis e da excessiva ignorância dos sentidos; palavras que permitem ocultar-nos atrás de nós mesmos e, ao mesmo tempo, representar uma mímica da alteridade que nos livra da presença inquietante de tudo aquilo que deve ter um nome e um lugar para ser incluído, excluído, comunicado e, de novo, ignorado; palavras para ensurdecer os ouvidos e nos tornar insensíveis às diferenças, para continuarmos sendo nós mesmos, com a mesma roupagem, a mesma arrogância, a mesma violência, o mesmo medo de nos abandonarmos, de nos sentirmos, de nos percebermos ou de sermos outro/s e em trânsito.

Parece que o problema já não é a dominação, e tem-se a impressão de que os homens não devem aprender a viver livres, mas a viver juntos e a comunicar-se ordenadamente. Tem-se a impressão de que se deve conjurar os perigos de Babel e voltar a reunir os homens, não agora em torno de uma cidade, de uma torre, de um nome e de uma língua, mas a partir da diversidade bem ordenada e bem comunicada de diferentes cidades, diferentes torres, diferentes nomes e diferentes línguas. Tem-se a impressão de que a questão é administrar as diferenças, identificando-as, e tratar de integrar

---
[1] NANCY, J.-L. *La experiencia de la libertad*. Barcelona: Paidós, 1996, p.182.

todos em um mundo inofensivamente plural e ao mesmo tempo burocrática e economicamente globalizado. Tem-se a impressão de que aquilo que importa é seguir administrando e governando as fronteiras e a transposições de fronteira entre o sim e o não, o ser e o não ser, o possuir e o não possuir, o saber e o não saber, entre o mesmo e o outro.

Por isso, pensar e habitar Babel babelicamente é opor-se às políticas de identificação e governo da diferença. Por exemplo, como fazem Silvia Duschatzky e Carlos Skliar, problematizando as retóricas da diversidade que atravessam os discursos educativos e culturais contemporâneos e que não fazem outra coisa a não ser garantir a boa consciência das práticas institucionais e criar a ilusão de que estão se produzindo transformações substanciais. Problematizando esse discurso que

> corre o risco de se transformar num pensamento da desmemória, da conciliação com o passado, num pensamento frágil, *light*, leviano, que não convoca à interrogação e que pretende livrar-se de todo o mal estar. Um pensamento que não deixa marcas, desapaixonado, descomprometido. Um pensamento desprovido de toda negatividade, que subestima a confrontação por ser ineficaz.[2]

E problematizando também as diferentes modalidades de representação dos outros, cujo efeito fundamental é capturar, desativar e governar a potência desestabilizadora da diferença. Denunciando, por exemplo, essas operações de

> Tradução enquanto mecanismo de manipulação dos textos dos outros, enquanto usurpação de vozes da alteridade que são transformadas, primeiro, em vozes parecidas porém não idênticas e assimiladas, depois, em nossas formas conhecidas de dizer e de nomear. Tradução como um tipo de eterno retorno à própria língua, como se não se pudesse escapar da gramática da língua que tem o tradutor para "ler" todo estrangeirismo.[3]

Ou, como faz Enrique Santamaría, analisando criticamente as diferentes práticas e representações sociais que tomam o outro (os imigrantes não comunitários na Espanha, no caso) como objeto de conhecimento e controle e que o instituem como uma figura social da alteridade, mostrando que

---

[2] DUSCHATZKY, S. e Skliar, C.. "Os nomes dos outros. Narrando a alteridade na cultura e na educação" (neste livro).

[3] Idem.

> Um dos supostos mais incontestados nas múltiplas práticas e representações que tomam aos migrantes por objeto é a de que a paulatina diversificação cultural e étnica, que a afluência dos migrantes implicaria, constitui uma verdadeira mutação social que transmuta o caráter das sociedades européias, fazendo com que venham a ser a partir de agora "sociedades multiculturais". Desse modo, não só se magnifica e superdimensiona o alcance da presença dos migrantes, como também se define a diversidade como um problema ou perigo para a própria sociedade de instalação, e, o que é ainda pior, apresenta-se-a como um fenômeno anômalo e recente, que sempre procede de fora e que é gerador de desordem.[4]

O texto de Enrique não só põe o acento nos processos sociopolíticos e cognitivos nos quais se estrutura o racismo e se produzem suas condições de possibilidade, mas também chama a atenção sobre como a "cultura" está se convertendo na noção chave nos processos de construção e de representação do consenso e do conflito social. Mas se trata de uma noção de "cultura" coisificada e naturalizada, identificada na maioria dos casos com noções como "nacionalidade", "religião" ou "etnia", e que só pode dar lugar a políticas que combinam o estereótipo com a exclusão.

Também Durval Muniz de Albuquerque participa dessa crítica às coisificações culturalistas, em seu trabalho sobre a construção do "Nordeste" no imaginário nacionalista e regionalista brasileiro deste século, através de certas práticas e discursos de "Nordestinização do Nordeste". Para Durval, a busca das verdadeiras raízes regionais, no campo da cultura, leva à necessidade de se inventar uma tradição. Inventando tradições tenta-se estabelecer um equilíbrio entre a nova ordem e a anterior; busca-se conciliar a nova territorialidade com antigos territórios sociais e existenciais. A manutenção de tradições é, na verdade, sua invenção para novos fins, ou seja, a garantia da perpetuação de privilégios e lugares sociais ameaçados.[5]

As políticas de construção, representação e governo da diferença são analisadas também por Alfredo Veiga-Neto, em uma perspectiva foucaultiana, sobretudo com relação a

---

[4] SANTAMARÍA, E. "Lugares comuns e estranhamento social. A problematização sociológica das mobilidades migratórias" (neste livro).

[5] ALBUQUERQUE JÚNIOR, D. "Enredos da tradição. A invenção histórica da região Nordeste do Brasil" (neste livro).

essa crescente massa humana dos sem-emprego, dos sem-teto, dos sem-terra, dos sem-cidadania, dos sem-nada. Nesse caso, tenho argumentado que o deslocamento a que referi acima está sendo, hoje em dia, levado adiante: de um plano cuja ênfase incidia sobre a morfologia e a conduta (dos corpos), para um plano cuja ênfase agora se dá sobre a economia e a privação (de determinados estratos populacionais). Em outras palavras: ainda que os critérios da partilha normal — anormal emerjam da "pura relação do grupo consigo mesmo", as marcas da anormalidade vêm sendo procuradas, ao longo da Modernidade, em cada corpo para que, depois, a cada corpo se atribua um lugar nas intrincadas grades das classificações dos desvios, das patologias, das deficiências, das qualidades, das virtudes, dos vícios. O que agora me parece ser uma novidade é a inversão que a lógica do neoliberalismo vem operando nesse processo. A saber, a atribuição de uma marca — agora, construída a partir de critérios fundamentalmente econômicos, como capacidade de consumir, avaliada tanto pelo poder financeiro quanto pela competência/*expertise* para fazer as melhores escolhas (Veiga-Neto, 2000b) — não propriamente a um corpo, mas a toda uma fração social..."[6]

A partir de uma análise das marcas do "anormal" em nossa sociedade, Alfredo mostra as ambiguidades e os paradoxos das políticas de inclusão.

Numa linguagem diferente, Fernando González propõe o paralelismo entre a "extrapolação enlouquecida do Mesmo, e à constante reprodução *diferencial* e perpétua produção (real e virtual, simbólica e imaginária), também, do Outro". O que Fernando problematiza e denuncia é o modo como a construção includente ou excludente do Outro fazem parte do mesmo dispositivo. Tanto faz que o Outro seja configurado, a partir de nossa boa consciência humanitária, como vítima (à qual se deve socorrer, com a qual solidarizar-se, à qual denunciar, perseguir, expulsar ou justiçar). Tanto a vitimização quanto a demonização do Outro funcionam para pôr em funcionamento nossas práticas e nossos discursos:

> para nós, o Outro só aparece em cena como objeto de ação: reparação, regulação, integração e conhecimento; para o Ocidente e para nós, trata-se antes de tudo de identificá-lo, de fazê-lo visível e enunciável, de registrar, detectar e diagnosticar suas semelhanças e suas diferenças, de calibrar sua integração, suas ameaças, suas bondades e sua periculosidade, de legislar seus direitos e obrigações, de regular seus agrupamentos, seus deslocamentos, entradas e saídas. E se o buscamos, o desejamos e

---

[6] VEIGA-NETO, A. "Incluir para excluir" (neste livro).

o necessitamos é em boa medida para isso, para — atuando sobre ele — fazê-lo intérprete, testemunho, réu e prova de nossa universalidade, para que encarne, também ele, nosso olhar, para que em suas palavras ressoe nossa voz e nossa linguagem, encobrindo assim, nesta espécie de fria ligação interativa da universalidade, nossa miséria, nossa soberba, nossa arbitrariedade, nossa mortalidade e nossa finitude.[7]

Em relação à sua prática como professora da Faculdade de Educação da Universidade de Barcelona, Núria Pérez de Lara também inicia seu texto denunciando as operações discursivas e institucionais de representação e captura da alteridade e problematizando o modo como

estamos invadidos de saberes e discursos que patologizam, culpabilizam e capturam o outro, traçando entre ele e nós uma rígida fronteira que não permite compreendê-lo, conhecê-lo nem advinhá-lo; visto que na Universidade, a presença do outro sobre o que se fala, do outro para quem se estuda e do qual alguma coisa — que pode se confundir com o todo — se conhece, porém do qual nada se sabe; visto que a presença real do outro é, na Universidade, praticamente nula e não podemos nos aproximar dele para ver seu rosto, escutar sua voz e ver-nos em seu olhar, só nos resultaria possível perceber, escutar e adivinhar o outro, abrindo nossos sentidos e fazendo pensar a nosso próprio coração sobre a perturbação que em nós produz sua possível presença. Isto é, refletindo sobre a ilusão de normalidade que nos impede de conhecer-nos, refletindo sobre o fato de que se olhamos para fora, onde o outro não está porque está em mim, nunca o conheceremos...[8]

A partir desse ponto de vista, e, além disso, da problematização das políticas da diversidade ou da alteridade, pensar e habitar Babel babelicamente supõe também insistir sobre as dinâmicas da diferença e não se negar à experiência inquietante da alteridade. A partir de seu trabalho com grupos indígenas Triquis no México, Alexis Lópes assinala a instabilidade constitutiva das identidades, seu caráter narrativo e dinâmico, seu caráter também relacional, e a necessidade de "contar com interpretações mais flexíveis sobre o *ser* dos diversos grupos humanos, na perspectiva de uma educação entendida como constituição de sujeitos sociais, em tempos e espaços específicos". Entre o ser e não ser Triqui, Alexis fala de "estar sendo Triqui" para destacar a flexibilidade dos limites e das fronteiras sociais, culturais e políticas, e para mostrar

---
[7] PLACER, F. G. "O outro hoje: uma ausência permanentemente presente" (neste livro).
[8] PÉREZ DE LARA, N. "Identidade, diferença e diversidade: manter viva a pergunta" (neste livro).

que, além de qualquer política coisificante de identificação, "a vida dos Triquis é tão mutante como a de todos os grupos humanos e que boa parte dela se fixa, temporalmente, na trama de suas tecelagens, quer dizer, em suas narrativas".[9]

Nesta intenção de sair das políticas totalitárias e totalizadoras dominantes e dominadoras, seguras e asseguradas, da diversidade e da diferença, o texto de Magaldy Téllez nos propõe ligar comunidade e alteridade. O fato de sermos habitantes de Babel significa que se desmoronou essa comunidade baseada na essência comum e universal do gênero humano; que se desmoronaram também essas comunidades fechadas que se referem aos que têm a mesma raça, a mesma língua, a mesma cultura, o mesmo sexo, a mesma idade, a mesma categoria, as mesmas ideias, os mesmos gostos ou a mesma religião; e que, ao mesmo tempo, não podemos nos reconhecer na comunidade consensual da pós-democracia nem na comunidade universal de diálogo baseada no antibabélico ideal comunicativo. Magaldy problematiza os ideais de homogeneização, questiona os paradigmas comunicativos, critica os mitos comunitaristas, dissolve as formas travestidas que adquire, hoje, o pensamento da unanimidade, da totalidade e da mesmidade, quando ele se apresenta como um pensamento da comunicação, da mediação ou do diálogo; e nos convida a pensar e habitar Babel babelicamente, isto é, a não negar a experiência viva de uma comunidade que escapa, por todas partes, ao mito da comunidade, uma comunidade discordante consigo mesma, infundada, alterada (no sentido de habitada pelo outro), excêntrica, multifacetada, polifônica, incompleta, impura, conflitiva, aberta e arriscada. As perguntas com as quais inicia sua contribuição podem dar uma ideia dessa aposta:

> Qual é o sentido e o valor da diferença para mostrar a imposição de tudo aquilo que procede à sua liquidação? O que está em jogo na força deste apelo em aceitar o outro em sua estranheza e na soberania de sua diferença? Poderíamos interpretar este apelo como o umbral no qual situar-nos e desde o qual inquietar-nos por estas formas de vida e de viver juntos, enclausuradas pelos olhares sobre nós mesmos, como arrogantes sujeitos donos de nós mesmos, os mesmos com os quais construímos o outro? Poderíamos escutar a força deste apelo ligando-a à invenção de um outro novo modo de convivência?[10]

---

[9] ALEXIS LÓPEZ, A. "Ser ou não ser Triqui: entre o narrativo e o político" (neste livro).
[10] TÉLLEZ, M. "A paradoxal comunidade por-vir" (neste livro).

Martín Hopenhayn também modula a relação entre comunidade e alteridade, porém, para pensar as novas dinâmicas da identidade e da liberdade. A partir da elaboração nietzschiana da *vontade de poder*, e em relação com o que vem chamando o fenômeno atual do *multiculturalismo*, Martín nos convida a pensar novas formas de vinculação que vão além da tolerância ou da dicotomia inclusão-exclusão para apelar à afetação, à criação e à recreação mútua:

> Se a vontade é pensada como um jogo dinâmico de afeição e produção de sentidos, que ocorre quando entram em cena outras vontades que se assumiram como modos singulares de recriar aquilo que os afeta? Que acontece quando os processos de diferenciação implicam compenetração intersubjetiva, diferentes vontades que não cessam de se reprojetar ao exterior sob novas figuras, e que nesta reprojeção atravessam-se umas as outras? Como repensar o problema do impacto no outro, a coexistência de sentidos heterogêneos conferidos reciprocamente, a permeabilidade de certas vontades frente a outras que também se afirmam se singularizando e se afetando?[11]

III

Babel diz que não há tal coisa como a linguagem. Que a linguagem, assim no singular e com letra maiúscula, é uma invenção dos filósofos antibabélicos. Como o homem, ou a razão, ou a história, ou a realidade. Hanna Arendt escreveu que a condição humana da pluralidade deriva do fato de que "são os homens, não o Homem, os que vivem na terra e habitam no mundo"[12]. A condição humana da pluralidade, poderíamos acrescentar, deriva do fato de que o que há são muitos homens, muitas histórias, muitos modos de racionalidade, muitas línguas e, seguramente, muitos mundos e muitas realidades. Isso é óbvio, embora nunca seja demais recordá-lo e prevenir-se, de passagem, contra toda essa série de palavras genéricas e maiúsculas que nos escapam sem querer, quase constantemente. E também para desconfiar de todos aqueles que querem nos incluir em sua realidade, com pretensões de ser a única realidade; em seu mundo, com pretensões de ser o único mundo; em sua linguagem, com pretensões de ser a única linguagem; em sua razão, com pretensões

---

[11] HOPENHAYN, M. "Estilhaços de utopia: vontade de poder, vibração transcultural e eterno retorno" (neste livro).

[12] ARENDT, A. *La condición humana*. Paidós: Barcelona, 1993, p.22.

de ser a única razão; em sua história, com pretensões de ser a única história; ou em sua humanidade, com pretensões de ser a única humanidade.

Não existe a linguagem; porém tampouco a possibilidade da *traduzibilidade* generalizada. Tanto a ideia de uma língua única quanto a ideia ocidental da tradução estão ligadas a um certo antibabelismo, à negação de Babel. Em seus "Apontamentos para uma história da tradução", Agustín Garcia Calvo faz notar o caráter antibabélico tanto do milagre de Pentecostes como da "primeira tradução verdadeira de que temos notícia"[13]: a tradução para o grego de alguns livros do *Pentateuco*, por parte de um grupo de judeus helenizados da comunidade de Alexandria — que se conhece como *Septuaginta,* a dos Setenta. E não deixa de ser interessante que a tradição oral talmúdica, que faz referência àquela tradução, considera-a como de inspiração divina, visto que os diferentes tradutores, representantes das doze tribos de Israel, redigiram todos idêntica versão, exatamente igual, apesar de trabalharem em celas separadas. Assim, ao mito que dá conta da perda da linguagem comum, sucede o duplo milagre judaico e cristão da tradução entre as línguas como um sinal de redenção. A possibilidade da tradução aparece como uma boa nova, como a demonstração da unidade das línguas. Se a dispersão das línguas e dos homens remete-se à origem mítica da história humana, a possibilidade da comunicação entre as línguas e entre os homens dá-se na história e como tarefa da história.

No interior dessa dialógica antibabélica ou dessa *traduzibilidade* generalizada, que atravessa o Ocidente, poder-se-ia situar sem dúvida o sujeito da compreensão tal como se constitui num certo sentido comum que permeia o político, o cultural, o social, o pedagógico e, inclusive, o estético. Trata-se de um sujeito que habita a língua a partir do ponto de vista da compreensão, um sujeito que quer compreender, que está constituído a partir da boa vontade de compreender, da arrogância de sua vontade de compreender. De um modo um tanto caricatural, poderíamos dizer que o sujeito da compreensão — pelo menos o que se pressupõe em um certo sentido comum — é aquele que pretende abolir a distância no tempo e no espaço, aquele que quer se apropriar da totalidade do tempo e da totalidade do espaço. O sujeito da compreensão acredita-se capaz de converter o passado em seu próprio passado, de apropriar-se do passado, compreendendo-o, fazendo-o seu. Ele também se crê capaz de mediar qualquer diferença: entre as línguas, entre os indivíduos, entre as cultu-

---

[13] CALVO, A. G. *Lalia.* Madrid: Siglo XXI, 1973, p.50.

ras. A compreensão é mediação, um estender pontes no espaço e no tempo, porém pontes em uma só direção: todos os caminhos conduzem ao sujeito da compreensão e ele é o centro de todos os caminhos. O que se quer, ao compreender, é converter o passado em presente, o distante em próximo, o estranho em familiar, o outro nele próprio, o externo em interno, o que não é seu em seu. Por isso, ele converte tudo em propriedade, em identidade, em riqueza. Aquilo que ele compreende o faz melhor: mais culto, mais sensível, mais inteligente, mais rico, mais cheio, maior, mais alto, mais maduro. Talvez por isso, ele compreende tudo a partir de sua cultura, a partir de sua sensibilidade, a partir de sua inteligência, a partir de sua riqueza, a partir de sua plenitude, a partir de sua grandeza, a partir de sua altura, a partir de sua maturidade. Por isso, o sujeito da compreensão é o tradutor etnocêntrico: não o que nega a diferença, mas aquele que se apropria da diferença traduzindo-a à sua própria linguagem.

Não existe tal coisa como a linguagem, nem tal coisa como a intertradução generalizada. Mas tampouco existe tal coisa como uma série de línguas particulares, de idiomas distintos. A condição babélica da língua não é só a diferença entre as línguas, mas a invasão da multiplicidade da língua na língua, em qualquer língua. Por isso qualquer língua é múltipla. Não há tal coisa como a linguagem; porém tampouco há tal coisa como uma língua singular. Naturalmente, existem os dicionários, as gramáticas e as Academias da Língua, todos eles inventos recentes, mais ou menos contemporâneos ao surgimento do Estado moderno. Também existem instituições tais como escolas de inglês, antologias de poesia catalã ou congressos de hispanistas. E, naturalmente, há aparatos educativos e culturais, também do Estado, que constroem constantemente línguas normalizadas e falantes igualmente normalizados. Isso, que as línguas nacionais são línguas de Estado, também é óbvio, porém talvez tampouco seja demais lembrar todo o poder e toda a violência que existe por trás disso que chamamos mapas linguísticos, pelo menos o mesmo poder e a mesma violência que existe por trás dos mapas políticos. Nesta época em que há toda uma retórica da língua como lugar de encontro, caberia recordar as palavras certeiras de Canetti: "Não há nenhum historiador que pelo menos, não credite a César o mérito disso: que os franceses de hoje falem francês. Como se, pelo fato de César não ter matado um milhão deles, tivessem ficado mudos".[14] E acrescentar que o francês atual não só se edifica sobre a imposição genocida do latim no século primeiro, como

---

[14] CANETTI, E. *La provincia del hombre*. Madrid: Taurus, 1982. p.197.

também sobre a imposição centralista e ilustrada do francês central sobre as (cerca de) vinte línguas que se falavam no século XVII nesse território que hoje chamamos França e, além disso, sobre a imposição do francês culto e *standard* e a desligitimação correlativa de todas as outras formas linguísticas que o constituem.

A condição babélica não está só em que não há uma torre e uma língua e um nome para hospedar esse Homem (com letra maiúscula), que pretende incluir a todos os homens, mas também em que não há um mapa multicolorido e com fronteiras bem nítidas no qual os diferentes homens se agrupam e se identificam ao redor de distintas torres, de distintas línguas e de distintos nomes. A confusão e a dispersão babélica não é só a pluralidade bem definida dos Estados, das línguas nacionais, das identidades pessoais, políticas ou culturais. Babel quer dizer também, e sobretudo, que a língua, qualquer língua, se apresenta em estado de confusão, em estado de dispersão; Babel significa que qualquer palavra de qualquer língua se apresenta como confusa, como dispersa. Babel não se dá só como diferença entre as línguas, mas Babel atravessa a língua, qualquer língua.

Idealmente, todos falamos, lemos e escrevemos uma língua de Estado: dominamos sua gramática e seu vocabulário, usamo-la corretamente para nossas necessidades de comunicação, e nos sentimos cômodos nela. E, o que é mais interessante, essa língua de Estado a sentimos como nossa própria língua, como a mais nossa, a mais própria, a mais pessoal. Daí, talvez, porque é a mãe aquela que ensina a língua do pai, essa identificação habitual e não criticada entre língua materna e língua nacional. Porém às vezes, talvez obscuramente, isso que chamamos nossa própria língua pessoal, nossa íntima língua materna-paterna, mostra-nos sua condição babélica. Poderíamos chamar a isso *a experiência da língua*. A experiência da língua não é o uso da língua, a relação instrumental com a língua, o sentir-se em casa na língua, mas a experiência de que nossa língua não nos pertence, que não se submete à nossa vontade, a experiência da impropriedade e, portanto, da impersonalidade da língua, a experiência de que não estamos em casa na língua.

Joan-Carles Mèlich recorre à tradição vienense da *Sprachkritik*, do início do século XX e, com a ajuda de Wittgenstein, Rilke, Hofmannsthal ou Schönberg, chama a atenção sobre a irreparável ruptura entre a linguagem e a vida, entre a linguagem e a realidade, entre a linguagem e os indivíduos que a falam. A ruína da linguagem que experimentaram os mais brilhantes intelectuais vienenses entre os séculos era, ao mesmo tempo, a ruína do mundo e a ruína do sujeito. A língua não nos permite dar sentido ao mundo nem darmos um sentido a nós mesmos, à nossa existência no mundo. Pensar e habitar a língua babelicamente é, então, pensá-la e habitá-la ética e poeticamente, quer dizer, naquilo que a língua não pode dizer, naquilo que a língua conserva e dá, porém como inapropriável, como mistério. Por exemplo, aprendendo a escutar as palavras e o silêncio em silêncio:

> A palavra humana é plural. Nunca há uma só palavra humana, mas palavras, todo um conjunto de formas expressivas, distintas, diversas.[15] O ser humano é o ser que fala, porém que fala de diferentes maneiras. E o ser humano é o ser que também é capaz de expressar-se silenciosamente.[16]

Joan-Carles modula o caráter múltiplo da palavra humana. E também Jorge Larrosa trata dessa multiplicidade da linguagem para articular uma diabólica, uma heteróloga ou uma babélica da transmissão que permita pensar o que a educação tem de descontinuidade:

> pensar a transmissão educativa não como uma prática que garanta a conservação do passado ou da fabricação do futuro mas como um acontecimento que produz o intervalo, a diferença, a descontinuidade, a abertura do porvir.[17]

IV

Babel significa também exílio, sobretudo, exílio interior, um certo desenraizamento com relação àquele onde se está e, o que é mais importante, com relação àquele que se é. Babel é o mito da perda de algo que talvez nunca tenhamos tido: uma cidade, uma língua, uma terra, uma identidade ou um mundo. Por isso, depois de Babel estamos exilados de nossa pátria, de nossa língua, de nossa terra, de nosso nome, de nosso mundo. O relato de Babel pode nomear tudo o que é estrangeiro, a própria condição humana como estrangeiridade. E, com isso, pode contribuir para reformular um velho motivo, o da própria existência como exílio, porém agora radicalmente: como exílio constitutivo, sem remédio. Grande parte de nossa tradição elabora o tema da existência como uma passagem: perdemos a pátria, ou a cidade, ou a língua, ou a terra, ou a natureza... e nossa tarefa é recuperá-la. O exílio seria, assim, o momento negativo e

---

[15] DUCH, Ll. (1996). *Mite i interpretació*. Montserrat: Publicacions de l'Abadia de Montserrat, p.247. (Trad. Esp.: *Mito, interpretación y cultura*. Barcelona: Herder, 1998).

[16] MÈLICH, J.-C. "A palavra múltipla. Para uma educação (po)ética" (neste livro).

[17] LARROSA, J. "Dar a palavra. Notas para uma dialógica da transmissão" (neste livro).

mediador entre uma propriedade original, que foi em algum momento expropriada, e uma reapropriação final, que se projeta como objetivo da história — às vezes na história, às vezes fora da história. A estrutura narrativa da expulsão e a reconquista do Paraíso se sobrepõem, em nosso senso comum, a todos aqueles episódios entendidos a partir do ponto de vista da culpa, do castigo e da expiação. E essa estrutura permeia inclusive nossa leitura da tradição grega: como Ulisses, temos que voltar para casa, temos que recuperar o que é próprio, temos que regressar a Ítaca. Mas, para nós, Ítaca — como o Paraíso — já não está na recordação nem no horizonte. Por isso, nosso exílio é constitutivo, absoluto, radical: um exílio sempre já começado (sem origem) e sem término (sem final).

Por isso, e também em relação ao exílio, é preciso pensar Babel babelicamente, quer dizer, sem nostalgias e sem esperanças. A condição babélica não é algo transitório, cujo destino seja sua própria supressão. Se a consideramos assim, não a pensamos. E, o que é pior, justificamos todas as violências feitas à própria condição humana, no que ela tem de plural, de dispersa, de confusa, de exilada, em suma, de babélica. Porque são formas de violência todos os gigantescos movimentos de apropriação da natureza que destroem a natureza — o que a natureza tem de alteridade, de estranheza, de hospitaleira e inóspita ao mesmo tempo, de inapropriável, de território da experiência —, os movimentos de apropriação do mundo que destroem o mundo, os movimentos de apropriação dos espaços públicos que destroem a comunidade humana, os movimentos de apropriação da língua que destroem a intimidade da língua ou os movimentos de apropriação da identidade que destroem a identidade.

Nossa época nos mostra inumeráveis exílios. Alguns deles na forma de um exílio exterior doente: as deportações, os deslocamentos maciços de refugiados, de famintos, de expropriados, de apátridas e de perseguidos, as diferentes modalidades de extermínio. Outros, sob a forma de um exílio exterior prazeroso e cheio de possibilidades: as viagens, as mesclas, as comunicações, os intercâmbios, as distintas modalidades do cosmopolitismo, da evasão ou da saída dos próprios limites. Outros, por último, na forma de um exílio interior: de um desenraizamento, ou de uma marginalidade, ou de uma distância entre nós e nossa pátria, entre nós e nossa língua ou entre nós e nosso nome.

A condição babélica do exílio atravessa este livro sob diferentes pontos de vista. Félix de Azúa vale-se dela para analisar diferentes formas de totalitarismo, como distintas estratégias políticas e culturais frente ao exílio de Babel ou, mais precisamente, frente à dominante interpretação culpabilizante da lenda como demonstração da maldade humana. Seguindo um célebre fragmento de Hölderlin, Félix afirma que:

> o exílio não é um castigo de nossa soberba, mas sim uma vontade de exílio: nós, humanos, temos feito da terra nosso estrangeiro, seja pela via técnica, seja pela via teocrática. Nenhum Deus nos expulsou; temos ido por nossos próprios pés, uns a conquistar a terra, outros a encerrar-se na língua de um Deus onipotente. Não pecamos, ou melhor, nunca deixamos de pecar.[18]

Talvez por essa visão do exílio como desenraizamento de algo no qual deveríamos estar naturalmente enraizados — como se o homem fosse um ser originalmente ligado a uma língua, a um destino, a uma morada, a uma terra, a um mundo, a uma comunidade, a uma tradição ou a qualquer coisa que se lhe assemelha como um lugar natural ou espiritual —, o pensamento do exílio apresenta-se habitualmente sob a figura da nostalgia. Daí a suposição de que

> *houve um tempo em que cada um estava em seu lugar e havia um lugar para cada um.* E suponhamos que este lugar — feito de coisas tão próprias como a própria língua, essa invenção dos poetas graças à qual temos mundo — constitui a esfera, o marco ou o contexto no qual — e só no qual — nossos atos podem ter significado. Suponhamos que, ao menos em princípio, as palavras, as coisas e as ações têm seu significado próprio e reto — natural — em seu lugar. Ao contrário, se as palavras, as coisas, as ações ou as pessoas são colocadas fora de seu lugar, perdem freqüentemente sua natureza, seu significado, tornam-se absurdas, desnaturalizam-se.[19]

Se Babel é o exílio constitutivo, a nostalgia do que é próprio sempre será antibabélica. Como será antibabélico também qualquer pensamento do regresso ao que é próprio, ou da viagem até o próprio, ou da sua construção. Mas podemos pensar o humano, também, como a falta original de lugar e como o habitar humanamente essa falta de lugar. José Luis nos ajuda em seu texto com uma ética e uma estética, não do lugar comum, mas da comum falta de lugar, algo que se poderia chamar, por exemplo, hospitalidade.

---

[18] AZÚA, F. "Sempre em Babel" (neste livro).
[19] PARDO, J. L. "A qualquer coisa chamam arte. Ensaio sobre a falta de lugares" (neste livro).

Eugênia Vilela ajuda-nos também a pensar a condição babélica do exílio, anunciando uma ética do desenraizamento que não passa por definir os refugiados, os exilados, os expulsos, os emigrantes, os deslocados, os excluídos, os apátridas e todos esses errantes de nosso tempo, a partir de um ponto de vista sedentário e em nome de um território sobre o qual se impõem um aparato de Estado, isto é, a partir da administração e da gestão dos lugares, das fronteiras e das passagens de fronteira. Eugênia convida-nos a pensar de outro modo esses espaços contemporâneos que se constroem para a gestão e a contenção dos gigantescos processos de nomadismo e deslocamentos que se produzem em nosso mundo. E aí aponta para uma ética do exílio e para o exílio que não se baseia na História dos vencedores, mas na memória das vítimas; não na Comunidade dos que são alguém, mas na abertura dos que não são ninguém; não na Humanidade dos satisfeitos, mas no corpo doente que só tem um lugar aonde morrer. Uma ética também do testemunho na qual

> O ato de testemunhar — enquanto exorcismo da dor (o homem-memória) ou enquanto ferida ética infinita (dar testemunho do acontecimento, a sustentação da memória das vítimas como ética) — afirma não só a transgressão dos significados legitimados pelos diferentes regimes de poder, como a resistência desde dentro do acontecimento. E assim criam-se lugares de sentido que são o resgate de uma dignidade impedida de dissolução desde dentro, a partir da voz que sofreu na materialidade do existir.[20]

A partir de outro ponto de vista, Manuel Delgado analisa o turismo cultural como uma modalidade específica de apresentação das sociedades humanas ante si mesmas e ante outras sociedades. Tanto o turismo como a etnologia aparecem como modalidades de deslocamentos ou de peregrinações com um objetivo de ganho simbólico independentemente dos significados obviamente diferentes que se atribuem em cada caso a essa noção flutuante de "cultura":

> A contradição entre a ritualização banalizadora e a ritualização sacramental se desvela em seguida como falsa. A uma sociedade que tão pouco lhe custou trivializar o transcendente, menos lhe custaria acabar por transcendentalizar o trivial. Cumpre-se assim a lúcida apreciação de Adorno: "A cultura não pode divinizar-se mais do que enquanto neutralizada e coisificada. O fetichismo leva à mitologia". Magno espetáculo da Cultura, que faz o prodígio de converter em ídolo tudo o quanto mostra, que enaltece o que antes subtraiu à vida, que converte esse saber e essa

---
[20] VILELA, E. "Corpos inabitáveis. Nomadismo, filosofia e memória" (neste livro).

beleza sequestradas naquilo que hoje são: ao mesmo tempo, um sacramento e uma mercadoria.[21]

V

Há alguns lugares cuja condição babélica é especialmente inquietante. Um deles é a Buna, ao mesmo tempo um campo de trabalho, um campo de concentração e um campo de extermínio no qual trabalharam, viveram e morreram centenas de milhares de prisioneiros. A primeira descrição de Buna como Babel aparece ligada à imposição de silêncio e à difícil compreensão das ordens:

> entendo que me impõem silêncio, porém a palavra é nova para mim, e como não conheço seu sentido e suas complicações, minha inquietude aumenta. A confusão das línguas é um componente fundamental do modo de viver aqui abaixo; está-se rodeado por uma perpétua Babel na qual todos gritam ordens e ameaças que nunca se ouviram, e ai de quem não as apanha no ar! Aqui ninguém tem tempo, ninguém tem paciência, ninguém te escuta.[22]

No Lager, falam-se muitas línguas, porém talvez não se fale nenhuma, porque ninguém escuta, e porque, como escreveu Clausner no fundo de sua tigela, "*ne pas chercher à comprendre*" ("não procure compreender")[23]: a língua não é outra coisa senão ordens e ameaças, imposição de silêncio, a língua única do terror, a que nunca antes foi ouvida, mas a cujos comandos tem-se de obedecer imediatamente. No Lager, expropriou-se a língua de cada um para substituí-la pela língua única do imperativo e do medo; expropriou-se o nome de cada um para substituí-lo por um número ou por uma categoria — a de "judeu economicamente útil" por exemplo — e se constituiu uma cidade, organizada para a administração da vida e da morte, à qual nenhum de seus habitantes nunca poderá chamar de sua. O relato de Primo Levi está atravessado pela lenta e brutal aprendizagem da língua que funciona em Buna, das formas de identidade que se constituem em Buna e do que significa viver em Buna. É interessante que Primo Levi, que escreve seu relato em italiano, mantenha uma boa quantidade das expressões da língua do Lager em alemão, em polonês, em francês, em ídiche, em russo. E Babel aparece novamente:

---

[21] DELGADO, M. "Trivialidade e transcendência. Usos sociais e políticos do turismo cultural" (neste livro).

[22] LEVI, P. *Si esto es un hombre*. Barcelona: Muchnik, 1987, p.40.

[23] *Op. cit.*, p.110.

A Buna é grande como uma cidade; ali trabalham, além dos dirigentes e dos técnicos alemães, quarenta mil estrangeiros, e se falam quinze ou vinte idiomas. Todos os estrangeiros vivem em distintos Lagers, que rodeiam Buna como uma coroa: o Lager dos prisioneiros de guerra inglesa, o Lager das mulheres ucranianas, o Lager dos voluntários franceses, e outros que não conhecemos. Nosso Lager (Judenlager, Vernichtunslager, Kassett) comporta, só ele, dez mil trabalhadores, que provêm de todas as nações da Europa; e nós somos os escravos dos escravos, a quem todos podem mandar, e nosso nome é o número que levamos tatuado no braço e costurado no peito. A Torre do Carburo, que surge no meio da Buna e cujo cume é raramente visível entre a névoa, foi construída por nós. Seus tijolos foram chamados Ziegel, briques, tegula, cegli, kamenny, bricks, téglak, e o ódio os cimentou; o ódio e a discórdia, como a Torre de Babel e assim a chamamos: Babelturm, Bobelturm; e odiamos nela o louco sonho de grandeza de nossos amos, seu desprezo por Deus e pelos homens, sobre nós, os homens. E ainda hoje, como naquela fábula antiga, todos nós sentimos — e até os alemães sentem — que uma maldição não transcendente e divina, mas imanente e histórica floresce sobre a insolente junção, fundada na confusão das línguas e erguida desafiando o céu como uma blasfêmia de pedra.[24]

Em Buna também foi construída uma torre cujo cume se perde entre as nuvens. E essa torre foi edificada sobre o ódio e o desprezo à pluralidade humana. Seus tijolos têm diferentes nomes, mas a construção da torre é o resultado da língua única do terror. Seus construtores provêm de todos os lugares, cada um com sua história, com seu caráter, com seu próprio modo de ser, mas para a construção não importa nada mais do que o número tatuado. A torre não é o resultado do trabalho humano, mas da imposição de um sonho inumano. Por isso, para sua construção não fazem falta homens senão que são suficientes os números; não faz falta falar, mas é suficiente obedecer; não faz falta viver, mas é suficiente trabalhar seguindo ordens precisas. Por isso, é uma torre maldita.

No entanto, nesse lugar sem histórias, sem línguas e sem nomes, nesse lugar no qual os homens que já não são homens não vivem uns com os outros, mas vivem amontoados, dispersos e amontoados, separados uns dos outros em uma separação sem medida e juntos uns e outros em uma proximidade também sem medida, isolados uns dos outros e ao mesmo tempo revoltos uns com os outros — qual uma ossada — nesse lugar que não é sequer um lugar, nascem novas histórias, novos

---

[24] *Op. cit.*, p.77-78.

homens e novas línguas. Os prisioneiros encontram momentos para falar, porém momentos de transição, de deslocamento, momentos intermediários separados do tempo que é ocupado em fazer o que há para fazer e onde não se pode falar; ou momentos noturnos separados da ordem diurna e totalitária, nos quais tampouco é necessário nem é possível falar:

> Durante a caminhada até a tarefa, "resbalando-nos" com os grossos tamancos sobre a neve gelada, trocamos algumas palavras e soube que Resnyk é polonês; viveu em Paris vinte anos, porém fala um francês incrível. Tem trinta anos mas, como todos nós, poder-se-ia calcular entre dezessete e cinquenta. Contou-me sua história, que hoje esqueci; porém era uma história dolorosa, cruel e comovente; porque assim são todas nossas histórias, centenas de milhares de histórias, todas diferentes e todas cheias de uma trágica e desconcertante fatalidade. Nós as contamos pelas noites, e aconteceram na Noruega, na Itália, na Argélia, na Ucrânia, e são simples e incompreensíveis, como as histórias da Bíblia. Mas, por acaso não são também histórias de uma nova Bíblia?[25]

As histórias que são contadas pelos prisioneiros não elaboram o comum, o destino comum, mas a diferença, o destino ao mesmo tempo trágico e desconcertante, ao mesmo tempo transparente e enigmático, de cada um. Não pretendem, tampouco, a permanência na memória dos outros, senão que se sabem condenadas ao esquecimento, tão frágeis e efêmeras como são frágeis e efêmeros os homens que as pronunciam. Todas elas acontecem em lugares infinitamente longínquos no tempo e no espaço, todo o longínquo que pode ser um lugar como "Noruega", um não lugar como o Lager, e as pessoas também infinitamente longínquas e perdidas, tão longínquas e perdidas como pode ser esse Resnik polonês, que viveu em Paris e que fala um francês que não é francês em relação ao prisioneiro que caminha até o trabalho, tropeçando na neve. E todas elas são tão simples quanto incompreensíveis, talvez incompreensíveis por sua própria simplicidade, ou simples pela sua própria incompreensibilidade. Porém em sua dispersão, em sua fragilidade, em sua posição distante e em sua incompreensibilidade, essas histórias são tão necessárias, disse Levi, como uma nova Bíblia.

Essas centenas de milhares de histórias, contadas em voz baixa e em diferentes línguas para pessoas de línguas diferentes, faz pensar em um murmúrio babélico. A pergunta agora é em que língua estaria escrita essa nova Bíblia. Certamente não é na linguagem comum e única do terror.

---
[25] *Op. cit.* p.69-70.

Tampouco na linguagem própria de cada um, visto que essa linguagem desapareceu. Essa Bíblia de que fala Levi exigiria uma linguagem inaudita e uma escuta (ou uma leitura) ainda desconhecida. É claro que as línguas existentes não servem para nomear a experiência do Lager:

> do mesmo modo que a nossa fome não é a sensação de quem perdeu uma comida, assim nosso modo de ter frio exigiria um nome particular. Dizemos fome, dizemos cansaço, medo e dor, dizemos inverno e são outras coisas. São palavras livres, criadas e empregadas por homens livres que viviam, gozando e sofrendo, em suas casas. Se o Lager tivesse durado mais, uma nova linguagem áspera teria nascido.[26]

Assim, do mesmo modo que no Lager não serve a velha Bíblia, a velha coleção de histórias nas quais um povo eleito lia seu destino comum, tampouco serve a velha linguagem, a língua dos homens que estão em sua casa.

Babel, ou o Lager como Babel, é o lugar, ou o não lugar, onde pode nascer uma nova Bíblia e uma nova língua. E talvez nós, babilônios, comprometidos em pensar e em habitar Babel babelicamente, tenhamos que seguir construindo essa nova língua, essa língua na qual algumas palavras como memória, hospitalidade, responsabilidade, finitude, arte, pluralidade, exílio, existência, vida, linguagem, leitura, descontinuidade, comunidade etc. já não podem significar o que significavam nessa língua antibabélica e com pretensões de língua única na qual se construiu o Ocidente.

VI

Iniciávamos esta apresentação com Cervantes e com seu convite às aventuras de encruzilhadas. E na encruzilhada vamos fazer soar, para terminar, um lema derridiano que poderia ser uma contrassenha babélica: *"plus d'une langue" (mais de uma língua).*[27]

Assim, sem frase, *"plus d'une langue"* (mais de uma língua) poder-se-ia traduzir, ou babelizar, pelo menos de três maneiras.

Em primeiro lugar como *"mais* de uma língua", quer dizer, que o que existe é sempre mais de uma língua, que o que existe são línguas particulares, idiomas, o português e o espanhol por exemplo; porém, além disso, que existe mais de uma língua em cada língua, que o espanhol por exemplo, ou o português, não são uma só língua, mas, mais que uma língua,

---

[26] *Op. cit.*, p.130-131.
[27] DERRIDA, Jacques. *Mémoires – pour Paul de Man.* Paris: Galilée. 1988, p.38.

uma série de variações híbridas e excêntricas irredutíveis a um sistema centrado e fechado; e também que qualquer enunciado ocorre já sempre dividido e pluralizado em mais de uma língua; e também que todo falante, qualquer falante, quando fala ou escreve em sua língua fala ou escreve sempre mais de uma língua; e também, imperiosamente, que tem de falar mais de uma língua.

"*Plus d'une langue*" (mais do que uma língua) pode-se traduzir, em segundo lugar, como "o *plus* de uma língua", ou seja, como suplemento ou excesso ou prótese de uma língua, como tudo aquilo que, em uma língua, excede a uma língua.

E, em terceiro lugar, "*plus d'une langue*" (mais do que uma língua) é também "*basta/chega* de uma língua".

Portanto, e para concluir Babel, quer dizer, "*plus d'une langue*", *mais* de uma língua ou *plus* de uma língua, *basta* de uma língua: uma *pluralidade de línguas*, e uma *língua plural*, e uma língua que é sempre *mais* e *outra coisa* que ela mesma porque não se pode fechar ou totalizar ou identificar, ou uma língua que se nega ou se apaga ou se interrompe a si mesma no próprio movimento em que se abre a outra coisa impredizível e incalculável, ou em uma só frase: uma língua que não é *uma* língua. A língua de Babel.

E como Babel não só fala da língua mas também da cidade (ou da comunidade) e do nome (ou da identidade própria do portador de um nome próprio e da identidade comum dos portadores de um nome comum), talvez poderíamos mudar o enunciado anterior, e dizer por exemplo: Babel, ou seja, "*plus d'une communauté*", *mais* de uma comunidade ou *plus* de uma comunidade ou *basta* de uma comunidade: uma pluralidade de comunidades, e uma comunidade plural e, uma comunidade que é sempre mais e outra coisa que ela mesma, ou uma comunidade que não se pode fechar ou totalizar ou identificar, ou uma comunidade que se nega ou se apaga ou se interrompe a si mesma, no mesmo movimento em que se abre a outra coisa impredizível e incalculável, ou em uma só frase uma comunidade que não é *uma* comunidade. A comunidade de Babel?

Ou Babel, isso é, "*plus d'une nom*", *mais* de um nome ou *plus* de um nome ou *basta* de um nome: uma pluralidade de nomes, e um nome plural, e um nome que é sempre mais e outra coisa que ele mesmo ou um nome que não se pode fechar ou totalizar ou identificar ou um nome que se nega ou se apaga ou se interrompe a si mesmo, no mesmo movimento em que se abre a outra coisa, impredizível e incalculável, ou em uma só frase: um nome que não é *um* nome. O nome de Babel?

Sempre em Babel[1]

Félix de Azúa

Na origem deste comentário sobre o exílio e a linguagem, encontra-se um poema de Hölderlin tão fragmentário como todos os do período anterior à sua reclusão, porém particularmente desconcertante. Intitula-se *Mnemosyne* (2ª versão) e consta de duas partes que, no meu entender, carecem de relação mútua. Não estou capacitado para julgar historicamente a edição do poema, porém suspeito que, em sua origem, o editor juntou dois fragmentos (ou talvez mais) que correspondem na realidade a distintos projetos de poema.[2]

A primeira metade do poema fala da evasiva significação humana, enquanto a segunda introduz o tema da morte de Aquiles, e ainda que evidentemente possam ser estabelecidas relações entre ambos os temas, não creio que os fragmentos sejam restos de uma relação que alguma vez iluminou o espírito de Hölderlin, mas tão somente vestígios de diferentes naufrágios que tenham ido dar em uma mesma praia.

A estrofe que desejo comentar é a seguinte:

> *Ein Zeichen sind wir, deutungslos,*
> *Schmerzlos sind wir und haben fast*
> *Die Sprache in der Fremde verloren.*

> Somos um signo, sem significado
> e sem dor somos, e por pouco
> perdemos a linguagem no estrangeiro[3]

---

[1] Publicado em *Archipiélago*, n.26-27, inverno de 1996. Agradecemos ao autor e a *Archipiélago* a autorização para reproduzir, aqui, o artigo.

[2] Esta é a opinião de Hans Gerhard Steiner, citado na edição Hanser das obras completas de Hölderlin. No seu entender, *Mnemosyne* não seria mais do que uma coleção de fragmentos diversos, unidos pelo zelo excessivo de Friedrich Beissner, o histórico editor da *Grosse Stuttgarter Ausgabe*.

[3] Tradução, para o espanhol, de Pedro Ancochea.

A "memória" (*Mnemosyne*) à qual o título faz alusão é uma misteriosa faculdade do espírito que mantém unida nossa coerência, tanto individual como coletiva, e nos livra provisoriamente da desintegração. Só mediante a lembrança do que fomos podemos seguir sendo o que acreditamos ser. A "memória" é o outro nome do "significado"; entre ambas denominações permeia um salto do mito ao *logos*; ambas são, finalmente "sentido", quer dizer, direção apropriada até um lugar pretendido.

O "signo", por outro lado, assinala sempre na direção de um *outro* lugar, sem conseguir jamais significar algo por si mesmo; como essas flechas pintadas nas autopistas, postas ali para que passemos sobre elas até alguma parte não incluída no signo. Se a memória é o que nos permite habitar em nós mesmos, os signos nos põem para fora, nos alienam e nos conduzem ao nada. Finalmente, o vocábulo *Sprache* (que só o pudor nos impede traduzir por "verbo") relaciona ou liga o que está unido junto com o que está disperso. A fala, a linguagem, utiliza signos (em si mesmos insignificantes) para tecer memórias significadoras.

Porém o surpreendente é que Hölderlin não diz que sejamos "memória" ou "fala", e portanto "sentido". Diz que somos "signo". E como todos os signos, sem significado. Somos flechas que assinalam para algum lugar, porém nunca para elas mesmas. Somos, então, indicações para o sentido de "outros"?

Ainda quando o fragmento foi habitualmente interpretado como um juízo sobre a condição humana na Idade Moderna, seja em relação com a *Gestell* heideggeriana, seja em relação com o conceito de alienação que de Hegel a Marx marcou o pensamento da modernidade, eu inclino-me a acreditar que Hölderlin propõe uma visão mais geral de nossa carência de significado e da perda de uma língua comum capaz de tecer a memória comum dos homens.

Nessa estrofe, fala-se de um exílio ontológico; Hölderlin afirma que nós, humanos, vivemos *sempre* no estrangeiro, desde nossa origem, e não apenas a partir do acelerado processo de tecnificação universal que caracteriza o mundo pós-ilustrado. E que perdemos nossa língua comum — sem dor, é importante sublinhar — ao perdermos nossa pátria originária, aquela na qual não éramos estrangeiros, nem em relação à terra, nem em relação a nós mesmos.

O exílio perpétuo do poema pressupõe um lugar de origem comum onde todos falávamos a mesma língua e do qual ou fomos expulsos, ou nos ausentamos. Alguns comentaristas, como Jochen Schmidt, assinalaram que tanto a seleção léxica do brevíssimo fragmento como suas imagens mostram uma forte influência bíblica. Porém esta origem e morada comum, não é, entretanto, o Paraíso original do Gênese, já que a expulsão do Éden se produziu *graças* à dor — dor essa que se constituiu no cúmplice natural de nosso nascimento —, e Hölderlin especifica que a perda se produziu *sem dor*. O lugar de origem comum, a pátria unitária a que Hölderlin faz alusão, creio que aparece no Gênese um pouco mais tarde, quando os descendentes de Noé começam a habitar o mundo pós-diluviano.

Um duplo castigo precede a perda da linguagem comum: a expulsão do Éden, após o desafio de Eva e Adão, e o Dilúvio universal que exterminou a estirpe de Caim. Porém o terceiro momento no acesso dos humanos ao mundo histórico não é um castigo, mas sim um movimento tático do projeto divino. Para se aproximar dos termos de Hölderlin, o terceiro ato é um desvelamento do destino dos mortais.

O texto de Babel

Todos temos presente a lenda da Torre de Babel, e, se fizéssemos um breve inquérito, comprovaríamos que uma grande maioria entende que a lenda narra *outro* castigo divino; o terceiro, após a expulsão e o Dilúvio. Muitos leitores da Bíblia estão convencidos de que nós, os humanos, perdemos nossa língua comum e nossa pátria comum porque o Senhor castigou a soberba dos descendentes de Noé, quando estes começaram a edificação de uma Torre que chegaria até o Céu, com o propósito de prevenir um segundo dilúvio. A espécie humana teria desafiado pela terceira vez a divindade e por isso havia recebido um terceiro castigo, a dispersão das línguas. A lenda de Babel, segundo a crença mais comum, é, como os capítulos anteriores do Gênese, uma história de pecado e penitência. Entretanto, creio que não é assim. Vejamos as palavras do Gênese, o mais literalmente possível.[4]

> E foi (e era) toda a terra / língua (lábio) uma e palavras umas
> E foi / em sua viagem até o oriente / e encontraram um
> vale no país de Chin' ar (Shinear) / e ali se estabeleceram.
> E disseram / uns aos outros / vamos /

---
[4] Versão do texto hebraico segundo H. Meschonnic (em *Les Tours de Babel*, TER, 1985, p.11) com variações de tradução, segundo E. Fleg (em *Semiotique et Bible*, n.10, junho, 1978).

branqueemos os brancos ladrilhos (ladrilhemos) / e iluminemos as luzes /
e o branco ladrilho para eles / foi / rocha / e o betume
para eles / foi / morteiro.

E disseram / eia! /ergamos uma cidade / e uma torre / e sua cabeça no céu / e
demo-nos / um nome / para não nos dispersarmos / pela face da terra.

E Adonai (o Senhor) desceu / para ver a cidade / e a torre que construíam / os filhos (de Adão) do homem.
E Adonai disse / se o povo é um / e a língua uma /
para todos / e isto / é o que agora começam a fazer / já /
não se poderá impedir-lhes nada / de quanto meditam / fazer.
(nada poderá impedir-lhes fazer o que decidam)

Desçamos / e babelizemos (embrulhemos) / sua língua /
que não entendam / um / a língua do outro.

E Adonai os dispersou / dalí / pela face da terra /
e cessaram / a construção da cidade.
Assim que / se chamou / Babel / porque ali Adonai /
babelizou / a língua de toda a terra / e dali /
Adonai os dispersou / pela face / da terra.[5]

 Caso se leia o texto com cuidado, comprovar-se-á que não há nenhum desafio por parte dos humanos, senão que tão somente um compreensível desejo de permanecer em comum; para o qual acreditaram imprescindível sua autodenominação. A frase "demo-nos um nome" equivale ao ato fundacional da comunidade, ao pacto social que funda a soberania de uma coletividade, cujo nome garante que a memória repouse sobre um objeto real.

 O sucesso, além disso, tem lugar em uma futura pátria comum: "ergamos uma *cidade* e sua cabeça no céu". Não há um só elemento do relato que indique a menor rebeldia ou transgressão por parte dos humanos. É o Senhor — preocupado pela habilidade dos filhos de Noé e vendo que com sua capacidade transformadora podem permanecer unidos em um só lugar e conseguir tudo a que se propõem — quem se apressa a destruir o fundamento de sua unidade (a língua que os nomeia), e desse modo impede que se realize uma morada em comum e uma memória única. O Senhor

---
[5] "Gênese", XI, 1-9

dispersa os humanos pela face do mundo, convertidos em grupos mutuamente ininteligíveis, e assim os converte em signos com que uns nomeiam os outros.

Se adotamos um juízo positivo, a dispersão, atendo-nos à tradução literal, não é o castigo de nenhum desafio, nem se produz "com dor"; é tão somente uma prática técnica da Providência para que os mortais povoem a terra, já que esse é o projeto divino e a condição para a própria existência dos humanos: "E criou Deus ao homem à sua imagem, a imagem de Deus o criou, e os criou homem e mulher; e Deus os bendisse, dizendo-lhes: 'Procriai e multiplicai-vos, e enchei a terra...'".[6]

Por isso, a divindade, após o dilúvio, repete aos sobreviventes da Arca a ordem de ocupar *toda* a terra, como sinal de que o processo de habitação, interrompido pela iniquidade dos cainitas, volte a começar: "Bendisse Deus a Noé e a seus filhos, dizendo-lhes: 'Procriai e multiplivai-vos e enchei a terra'".[7]

Se o destino dos mortais é ocupar toda a terra, não devem permanecer unidos em uma única cidade, nem é conveniente que usem uma única língua. Sua própria coesão é um impedimento para povoar rapidamente as enormes extensões pós-diluvianas. A multiplicação das línguas responde a uma necessidade de ordem tática no processo de habitação do mundo. Não há desafio humano na construção da torre, nem castigo divino na supressão da linguagem comum: o Senhor multiplica as línguas para que os mortais, debilitados, estendam-se a grande velocidade, afastando-se uns para longe dos outros.

Nessa tática de dispersão que emprega o Senhor contra os mortais para desunir a cidade de Babel, é sensato ver uma justificação mítica dos primeiros assentamentos e do aparecimento de cidades, quando os povos nômades se tornaram sedentários. Para o espírito do redator jeovista deste fragmento do Gênese, a construção de uma cidade supunha a renúncia ao nomadismo — o redator fala de deslocamentos até o oriente, em tendas de campanha —, o que vai contra o nomadismo que deveria conduzir o povo eleito até a terra da promissão.

Uma parte da tradição rabínica interpreta o fragmento como uma tentativa dos descendentes de Noé para alcançar a segurança nessa terra, por si mesmos e mediante argúcias técnicas, como se a segurança e

---

[6] "Gênese", 1, 28.
[7] "Gênese", 9, 1.

o assentamento pudessem ser conseguidos unicamente pelo esforço da vontade humana, sem contar com a vontade de Jeová. O Senhor lhes tira logo todas as esperanças em relação a isso. Porém, nem sequer nestas leituras estritas e severas há a menor *culpa* por parte dos mortais.

Por que, então, predomina esta interpretação culpabilizante da lenda? Por que recordamos o relato da construção da Torre como sendo outro capítulo da maldade humana?

A culpa

O certo é que a tradição cristã (ainda que não *toda* a tradição cristã) adotou outra versão da lenda de Babel, uma versão muito posterior à escritura do Gênese, a qual, agora sim, é uma versão culpabilizante: a de Flavio Josefo — em suas *Antigüidades Judaicas* —, a de Fílón de Alexandria — em *De confusione linguarum* —, a de Pseudo Fílón — em suas *Antigüidades Bíblicas*. Uma tradição que chega até *De Vulgari Eloquentia*, de Dante, e finaliza com o Hegel d' O *espírito do cristinanismo e seu destino*.

Nossa convicção de que a lenda é um relato de pecado e penitência resulta também do fato de que os tradutores modernos da Bíblia desviam intencionalmente o sentido do texto, porque todos eles acreditam na versão culpabilizadora. Traduções como: "Cuja cúspide *chegue* ao Céu" (de Valera), ou "Que seu cume *toque* o céu" (de Pirot), por exemplo, insinuam que os construtores da Torre queriam violar o espaço divino. O caso mais exagerado é o da Bíblia de Jerusalém: "Bâtissons-nous une ville et une tour dont le sommet pénètre les cieux". Segundo estes respeitáveis tradutores, os humanos queriam, no mínimo, *perfurar* o céu.

Outros exegetas preferem situar a soberba humana na necessidade do assentamento, de "dar-se um nome". Assim, "E façamo-nos nomeados", traduz a Bíblia do Urso; e uma enganadora nota dos editores modernos, ao pé da página, acrescenta: "fazer-se célebres, homens ou gente famosa", como se os construtores só estivessem movidos pela vaidade. Ou ainda, "E nos faça famosos" (Nácar-Colunga), junto com esta admirável explicação dos "professores de Salamanca": "O autor sagrado vê nestes desígnios (de construir a Torre) algo demoníaco contra os desígnios divinos".[8]

---

[8] *Bíblia comentada*, BAC, 1967, p.160.

Os comentaristas judeus

A culpabilização faz parte da exegese rabínica no texto do Gênese. Para muitos exegetas judeus, a Torre é um instrumento de ataque dos humanos em sua guerra contra Deus, seja para chegar até ele e combatê-lo — *Targum*, do Pentateuco —, seja para explorar suas condições de resistência — a *midrash* do Gênese —, seja para resistir a um segundo dilúvio — *Talmud* —. A tradição interpretativa dos comentários hebreus considera, unanimemente, a lenda de Babel como um capítulo a mais na luta contra Deus que empreendem as gerações anteriores a Abraão, o primeiro dos eleitos; uma luta que já trouxera um primeiro dilúvio e que poderia precipitar o segundo a qualquer momento.

Há uma razão para isso: toda a narrativa do Gênese não é senão a história de como a estirpe de Abraão chegou a ser a única no mundo, com a qual o Senhor pôde estabelecer sua aliança. O relato bíblico, na perspectiva hebraica, deve ser lido como uma história de *eliminação progressiva* de candidatos, na qual, ao final, o povo eleito e a terra prometida coincidem com a descendência de Abraão. Consequentemente, os rabinos interpretaram os primeiros capítulos do Gênese como as sucessivas etapas da destruição dos maus.[9]

Tão difundida se encontra a interpretação da Torre como elemento de resistência à vontade divina e como estratégia contra o segundo dilúvio que não parece haver outra explicação para a mesma. Mas novamente há uma razão suplementar para a culpabilização dos humanos, segundo a exegese rabínica: o Senhor havia feito um pacto com Noé e sua descendência, acerca do fim dos dilúvios: "Faço com vós o pacto de não voltar a exterminar a todo o ser vivo pelas águas de um dilúvio, e de que não haverá jamais um dilúvio que destrua a terra".[10]

E o sinal do pacto foi o arco-íris, um dos pouquíssimos gestos realmente amáveis do Senhor. Em consequência, aqueles pós-diluvianos que

---

[9] Há alguns textos intertestamentários especialmente interessantes. Em *Baruch III*, também chamado de *Apocalipse grego de Baruch* — escrito no Egito, por uma comunidade de judeus místicos, em torno do ano 115 de nossa era —, os humanos constroem a Torre para averiguar se o céu é de argila, de bronze ou de ferro, com a intenção de fechar as goteiras pelas quais se derramou a água do dilúvio. Na *midrash* do Gênese — coleção de comentários efetuados por Amoraim da Palestina, entre 200 e 400 de nossa era, e que traz textos mais antigos — a Torre é um pilar e faz parte um vasto programa de controle sobre o céu, para que esse não volte a cair sobre os humanos.

[10] "Gênese", 9, 11.

se preparavam para resistir a um segundo dilúvio eram, simplesmente, incrédulos. Não acreditavam na palavra divina e achavam que, se a máquina humana havia desgostado ao seu Criador por duas vezes, seria improvável se não o desgostasse uma terceira vez. Esses grupos humanos, esses povos e etnias, deviam ficar fora do pacto divino. Em Babel, os povos (maus) se dispersam, de modo que o povo de Abraão — o povo bom — possa se isolar com maior facilidade.[11]

De todos os relatos de fonte judaica, o mais influente foi o extenso tratado de Flávio Josefo (Joseph ben Matthias) — *Antigüidades judaicas* — certamente escrito ao final do primeiro século (entre os anos 40 e 100) e muito influenciado pelos comentários *hagádicos*[12] do Torah. Seu autor, filiado segundo seu próprio testemunho à escola farisaica desde os dezenove anos, fez carreira em Roma, obteve a cidadania; suas obras conservaram-se nas bibliotecas públicas copiadas por conta do estado, o que explica sua enorme difusão. Com brilhante talento literário, Josefo deu um decisivo matiz à soberba humana, cujas consequências chegam até a era Moderna, ao fazer de Nemrod um precursor de Napoleão e o inventor da tirania secularizada e tecnocrática:

> [Nemrod] os persuadiu de que era um erro considerar Deus a única causa da prosperidade, e que deviam considerá-la filha de seu próprio talento humano, e pouco a pouco foi transformando a situação em uma tirania, já que pensava que o melhor modo de fazer os homens perderem o temor a Deus era usar, a fundo, a própria potência humana. Prometeu vingar-se de Deus, caso ele tratasse de inundar a terra de novo, e propôs a construção de uma torre mais alta que o nível que pudessem alcançar as águas, e assim vingar os seus antepassados.[13]

---

[11] Boa parte das interpretações penalizantes está também de acordo de que há uma língua originária — o hebraico —, graças à qual Deus falou com Adão, e que Adão empregou para nomear os animais. A catástrofe de Babel significa o fim dessa linguagem unitária, como castigo ao pecado da soberba na guerra dos humanos contra Deus. Alguns comentaristas, entretanto, salvam Abraão do desastre de Babel e concedem a seus descendentes o encargo de perpetuar a linguagem originária (Pseudo-Filón, *Antigüidades Bíblicas,* tradução latina de uma crônica judaica, seguramente de origem essênia, datada em torno o primeiro século). A história desta "língua sacra", o *Ursprache,* faz parte de um dos capítulos mais fascinantes da protociência linguística. Abraão e o povo eleito ficam, portanto, como guardiões de uma língua sagrada, mediante a qual podem se comunicar com o Senhor.

[12] Diz-se dos comentários e explicações do Talmud, que interpretam as escrituras sagradas; são redigidas na forma de histórias, lendas e parábolas e referem-se aos mais variados assuntos, como Astronomia, Medicina, Misticismo etc. (NT).

[13] JOSÈPHE, Flavius. *Les Antiquités Juives,* I-III. Paris: Cerf, 1992, p.113-115.

Outros textos menos divulgados, de origem helenística ainda de cultura judaica, como os *Oráculos sibilinos* (datável entre 80 e 50 a.C.), ou o sincretista *De confusione linguarum*, de Filon de Alejandría (primeiro século de nossa era), tiveram também forte penetração entre os comentaristas cristãos devido ao paralelo que eles estabelecem entre os mitos gregos e os mitos hebreus, em defesa da superioridade bíblica.

Os sincretistas de Alejandría foram adaptados pelos Padres da Igreja: por São Irineo e por São Teófilo de Antioquia — comentarista dos *Oráculos sibilinos* —, por Orígenes — leitor de Filón e de *Targum* —, por Agustín de Hipona — o qual retoma o assunto dos construtores gigantes, dando, porém, uma importância nova e transcendental à Cidade, que quase havia desaparecido sob a sombra da Torre —, e por tantos outros que repetem o mesmo tópico de mil e uma maneiras diferentes. Em resumo, a penalização de origem helenística e hebreia é acolhida sem discussão e aperfeiçoada pela patrística cristã. Dessa maneira, uma culpabilização inventada pelos rabinos para justificar que há um só povo eleito — o hebreu — foi adotada com entusiasmo pelos fundadores do cristianismo para culpabilizar a todos os povos sem exceção.[14]

O filósofo e o poeta

Em 1797 Hölderlin conseguiu que Hegel fosse eleito para um cargo de preceptor na cidade de Frankfurt, onde ele mesmo residia, contratado pelo banqueiro Gontard para educar os quatro filhos de sua esposa Suzette. E ainda que em 1798 ele tenha sido obrigado a deixar o emprego porque sua relação com Suzette não era do agrado de Gontard, Hölderlin procurou estabelecer seu domicílio muito próximo de Frankfurt, para manter viva sua relação amorosa. Dessa maneira, ambos os amigos, Hölderlin e Hegel, permaneceram em constante relação durante três anos, até 1800. Em uma de suas últimas cartas, antes de chegar a Frankfurt, vindo de Berna, Hegel havia escrito a Hölderlin: "À parte que em minha rápida decisão [de aceitar o emprego] tenho tido o ardente desejo de voltar a te

---

[14] Após a patrística, toda a tradição culta medieval seguiu culpabilizando os humanos. A mais influente das autoridades, Dante, utiliza em *De vulgari eloquentia* a lenda de Babel para defender a língua vulgar frente ao latim, e inclui o gigante Nemrod da exegese hebraica nos últimos e terríveis círculos infernais da *Comédia*, como culpável de um dos mais nefandos pecados de soberba. Thomas Münzer, ao contrário, utilizou o tema agostiniano da cidade do mal para fustigar as cidades feudais opressoras do campesinato. Não haverá um só utopista, de Morus a Campanella, que não repita a versão penalizadora.

ver, e até que ponto o pensamento de nossa reunião, o alegre porvir que compartilharemos juntos, permanecerá vivo ante meus olhos durante os dias vindouros é algo sobre o qual não vou me estender".

Hegel e Hölderlin encontravam-se em um momento crítico de seu desenvolvimento intelectual, e precisavam um do outro para um constante contraste de pontos de vista. Às turbulências sentimentais acrescentou Hölderlin, nesse mesmo período, a redação inacabada de seu *Empédocles* e os fragmentos essenciais sobre a tragédia grega; um temário de filosofia política, centrado nas relações jurídicas entre os indivíduos da *polis*. Hegel, por sua vez, redigia o também inconcluso *Espírito do cristianismo e seu destino*, no qual trata de pensar as origens jurídicas das monarquias cristãs.

Assim, ambos estavam refletindo sobre o fundamento de uma possível sociedade livre impelidos pelo furacão democrático da Revolução Francesa; e ambos se questionavam a mesma pergunta: por que e como desapareceram os deuses que sustentavam as liberdades da *polis* grega? Ou, o que dá no mesmo: qual é a essência do monoteísmo cristão? Por que nossas sociedades cristãs são sociedades tirânicas, absolutistas e servis? Como e por que a cultura cristã preferiu a servidão e destruiu as liberdades gregas? Ambos responderam a si mesmos seguindo fielmente a lenda culpabilizadora que haviam aprendido na vida familiar, porém subvertendo-a em possibilidade de libertação.

Para o Hegel de Frankfurt, a resposta era evidente: o cristianismo é uma das mais eficazes estratégias de controle sobre esta lacuna que chamamos "morte"; uma estratégia que consiste em desfazer-se de todas as liberdades potenciais para viver uma liberdade absoluta *em sonhos*. A mesma estratégia que ciclicamente impele os povos ao totalitarismo quando a vida interna da sociedade extinguiu-se. Tem que se buscar a origem desta estratégia, segundo o jovem Hegel, no monoteísmo judaico, primeiro exemplo documentado de servidão voluntária; e para compreender a religião dos judeus é preciso estudar com extrema atenção os mitos e as lendas bíblicas, visto que em cada um deles encontra-se expresso de forma imediata, ingênua e literária, um pensamento que se busca a si mesmo.

Em sua versão da lenda de Babel, Hegel, assim como fizera Dante, também acrescenta ao texto bíblico o desenvolvimento de Flávio Josefo sobre o gigante Nemrod, e a proeza técnica de Babel como um desafio paralelo ao dos Titãs contra Zeus. Mas pela primeira vez na história da lenda, o desafio já não nasce de uma inexplicável "soberba" imanente aos humanos desde a sua criação — o que tornaria no mínimo arriscada a atribuição da "culpa" —, mas de uma lúcida análise histórica por parte dos condutores de povos pós-diluvianos: Nemrod e Abraão. Ambos os chefes tomam decisões livres, sem culpabilidade nenhuma, atendendo ao futuro de seu povo. O porvir político, o projeto social em comum, e não uma inexplicável "soberba" culpabilizante, se converte agora na causa eficiente do episódio de Babel. A construção da Torre aparece como uma alegoria do momento de divergência em duas concepções da autoconsciência humana e da construção de sociedades complexas.

Eis aqui, muito resumida, a interpretação hegeliana. Os humanos perderam a sua confiança na natureza após o Dilúvio. O imenso desastre infligiu uma ferida irreparável aos sobreviventes, os quais deixaram de se ver como *uma parte* da totalidade natural: agora se viam como *inimigos* da natureza e como sua *diferença*. Mas essa inimizade se traduziu em uma dupla tática ou negociação. Por um lado, Abraão, após negar e abjurar a natureza, entregou-se a um Senhor todo poderoso, superior à própria natureza, abstrato e eterno, capaz de garantir-lhe uma participação em seu poder, afastado da realidade empírica em que esse pudesse se encontrar. Isso é próprio a todos os fundamentalismos. Por outro lado, Nemrod, o gigante fundador de cidades e construtor de torres, iniciou ativamente o domínio e sujeição da natureza, pondo em jogo toda a potência humana, como única possibilidade de sobrevivência. O primeiro, Abraão, pôs seu povo sob a dormente proteção de um sonho onipotente. O segundo, Nemrod, pôs em prática uma onipotência impossível e autodestrutiva.

Esta é, a meu entender, a primeira vez que se contrapõem a atemporalidade poética e o progresso técnico, como duas vias originárias — e portanto sempre presentes — do devir ocidental.

Nemrod, segundo o texto hegeliano, conseguiu reunir os sobreviventes dispersos e desconfiados, que haviam conhecido o Dilúvio, e fundou com eles uma tirania baseada na expansão técnica. Abraão, ao contrário, "vagava com seus rebanhos por uma terra sem fronteiras, sem considerar como própria nem a mais reduzida das parcelas, sem cultivá-la, sem embelezá-la, sem amar terra alguma nem convertê-la em seu próprio mundo". Abraão separa-se absolutamente da natureza, despreza-a, e nem sequer se digna trabalhá-la. Abraão é um "estrangeiro na terra", firmemente preso à sua condição de estrangeiro e mantendo a unidade de sua língua, porque esta língua, não sendo deste mundo, *não é de nenhum lugar*.

Se a negação de Nemrod, niilista, técnica e ateia, conduz ao reino da violência, à confusão das línguas e ao abandono da tarefa em uma terra exaurida pela repressão e pelas guerras civis, a negação de Abraão isola um povo inteiro em sua própria língua, aprisionado a si mesmo mediante um feroz desprezo pelos outros povos, e submetido aos tiranos teocráticos que se sucedem na direção da tribo.

Os povos aglutinados violentamente por Nemrod perdem sua língua comum por falta de liberdade e habitam um campo de concentração no qual *todos são estrangeiros*. O povo de Abraão mantém-se unido em sua linguagem e na endogamia, porém está condenado a viver eternamente *no estrangeiro*. A história da cultura ocidental, para Hegel, não nasce em Atenas, mas em Babel, e nasce com dois projetos totalitários: as tiranias teocrático-nacionalistas — endogâmicas e estéticas — e os despotismos científico-técnicos — desintegradores e pragmáticos. Não parece que o Ocidente tenha evoluído muito, desde então.[15]

Nos anos de Frankfurt, anos de intercâmbio diário entre Hegel e Hölderlin, é impossível que não tenham debatido sobre a questão mais urgente desde que os franceses, poucos anos antes, decapitaram o seu monarca absoluto: como e por que razão *não somos* Grécia? É impensável que eles, filhos de pastores luteranos, não tenham comentado esse primeiro momento originário do pecado, do desenraizamento, do exílio, e da ausência de significado. Nemrod e Abraão, o técnico e o teocrata, esses dois fundadores de nosso nomadismo e do exílio cristão, ressoam no fragmento de Hölderlin.

> Somos um signo, sem significado
> e sem dor somos, e por pouco
> perdemos a linguagem no estrangeiro.

Assim, "sem dor", porque o exílio não é um castigo de nossa soberba, mas sim uma *vontade* de exílio: nós, humanos, temos feito da terra *nosso estrangeiro,* seja pela via técnica, seja pela via teocrática. Nenhum Deus nos expulsou; temos ido por nossos próprios pés, uns a conquistar a

---

[15] É verdade que, na exposição do cristianismo que Hegel proporá uns anos mais tarde — em sua *Fenomenologia do espírito* —, a Ciência (de Hegel) com o apoio de Napoleão pode construir o acabamento da era cristã e o início de um Estado técnico-democrático que supere o absolutismo monárquico e cristão. Mas talvez, sobre este ponto de vista, seja preciso consultar Nietzsche.

terra, outros a encerrar-se na língua de um Deus onipotente. Não pecamos, ou melhor, nunca deixamos de pecar.

"Sem dor", é claro, mas também "por pouco". Neste "por pouco" encontra-se, creio eu, a mais profunda e insanável diferença entre Hegel e Hölderlin. *Fast,* aqui, não é "quase", mas "ainda não". Creio que equivale a: "Ainda não me dou por vencido; não perdemos *de todo* o ser porque não perdemos *de todo* a linguagem".

A reconciliação com o mundo — que não é senão a apropriação do mundo — à qual Hegel já então aspirava e que tentaria realizar com seu (soberbo) sistema, não fazia parte do projeto do poeta. Para o poeta, *ainda* somos um signo: uma marca insignificante em si mesma, mas que assinala a relação entre uma linguagem — que não é deste mundo — e uma memória que, apesar de tudo, mantém a coerência dos exilados, ainda que somente seja como tais, exilados. Insignificância presente, sentido do acabamento, abismo e exílio.

* * *

De certa maneira, com seu sistema filosófico Hegel parece continuar a rebelião teocrática de Abraão, isolando-se em uma linguagem que *fala diretamente* com a divindade: "Este é o discurso de Deus *antes* de criar o mundo", diz um dos seus mais notáveis textos. Hegel continua a negação de Abraão amparando-se em um Verbo que comunica diretamente com o Absoluto e que é capaz de construir uma Legalidade sistemática e salvadora. Essa linguagem absoluta é adequada para a absoluta apropriação técnica da terra, por parte dos mortais, esses exilados da terra.

Mas Hölderlin, em seus hinos abandonados, em seus incompreensíveis esboços, em suas elegias truncadas, nos escritos da loucura, parece querer vislumbrar o fulgor celestial, não a partir daqui de baixo, mas sim à sua mesma altura, e força titanicamente a linguagem — como se construísse uma Torre —, para alçá-la até eles, tratando de interrogá-los face a face.

É, eu diria, um herdeiro da rebelião de Nemrod e por isso seus poemas desmembrados, caóticos, com janelões cegos, arcos que só sustentam o vazio e vertiginosas escadas truncadas que dão sobre abismos e sobre a noite do espírito, são as autênticas ruínas de Babel. Nada significam, apontam sempre para remotíssimos lugares, e mantêm a vida de uma linguagem sem terra.

Referênclas

AGUSTÍN. *La ciudad de Dios*, XVI, 4-5. BAE, 1965.

ANDERSON, B.. "Le récit de Babel." *Concilium*, 121, 1977, p.89-97.

BENET, J.. *La construcción de la Torre de Babel*. Siruela, Madrid, 1990.

BARTH, K.. *Dogmatique*. Ginebra, 1964.

La Bible d'Alexandrie (LXX). *La genèse*. Paris: Cerf, 1994.

LA BIBLE. *Écrits intertestamentaires*. Op. Dupont-Sommer y M. Philonenko. Paris: Gallimard, Bibliothèque de la Pléiade, 1987.

BOTTÉRO, J.. *Naissance de Dieu. La Bible et l'historien*. Paris: Gallimard, 1992.

BOST, H. . *Babel. Du text au symbole*. Labor et Fides, 1985.

BOURGEOIS, B.. *Hegel à Francfort*. Vrin, 1970.

CAILLOIS, R.. *Babel*. Paris: Gallimard, 1978.

DANTE. *De vulgari eloquentia*. In: *O. C.*, BAC, 1965.

DRAGONETTI, R. "Dante face à Nemrod." *Critique*, n. 387-388, 1979, p.690-706.

ECO, U.. *La recherche de la langue parfaite*. Paris: Seuil, 1994.

HEGEL, G.W.F.. *L'Esprit du christianisme et son destin*. F. Fischbach, Agora, 1992.

JOSÈPHE, Flavius. *Les Antiquités Juives*, I-III. Paris: Cerf, 1992.

MARIN, L.. "Sur une tour de Babel dans un tableau de Poussin." In: VV AA, *Du Sublime*, Belin, 1988, p.237-258.

PARROT, A.. *Bible et Archéologie. Déluge et Arche de Noé et la Tour de Babel*. Delachaux & Niestlé, 1970.

PHILON D'ALEXANDRIE. *De confusione linguarum*. Paris: Cerf, 1963.

PHILON, Pseudo. *Les Antiquités Bibliques*, VI. Paris: Cerf, 1976.

RENAN, E.. *De l'origine du language*, O.C., VIII. Calmann-Lévy, 1958.

ROUX, G.. *La Mésopotamie*. Paris: Seuil, 1995.

STEINER, G.. *After Babel*, Oxford UP, 1992 (trad. esp.: *Después de Babel*. Madrid: FCE, 1981).

VV AA dir H. "Meschonnic." *Les Tours de Babel*. TER, 1985.

A paradoxal comunidade por-vir

Magaldy Téllez

Creio que toda a assimilação que não leve em conta a diferença é uma impostura (ou fingimento?). Há lugares comuns aos quais não se deve temer voltar: não nos enriquecemos mais do que através do esforço realizado para alcançar "o outro".

Porém talvez seja mais complicado do que isto: o problema se estabelece cada vez em sua totalidade. Cremos ter convencido "o outro" sobre um ponto preciso de nossa relação com um indivíduo ou uma coletividade, e nos damos conta com amargura de que sua atitude geral não se modificou. Esta relação com "o outro" volta a se estabelecer em sua íntegra totalidade. Creio que tratar de convencer é, pois, uma utopia. Trata-se de que se aceite "o outro" em sua estranheza e na soberania de sua diferença.

(Edmond Jabès. *Del desierto al libro*. Entrevista com Marcel Cohen.)

Como em Babel

O tom que darei a estas notas tem a ver com as palavras de Edmond Jabès, citadas na forma de pré-texto cujas ressonâncias tomam forma em um leque de perguntas que gostaria de enunciar ao mesmo tempo como ponto de partida, como maneira de alinhavar as reflexões que aqui ofereço.

Qual é o sentido e o valor da diferença para mostrar a imposição de tudo aquilo que procede à sua liquidação? O que está em jogo na força deste apelo em aceitar o outro em sua estranheza e na soberania de sua diferença? Poderíamos interpretar este apelo como o umbral no qual situar-nos e desde o qual inquietar-nos por estas formas de vida e de viver juntos, enclausuradas pelos olhares sobre nós mesmos, como arrogantes sujeitos donos de nós mesmos, os mesmos com os quais construímos o outro? Poderíamos escutar a força deste apelo ligando-a à invenção de um outro novo modo de convivência?

Talvez caiba escutar as palavras citadas como indícios de uma certa variação de rumo, no meio desta espécie de intempérie característica dos tempos que nos foi dado viver, como o traçado de um outro projeto para pensar novas formas de viver juntos, quando o esgotamento das supostas universalidade e trans-historicidade dos valores modernos revela o fracasso da pretensão de acabamento total da comunidade em cujo nome começou-se a apagar a pluralidade e a diferença constitutivas da vida social.

Mas também, como um alerta frente às perseguições das novas formas que adquire o desejo de totalização, quando se constata o imenso descrédito das conhecidas respostas sobre o fundamento da capacidade de convivência dos homens em comunidade, a clausura dos referentes comuns que amalgamavam os homens em identidades coletivas e o retorno das singularidades; tudo aquilo que desmente, onde quer que seja, a ideia de sociedade como unidade com coesão e identidade clara e unívoca, isto é, a ideia unificante e totalizante de sociedade.

Metaforicamente, poder-se-ia contemplar o que está em jogo no conjunto de aspectos como os indicados, a partir da inusitada leitura oferecida por Peter Sloterdijk sobre o mito da torre de Babel.[1] Esse breve relato do Gênese, 11, que conta o castigo infligido por Jeová à primária ambição dos homens de formar um só povo e falar a mesma língua. A torre representa o projeto, em termos de Sloterdijk, de uma "expedição às alturas que pecava por excessiva unanimidade", cuja realização seria o começo de um poder ilimitado dos homens, imperdoável pelo estabelecimento de uma semelhança entre uma poderosa humanidade e um Deus todo-poderoso. O castigo teve a forma da destruição da torre e com ela a condenação dos homens à dispersão e à multiplicidade e confusão linguísticas; daí Babel, o nome escolhido por Jeová.

O interessante, da interpretação de Sloterdijk sobre o mito de Babel, é que, levando-o ao âmbito político, vê nele uma espécie de reprodução do mito da expulsão do Paraíso, como se representasse "a cena originária da perda do consenso entre os homens, o princípio da perversa pluralidade" ou, em outros termos, "a expulsão do homem de um paraíso da unidade, um paraíso cujo conteúdo político poderia conter um nome claro: o consenso, a coincidência perfeita entre convicções e tarefas".[2]

---

[1] SLOTERDIJK, P. *En el mismo Barco. Ensayo sobre la hiperpolítica*. Madrid: Siruela, 2000.
[2] Ibidem, p.16-172.

Babel, consequentemente, conta o começo de uma história do gênero humano atravessada pela "ausência de uma tarefa comum a todos os homens", pelo fracasso da totalitária pretensão de unificar todos os homens em torno de um propósito comum, de um ideal comum, de um destino comum.

Por isso, o mito de Babel "permite ser lido como um mito radicalmente antipolítico ou anti-imperialista", cuja moral seja talvez "a tese de que a cidade tem que fracassar, a fim de que a sociedade tribal possa viver"[3], o que, segundo este autor, compartilharia com a hipótese de alguns estudiosos do antigo testamento, cujos termos assinalam que este relato, igual a tudo o mais do Gênese, não provém da "tradição judia mais antiga, senão que é representativo de uma poética, tendenciosa e crítica com o poder, no tempo da deportação da Babilônia, no século VI a.C."[4] Porém, ainda prossegue Sloterdijk, seria imaginável que uma revisão gnóstica de tal mito contasse que, depois da dispersão, Jeová tivesse modificado sua decisão e conduzido novamente o povo dispersado até Babel, sob o mandato de prosseguir indefinidamente a reunificação. De forma tal que Deus não conseguiu humilhar os homens não tanto com a pluralidade, mas sim com o mandato da reunificação.

Esta forma de ler Babel, como se pode ver, realiza a inversão da carga negativa que historicamente tem pesado sobre a pluralidade, a partir da imagem segundo a qual o castigo infligido por Jeová, ao povo de Babel, traduziu-se em sua confusão linguística e na quebra de sua unidade. Quando, contrariamente, a história de Babel, embora se refira a uma determinada língua e à unidade de um determinado povo, revela a pluralidade inscrita dentro de todas e de cada uma das ordens linguísticas, dentro de todas e de cada uma das configurações da vida em comum.

Porém há algo mais: Babel metaforiza o paradoxo oculto no conceito de Humanidade, sustentado na incansável busca da reunificação; paradoxo político do gênero humano, consistente no fato de que nos corresponde estar junto àqueles que "nos pareça que não podemos ser parte deles". Daí o interessante desta interpretação de Babel que adverte, na história das ideias políticas, a história das tentativas sistemáticas de desativar tal paradoxo:

> Daí que o tema da velha ciência política tenha sido sempre o da contensão dos dramas que, necessariamente, existiam quando os horizontes de

---

[3] Ibidem., p.17.
[4] Ibidem.

pertinência comum, dos grupos e dos povos, se expandiam até a dimensão imperial e alcançavam assim envergadura universal e genérica.[5]

Desativá-la, assim, mediante ficções configuradoras de sociedade; ficções operativas, como bem sustenta Sloterdijk, pois as sociedades existem enquanto imaginam que são sociedades, enquanto seus membros imaginem sua copertinência a uma ordem mais ampla, que os envolve e os une em torno de uma tarefa comum. Talvez caiba acrescentar a isto o ponto em que cada perda dessas ficções chega a assemelhar-se a uma catástrofe, que deixa os homens à intempérie e à busca de novos princípios aos quais se agarrarem, para tentarem novamente a reunificação, ao copertencimento de todos a uma e mesma comunidade.

Não são poucos aqueles que leem as dificuldades de nossos tempos nestes termos, e proclamam a ineludível necessidade de reunificação em torno de novos imperativos, que permitam o cumprimento dessa coincidência perfeita entre convicções e ações. Outros veem, em tais dificuldades, os sintomas de uma ruptura *epocal* que desloca todo princípio homogeneizador e que, ao mesmo tempo, anuncia a emergência de novas formas de vinculação social, formas inéditas de comunidade sem fundamento algum nas comunidades de fato que, passadas ou presentes, responderam à pretensão de cumprimento total da comunidade, ao mito político da comunidade.[6]

É como se, de novo e de outra maneira, retornasse a exibição do inacabamento, a impossibilidade de completude, de saturação, de unificação, de totalização; enfim, a irredutível multiplicidade das línguas e a explosão da unificação, representadas no mito de Babel. E, com essa explosão, novamente e de outra maneira, a busca de novos princípios — que hoje recebem nomes como os de *democracia consensual* e *comunidade ideal de fala* —, para a restauração do copertencimento de todos os homens a um mesmo horizonte unificador.

A atual sensação de estar à intempérie associa-se à perda dessas ficções de confecção moderna que funcionaram outorgando certo *telos*, a partir do qual se deu certeza à produção de sentido e, consequentemente, à

---

[5] SLOTERDIJK, P. *En el mismo Barco. Ensayo sobre la hiperpolítica*. Madrid: Siruela, 2000, p.19.

[6] Como terei a oportunidade de mostrar mais adiante, a partir das contribuições de Roberto Esposito.

produção social da identidade pessoal e coletiva em chave homogeneizadora. História, Futuro, Progresso, Razão, Sujeito, Vontade Geral etc., fazem parte de tais funções inerentes ao ideal fáustico de controle pleno sobre a sociedade e a natureza. Não deixa de ter razão Sloterdijk quando reinterpreta, em chave política, o *dictum* nietzschiano "Deus está morto", para sustentar que isto "implica o deslocamento de todos os nexos e o anúncio de uma nova forma do mundo", pois foi quebrado "o princípio da pertinência comum de todos os homens na unidade de um gênero criado." Quando, parafraseando Nietzsche, ele estabelece o movediço terreno que infunde "esperança e terror ao nosso tempo: Algo está morto e só resta descompor-se com maior ou menor rapidez, embora de algum modo, a vida e a civilização sigam adiante e se aventurarão em novidades ainda inconcebíveis". E quando extrai disso a seguinte consequência: "Entre esse 'algo' que está morto e esse 'de algum modo' encontra-se aquilo que dá o que pensar na terceira idade do mundo".[7]

Poder-se-ia observar que esse *algo* diz respeito ao esgotamento da Modernidade como testemunho da ausência de fundamento tanto no campo epistemológico como no âmbito do político, que significa um "não dá mais" às convicções ortodoxas que acreditavam encontrar os pontos de partida da edificação da ordem social em ideais inquestionáveis, em sujeitos dados, em pactos sociais e regras intocáveis, na vontade geral, na fusão de interesses em um projeto universal compartilhado. Em consequência, trata-se de um "não dá mais" à ideia de comunidade de destino, aliada à ideia do Estado nacional, enquanto objetivação do caráter comunitário, enquanto identidade coletiva do conjunto de cidadãos que habitam dentro de suas fronteiras territoriais, o que pressupôs a ideia de uma comunidade idêntica a si mesma, dona de si própria e fabricante de seu futuro. Do mesmo modo, que o de *algum modo* vem a nomear o devir dos processos vitais, sem que possamos prever de antemão seus desenlaces.

O *entre esse algo* e esse *de algum modo,* no qual se situa o que dá no que pensar em nossos tempos, não parece ser outra coisa senão a trama de múltiplas dimensões, nas quais se experimenta o desencanto, uma vez destruído o projeto moderno de construção da unanimidade, como o representado na torre de Babel.

---
[7] *Op. cit.*, p.66-68.

Uma série de mudanças inesperadas e radicais, que têm seu referente simbólico na queda do muro de Berlim, tem lançado por terra os modelos com os quais as sociedades modernas se viram a si mesmas como encarnação do esperançoso curso da história, encaminhada à consecução da coincidência plena do progresso social com a felicidade humana. Inclusive o mais recente dos otimismos associado ao entusiasmo com o qual foi recebido o desmoronamento dos socialismos é desmentido por acontecimentos alheios às "edificantes" previsões sobre o futuro da Humanidade, que tiveram seu paradigma no ensaio de Francis Fukuyama *O fim da História e o último homem*. Nele, como se sabe, esse autor sustenta a tese segundo a qual a queda do fascismo e do comunismo significava a ausência de oponente ideológico ao capitalismo liberal e, consequentemente, anunciava uma época — a do fim da história —, na qual os diferentes aspectos sociais, culturais e ideológicos ficariam sujeitos ao consenso generalizado sobre este capitalismo.

Por isso, como advertiram vários autores, talvez poucas épocas, como a nossa, tenham se deparado com tantas dificuldades para se pensarem sobre si mesmas, o que tem sua expressão não apenas nas diferentes interpretações, mas nos irreconciliáveis registros e maneiras de abordar os problemas. Umas que, devedoras e repotenciadoras do projeto de homogeneização, prescindem dos dramáticos fatos que caracterizam a atual situação do mundo. Outras que, exercendo a crítica a tal projeto, colocam a ênfase da discussão nos novos conflitos associados à emergência de diversas zonas latentes da dinâmica social e cultural.

Trata-se, neste caso, de dirigir o olhar até as paradoxais reconfigurações que desmentem a tranquila imagem do feliz desenlace da unificação sobre o modelo do capitalismo liberal; entre elas, destaca-se um fenômeno que, a meu ver, constitui parte fundamental desse *entre* do qual fala Sloterdijk, como espaço no qual se encontra aquilo que em nossos tempos dá no que pensar. Refiro-me ao retorno do *pathos* comunitário das culturas dominadas, que emerge por sua vez como denúncia do etnocentrismo característico das culturas dominantes; como defesa da necessidade daquelas culturas de reafirmar sua identidade e reescrever sua própria história; e como um dos eixos fundamentais de conflitos cujos desenlaces resultam imprevisíveis.

Especialmente, se se leva em conta que sua disseminação em escala planetária vai configurando um novo mapa no qual se entrelaçam a reativação da xenofobia, do racismo, da intolerância, das diferentes formas de integrismo e outras dinâmicas (como as inéditas ondas migratórias).

Um novo mapa em cuja complexidade se refazem identidades, comportamentos, crenças, valores, diferenças, exclusões, inclusões, violências; que, definitivamente, altera as confortáveis certezas nas quais nos havíamos instalado para dizer e pensar o que dizíamos e pensávamos. Porém, como em Babel, tampouco deixa de refazer-se a conflitiva coexistência entre a explosão do diferente, a dispersão de identidades e as pretensões de homogeneização que, com outras roupagens, reatualizam as aspirações de retotalização.

Nesse sentido, nossa época pode caracterizar-se pela dissolução das paisagens que, nos sendo familiares, permitiam mover-nos com certa tranquilidade e previsão: o discurso omnicompreensível; a ordem de racionalidade na qual o reconhecimento das esferas diferenciadas de racionalidade se subordinava à busca de algum princípio de valor universal, como fundamento da harmonia final; o Estado como referente mediante o qual os homens reconhecendo-se, a si mesmos e entre si, afirmam-se em sua identidade coletiva; a sociedade pensada como unidade orgânica e imposta a realidades heterogêneas ou a homogeneidade cultural como resultante de referentes unívocos compartilhados. No entanto, parece razoável pensar que o sonho da reunificação humana adquire novas formas e que, no mundo fragmentado e estilhaçado que nos foi dado para viver, a necessidade de dar algum sentido ao vazio no qual estamos confinados não está isenta de converter-se em desculpa, sob a qual se esconde a pretensão do sentido único, onipotente e universalizador, a pretensão totalizadora, que pode ser considerada como o mais aterrorizador dos mitos modernos.

Frente a fenômenos como os indicados, não poderíamos deixar de nos interrogar se é possível substituir a questionada ideia totalitária de comunidade sem cair em outra ideia não menos totalitária que a sustentada pelo discurso político moderno.

E caberia responder talvez sim, sob a condição de ter presente que isso envolve uma radical ruptura com a moderna determinação da comunidade, ruptura na qual o reaparecimento do tema do *outro* e de *o outro* implique a proposição de um novo modo de relação através da assunção da dessemelhança, da diferença. Principalmente, se se considera que a desarticulação do tecido social e a explosão da diversidade podem constituir-se em um lugar propício para os projetos de re-homogeneização social e política, ou para forjar novas formas de conviver em e neles com a diferença, quando o que se continua chamando de sociedade constitui, em cada uma de suas concretas expressões, uma complexa cena híbrida de tempos e lugares, de linguagens, de relações, identidades, desejos e formas de vida, que escapam àquilo que é culturalmente calculável e previsível. A meu juízo, é aqui onde se inscreve uma das questões vitais que, em nossos tempos, dá o que pensar; a questão que pode ser enunciada como o urgente desafio de *reinventar a arte da convivência social*.

A reconfiguração do outro: do inimigo externo ao inimigo interno

Os diagnósticos que, a partir das diversas óticas, se fazem sobre a atualidade coincidem em destacar, como nota distintiva, a má vontade frente aos grandes referentes de sentido do projeto político moderno. Trata-se, como destacou Lipovetsky, entre outros, da dissolução dos projetos prometeicos que mobilizaram a aspiração à vida democrática e à credibilidade nas promessas demiúrgicas de transformação do mundo. Não pôde, pois, ficar incólume o modo moderno de resolução do problema da comunidade, isto é, de sua conformação *ad unum*, traduzido na promessa da comunidade de cidadãos livres e iguais ante a lei que, sob a marca do universalismo da razão, construiu um modo de estar juntos, identificado com o Estado-Nação enquanto instância da comunidade do "dever ser" do Bem comum.

O questionamento de tal modo de resolução não implica a inexistência de vozes que se inquietam e inquietam frente à pergunta de como pensar a comunidade; contrariamente, existem contundentes indícios teóricos e práticos, que nos permitem advertir a importância desse problema no marco dos debates em torno da democracia. Especialmente quando, uma vez dissipada a estrutura bipolar Leste-Oeste, novos conflitos desmentem o ingênuo otimismo segundo o qual a queda do muro de Berlim — tida como figura emblemática do início de uma *nova ordem mundial* — representava a abertura a um mundo em que a economia global, sustentada nos valores do Ocidente triunfante, resultasse numa nova ordem harmoniosa e pacífica, marcada pelo triunfo das ideias liberais.

E quando novos conflitos, com decisivos componentes de caráter cultural, substituem os conflitos precedentes associados à determinação de nítidas fronteiras entre nações-estados e sistemas ideológicos. Assim, por exemplo, Somália ou o *Volksgeist* sérvio contra o croata e o muçulmano bósnio, testemunhos destes violentos choques cujos devastadores efeitos, nos dizem, entre outras coisas, que um mesmo motivo os anima: a ideia de uma comunidade ou de um "Nós" homogêneo, que domine de maneira absoluta e, com isso, de uma comunidade baseada na pertinência a um "espírito majoritário" ou ao consenso que, neste caso, quer dizer o mesmo. Também, os milhões de refugiados, deslocados, e vítimas de xenofobia e racismo — exacerbados com os "movimentos migratórios" intra e intercontinentais — que, em incontáveis ocasiões, mostram acordos discriminatórios e a persistência, sob novas formas, da construção do outro como ameaça real ou potencial enquanto construção inerente à pretensão de cumprimento da comunidade idêntica a si mesma.

Novas formas de construção do outro que mostram o questionado por Esposito, em termos do "final da lógica da inimizade", tal e qual essa se fixou e tornou-se específica conceitualmente com a Modernidade, a saber, a configuração do inimigo enquanto presença externa ameaçadora e, ao mesmo tempo, o oposto necessário para a determinação do "nós" como o mesmo, o interno, o dentro, isto é, do outro requerido para a autoidentificação e seu fortalecimento. Lógica na qual o inimigo se determinou como: ...o outro, o externo, o fora em relação do qual só é definível o mesmo, o interno, o dentro. "Pois a autoidentificação precisa de uma fronteira estável, segura, visível para poder consolidar-se: um espelho frontal no qual possa se reconhecer; um negativo através do qual possa se afirmar."[8]

Trata-se, por isso, do final do *sentido de uma lógica epocal*, ajustada pela distinção amigo-inimigo. Com a queda do Muro de Berlim — definida por Esposito como a expressão mais contundente do desvanecimento de dita lógica —, não só desapareceram as fronteiras como também a própria ideia de fronteira como linha de demarcação entre campos exteriores que se enfrentam um ao outro, não sem consequências sobre a distinção amigo-inimigo. Porque, uma vez pulverizada esta linha, desaparece não só o inimigo externo como também o amigo, não só o outro exterior como também o mesmo: "com o Outro desaparece também o mesmo. Com o adversário, também o Irmão". Eis porque o risco da invasão e da explosão é substituído pelo da decomposição e da implosão, toda vez que *o outro — os outros — não desapareceram*, mas se transfiguraram.

Assim, pois, o inimigo já não é o outro-externo, o de fora claramente identificado e visível como inimigo exterior; entretanto, isto não significa que a percepção do outro como presença ameaçadora tenha

---

[8] ESPOSITO, R. "Enemigo, extranjero, comunidad". In: Cruz, M. (comp.). *Los filósofos y la política*. Madrid: Fondo de Cultura Económica, 1999, p.69-83.

desaparecido e, com ela, os sentimentos, atitudes e comportamentos negativos que provoca.

Significa que — uma vez perdida a identidade resultante da clara identificação do outro como inimigo que nos identificava claramente como seu outro — o inimigo se constrói de outro modo: transformando-o na ameaça interior da ordem, no intruso ao qual se está permanentemente exposto, no inimigo que não se tem fora, em frente, mas dentro, ao lado.

O inimigo externo é substituído pelo *inimigo interno... o estrangeiro interno — o imigrante, o mestiço, o apátrida, o prófugo, o refugiado —* que encarna a ameaça, provoca o medo, a discriminação e o ódio reativos. Essa figura, ao contrário do inimigo externo, não é claramente identificável em suas intenções nem em sua força, é:... demasiado semelhante e próximo para que se possa combatê-lo explicitamente; e demasiado diferente e fugidio para que se possa integrá-lo. Não é nem o um nem o outro; não pertence totalmente nem a nós mesmos, nem a eles: porque é justamente a identidade que rompe a lógica binária, o enfrentamento e o choque "a dois" ao que a Modernidade nos habituou...

E por isso dá medo: porque a ele não se pode responder nem com uma luta frontal, nem com uma aceitação indiscriminada. Não resta senão que mantê-lo no umbral que ele já cruzou, ameaçando continuamente de expulsá-lo, porém sem nenhuma possibilidade real de fazê-lo.[9]

Tal reconfiguração do outro se inscreve em uma condição epocal caracterizada pela paradoxal coexistência de práticas globais de homogeneização e de implosão/repressão de particularismos: "A queda dos muros externos foi substituída pelo empurrão irresistível, porque é com frequência inconsciente, a erigir novos e exclusivos muros internos". Neles se situam e a eles respondem as novas formas de dominação cujo exercício mostra que "o mecanismo sacrificial sempre está preparado para entrar em funcionamento".

Se entendemos por tal mecanismo a lógica da submissão de uns por outros — a cujo exercício foi constitutiva a fabricação do outro como ameaça à qual tem de assimilar, isolar, excluir ou eliminar —, a questão que está em jogo é a ligação entre a construção do outro como uma ameaça interior e a reatualização do mito da comunidade, nas novas versões que seguem arrastando a pretensão de cumprimento da comunidade total, indivisa; fa-

---

[9] ESPOSITO, R. "Enemigo, extranjero, comunidad". In: Cruz, M. (comp.). *Los filósofos y la política*. Madrid: Fondo de Cultura Económica, 1999, p.74.

zendo-o ao fio dessa figura a que se tem dado o nome de *consenso*. Figura na qual volta a adquirir corpo a força do mito da comunidade total e na qual pode advertir-se, como consequência, a repetição ininterrupta do início que faz do mito, mito; inevitável expressão, como afirma Esposito, de todo projeto desmitificador, pois:

> a "máquina mitológica" alimenta-se da carga energética do próprio objeto no mesmo momento no qual o restabeleça potenciado: mito do mito, mito do mito... Se há algo que o mito não pode tolerar é sua interrupção, dado que ele não é mais do que a ausência de interrupção.[10]

Estas palavras convidam a se fazer a pergunta por aquilo que, do moderno mito político da comunidade, chega até nós sob novas formas. Porque o mito político, como observa Esposito, não é o que despoja a democracia de seu valor essencial, mas a própria atribuição desse valor, cujo conteúdo não é outro senão o cumprimento da comunidade total, enquanto referência constitutiva da mítica representação da democracia.

Não são poucas as perguntas que se desprendem de tal proposição; entre elas: o que ocorre hoje quando o mito de cumprimento da comunidade total já não tem seus encaixes nas ideias de Povo e de Nação? Que fazem as novas versões do mito da comunidade com a democracia e com a política? Estas perguntas reenviam à ideia de política na qual se enraízam os discursos que saturam as sociedades atuais e atravessam continuamente nossas práticas, embora poucas vezes dirijamos nossa atenção no sentido do que eles nomeiam e ao mesmo tempo não nomeiam para além da noção geral de política com a qual, em que pesem suas diferenças e para além delas, compartilham.

Trata-se da ideia condensada na definição da política como "arte do possível", na qual "arte" vem a significar "técnica de gestão", e "possível", esse realismo dos objetivos e meios para a solução, sempre postergável, das necessidades dos indivíduos e dos grupos sociais. Diante da interrogação anunciada, retomarei o firme questionamento que realiza Rancière a esta ideia da política, e tentarei respondê-la desde seu inusitado modo de se encarregar da pergunta por aquilo que, na atualidade, se chamam política e democracia.[11]

---

[10] ESPOSITO, R. *Confines de lo político*. Madrid: Trotta, 1996, p.109 (A expressão "máquina mitológica" é tomada de Heidegger).

[11] RANCIÈRE, J. *El desacuerdo. Política y filosofía*. Buenos Aires: Nueva Visión, 1996 (Apoio-me basicamente no capítulo denominado "Democracia e consenso", no que segue colocarei a respectiva referência da página quando o considerar pertinente).

Se a comunidade de destino nacional foi a metanarrativa sobre a qual se edificou o "contrato social", como a grande metáfora fundadora da racionalidade política moderna que, com suas variações, presidiu as formas de gestão e organização da vida social, atualmente um novo mito da comunidade toma corpo no relato de um *"estado idílico do político"*, associado ao modelo da *democracia consensual* ou *pós-democracia*, como prefere chamá-la Rancière para nomear, com esta palavra, o paradoxo constitutivo do que hoje se entende por democracia, a saber, *a exaltação da prática consensual de apagamento das formas do fazer democrático.*

Porque se trata dessa prática que opera legitimando um modo de democracia reduzida ao jogo dos dispositivos estatais e as buscas de equilíbrio entre os interesses parciais, uma vez liquidado o litígio político fundamental concernente à *própria conta das partes,* ao conflito por conta dos sem parte e sem conta. E, com isso, a anulação de um singular *modo de subjetivação da política* pelo qual o fazer democrático torna-se tal, enquanto interrompe toda ordem de distribuição e gestão dos corpos.

Para que a supressão do litígio chegue ao fim, prosseguindo com Rancière, a pós-democracia pressupõe as partes e a sua comunidade como já constituídas e "a conta de sua palavra como idêntica à sua execução linguística"; daí que seu funcionamento envolve a ligação entre dois regimes determinados. O regime da *opinião* e o regime de *direito* postulados, ambos, "como de identidade completa da comunidade consigo mesma". O regime de opinião suprime as formas de litígio político determinando a comunidade idêntica a si mesma como soma sem alteração da "opinião pública" e desta com os sistemas de enquetes e simulações. Trata-se do regime que constrói o "dizer político" padrão e estandardizado, ao qual se associa a assim chamada "autêntica" participação política maciça, através do espetáculo dos meios de comunicação e da midiatização das massas da política reduzida a notícias, entrevistas, enquetes, sondagens de "opinião" etc.

Ou, para dizê-lo de outra maneira, das formas de participação política transladadas até as formas de organização dos meios de comunicação, nas quais a "arte do possível" adquire a forma de gestão da opinião, de imposição de uma ordem discursiva, de uma ordem do "dizer político" ao qual Baudrillard denominou e analisou como ordem do *simulacro*.[12] Decorre daí aquilo que realmente faz o regime pós-democrático da opinião

---

[12] BAUDRILLARD, Jean. *Cultura y simulacro*. Barcelona: Kairós, 1993, p.127.

sob o regime do simulacro: fazendo da opinião um objeto que depende de sua produção e consumo maciço, liquida a dimensão política da opinião pública e o espaço público de aparição do litígio político. Parafraseando Baudrillard, uma vez suprimido todo brilho político, resta a ficção de uma opinião pública.

O regime do direito leva ao fim tal supressão produzindo uma forma de identidade da comunidade consigo mesma a partir de um conceito de direito que procede a identificação entre a comunidade e o direito como sua essência.

O *Uno* reaparece em "um regime de unidade de todos os sentidos do direito, postulado como regime de identidade da comunidade". O que aqui está em jogo é justamente a dissolução da comunidade como comunidade de litígio político, e sua constituição como um balanço das partes já dadas enquanto reflexo da essência de uma comunidade juridicamente determinada. Neste balanço, a cidadania *local e associativa* é postulada como empresa que torna visível a identidade entre a comunidade assim constituída e o indivíduo concebido como *o microcosmo do grande todo*, o grande todo conformado pelo intercâmbio de direitos e opiniões. Daí então que, contrariamente ao argumentado pelas teses comunitaristas, as proposições de Rancière apontam no sentido de mostrar, com grande acerto, que não se trata do reinado do narcisismo como desencadeamento do individualismo sem limite, pois:

> No espelho de Narciso o que se reflete é a essência desta comunidade. Nele se vê o "indivíduo", nele se exige que ele se veja como militante de si mesmo, pequena energia contratante que corre de vínculo em vínculo e de contrato em contrato, ao mesmo tempo que de gozo em gozo. O que se reflete, através dele, é a identidade da comunidade consigo mesma, a identidade das redes da energia da sociedade e os circuitos de legitimação estatal.[13]

Neste jogo de espelhos que opera mediante os dispositivos do regime da opinião e do regime de direito, a única forma de ser-em-comum é a fabricada pela lógica consensual. Com isso, tem lugar "uma nova visibilidade do outro na nudez de sua diferença intolerável, [que] é verdadeiramente o resto da operação consensual". A divisão reaparece, porém acusando ou neutralizando a alteridade do outro enquanto forma de subjetivação política na qual aparece a conta dos incontados e, consequentemente, constituindo "um um-que-sobra" como ameaça para a comunidade

---

[13] Ibidem, p.144.

consensual. A guerra de todos contra todos, a constituição de cada indivíduo como ameaça para a comunidade, são o estrito correlato da busca consensual da comunidade inteiramente realizada como identidade refletida em cada membro do povo e da população. A supressão da distorsão reivindicada pela sociedade é idêntica à sua absolutização.[14]

Neste ponto, resultam cruciais as seguintes perguntas feitas por Esposito: "Como romper com esta lógica opressiva e opressora?", "Como utilizar o potencial de transformação que o trânsito do inimigo externo ao inimigo interno leva dentro, sem deslizar até uma nova, e mais incontrolável, forma de xenofobia?".[15] Trata-se de perguntas cujas respostas reclamam a tarefa de repensar a comunidade, interrompendo sua mitologia. Porém, por sua vez, do tipo de perguntas implicadas em tal tarefa se entendemos que nela está em jogo a abertura à questão da alteridade, à qual se liga o traçado de outro a pensar a comunidade liberada do molde do próprio, incluído no reconhecimento da diferença quando a compreendemos sob tal molde como seu fundo comum. Nestas perguntas ressoa o chamado para libertar a comunidade do mito da comunidade.

Nessas perguntas, ressoa o convite para se considerar a comunidade como um desses problemas cuja contemporaneidade não consiste na sua adaptação às circunstâncias do presente, mas no seu abrir ao exercício do pensamento "inatual" no sentido nietzschiano; quer dizer, o pensamento que não busca restaurar, reafirmar ou reformar, senão fraturar as figuras que permitem nos instalarmos comodamente no presente, movendo-se contra aquilo que nele tem a força do inquestionável, fazendo explodir o homogêneo, dissolvendo totalidades, fraturando o contínuo, multiplicando as trajetórias, dispersando e disseminando o sentido. Ressoa, pois, a chamada para libertar a comunidade do mito da comunidade.

Qual comunidade? Sem dúvida, não a comunidade que, fundada na "essência do gênero humano", confere identidade última ao indivíduo como singularização do universal "homem"; nem a comunidade postulada a partir do mesmo destino comum, do mesmo projeto, dos mesmos ideais políticos, ou do universalismo jurídico construído como a igualdade formal de todos diante da lei. Tampouco a comunidade consensual da pós-democracia, nem a comunidade universal do diálogo fundada no ideal comunicativo (a protagonista comunidade habermasiana). Não a comunidade referida em relação aos que têm a mesma raça, a mesma língua, a

---

[14] BAUDRILLARD, Jean. *Cultura y simulacro*. Barcelona: Kairós, 1993, p.147.

[15] Em "Enemigo, extranjero, comunidad". *Op. cit.*, p.75.

mesma cultura, o mesmo sexo, ou a mesma religião; nem a comunidade invocada pelo abstrato "retorno à sociedade civil", sustentado no tecido institucional que passaria a constituir-se em uma espécie de *oikos* público para a manifestação de identidades coletivas, supostas como já dadas. Em suma, nem velhas nem novas formas de *reductio ad unum*, se aceitamos que a esta lógica lhe foi consubstancial a violência até as irredutíveis pluralidade e diferença, constitutivas das formas de vida social.

Então... *Qual comunidade*? Responder a esta pergunta a partir do nexo entre comunidade e alteridade implica, como tentarei mostrar, um giro radical no modo de pensar a comunidade, e não simplesmente reinterpretá-la frente às circunstâncias atuais. Com isso quero dizer que não se trata só de incluir no léxico político a reivindicação da diferença, das diferenças, pretendendo com isso a substituição do Mesmo pelo Outro. A tarefa torna-se mais complexa, porque está em jogo, entre outras questões fundamentais, liberar-se do princípio de identidade que estabelece o Mesmo e o Outro, desconstruir a lógica da *identidade–diferença* que funciona na identificação e na identificação do outro, cuja diferença se situa em uma ordem não alheia à regulada por tal princípio. Trata-se, pois, do questionamento radical de tal lógica, do próprio modo em que se constitui a identidade da comunidade, sem o que tal reivindicação não é senão o reverso da comunidade idêntica a si mesma.

Trata-se de liberar a comunidade de seu mito, de interromper o mito político da comunidade. Porque a interrupção de tal mito é, ao mesmo tempo, o radical questionamento das velhas e novas formas do discurso totalizador da democracia e das práticas, mediante as quais se exerce o que Esposito assinala como *totalitarismo democrático*, expresso na supressão da radical pluralidade e diferença constitutivas da vida humana. E porque não se trata tanto das específicas ideias e valores que se tecem nos discursos quanto da lógica que os atravessa: a lógica d*o Uno* que operou e continua operando sob o fervor pelo consenso, o qual sustenta o entendimento e uso da ideia de comunidade na convicção segundo a qual as crenças, maneiras de pensar, normas de ação e valores de um coletivo que apela à sua identidade, devem ser assumidas do mesmo modo por todos os seus membros. Entendimento e uso pelos quais a comunidade consensual contém um paradoxo, a saber, que a postulação do direito à diferença frente a outros comporta, ao mesmo tempo, a sua negação quando se trata de atos coletivos de identidade, enfeitiçados como Narciso com sua própria imagem.

Quando o outro entra em cena como outro

Liberar a comunidade do mito da comunidade é a tarefa para a qual convergem as perspectivas de pensadores como Derrida e Esposito — não são os únicos, é claro—, em cuja cumplicidade de perspectiva é possível observar a ligação entre comunidade e alteridade, implicada na fecunda conversão semântica com que constituem a palavra comunidade, no modo de pensá-la interrompendo seu mito. Naturalmente, aqui apenas oferecerei uma aproximação a tal conversão e ao que ela nos leva a pensar.

Começarei, pois, retomando alguns dos pressupostos nos quais Derrida[16] coloca em jogo uma perspectiva decididamente comprometida com tal interrupção, na qual se tecem sua particular maneira de entender a relação de alteridade, sua proposta de uma "*certa política da amizade*" e seu radical restabelecimento de comunidade. Vejamos de que forma.

Para Derrida[17], não existe nem pode existir uma ética da alteridade radical se se renuncia à forma de pensá-la que recorra à concepção do outro como um *alter ego*. Por um lado, porque esta renúncia implica, na ordem da ética, exercer o gesto inerente a todo ato de violência: "Se o outro não fosse reconhecido como ego, toda sua alteridade viria abaixo." É justamente a constituição do outro como *alter ego*, e seu aparecimento como tal, aquilo que o constitui em sua irredutível alteridade, ou em outras palavras, irredutível a *outro eu-mesmo, a meu ego*; é tal constituição e seu modo de aparecer o que permite ao outro "dizer, como a mim, 'ego', e por isso é o outro, e não uma pedra ou um ser sem palavra em minha economia real. Por isso, se o que se quer, é rosto, pode me falar, me ouvir, e eventualmente mandar em mim." Por outro lado, porque o outro — que para mim é outro *ego*— posso saber que "se relaciona comigo como com outro", posso saber que sou "*outro para o outro*", sem o qual carece de sentido o movimento de transcendência até o outro, como abertura à não violência ética proposta por Levinas.

---

[16] Sigo aqui especialmente os seguintes textos de Jacques Derrida: "Violencia y metafísica. Ensayo sobre el pensamiento de Emmanuel Levinas". In: *La escritura y la diferencia*. Barcelona: Anthropos, 1989, p.107-210; *Políticas de la amistad*. Madrid: Trotta, 1994; e *Espectros de Marx*. Madrid: Trotta, 1995 (neste último, particularmente o primeiro capítulo, intitulado "Inyunciones de Marx").

[17] Em "Violencia y metafísica". Tais proposições expressam o desacordo de Derrida com o questionamento de Levinas a Husserl, nos termos de sua neutralização da alteridade infinita do outro, de sua redução ao mesmo por haver recorrido à conceituação do outro como um *alter ego*.

Sem *alter ego* e sem assimetria que constitua a relação da alteridade, a violência "seria uma violência sem vítima... [e] sem autor", e, consequentemente, uma violência que não se poderia afrontar. Se o outro não fosse um ego "de certo modo, o mesmo que eu", se não fosse um *alter ego*, não seria esse outro com o qual me relaciono como outro, não acederia ao sentido do outro em sua irredutível alteridade, não "falaria ao outro como outro a partir de seu aparecer-para-mim-como-o-que-é: outro". Assim, na anulação do outro como *alter ego* reside a possibilidade da violência; enquanto, contrariamente, aceder ao outro como *alter ego* é o gesto que se aproxima à não violência e implica ao mesmo tempo saber que eu sou *também essencialmente o outro do outro*. Por isso pode-se dizer que a relação de alteridade implica uma estranha relação: a assimetria na qual não posso reconhecer o outro como outro, mais do que na diferença.

Quando Derrida afirma que não existe *différance* sem alteridade, nem alteridade sem singularidade, nem singularidade mais do que no "*aqui-agora*"; ou, quando sustenta que "a heterogeneidade abre ao contrário, deixa-se abrir pela própria fratura daquilo que aflui, vem ou fica por vir — unicamente outro"—[18], o que ele nos diz, entre outras coisas, é que a diferença entendida como uma relação de alteridade com a singularidade de outro e do outro também é uma relação com o que vem ou fica por vir, como acontecimento. Ele está nos dizendo que o pensamento da diferença é o da singularidade do acontecimento, da experiência do advir que acontece a partir do outro e o outro da experiência irredutível ao previsível ao programável, pois remete ao outro e a outro que não posso e não devo determinar de antemão, ao outro que não pode nem deve permitir que se o determine de antemão.

Dessa afirmação pode-se sustentar que ela contém, ao mesmo tempo, a resposta a uma chamada e uma chamada: a do pensamento antimítico da comunidade que se encarrega da paradoxal comunidade sempre por-vir. O pensamento feito de desafios *no bom sentido* — como afirma o próprio Derrida— transgride pois a divisão universalidade/singularidade, fundadora de outras oposições com e a partir das quais funcionou o modelo herdado da política e o da comunidade política: "por um lado, o secreto-privado-invisível-ilegível-apolítico, no limite sem conceito; por outro lado, o manifesto-público-testemunhal-político-

---

[18] Em *Espectros de Marx*, p.47.

privado e o público, homogêneo ao conceito."[19] Divisão e oposição que impediram formar e forjar com a linguagem a singular comunidade de singularidades: a estranha comunidade da não pertinência, da completa diferença, sem medida comum, sem prescrição, sem presença, sem semelhança nem proximidade, sem essência nem conveniência; daí sua pergunta e sua resposta: *"Fim da oikeiótes? Talvez"*. A estranha comunidade, na qual a chamada — a quem se diz: vem — que se faz aos amigos que só "buscam se reconhecerem, sem se conhecerem", implica inclusive uma ruptura mais radical, a saber, que a chamada não os torna todos semelhantes mas, sim, dessemelhantes e, talvez, irreconhecíveis e potenciais inimigos; pois com esta chamada àqueles que, por sua vez, nos interpelam, a eles não se pede *"que sejam semelhantes a mim, a nós"*. A esta comunidade referem-se enunciados constitutivamente paradoxais como o de Blanchot: *comunidade dos que não têm comunidade* e que, no dizer de Derrida, resulta insustentável, inconcebível, ilegível, "risível inclusive...à burla da boa consciência filosófica, aquela que pode acreditar manter-se à sombra das Luzes".[20]

Ao forjamento na linguagem desta misteriosa comunidade, responde a proposta derridiana, como resposta a uma chamada — Nietzsche, Blanchot, Bataille —, e como chamada a forjar o pensamento por vir da comunidade por-vir. O pensamento que dá lugar àquilo que, desde as referidas oposições, tem sido excluído como algo alheio à *res pública* e, consequentemente, como o que "não poderia fundar uma política", a saber, "a amizade". Mas se trata de uma outra concepção de amizade, liberada das categorias que constituíram seu modelo em termos de reciprocidade, proximidade, similitude, conhecimento etc. Trata-se de uma concepção que "volta a colocar em questão aquilo que 'amizade' tem sempre pretendido dizer" e que inclui rememorar e recriar uma pergunta:

> em que novidade se conservara a mesma forma que deu Platão, em Lisis, no momento de despedir-se com um fracasso: não "que é a amizade?" mas, sim, "que é o amigo?". Quem é ele? Quem é ela? Quem, a partir do momento em que, ..., todas as categorias e todos os axiomas que constituíram o conceito de amizade em sua história resultaram estar ameaçados de ruína: o sujeito, a pessoa, o eu, a presença, a família, a familiaridade, a afinidade, a conveniência [*oikeiótes*] ou a proximidade, e deste modo, uma certa verdade e uma certa memória, o parente, o

---

[19] DERRIDA, *Políticas de la amistad*, p.306.
[20] Ibidem, p.61-62.

cidadão, e a política (*polítes* e *politeía*), o próprio homem mesmo —e, claro, o irmão que capitaliza tudo.[21]

Quem? O *quem* da amizade não é o próximo, o semelhante, mas aquele ao qual se chega a chamar amigo na própria experiência da relação de alteridade: deixando vir o outro como outro, como o outro que me faz o possível sair de mim mesmo e que, ao mesmo tempo, é "*condição de minha imanência*". O quem da amizade é o outro —os outros aos quais não se pede que sejam como nós, aos quais não se procura conhecer mas reconhecer, como já se assinalou; isso se refere, inclusive, ao inimigo irreconhecível. Por isso, é também o *quem* relativo a nós, à pergunta por quem somos quando dizemos "nós". É, enfim, o *quem* da amizade quando, com Blanchot, compreende-se como essa "relação sem dependência" que "passa pelo reconhecimento da estranheza comum, que não nos permite falar de nossos amigos, mas tão somente falar-lhes", como "o jogo do entendimento" no qual se mantém "a distância infinita, esta separação fundamental a partir da qual aquilo que separa se converte em relação". Distância ou intervalo que impede dispor do outro, nos pondo "em relação a um com o outro na diferença e às vezes no silêncio da palavra".[22]

A aposta da pergunta pelo quem da amizade, prossegue Derrida, é também política, pois quando o quem da amizade é formulado rompendo com as categorias e os axiomas aos quais ele refere no recém-citado fragmento, politicamente acontece algo: abrir na política — não naquela que tanto preocupa e ocupa os *políticos* e os *politólogos* — um espaço a *uma certa política da amizade*. Esta, na qual os amigos da verdade — sem nela estarem instalados nem a possuindo — mostram "uma contradição que habita o próprio conceito de comunidade", a saber, que "o comum é raro, e a medida comum... uma raridade para os raros" e, no mesmo gesto, denunciam aquilo que fazem os dogmas do "ser comum" e "ser-em comum" : "nunca outra coisa senão raciocinar para prender."[23]

Se o comum não é o comum de uma dada comunidade, tanto o comum como a comunidade tornam-se problemáticos e, consequentemente, convocam a se estabelecer a questão relativa ao que significa comum e comunidade, quando estas palavras já não dizem o que se acreditava que diziam. Trata-se, como adverte Derrida, de uma questão que não só nos

---

[21] Ibidem, p.324.

[22] Citado por Derrida. Ibidem, p.325.

[23] Ibidem, p.64.

arrasta à vertigem semântica, mas que também diz respeito às perguntas "que fazer politicamente com a necessidade dessa vertigem?", "que outra política pode ditar-nos essa outra comunalidade do 'comum'?". Naturalmente, estamos frente a perguntas para as quais não pode haver respostas tranquilizadoras; delas faz parte a hipótese que Derrida põe nos seguinte termos. Se a amizade torna-se sem valor, o valor do comum para pensá-la, se a amizade configura-se como o lugar que interrompe o ser-comum e o ser em-comum, então a amizade não responde à ordem do comum, nem à do não comum; à ordem da pertinência, nem à da não pertinência; à da proximidade, nem à da distância; à do interno, nem à do externo. Tampouco, por consequência, à ordem da comunidade quando esta nomeia a pretensão de medida comum, pois a amizade "apela a significações completamente diferentes às da parte ou do comum."

Justamente por não responder a tais ordens, a questão da amizade em seus alcances políticos é, fundamentalmente, a abertura ao que queremos, podemos e devemos dizer a nós, quando com a palavra comunidade não se quer dissolver a alteridade do outro, quando assumimos, também com Derrida, "que não se trata agora de fundar a democracia, mas de abrir-se ao porvir ou, melhor dizendo, ao 'vem' de uma certa democracia... que não seja agora um insulto à amizade [pensada] além do esquema homofraternal e falogocêntrico"[24]. E, sobretudo, quando nos está levando a pensar que qualquer comunidade política sem referência ao princípio da alteridade é uma comunidade estabelecida com ausência de justiça,[25] pensada esta além do direito e da moral, e além ainda da juridicidade e de todo moralismo. Porque a justiça, como relação com o outro como outro (Derrida retoma aqui a proposição levinasiana), não é a justiça distributiva — o lugar para a igualdade que se calcula e dá lugar a essa forma de fazer justiça limitada à restituição e resolução jurídica —, mas a "incalculabilidade do dom e a singularidade na exposição não econômica a outro."

A justiça da qual aqui se fala não é a que só compensa um insulto, a que restitui algo que é devido ou a que aplica um direito; tampouco é a que só vem a reparar a injustiça; mas é a "do dom ao outro como o dom do que não se tem, [deixando] ao outro aquilo que lhe corresponde como próprio." A justiça da qual aqui se fala é a da relação com o outro como outro

---

[24] Citado por Derrida. Ibidem, p.338.
[25] As considerações que seguem seu apoio nas proposições que Derrida expõe em *Espectros de Marx,* p.30-42.

e, como consequência, a que não se deixa reduzir à harmoniosa conjunção dos diferentes e dos desacordos, pois sua *condição destotalizante* leva consigo *a necessária dis-junção*, pela qual se mantém aberta à alteridade do outro, à sua vinda como singularidade absoluta e inantecipável. Assim, pois, trata-se da justiça que reclama e, ao mesmo tempo, rege esta comunidade sempre por-vir, esta paradoxal "comunidade *dos que não têm comunidade",* esta comunidade na qual se deixa aparecer a opacidade das insolúveis tensões que atravessam as relações com o outro, sem ceder à pretensão da absoluta transparência da comunidade e a de seu cumprimento total. Essa comunidade que não busca:

> manter unida a disparidade, mas nos colocar ali, onde a mesma disparidade mantém a união, sem prejudicar a dis-junção, a dispersão ou a diferença, sem apagar a heterogeneidade do outro...[que] nos pede que nós vamos ao porvir, que nos juntemos nesse nós, lá onde a disparidade vai a esse singular juntar, sem conceito nem garantia de determinação, sem saber, sem ou antes da sintética junção da conjunção ou da disjunção. A aliança de um voltar-a-juntar sem com-junto, sem organização, sem partido, sem nação, sem Estado, sem propriedade [...].[26]

Essa estranha comunidade também tem ressonâncias nas reflexões de Esposito, o qual — a partir do reconhecimento relativo à mítica e totalitária pretensão de cumprimento pleno da comunidade como referência constitutiva da representação da democracia — questiona a contraposição que o pensamento político estabeleceu entre o mito em seu sentido político — como o risco que, sendo exterior à democracia, constitui sua ameaça — e a sdemocracia como regime político, capaz de enfrentar o mito e assegurar assim a transparência da política. E, com esta contraposição, seu pressuposto: o referente ao "nexo orgânico entre mito e totalitarismo".[27]

Frente a esta bipolaridade que coloca, de um lado, o nexo entre democracia e valor, e de outro, o nexo entre mito e totalitarismo, Esposito sustenta — em contrapartida à tradição liberal-ilustrada— que "o totalitarismo não é o outro, senão o revés da democracia." Sua crítica à separação linearmente estabelecida pelo Humanismo liberal entre democracia e

---

[26] *Políticas de la amistad,* p.43.

[27] Tal questionamento é exposto em dois capítulos de seu livro *Confines de lo político*: "Democracia" y "Mito". A partir daqui, farei referência às páginas correspondentes quando o julgar pertinente.

totalitarismo atravessa duas convicções presentes em tal separação: a referente à dicotomia mito/democracia enquanto dicotomia ético/política fundada no *valor essencial da democracia*, e a relativa à *definição da democracia como valor*.

Tecendo o questionamento da condição de valor essencial que o mito político atribui à totalitária pretensão de cumprimento da comunidade e o da sinonímia estabelecida entre democracia e valor, o pensamento que interrompe o mito político da comunidade é o pensamento que subtrai, da democracia, a sua mítica autorrepresentação como encarnação do Uno, do Bem, da Justiça; o pensamento para o qual a comunidade não é nem o valor, nem a finalidade, nem o conteúdo da democracia.[28] O pensamento, enfim, que desconstrói no próprio interior do político toda a pretensão totalizante e, com isso, libera a democracia da pretensão de realização da comunidade plena, idêntica a si mesma. Sobretudo, porque, aceitando "a definição negativa da democracia como ausência de comunidade'—, faz isso convertendo afirmativamente tal ausência em *presença ou intensidade, imprescindível à democracia*: "A vida da democracia está ligada à percepção de tal intensidade. À sua interminável atenção. Nesse sentido, tal ausência deve estar também presente, como limite externo e interno que parte a democracia e a suspende, a expõe ao seu outro, ao seu impossível excesso".[29]

Por isso, a interrupção de tal mito pressupõe o abandono da linguagem politológica, jurídica, sociológica ou econômica; esse abandono que leva a descobrir, na pretensão homogeneizante, o solo no qual se enraízam *a debilidade e a dissolução da democracia*. Esse abandono que, no dizer de Esposito, Bataille traduziu na recepção de outro mito como a única forma de se opor "ao mito 'monocéfalo' da democracia", enunciado como "mito da ausência de mito, mito sem mito", a saber, o de uma "sociedade 'policéfala'... que ponha em movimento o caráter acéfalo da existência".

O que esta sociedade, evocada por Bataille, quer dizer não é outra coisa senão "o afundamento de todos os mitos fundacionais da política, o abandono de qualquer radicação em uma pátria comum", esse lugar irre-

---

[28] Trata-se do pensamento que se inicia com Nietzsche e seu exercício desconstrutivo da autovaloração extrema da democracia *"como o valor político por excelência"*, e da solicitação de retorno aos valores que se pressupõem atraiçoados pela democracia, e prossegue com as teorizações pós-nietzschianas da democracia, elaboradas por Weber, Kelsen e Shumpeter, os quais, no julgamento de Esposito, convergem em "subtrair toda palavra política da comunidade, e todo valor comunicativo da democracia".

[29] *Confines de lo político*, p.52.

nunciável da "metafísica da Pertinência", em virtude da qual se produz a incessante recreação "da comunidade do mito e do mito da comunidade". Com isso, a abertura ao pensamento antimítico da comunidade e da democracia cruzado por esse paradoxo que consiste, por um lado, na assunção de seu exercício como pensamento do limite do mito — não de seu final — e, por outro lado, no reconhecimento segundo o qual "uma vida sem mito não é pensável nem auspiciosa", pois coincidiria "com uma vida subtraída da palavra, da esperança, da obra". Paradoxo pelo qual o pensamento antimítico vem a ser o que é, em virtude de que fratura a contínua pretensão de reunificar as vozes. Mas, como adverte seguidamente Esposito:

> não com o sentido de abolição daquilo que é "comum", e portanto de retorno a um novo Absoluto individual... Mas ao contrário, naquilo que reabre a imanência absoluta —do indivíduo e da comunidade — à superação do limite, à diferença compartilhada de uma comunidade de singularidades.[30]

Assim, pois, a comunidade da qual nos fala Esposito é a comunidade incompleta e, por isso mesmo, a comunidade irrepresentável e indizível, a que não desfaz — em nome da organicidade e da absoluta transparência — suas diferenças, fricções e conflitos. É, enfim, a comunidade que desafia a obsessão pela inclusão das práticas sociais em um único e orgânico corpo social, em um único núcleo político, jurídico e cultural, em um único sistema simbólico. E, consequentemente, a comunidade na qual e pela qual a experiência democrática rompe a forçosa homogeneidade, as múltiplas formas de ocultamento e cancelamento da diferença e da alteridade, se concordamos com este autor no entendimento da democracia como aquilo da qual não existe essência em nome da qual proceder a sua refundação, como aquilo "que não ilude e não consola, que não sonha com terríveis conclusões: o uno, a imanência, a transparência", pois ela:

> ... não faz mais do que abrir — ou abrir-se — a/àquele espaço de liberdade que coincide com uma in-essencialidade irremediável, isto é, com nada que não seja a própria existência. Ela conserva amorosamente os traços do próprio "vazio político". Conserva e cuida inclusive desde o hóspede mais inesperado, até o mais estrangeiro.

E, também:

---

[30] *Confines de lo político*, p.110.

Sustentar o incomunicável, salvar os indivíduos desse excesso de transparência que ininterruptamente os arrasta a uma comunicação sem fim. Baixar a voz , apagar as luzes, fazer silêncio. Enquanto o silêncio da democracia estiver coberto pela voz de seu mito, aquela continuará sem despertar: mesmo que siga proclamando seu valor e tente, pela enésima vez, seu cumprimento. Ou talvez precisamente por isso.[31]

Parece-me que, nessa conjugação entre custódia da alteridade e do incomunicável, radica a particular contribuição de Esposito ao pensamento que interrompe o mito da comunidade, se advertirmos que tal conjugação expressa a confrontação aberta à tradicional ideia de comunidade como lugar da homogeneização, à qual não escapa a pretensão de impor, a todos os grupos e indivíduos, a suposta existência de uma descrição verdadeira do mundo, nem a convicção relativa à apriorística existência de vínculos ontológicos originários que os sujeitos podem reencontrar identificando-se entre si e consigo mesmos. Convicção que supõe a linguagem como a originária essência comunitária, cujo desdobramento conduz a espécie humana ao seu mais completo desenvolvimento, e que atravessa a conhecida formulação habermasiana-apeliana da *comunidade ideal de comunicação*, na qual se traduz, no âmbito da linguagem, a pretensão de cumprimento total da comunidade, seu mito.

Com esse apelo de atenção sobre o vínculo entre a alteridade e o incomunicável, Esposito busca pôr em relevo a ressemantização da comunidade como tarefa que envolve liberar-se da pretensão totalizadora, inerente a toda apologia comunitarista; em particular, a modalidade expressada na proposta da relação dialogística-consensual na qual o ideal de total cumprimento remete à total transparência comunicativa, sem interrupção ou suspensão do sentido apropriado pelos interlocutores. Assim, o que a palavra incomunicável nomeia é a experiência mediante a qual se pretende subtrair a língua da violência que sempre a assalta desde dentro; questão que é ignorada na "*contraposição jurídica entre linguagem e violência*", conforme a suposição de que a simetria entre os interlocutores salvaguarda a primeira da segunda, quando é tal simetria a que entrega a linguagem ao excesso da violência. Quer dizer, por conseguinte, que se a comunidade é o lugar da alteridade e esta é o lugar da existência do outro enquanto outro, o outro é a interrupção do igual a quem "nada é comunicável salvo precisamente a ausência ou a perda de comunicação".[32]

---

[31] *Confines de lo político*, p.56.

[32] Ibidem, p.128.

Talvez não seja fácil entender tal posição, especialmente quando ela vai contra aquilo do qual nossa época sente-se orgulhosa: a comunicação, o diálogo consensual, a comunidade dialógico-consensual, a comunidade ideal de fala. Porém do que se trata — como bem se deduz dos comentários de Esposito a textos de Benjamin e Blanchot[33] — é do questionamento ao paradigma comunicativo e seu pressuposto da "plena dizibilidade do todo em um horizonte de comunicação ilimitada". Questionamento que tem, entre seus vetores, as coincidentes proposições de ambos pensadores acerca do nexo entre linguagem e violência. Assim, em Benjamin, os relacionados à *indizibilidade* ou "resíduo inexpressado em qualquer comunicação [como] sua parte mais importante", à indizibilidade que não excede nem se contrapõe à linguagem mas que, contrariamente, "o habita e o molda como um limite do próprio dizer", e ao princípio segundo o qual aquilo que a língua transporta "não são determinados conteúdos de um sujeito a outro mas sua própria comunicabilidade, seu puro ser linguístico".

> Um princípio do qual resulta uma dupla consequência: Primeiro, que a estrutura da comunicação não é horizontal — ou simétrica: chegará a sê-lo só no tempo da própria decadência "jurídica"— mas vertical... E segundo, que a língua humana é definida por uma ausência, que determina uma rede insuperável de expressado e inexpressado, de comunicável e incomunicável, de voz e silêncio a partir de dentro da própria palavra.[34]

E em Blanchot, sua proposta sobre "o signo descontínuo, interrompido, acidentado, da 'palavra errante'", contra a pretensão de "poder absoluto da comunicação", baseada na suposta separação entre linguagem e violência. Partir, pois, do reconhecimento relativo ao fato de que a linguagem não é alheia à violência mas que ela se constitui como seu principal veículo, especialmente quando ela se esconde como tal e assume a forma dialógica-consensual ou da *comunidade da comunicação*, baseada na suposição da igualdade dos falantes e na reciprocidade das palavras. Não só porque na ficção do diálogo funciona a violência na palavra e com a palavra, mas porque supondo que o diálogo verdadeiramente se produza conforme a pressuposta relação de igualdade, "se fosse o prelúdio da unidade e não o da discórdia: não constituiria justamente isso a mais insidiosa violência com relação à diferença daquele que está em frente?, o cancelamento do outro

---

[33] Ibidem, p.133-150 (correspondentes ao capítulo denominado "Palabra").
[34] Ibidem, p.138.

na língua do Uno?". E a partir de tal reconhecimento, interromper o mito da comunidade de comunicação, que dissimula tal violência na determinação da igualdade dos falantes e na reciprocidade da palavra; interrompê-lo, fazendo aparecer o nexo entre violência e linguagem, e mostrando:

> A indeterminação da linguagem que: é simultaneamente impossível e necessária. Que, contrariamente ao quanto sustentam todas as éticas da comunicação, precisamente quando não comunica nada a ninguém, revela algo a todos. Que sua voz não se transmite de um sujeito a outro, mas sim que introduz a alteridade no próprio sujeito. Que não pressupõe ou produz a comunidade ilimitada da comunicação, mas precisamente seu limite constitutivo. O duplo e não o Uno.[35]

Reencontramos aqui o convite a liberar-nos do modo de resolução do problema da comunidade na comunicação entre sujeitos de discurso e ação, para nos encarregarmos da aporia que a constitui, a saber, que a comunidade é impossível, sendo essa impossibilidade aquilo que se compartilha.[36] Aporia com a qual, e a partir da qual, a comunidade se separa de qualquer forma de tradução em unidade orgânica, pois ela coloca em jogo esse nexo entre a alteridade e o incomunicável se apreciamos —como observa Esposito em estreita coincidência com Derrida— que "a figura da comunidade" não é a proximidade mas "a distância ... que relaciona os seres humanos na modalidade de sua diferença". Trata-se, porém, da diferença entendida não como aquilo que os separa e os mantém em sua individualidade, mas como aquilo através do qual a comunidade constitui-se ao, mesmo tempo, como necessária e impossível. Necessária, pois "nos é atribuída como nossa morada inevitável; que nos chama com uma voz que não podemos deixar de escutar, porque procede de nós mesmos." Impossível, porque "coincide com o limite que exclui de antemão seu cumprimento", isto é, seu mito.

É dessa comunidade necessária e impossível da qual fala Esposito quando a pergunta sobre de que maneira fazer frente à lógica opressiva e opressora no novo cenário cruzado pela fabricação do inimigo interno, responde que é a palavra comunidade a que oferece uma melhor aproximação. Entretanto, assinalando seguidamente a condição de subtraí-la do uso

---

[35] *Confines de lo político*, p.150.
[36] Como propõe Esposito, em outro texto dedicado a comentar a ideia arendtiana de comunidade: "Polis o comunitas?." In: Fina Birulés (compiladora). *Hannah Arendt. El orgullo de pensar*. Barcelona: Gedisa, 2000, p.117-129.

que dela faz o comunitarismo em seu debate com a tradição liberal; debate que, com razão, Esposito define como insustentável, não só filosoficamente pelo fato de compartilhar com tal tradição o mesmo pressuposto de sujeito pleno e idêntico a si mesmo, mas também praticamente, dado seu intrínseco nexo com o mito totalitário e suas sangrentas consequências:

> Isto é assim para o indivíduo separado dos outros e indiviso por si mesmo; porém é assim, ainda mais, para uma comunidade definida pela identificação de cada um de seus membros com o outro e de todos com a própria essência comum e, portanto, pela exclusão de qualquer um que não entre dentro dela. Não foi este o mito totalitário que ensanguentou este século? E não é ainda isto o que, sob outro nome, apresenta-se de novo nas pequenas pátrias, nas comunidades de sangue e solo, nas tribos rivais que reivindicam cada vez mais agressivamente a exclusividade do próprio *ethnos*?[37]

Dessa estranha comunidade se trata quando se observa que seu forjamento discursivo conduz a um âmbito de reflexão não limitado ao pensamento político, embora se constitua em suas dobras, transformando sua linguagem, pois tal forjamento, em ruptura frontal com a metafísica do sujeito homogêneo e unitário, implica a confrontação de "todo romanticismo da proximidade e de todo patriotismo étnico-cultural." Quando estabelece que a questão aberta não é tanto a de ampliar a dimensão social do indivíduo, mas a de aprofundar "na dimensão múltipla, plural, alterada — no sentido de habitada por outro — do próprio indivíduo", isto é, na "comunidade dividida, lacerada, discordante" que o indivíduo leva dentro de si. Questão esta cuja abertura tem sido possível, como observa Esposito, pela "força de pressão semântica" que tem, sobre o pensamento político, certas *categorias*, ou *olhares* provenientes de âmbitos diferentes dele. Assim a categoria de *metamorfosis*, conforme a particular elaboração de Elias Canetti, que colocada em jogo rompe com a abstrata contraposição entre indivíduo e comunidade, para encarregar-se da irredutível e infinita pluralidade de relações e vínculos constitutivos da vida humana, não como algo externo ao indivíduo, mas como aquilo que invade seu interior, fazendo-o explodir enquanto indivíduo e submetendo-o a um interminável *processo de metamorfosis*. Mas não no sentido de mera troca interna, e, sim, no sentido de que:

---

[37] *Enemigo, extranjero, comunidad. Op. cit.,* p.76-77.

a convivência difícil, áspera, problemática com o outro, com infinitos outros dos que um mesmo acaba por ser o lugar de encontro e de enfrentamento. Puro devir-outro, um ser com e um ser-entre, que rompe qualquer projeto de estabilização e de autoconservação que se pretenda absoluto, definitivo, cumprido.[38]

Também a categoria do *comparecimento*, tal e como tem sido elaborada por alguns filósofos franceses contemporâneos —Jean-Luc Nancy entre eles— para repensar o nexo entre comunidade e liberdade no sentido que se pode resumir da seguinte maneira. Se a liberdade não se reduz a uma *propriedade ou qualidade do sujeito*, sua independência com relação ao outro, se a liberdade não concerne ao modo de ser do indivíduo ou da coletividade, mas ao da singularidade —à "sua existência finita, suspensa no limite de sua absoluta contingência: exatamente o contrário a qualquer autossuficiência"—, não é por referência ao indivíduo ou à coletividade que se torna possível aliar a questão da liberdade à da comunidade. É recorrendo a essa *"infinita finitude"* na qual consiste a liberdade, quando esta palavra nomeia a experiência que leva "o sujeito para fora de si, o expõe ao risco da relação com o outro", e portanto, "o inquieta, o sacode, o aparta de sua própria autoconsistência"; ou, em outros termos, quando nomeia:

> a presença do outro, do estrangeiro, no interior dele: não segundo uma forma qualquer de identificação ou de fusão, mas segundo uma modalidade de compartilhar que une os indivíduos mediante sua mesma singularidade. Ou, como também se disse, o acontecimento da existência como ser-em-comum da singularidade (NANCY, 1996).[39]

Para colocar um ponto final a este escrito, sem pretensões de conclusões, gostaria de enunciar algumas notas relacionadas com algumas das questões que nos levam a dizer e a pensar acerca das proposições de Derrida e Esposito.

Começarei com a decisiva importância que tem a relação de alteridade como fio que atravessa e articula a abertura de um singular pensamento sobre a comunidade, este no qual se responde e convida a responder sobre essa outra comunidade: sem totalização, sem futuro, sem ideal de comunidade, sem prescrições, sem referenciais de identidade nem funda-

---

[38] *Enemigo, extranjero, comunidad. Op. cit.*, p.80.
[39] Ibidem, p.82.

mento, sem garantia de determinação, sem cálculos. O giro radical, implicado nas contribuições desses pensadores, nos convida a pensar que a relação com o outro, concebida e exercida como relação de alteridade, não impõe condições nem responde ao modelo de contrato, mas que se forma e se forja como uma singular abertura e apelo ao outro, na qual não se lhe pede sua pré-disposição para se integrar, nem se pergunta se vamos poder assimilá-lo dentro do grupo, da nação, ou do Estado. Talvez isso dê lugar à hipótese de que o potencial criador da transformação, implicada no trânsito do inimigo externo a inimigo interno — ao qual se refere a pergunta de Esposito antes citada —, radica na possibilidade de converter o apagamento das fronteiras fabricadas, entre o eu/nós e o outro/eles, no gesto de apagar os resíduos do próprio e sondar aquilo que do outro há em nós. Esse gesto no qual e para o qual tanto o eu-nós como o outro-eles constituem sempre uma pergunta.

Prossigo com a seguinte nota referida ao singular modo de vinculação implicado nessa paradoxal comunidade, que religa sem a medida do comum e da unificação. Talvez se trate de pensar esse vínculo ou esse "entre", no qual e pelo qual os espaços de convivência já não podem ser narrados à maneira do amor ao próximo, ou conforme os laços fundados em princípios universalistas, nem sob a forma da pretendida tolerância com a diversidade cultural, à qual se refere o pluralismo convencional. Entre outras razões, porque esta outra maneira de dizer e pensar a comunidade nos convida a liberar-nos da armadilha do consenso, tanto como dessa bipartição do indivíduo — coletividade na qual ficou aprisionado o debate entre neocomunitários e neoliberais e confiscando-se, nesse debate, a palavra comunidade à qual recorrem os primeiros. A partir dessa singular comunidade que Derrida e Esposito ajudam a forjar na linguagem, com outra linguagem, talvez se trate de pensar esse "entre" com a figura do espaço-tempo plural e descontínuo, no qual deixamos de ser conformados pela bipartição de nós/outros e reconhecemo-nos na diferença, isto é, na outridade do outro e a do Uno próprio — o outro e o aqueloutro que habita em nós —, sem nexos com a mesmidade e a identidade. Ou para dizer de outra maneira, talvez se trate de inventar esse "entre" como a maneira de habitar e de ser habitado por essa maneira singular de fazer-(se)-em comum com as singularidades que compareçem ou se expõem ao risco das relações com o outro que escapa a qualquer identificação e controle. Esse "entre", no qual a disposição hospitaleira não se traduz no indulgente reconhecimento do outro, enquanto este não afeta a identidade do mesmo, mas, ao contrário, se traduz no deixar-se aí afetar quando o estranho, interior ou exterior, põe em questão o que dizemos, pensamos, fazemos, sentimos a respeito de nós mesmos, quando deixamos de ser donos de nós mesmos. Quando, enfim, suspendemos todas aquelas certezas que nos mantêm tão seguros de nós mesmos quanto atados, para abrirmos para experiências que inaugura essa comunidade discordante consigo mesma, essa comunidade alterada, excêntrica, policéfala, polifônica.

E, a partir dessa paradoxal comunidade, afrontar o problema que estabelece a relação nós-eles, não a partir dos princípios da identidade e pertinência autorreferidas, mas a partir da distância em relação àquilo que se fabrica como identidade própria, ou a partir da estranheza que uns e outros sentimos a respeito das referências de qualquer tipo, incluídas as concernentes a si mesmo. Distanciamento ou estranheza como aquilo no qual pode radicar a própria possibilidade desse outro modo de convivência que, exercido como arte de fazer-nos e refazer-nos como sujeitos alterados — sempre outros — com os outros, reúna sem pretensão de unificar, articule as diferenças sem apagar os conflitos, dê espaço ao outro sem a pretensão de assimilá-lo e de dissolver sua outridade. E, com isso, de atender o exercício do tipo de experiências instituintes de outro modo de com-vivência, na qual toma corpo o encontro entre quem/aquele(s), sendo um e outro ao mesmo tempo, constituem-se como estrangeiros inclusive para si mesmos.

O anterior dá lugar à terceira nota referente à diferença entre o discurso pluralista, associado à tolerância com a diversidade cultural, e o pensamento que interrompe o mito da comunidade. Efetivamente, como tenho pretendido mostrar, tal pensamento libera a comunidade de qualquer essência, suspende a identidade consigo mesma e, rompendo com toda marca identificadora, abre uma nova maneira de juntar-se nesse nós-outros sem determinação, sem continuidade, sem unidade. Enfim, dessa comunidade que advém e de-vem sob a forma de acontecimento, nesse singular juntar-se sem conjunto das singularidades, e, consequentemente, dessa comunidade que não pode prescrever-se nem fabricar-se. Parafraseando Derrida, trata-se da comunidade do "pensamento do talvez": a comunidade por vir e da comunidade para o porvir, a comunidade subtraída a toda presença, a toda pertença, a toda consistência, a toda essência comum, a toda pretensão de cumprimento, a toda estabilização das identidades coletivas, de todo valor substancial.

O radical restabelecimento da comunidade, decisivamente cruzado pela questão da alteridade, constitui por sua vez um modo de afrontar o problema estabelecido por Barcellona, como o das irresolúveis "tensões que nos tornam necessário ao outro e ao mesmo tempo nos empurram a distanciarmo-nos dele".[40] Quero dizer com isso que se trata do restabelecimento que, ao contrário do discurso neutralizador das tensões, chama a atenção, na relação eu-nós/outro(s), para a marca da cisão e da diferença que o devir da realidade humana mostra em seus conflitos e separações. E, nessa tecitura, a configuração do outro como inscrição do desconhecido, o incompreensível e incontrolável convertido em fonte do medo e, consequentemente, em objeto de rechaço ou de ódio e das formas de submissão e violência nascida deles. Assim, pois, por não escamotear as tensões e conflitos que atravessam a relação com o outro, o pensamento desconstrutivo de tal mito encarrega-se da ligação entre alteridade e comunidade.

No entanto, frente à fabricação do outro como aquele ao qual é necessário excluir ou liquidar quando resulta ser inassimilável, não se trata de construí-lo como o "próximo maravilhoso". Ou, de outra maneira, frente ao rechaço e à exclusão do outro, não se trata de postular a relação com o outro como reconhecimento baseado no respeito às formas de pensar e de atuar, diferentes das de si mesmo, sob o pressuposto da assimilação de quem já não, ou ainda não, constitui uma ameaça. Porque ambos os casos — assimilação e exclusão — põem de manifesto que admitir e respeitar não deixam de ser posições associadas à existência de assimetrias fundamentais na relação com o outro. Porque, num e noutro caso, os diferentes efeitos colocam em relevo um modo de perceber e vivenciar a identidade em função da qual não se nega o reconhecimento do outro, mas que se o reconhece como algo negativo, como o portador do errôneo, absolutamente repelido ou provisoriamente admitido. E porque historicamente a absorção ou a exclusão do outro expressou, fundamentalmente, o fracasso relativo à relação de alteridade alheia a toda forma de construção do outro, pois se refere, como já vimos, ao comparecer e expor-se ao risco da relação com o outro como aquilo que inquieta porque não se deixa reduzir ao previsível, ao prescrito, ao controlável.

Passo a enunciar a quarta nota da seguinte maneira. É certo que a relação eu-nós/outro(s) costuma ser interpretada como uma questão estritamente limitada ao campo da moral, sem implicações diretamente políticas; mas, no nível das relações entre grupos humanos pertencentes a diferentes culturas, esta relação adquire um sentido diretamente

---

[40] BARCELLONA, Pietro. *Postmodernidad y comunidad. El regreso de la vinculación social.* Madrid: Trotta, 1996, p.20.

político. Daí a importância que tem encarregar-se desta relação a partir da perspectiva da alteridade, porque aqui estão em jogo assuntos como a heterogeneidade, a singularidade e a diferença, cuja revalorização não deixa de estar submetida aos efeitos associados à construção de identidades homogêneas, a identidade própria e a do outro. Efeitos que se manifestam na exclusão do outro (a ameaça), tanto exterior como interior, e nas diversas formas de violência que acompanham o desencadeamento dos particularismos étnicos, racistas, religiosos, sexistas etc.[41] Nesse sentido, poder-se-ia dizer que, no fundo desta fabricação identitária da identidade própria e do outro, está o desgarro dos vínculos que isolam os indivíduos a respeito de qualquer relação autêntica com o outro: *a relação da alteridade*. Daí a força que tal questão adquire para repensar radicalmente a comunidade, para liberá-la da lógica da representação, da obsessão pela ordem ou pela unidade e suas correspondentes substantivações identitárias. A partir da assunção da ligação entre comunidade e alteridade, talvez se trate de nomear com a palavra comunidade a frágil abertura da diferença que, frente ao *uno*, corrói, não obstante, as codificações institucionais do poder e do saber, a vontade racionalizadora encarnada em princípios associados à determinação unívoca e homogênea de nós e dos outros.

E, finalmente, a quinta nota. Se, como parece ficar claro, por comunidade entende-se não a coexistência física de cidadãos em um lugar territorial determinado, nem a coexistência sancionada pelo mesmo —os mesmos valores, o mesmo sangue, o mesmo sexo, a mesma raça, a mesma pátria etc.—, mas, sim, o aparecimento da pluralidade e da diferença que interrompe o uno e o mesmo, então a comunidade vem a ser política. Mas não conforme a lógica que diz o que *é* de modo universal, nem da moral que diz o que *deve ser* do mesmo modo, mas de acordo ao desacordo que força a comunidade a se transformar interiormente, e que faz seu devir sempre aberto e permeável, logo alterado, sempre outro. Pois, se sujeitos individuais e coletivos criam sua identidade na diferença, o outro sempre está ali e, ali, o conflito; logo, o esforço para liberar-se dos dogmas, do peso do homogêneo e suas persecuções totalitárias que definem a identidade do próprio, para abrir-se ao encontro com o outro diferente, dogmas

---

[41] "As guerras interétnicas (houve outras, alguma vez?) multiplicam-se guiadas por um *fantasma* e um conceito *arcaicos*, por um *fantasma conceitual* primitivo da comunidade, do Estado-nação, da soberania, das fronteiras, do solo e do sangue". DERRIDA, Jacques. *Espectros de Marx*. Madrid: Trotta, 1995, p.96.

e peso que —ao adotar a forma de ideais ou ideologias, prejuízos, crenças para avaliar o mundo, os outros e atuar sobre eles— passam a se constituir como o Bem que deve ser aceito e defendido por todos.

Talvez, nesse sentido, essa estranha *comunidade dos que não têm comunidade* implique a reinvenção de novos modos de subjetivação política que —para dizer junto com Rancière— fazem aparecer as formas de litígio por parte e conta dos sem parte e sem conta, "suscetível de acontecer em qualquer momento por obra de qualquer um", e desfazem o consenso cada vez que "se abrem mundos singulares de comunidades, mundos de desacordo e dissentimento"[42]; mundos nos quais aparece o plural das vozes daqueles que foram privados de voz. Talvez, no mesmo sentido, a essa estranha figura da singular comunidade de singularidades, da comunidade sem fundamentos, articule-se a possibilidade de uma nova política democrática indissociável de processos e práticas de subjetivação que, como afirmou Deleuze, "só valem na medida em que, ao realizar-se, escapem ao mesmo tempo dos saberes constituídos e dos poderes dominantes", suscitando acontecimentos nos quais se joga e decide a capacidade de resistência e que, ao mesmo tempo, fazem nascer "novos espaços-tempos mesmo que sua superfície ou seu volume sejam reduzidos".[43]

Espaços-tempos de criação, talvez, de novos modos de vinculação social: sem apropriação nem contrato, sem previsão nem prescrição, sem pretensão de cumprimento da comunidade total. Retornando a Sloterdijk, valeria a pena pensar se a paradoxal comunidade por-vir dá nova vida à lição que Giovanni Bocaccio, no *Decameron*, fez incorporar nos jovens florentinos sobre "a mais antiga das artes": "se as grandes ordens se partem em duas, a arte da pertinência mútua só pode começar a partir das ordens pequenas. A regeneração dos homens, por obra dos homens, pressupõe um espaço no qual, por conveniência, inaugura-se um mundo".[44] Trazido a nossos tempos, esta arte permite-nos enfrentar aquilo que nos ensina a história mais recente da grande política, ou política de grande formato, organizadora do poder de utilização dos homens pelos homens, a saber: que a pretensão de produzir comunidades "em grande escala acaba em totalitarismos...[e] que a desatenção às

---

[42] *Op. cit.*, p.81.
[43] DELEUZE, G. *Conversaciones*. Valencia: Pre-textos. p.275-276.
[44] *Op. cit.*, p.85-86.

pequenas unidades pode conduzir, a longo prazo, à psicopatológicos becos sem saída".[45]

Depois de tudo isso, talvez se trate do próprio modo com o qual venhamos a tomar conta da nossa condição de ser habitantes de Babel, habitados por Babel.

---

[45] Ibidem, p.91.

O outro hoje: uma ausência permanentemente presente

Fernando González Placer

Quantos sou? Quem é eu? O que é esse intervalo entre eu e mim?
Fernando Pessoa

Talvez, eu pudesse facilitar e propiciar a tarefa dos leitores se, de início, soubesse antecipar e clarear o desgosto que alimenta este documento, pois como logo se constatará, o que segue é pouco mais do que um conjunto heterogêneo de imagens, piscadelas, jogos de palavras e insinuações que aqui são oferecidas com a vontade de ensaiar *uma* olhada socio-lógica sobre a *configuração* da *Alteridade* no Ocidente contemporâneo.

Já parece coisa bem sabida que "nosso" mundo Ocidental — em que pese a sua inegável fragilidade, sua corrosiva flexibilidade, sua crescente incerteza, seus desavergonhados riscos — vem se consolidando através das inumeráveis guerras, colonizações, expropriações, explorações, deportações etc. de tudo aquilo — e de todos aqueles — que não comungam com nossa moderna consciência de progresso e desenvolvimento, e que se obstinam em permanecer cegos, surdos e mudos aos nossos sábios e poderosos ideais de liberdade, igualdade e democracia; *consciência humanitária,* como patrimônio do Ocidente, a partir do que, sem nenhuma vergonha ou pudor, justificamos e legitimamos nossa presença e intervenção orientada — assim se diz — à construção de uma Nova Ordem Mundial e intelectual[1] mais justa, diferente, pacífica, segura e solidária. Em nome da paz, da tolerância, da justiça, da ciência e da integração propagamos nossos exérci-

---

[1] "Por toda parte, a Nova Ordem intelectual segue os rumos abertos pela Nova Ordem mundial. Em todas as partes, a desgraça, a miséria e o sofrimento dos outros converteram-se em matéria prima e na cena primitiva. A vitimização variada dos direitos do homem como única ideologia fúnebre. Os que não a exploram diretamente e em seu próprio nome o fazem pelo poder, e não faltam mediadores que, de passagem, cobram sua mais valia financeira ou simbólica. O déficit e a desgraça, da mesma forma que a dívida internacional, negociam-se e revendem-se no mercado especulativo, neste caso o mercado político intelectual, que equivale ao complexo militar-industrial de sinistra memória". J. Baudrillard (1993). "Ninguna piedad para Sarajevo". In: *Pantalla total*. Barcelona: Anagrama, 2000, p.62.

tos, organizações, profissionais e projetos — todos eles *humanitários* —, tentando desgastar, dissolver ou transmutar fundamentalismos ancestrais, tradições obsoletas, costumes inquietantes, discriminações intoleráveis.

Pois bem, nestas páginas, se quer refletir sobre como hoje, no interior de um sistema *social* no qual o fetichismo inicial da mercadoria tem sido já compensado, redobrado e transbordado pelo "fetichismo das identidades e das diferenças", essas ambiciosas empresas de nossa Consciência Humanitária, essa pretensão tão atual, tão nossa e tão ocidental de encarnar o Humano — com letra maiúscula —, de saber significar de forma universal e definitiva seus limites, só se pode conseguir mediante uma plural e sistemática *depredação e recusa* do Outro que se sustenta, mais do que no acréscimo das rivalidades e/ou na demolição das fronteiras e barreiras (econômicas, militares, religiosas, ideológicas, políticas etc), na permanente exterminação de qualquer sinal de singularidade, de qualquer registro que pudesse quebrar ou romper a homologação lavrada e esculpida por nosso princípio de identificação/diferenciação, de qualquer vestígio de alteridade no "ser-outro do outro"; exterminação, ainda que paradoxal e presumivelmente nunca finalizada, visto que, entre outras coisas, corre paralela à extrapolação enlouquecida do Mesmo, e à constante reprodução *diferencial* e perpétua produção (real e virtual, simbólica e imaginária), também, do Outro.

Isso posto, essa exterminação da Alteridade por (re)produção diferencial do outro — por produção do outro a partir de nossa identidade pessoal — coloca o Ocidente na curiosa vertigem de Babel. "E eis que as pessoas de Babel sabiam muitíssimo bem o que deviam e queriam fazer: o projeto de sua torre era, segundo tudo o que sabemos deles, uma expedição às alturas que pecava por excessiva unanimidade"[2]; e, por outro lado, à vista de suas sequelas nos outros e em nós, vem a contagiar-nos o tremor, o sofrimento e a galopante impotência dessa mulher, que contemplando-se dia a dia como a uma única vidente em um mundo de cegueira inexplicavelmente espalhada, teme também perder a visão, mas não por sua permanente e voluntária exposição ao contágio, mas pela certeza de que: "irei vendo cada vez menos, e mesmo que não perca a visão me tornarei cega a cada dia porque não terei quem me veja".[3]

---

[2] SLOTERDIJK, P. (1993). *En el mismo barco. Ensayo sobre la hiperpolítica.* Madrid: Siruela, 2000. (2ª ed.), p.17.

[3] SARAMAGO, J. (1995). *Ensayo sobre la ceguera.* Madrid: Santillana, 2001. (6ª ed.), p.426.

Talvez por isso, Ocidente — e nós — tratemos uma vez ou outra de esclarecer e limpar nossa consciência fratricida, *figurando e configurando* o Outro, não de qualquer maneira, mas a partir de nosso patrimônio, a partir de nossa Consciência Humanitária, isto é, como "vítima" — a ser socorrida, com a qual solidarizar-se, a ser liberada, à qual deve ser concedida a palavra, a ser integrada — ou como "culpável" — que deve ser desmascarada, denunciada, dissuadida, perseguida, expulsa e justiçada —; garantindo-nos assim o espetáculo de um Ocidente comprometido com "os direitos do homem" e com a humanização do mundo.

A seguir, tentarei apresentar algumas dimensões que sinto e penso como constitutivas da humanidade — com letra minúscula — e de nossa Consciência Humanitária, com a esperança de, a partir delas, poder diversificar a problematização sociológica da peculiar natureza e alcance da servidão humanitária que hoje, dia a dia, o Ocidente e nós mesmos esparramamos pelo mundo.

Os seres humanos: animais mundanos

> É o homem o que gera sua própria impossibilidade, aquela impossibilidade com a qual daí em diante se vai medir.
> M. Cruz

Todos os animais têm uma existência (finita) cuja forma e duração depende, em certa medida daquilo que nós temos chamado instinto de conservação. Isso posto, a crônica da humanidade, a pluralidade e diversidade de formas com que os humanos vêm se esforçando e se preocupando pela sua sobrevivência — desde as formas de habitar os lugares, ordenar os parentescos e as filiações, hierarquizar as autoridades máximas, até as disposições para receber e responder aos que nascem e chegam, as maneiras de nomear e mostrar o conhecido e o desconhecido, de conjugar o familiar e o estranho —, tudo isso, eu afirmo, ofereceria inumeráveis amostras de como nós, os humanos, além de nascermos fracamente dotados daquele instinto, vivemos com a *consciência de finitude,* isto é, existimos sabendo que aqui estamos de passagem, que nossa vida presente acabará ou transmutará, e vivemos sentindo como se esgota a nossa existência. E talvez seja essa consciência de nossa finitude a que, desde tempos imemoriáveis, nos tenha permitido — entre outras muitas coisas

— deixar todo tipo de marcas de nossa passagem e presença no mundo. Em qualquer caso, do que temos poucas dúvidas é que tanto ontem como hoje, *em* nós e *entre* nós, aquele mal esboçado e natural instinto de conservação está permanentemente acompanhado — melhor ainda — atravessado e, sobretudo, *perturbado* por essa inevitável consciência de mortalidade e pelo consequente desassossego do sentido, pela inquietude do sentido, por se estar vivendo.

Daí então que, diferentemente dos demais animais — nos quais, antes e além do seu instinto de conservação, parece existir uma espécie de indistinção e imediatismo temporal, em um *presente eterno* ("como a água no centro das águas") —, nós, os humanos, não podemos crescer, viver e envelhecer sem instituir *um* tempo, sem fragmentar, pautar e contabilizar seu devir e seu passar; não sabemos deixar transcorrer nossa vida sem nomear, sequenciar, odenar e esclarecer o sentido do que passa e do que existe, do que permanece e do que se desvanece; não desejamos viver sem especificar o indivíduo próprio e o alheio, o que nos une e nos separa, o que nos diferencia e nos iguala. E, assim, nós, dependentes do tempo e da identidade, nos apropriamos, cobiçamos, tutelamos e dilapidamos — quase sempre ao mesmo tempo — nossa memória, nossas esperanças e nossa história; dependentes da identidade e do tempo, nós inevitavelmente fazemos contas e espalhamos contos sobre aquele que conta, sobre o que somos, o que nos precedeu e o que nos espera.

A articulação daquele *sui generis* instinto de conservação e dessa humana consciência de finitude, desse enredamento com relação ao sentido de nossa existência, ao experimentado na e com a ausência ou presença do outro, ao sentido no e com o passar do tempo desse desassossego em relação às fronteiras e aos limites de nossa identidade geraria uma trágica tensão na vida humana. Uma vida que "hoje" — enquanto existência — deve ser garantida, ordenada, assegurada e prolongada mediante o *princípio de utilidade* e todo o séquito de projetos, atividades e "associações" calculadas, produtivas, pragmáticas, instrumentais, sensatas e temperadas, nas quais esse princípio se materializa; condutas e formas de relação que alguns não duvidaram em qualificar como *servis*, na medida em que sua razão de ser jamais se encontra nelas mesmas, mas sim na finalidade que com elas se pretende alcançar e assegurar. Mas também uma vida que, sempre, para ser digna de ser vivida, para que — como dizemos hoje — "vivê-la valha a pena", não pode desentender-se de algo assim como um *princípio de perdição,* — de *doação* —, desembocando em arriscadas atividades tão irrefreáveis quanto alheias a qualquer projeto ou finalidade, em práticas tão inúteis quanto improdutivas, em ações tão gratuitas quanto lúdicas, em "quefazeres" tão impensáveis quanto imprevisíveis, em vinculações tão recíprocas quanto assimétricas; condutas e dependências, alguém disse, *soberanas*, visto que elas acontecem — além de toda previsão e probabilidade — como pura manifestação de vida, sem que algum princípio, cálculo, benefício ou estratégia venha a dar-lhes seu sentido, a traçar seu de-vir, a fixar-lhes seu horizonte.

E talvez esta tensão e aquela consciência de finitude sejam aquilo que dá à nossa espécie essa condição *mundana* tão peculiar e tão nossa, permitindo-nos ser os únicos viventes que, uma e outra vez, "habilitamos" (significamos, nomeamos, ordenamos...) não só o tempo e seu passar mas, ao mesmo tempo, o mundo que habitamos, nossa presença e posição nele e — como em seguida veremos — nosso próprio ser. E talvez essa nossa luta com o sentido do tempo, do mundo, da vida e do que somos seja aquilo que nos permite, a nós, humanos, dispor de identidades e diferenças tão errantes quanto incertas, existir de formas tão efêmeras quanto perseverantes e viver cotidianamente nesse eterno vaivém entre o medo e a morte e o amor à vida, entre a necessidade de que o Outro seja como nós e o desejo de ser-Outro do Outro.

Dito de outra maneira — e ainda que só de passagem — talvez essa mundana (e trágica) condição seja a que, no fundo e a partir do fundo, faça com que nós nos experimentemos tão desamparados, tão carentes de originalidade quanto irrepetíveis, tão confusos quanto confundidos; que possamos estar nos sentindo como sendo "verdadeiramente falsos"; que possamos existir incorporando e levando uma *dupla* vida (tripla, inumeráveis) e que, em algumas ocasiões, não possamos evitar julgar que o Outro seja nossa perdição: entregando-lhe a vida, intercambiando-a, compartindo-a, dando-a, esbanjando-a por/com ele; enquanto em outras vezes, façamos do Outro nosso objetivo, nosso projeto, exigindo-lhe (e exigindo-nos) empenhar a vida, assegurá-la, invertê-la, hipotecá-la etc.

Os seres humanos: animais simbólicos

> nascidos de uma tormenta de desordem nômades do tempo que não corre num vazio sem limite sulcando a tormenta.
>
> Norbert Elías

Essa trágica e mundana condição nem sempre passou despercebida a quem, de uma maneira sistemática e científica, tratou de esclarecer a dinâmica que solidifica e anima as misturas humanas. Assim, nas próprias origens da reflexão "sociológica", a compreensão, a análise das emergentes modalidades de vinculação social, e a explicação das novas formas de interdependência humana deveu se enfrentar com essa peculiar animalidade humana que nos fazia e faz de nós não só animais-no-mundo, mas animais mundanos, produtivos, fazedores de história(s), *configuradores* de mundos; mas também, o que dá no mesmo, animais tão capacitados para dar nome ao que ocorre e para (re)presentar o que existe e o que somos, como aguçados pela necessidade de estabelecer princípios de significação, de identificação/diferenciação, de visão/divisão; animais, se quisermos, históricos — também — enquanto que premidos pela obrigação de pautar um devir, unindo e separando o hoje do ontem e do amanhã, compelidos pela (re)construção do passado, a atualização do presente e a projeção de futuro.

Impossível deter-se agora na ilustração dessas questões, talvez seja suficiente recordar como, para as gerações fundadoras da ciência da sociedade, a compreensão sociológica da pujança da economia capitalista e da nova Ordem Industrial exigia atender pormenorizada e sistematicamente não só às modernas formas de divisão do trabalho, especialização, produtividade e exploração (econômica) que com elas se materializava, mas, sobretudo, ao entremeado de interdependências, à forma de *socialidade*, ao modo de reciprocidade, aos tipos de autoridade, solidariedade e humanidade que essa nascente ordem social cultivava — e nos quais se sustentava —; nova forma de socialidade — de ação/paixão, união-separação, agregação-desagregação e comunhão-desvinculação — que, passo a passo, ia sendo problematizada e representada não apenas como industrial, capitalista e burguesa como também, como associativa, desencantada, colonizada pela racionalidade instrumental, profissionalizada, orgânica, urbana, anômica, indolente etc.

E se fosse certo que no transcurso do século XX a inteligência sociológica não soube, não pôde, ou não quis evadir-se desses processos — e que ela mesma sucumbiu à sua colonização pela racionalidade instrumental, à estatização do social, à sua profissionalização etc. — talvez também seja porque, em certo sentido, aquelas formas de problematização do vínculo social e dos modos de interdependência humana possuam, de novo, uma centralidade que as faz de aconselhável atenção para quem trate de encarar nosso presente como *imaginação sociológica*, tentando compreender algumas das tensões a partir das quais hoje embasamos nossas identidades, diferenças, determinações e filiações, nossas formas de identificação, agregação e congregação, nossas modalidades de segregação, inclusão e exclusão. Algum estudioso de nossas atuais *formas* de vinculação e comum-união chegou a assinalar que "pode-se dizer que é a partir da conceituação que se forma uma época da Alteridade como também se pode determinar a forma essencial de uma determinada sociedade".[4]

Neste âmbito de reflexão, certos traços da obra de N. Elías podem nos servir como ilustração do que venho postulando e como referência sobre o como nós poderíamos abordar hoje algumas destas questões. A partir de *O processo da civilização* até a *Teoria do símbolo*[5], Elías tratou de descobrir as contínuas modificações nesses modos de vinculação humana, nas formas de autocoação e nas formas de coação externa que nós, humanos, tecemos entre nós, insistindo em como a compreensão dessas *cadeias de interdependência* — em sua extensão e intensidade, em sua diversidade e articulação — e de suas (trans)formações históricas — em cada um desses parâmetros — exige a análise dos *símbolos* com que nós, humanos, nomeamos o que existe e o que somos, convidando-nos assim ao estudo *processual* das *figurações simbólicas* que, por um lado, estruturam e orientam nossos processos cognitivos conscientes e sensoriais e, por outro, regulam e nutrem nossas condutas — afetivas, produtivas, religiosas, artísticas etc.

Assim, na particular estratégia reflexiva de N. Elías, "o tempo", por exemplo, não é problematizado como um dado natural — um "feito bruto", isto é, uma propriedade objetiva do universo físico, ou um *a priori* da sensibilidade humana; em qualquer caso, um assunto de físicos ou filósofos — mas, por um lado, como um *símbolo* "socialmente instituído" — em

---

[4] MAFFESOLI, M. (1988): *El tiempo de las tribus. El declive del individualismo en la sociedad de masas*. Barcelona: Icaria, 1990, p.157 (com Prólogo de J. Ibañez).

[5] ELÍAS, N. (1939). *El proceso de la civilización.Investigaciones sociogenéticas y psicogenéticas*. Madrid: FCE, 1987 e ELÍAS, N. (1989): *Teoría del símbolo. Un ensayo de antropología cultural*. Barcelona: Península, 1994. A *Revista Española de Investigaciones Sociológicas* dedicou a Norbert Elías um número monográfico, apresentado e coordenado por H. Bejar e R. Ramos, que inclui uma completa referência bibliográfica de sua obra: REIS, n° 65, enero-marzo de 1994, CIS. Também se pode consultar uma curiosa apresentação da figura de Elías e de sua obra e um ensaio sobre o paralelismo entre seus eixos de problematização — o poder, o conhecimento e os modos de subjetivação — e os trabalhos de M. Foucault, realizados por Julia Varela como "Prólogo" a ELÍAS, N. *Conocimiento y poder*. Madrid: La Piqueta, 1994, p.7-49.

função das históricas formas de vinculação mediante as quais nós, humanos, tratamos de nos proteger, nos comunicar, nos orientar, nos apoiar e nos governar — e, por outro lado, como fonte de formas particulares de coação coletiva e autodisciplina individual. Mas, também, "o indivíduo", "a identidade", "a genialidade", "a causalidade", o "desenvolvimento", a "Natureza", a "vida" e a "morte", questões algumas delas tão evidentes, óbvias, naturais e *substanciais* "hoje", para nós, aparecem, são abordadas e são oferecidas na obra de N. Elías como símbolos estruturantes e estruturados em *configurações simbólicas*, cujo sentido ou razão de ser, uma vez mais, não emana ou se irradia a partir do ser em si dessas coisas, mas se engendra e se origina nas distâncias, nas posições, nas pautas, nas presenças e nas vozes com as quais as nomeamos e vemos, com as quais nos unimos e nos separamos, com as quais nos identificamos e nos diferenciamos, oferecemos e protegemos, desdobramos e recolhemos.

Daí que, na reflexão de N. Elías, os símbolos não se apresentam simplesmente como recursos ou instrumentos historicamente elaborados pelos humanos para que se sirvam deles nas relações pragmáticas e cotidianas com o mundo; a socialidade, *atitude social*, nossa disponibilidade com os outros e com nós próprios, o próprio ser dos humanos e, definitivamente, a *humanidade* aparece problematizada em sua obra como algo *processual*, algo de textura simbólica, simbolicamente configurado, feito de pautas sonoras, de (re)apresentações, significações e regulações. Por isso, o próprio Elías, ao longo de sua obra, nos adverte reiteradamente da ameaça que pesa sobre nós, sobre "nossa" humanidade consistente; de que nos acabemos perdendo na espessura de nossos próprios símbolos, na univocidade de nossas palavras; de que acabemos considerando como naturais, inquestionáveis, consubstanciais ou inevitáveis, as formas particulares de coação e autodisciplina que nós instituímos através dos específicos e históricos meios de significação e regulação de nossas vinculações e interdependências.[6] E em boa medida, é daí que eu gostaria, agora sim, de balbuciar alguns pensamentos e ensaiar algumas palavras,

---

[6] "Os membros de sociedades mais desenvolvidas acreditam que as coações próprias de seu caráter pelas quais, para o bem ou para o mal, se distinguem de outros indivíduos, são congênitas e traços de sua natureza. A autoregulação obrigatória que impõe o tempo, do relógio e do calendário em sua infatigável corrida é um bom exemplo — um entre muitos — de como desempenham um papel decisivo, na modelação das atitudes individuais, não só as coações da própria natureza, determinadas geneticamente, como também as regulações das atitudes sociais, determinadas pela pertinência a uma sociedade concreta". ELÍAS, N. (1984). *Sobre el tiempo*. México: FCE, 1989, p.37.

sobre a particular *configuração* da Alteridade no nosso presente, e sobre as coações e autocoações que tal configuração naturaliza e impõe em nós e nos Outros.

Os seres humanos: hoje, animais depredadores-denegatórios

> A pior alienação não consiste em ser despossuído pelo outro, mas em ser despossuído do outro.
> Jean Baudrillard

Assim, talvez nos caiba admitir que — para o bem ou para o mal — o primeiro não tenha sido nunca, nem em nenhum lugar, a Comunidade; que talvez já nascemos assim: destinados a incorporar o Verbo e a conjugá-lo fazendo de nós sua morada; que talvez o próprio de nossa espécie esteja precisamente naquela necessidade comum de nomear o que existe e o que acontece, nessa capacidade, tão nossa, de colocar ordem e concerto, reconstruindo, inventando, adorando, explicitando ou falando mal daquilo que nos acontece e do que somos, inquietando-nos, gratificando-nos e afligindo-nos pelo comum que nos une (e separa) e pela diferença que nos separa (e nos vincula).

E, talvez, com o devir da Modernidade — daquilo que, pelo visto, não seria justo isentar a própria Sociologia — a específica animalidade de nossa espécie (e nossa peculiar *desumanidade*) foi se alimentando, não apenas de uma histórica forma de produção e distribuição da riqueza e da miséria material, mas também daquela *espessura simbólica* anunciada e temida por Elías — e que eu me permiti começar a referir em termos de Consciência Humanitária. Porque, se a humanidade, se a *específica animalidade e desumanidade dos humanos* ocorre em nossa consciência de finitude, em nossa consciência de mortalidade e de arbitrariedade, em saber-nos desamparados — sem mais suporte ou ancoragem, a não ser aquele de nossas interdependências e reciprocidades —; em experimentar-nos sempre expostos à percussão e repercussão de nossos símbolos, de nossas palavras, olhares, apresentações e representações; se nossa humanidade se sustenta em nos sentirmos vivendo e morrendo por aquilo que, em cada momento, vamos dizendo e calando, ignorando e observando, descobrindo, memorizando e esquecendo, sendo e deixando de ser etc., o que aqui chamo de Consciência Humanitária viria dar fim a tanto desconcerto, a tanta aventura, a tanta precariedade, a tanta indistinção e a tanta incerteza, instaurando um sacrossanto, indiscutível e universal princípio de homologação, a partir do que cifrar e decifrar o que todos (nós e os outros) somos:

> não há palavra para designar um sistema de valores que pretende funcionar em uníssono com todas as culturas e sua diferença, mas que, paradoxalmente não se pensa a si mesmo como algo relativo e pretende ser, com toda ingenuidade a superação ideal de todos os demais. Em nenhum momento imaginamos que o universal possa ser tão só o pensamento particular de Ocidente, seu produto específico, sem dúvida original, mas tampouco exportável, enfim, como qualquer produto genuíno.[7]

Enclausurados nela, a Alteridade, o ser-outro do Outro, o Outro, para nós já não é um sujeito enigmático, uma inescrutável fonte de paixões, um desafio ao intercâmbio, uma ocasião de *interpelação* aos nossos símbolos, à nossa identidade e nossa diferença, ao nosso tempo, nossa palavra, nossas imagens, nossos valores, nossos *habitats*, nossos princípios e nossos modos de ser. Ao contrário, hoje, no Ocidente e para nós, o Outro só aparece em cena como objeto de ação: reparação, regulação, integração e conhecimento; para o Ocidente e para nós, trata-se antes de tudo de identificá-lo, de fazê-lo visível e enunciável, de registrar, detectar e diagnosticar suas semelhanças e suas diferenças, de calibrar sua integração, suas ameaças, suas bondades e sua periculosidade, de legislar seus direitos e obrigações, de regular seus agrupamentos, seus deslocamentos, entradas e saídas. E, se o buscamos, o desejamos e o necessitamos é em boa medida para isso, para — atuando sobre ele — fazê-lo intérprete, testemunho, réu e prova de nossa universalidade, para que encarne, também ele, nosso olhar, para que em suas palavras ressoe nossa voz e nossa linguagem, encobrindo assim, nesta espécie de fria ligação interativa da universalidade, nossa miséria, nossa soberba, nossa arbitrariedade, nossa mortalidade e nossa finitude.

Mas existe, então, alguma probabilidade de encontrar o Outro, alguma possibilidade de oferecermos a esse ser-outro do Outro, sem devorá-lo imediatamente, sem reconstruí-lo e petrificá-lo com nossos benditos critérios humanitários e nossa santíssima vontade libertadora? Desejaremos

---

[7] BAUDRILLARD, J. "Lo mundial y lo universal". In: *Op. cit.*, 1996, p.79.

algum dia suspender nossos princípios de identificação, de visão, de hierarquização e classificação? Poderemos? Saberemos?

Porque o que parece claro é que, para encontrar o Outro — assim como para alcançar a clareira do bosque — "Não temos de ir a procurá-lo. Não se tem de procurar. É a lição imediata das clareiras do bosque: não se tem de ir procurá-las, nem tampouco buscar nada nelas. Nada determinado, prefigurado, concebido".[8]

Talvez, para responder ao Outro seja necessário repensar-se e desentender-se de si mesmo, se tenha de distanciar-se de nossos deuses, de "nossa" Consciência Humanitária (de nossos símbolos e de nossos significados), se tenha de deixar de continuar sendo da maneira como somos, se tenha de deixar de continuar nomeando e olhando como o fazemos. Talvez, para sentir o Outro se tenha de contribuir a desgastar este nosso mundo, permitindo que se abram lugares de silêncios inesgotáveis e de palavras — que não são necessariamente conceitos — reveladoras. Talvez, para poder receber o Outro, seja necessário querer trabalhar, semear e cultivar em um lugar comum, uma terra e um mundo de ninguém, sem apropriações e sem limites. Talvez, para encontrar o Outro, se tenha de descarrilar destes tempos do possível e do previsível, desses tempos dominados pelos projetos e pelos cálculos, para deixar-se compassar e embalar em um tempo de ida e volta, um tempo elástico que recusa ser medido e contabilizado.

---

[8] ZAMBRANO, M. (1977): *Claros del bosque*. Barcelona: Seix-Barral, 1990, p.11.

Lugares comuns e estranhamento social: a problematização sociológica das mobilidades migratórias

Enrique Santamaría

Jakob Arjouni narra, em *Rakdee com dois es* (Virus, 1994), os mil e um lances nos quais o detetive turco-alemão Kemal Kayankaya se vê envolvido para encontrar o paradeiro de uma imigrante tailandesa que foi sequestrada nas ruas de Frankfurt. Quando o noivo da jovem o encarrega de sua busca, explica-lhe que queria se casar com ela, porém, sempre que lhe propunha, sacudia a cabeça e inclusive chegava a enfadar-se, o que, concluía o desditado amante, "tem a ver seguramente com sua cultura". Kayankaya, ante este insignificante comentário, pensa consigo: "É curioso que a gente de fora do Centro da Europa não possa ter razões, mas só cultura que explique seu comportamento". Ao final da novela, quando foi resolvido o caso e nos afundamos no ambiente hostil e carregado de racismo, no qual se têm que mover os imigrantes na Europa de nossos dias, encontraremos a certeza de sua mordaz e incisiva reflexão.

Como revela esse livro, certamente poucos temas incendeiam tanto a imaginação hoje, como as constantes e estruturais mobilidades humanas que ocorrem nas sociedades contemporâneas. Conhecer as dimensões, modalidades e trajetórias que adotam essas mobilidades humanas é uma tarefa de todo inevitável; mas, ao mesmo tempo, na medida em que a ciência não trata com objetos mas com problemáticas intelectuais, não é menos inevitável o fato de conhecer e explorar as formas que temos de "problematizá-las" — isto é, de pensá-las e de tratá-las. Uma questão prioritária no estudo das atuais mobilidades populacionais é, por conseguinte, perguntarmos pelo como pensamos a imigração, aos migrantes; ou, mais ainda, se podemos pensá-la, ou pensá-los, de uma maneira diferente ao de um problema ou de uma ameaça.

Ao longo destas páginas, apresentarei o *corpus* de uma investigação na qual, na forma de uma tese de doutorado, tentei responder a esta indagação e o farei expondo as estratégias reflexivas que têm dado forma ou, em outras palavras, pondo em relevo os aspectos que têm a ver com os posicionamentos epistemológicos, teóricos e metodológicos que a moldaram. Com o objetivo de que se compreenda meu modo de agir, começarei esta breve exposição esclarecendo que uma das ideias que articularam esta indagação — que intitulei *A incógnita do estranho. Uma aproximação à significação sociológica da "imigração não comunitária"* — é a de que, nestes entrecruzados, ambivalentes e incertos tempos contemporâneos, precisamos muito mais do que boas intenções, boas intelecções do mundo em que vivemos, e especialmente das categorias com as quais damos conta dele. Consequentes com esta ideia, tivemos a pretensão de buscar e elaborar ferramentas cognitivas que sirvam para conhecer sociologicamente melhor — mas não *mais* — as atuais migrações e as dinâmicas nas quais estão inseridas e nas quais adquirem sentido. Assim, tomando como pretexto, como problemática intelectual, o estudo e as (re)presentações das migrações procedentes dos denominados países do terceiro mundo na Espanha, tratamos de restabelecer e clarificar, a partir da teoria sociológica, o tema do conhecimento e reconhecimento da alteridade.

Inicialmente, teria que destacar que nossa investigação andou, primeiro, paralelamente à visualização social e, depois, à representação étnica dos migrantes sob a instituição da categoria "imigração não comunitária". Desse modo, se, quando a comecei — no final dos anos oitenta —, os migrantes procedentes dos países do "terceiro mundo" começavam a ser timidamente considerados uma questão cada vez mais preocupante e de domínio público, hoje em dia já fazem parte, não obstante, do acervo comum, tendo se convertido numa questão familiar em âmbitos cada vez maiores da vida social e, especialmente, numa questão central no imaginário coletivo. De fato, no tempo em que se desenvolvia a investigação, as práticas e retóricas que tomam os migrantes como objeto foram adquirindo um maior volume e extensão, e, a par desta diversificação e adensamento discursivo, se produzia uma grande focalização temática em torno de umas poucas questões que — como a quantidade de imigrantes, sua sempre suposta falta de integração social e/ou cultural, a emergência de eclosões de racismo e xenofobia e o aparecimento da sociedade multicultural — encerram o fenômeno em um gueto mental que assimila sua presença e mobilidades, com um grave problema social.

No caso particular da Sociologia, pelo menos até os fins dos anos noventa, o que encontramos são estudos fundamentalmente empíricos, que tentam descrever as dimensões e condições de vida e de trabalho de certos coletivos migrantes, para âmbitos geográficos cada vez mais circunscritos. Trata-se de trabalhos basicamente sociográficos que costumam reduzir seu objeto a uma perspectiva sociodemográfica, ou inclusive ético-assistencialista, e, nos quais, a grandes espaços, e com algumas poucas exceções pode-se dar uma clara dissociação entre a teoria e metodologia, e as técnicas postas em obra, quando não uma enorme debilidade teórica e, muito especialmente, uma total ausência de reflexão epistemológica. Há que se notar, entretanto, que este panorama muda parcialmente a partir do início dos anos noventa, momento no qual começam a desenvolver-se trabalhos de investigação cada vez mais complexos e melhor planejados, teórica e epistemologicamente.

Objeto de estudo

Neste contexto, a investigação pretendeu tomar por objeto de reflexão e estudo o lento porém inexorável processo de instituição de uma determinada categoria social e cognitiva: a "imigração não comunitária". O objeto de reflexão não foi, pois, a imigração, a chegada e instalação dos próprios migrantes — seu número, características, situações e trajetórias sociais e espaciais —, mas, longe disso, foi o discurso, isto é, as diferentes práticas e representações sociais, os diferentes fazeres e dizeres, que os tomam por objeto de regulação, reparação e/ou conhecimento, e que, junto a toda uma série de processos econômicos, políticos e culturais — entre os quais vale destacar a adesão da Espanha à agora denominada União Europeia e as metamorfoses sociopolíticas que isso provocou —, a instituem e dão sentido como uma figura social da alteridade.

Mais concretamente, nosso interesse consistiu em abordar a forma nas quais os diferentes atores e cenários sociojurídicos, jornalísticos, educativos, assistenciais, associativos e, em particular, os sociológicos, com suas práticas e representações, têm pré-formulado e disseminado certas determinadas representações coletivas sobre os migrantes, propondo e impondo desta maneira certos motivos para a ação coletiva. Insistindo nesse assunto, a investigação versou sobre como se geram, estruturam e difundem os diferentes modos de pensar e tratar os migrantes, sobre como constituiu-se, sociopolítica e cognitivamente, uma nova figura social, um "ator social simbólico", no dizer de G. Althabe, que passa a fazer parte (real e imaginariamente) do entremeado de relações sociais que compõem uma determinada formação social. Uma formação social, por sua vez, na qual os sociólogos e a sociologia, contrariamente ao que se pode pensar, são parte integrante e protagonista.

Deslocamentos metodológicos

A forma pela qual abordamos a sociogênese e difusão do discurso sobre a "imigração não comunitária" foi a análise do discurso. Não obstante, em lugar de abordar tal processo como habitualmente se vem fazendo — e como já havíamos feito em alguns trabalhos anteriores —, a partir da análise de algum "discurso constituído", isto é, de um discurso sustentado em determinado suporte e cujo raio de ação é facilmente identificável e compreensível — como seria o caso dos editoriais da imprensa diária nos anos oitenta, os livros de texto ou os debates parlamentares —, optamos por deslocar a atenção a um nível mais genérico e aproximar-nos à questão através da análise daquilo que G. Imbert faz ao falar em "discurso flutuante". Situamos nosso estudo nesse entremeado de (re)presentações que, composto por discursos com suportes variados e sem estruturar, é construído a partir de uma isotopia temática, que é a que lhe dá coerência. A reflexão aplica-se, portanto, às práticas e representações coletivas que *em torno à* chegada e instalação dos migrantes se tem desenvolvido na última década, analisando-se transversalmente os lugares comuns, as regularidades discursivas geradas ao redor deste tema e sua projeção no imaginário coletivo.

A análise e a interpretação deste discurso flutuante sobre a "imigração não comunitária", produto como é, de uma prática coletiva, de um enunciador difuso e múltiplo, e de tal modo que leva em consideração as análises mais parciais e fragmentadas sobre os discursos que alguns atores enunciam e/ou que alguns coletivos migrantes sofrem, permitia-nos — em detrimento do aprofundamento em um cenário social, coletivo ou algum aspecto concreto — uma aproximação mais complexa e incisiva. De fato, permitia-nos, indo além da análise detalhada e exaustiva de uma determinada enunciação, contextualizar e englobar melhor as diferentes formações discursivas que tomam os migrantes como objetos de suas práticas, representações e/ou retóricas, pondo em relevo sua articulação e inscrição na sociedade global.

Com este fim, tomamos por objeto de análise alguns "tropos discursivos" que ao longo de uma década têm sido mais recorrentes em todos e em cada um dos fazeres e dizeres sobre a "imigração não comunitária". Sem pretender esgotar a análise daqueles tropos mais recorrentes, abordamos a análise de tropos tais como o lema onipresente "Espanha, um país de emigração e um país de imigração", as metáforas que povoam as retóricas sobre as migrações, a associação e inclusive assimilação da imigração com um problema social, a sempre suposta falta ou necessária integração dos migrantes, a questão do islamismo e da situação da mulher imigrante, o surgimento de "eclosões de racismo e xenofobia" e, finalmente, o advento, supostamente concomitante à imigração, de uma sociedade multicultural, o que nos permitiu manifestar a figurativização social dos migrantes que se está analisando.

A esse respeito, deve-se levar em conta que, em contraste com outros enfoques analíticos, colocamos nossa atenção não tanto nos conteúdos dos discursos, mas, sim, nas formas de *como* dizem, e não tanto sobre *o que* dizem. Dessa maneira, a análise formal das práticas e representações que toma por objeto os migrantes nos permitiu reconstruir as diferentes regularidades discursivas que, com seus conteúdos ideológicos implícitos, compõem o discurso sobre a "imigração não comunitária" e que pouco a pouco foram se impondo como discurso tópico, como "naturais" e "evidentes", propiciando e difundindo um consenso não só sobre o chamado "problema da imigração", mas em particular sobre a "questão étnica".

Em nossa indagação insistimos na necessidade de analisar tanto a dimensão ideológica ou simbólica do fenômeno migratório como as implicações cognitivas e sociopolíticas que esta leva consigo. Nosso propósito foi averiguar tanto a dimensão simbólica destes discursos, a realidade que representam como o "trabalho ideológico" que operam na realidade social. Esforçamo-nos, portanto, para contextualizar as mobilidades migratórias no marco daqueles processos nos quais adquirem sentido, e isso tanto pelo que faz ao contexto sócio-histórico no qual acontecem, como aos efeitos explícitos e implícitos que têm a continuada (re)apresentação da chegada, instalação e mobilidade dos migrantes.

Elogio do ensaio sociológico

Uma aproximação sociológica como esta — que situa o objeto de reflexão nas formas de problematizar os migrantes — não pode se esquivar da questão substantiva de sua relação com o objeto de estudo, de tal modo que nos vimos premidos a efetuar uma primeira aproximação epistemológica à questão do conhecimento sociológico das migrações. A consideração das estreitas e complexas relações entre sociologia e alteridade nos levou a realizar, em primeiro lugar, uma avaliação das questões dos estudos sobre as migrações atuais e, em seguida, a uma crítica da sociologia positivista, levando em consideração as contribuições da epistemologia e dos estudos sociais da Ciência. Uma e outra nos permitiram apostar numa aproximação sociológica que, sustentando-se no princípio da reflexividade, pretende-se crítica, complexa e criativa, ou, o que é a mesma coisa, advogar por uma sociologia que é consciente de que não existe um lugar privilegiado que legitime e objetivize o conhecimento, que parte do (re)conhecimento de seus limites e constrições socioinstitucionais e que, em suma, sabe-se atriz que está colocada no seio das formações sociais que pretende elucidar.

Trata-se, por conseguinte, de uma aproximação que, junto à vocação científica que toda sociologia tem, assume também uma vocação "ensaística", de tal modo que adota a forma de um ensaio sociológico. E isto tanto no sentido de constituir uma *intenção* de aproximação ou de exploração de uma determinada problemática sociológica quanto no sentido de que em tal tentativa integram-se questões filosóficas, estilístico-científicas e morais e/ou políticas, das quais o conhecimento científico não pode prescindir. De fato, a pretensão de elucidar a significação social e sociológica da "imigração não comunitária" nos levou a considerar questões tais como o estatuto da alteridade nas sociedades contemporâneas, as relações entre escritura e ciência ou, enfim, a responsabilidade e autonomia, tanto individual quanto coletiva, nas dinâmicas socioculturais e, em particular, naquelas que caracterizam os cenários científicos.

Nesse sentido, tratou-se de uma investigação na qual, partindo do fato de que a linguagem — também a científica — não é em absoluto neutra nem transparente, não só reflete ou representa, mas também codifica e modela a realidade, se assume que aquela não pode deixar de ter um papel capital na reflexão sociológica. E isso não unicamente como objeto de estudo, também como veículo de análise e interpretação, como instrumento heurístico. Na formulação de nossa indagação, por consequência não foi um dos obstáculos menores o fato de selecionar, adequada e minuciosamente, cada um dos termos de nossa argumentação, o que tentamos resolver recorrendo a uma linguagem tensiva, composta por conceitos lábeis. A linguagem que temos usado é, por conseguinte, uma linguagem pessoal, um lugar de afirmação do sujeito do conhecimento, no qual se previne, e nos previne, sobre aquilo que a própria linguagem veicula, sobre aquilo que engendra com suas noções, metáforas etc.

Atribuir, a uma investigação como esta, o caráter de "ensaio sociológico" não é, em absoluto, desmerecê-la ou desvalorizá-la; ao contrário, é subtrair seu caráter de *firmeza* e enquadrá-la em um dos *gêneros* através dos quais se pode formular uma problematização sociológica. O ensaio não é um gênero estranho à Sociologia e, de fato, a ela pertencem algumas de suas aquisições mais fecundas, pois permite descrever densamente a heterogeneidade e a complexidade da realidade, assim como inserir no campo sociológico a possibilidade de conceber atores, sujeitos, responsabilidade e liberdade, isto é, aquilo que E. Morin chama de uma "ciência com consciência".

Teoria socioantropológica

Junto a estas considerações epistemológicas, metodológicas e crítico-literárias, cabe assinalar que, no que concerne ao esqueleto teórico, ensaiamos uma aproximação que se inscreve — ou, melhor dizendo, se nutre — numa constelação socioantropológica que denominamos, na falta de melhor denominação, "dinamista e construcionista". Trata-se de uma constelação que não pode se reduzir a uma escola nem a alguma tradição homogênea, mas que — composta por autores sumamente diferentes e de difícil classificação, e apesar de que muitos não consideraram pertinente colocá-los juntos — estimularam minha reflexão sobre a significação sociológica da "imigração não comunitária". Esses autores — com e contra os quais pensei, os quais apresentam trajetórias intelectuais, recursos conceituais, métodos ou relações com o trabalho empírico muito diferentes, ou, para dizê-lo de outro modo, que são autores que fazem uma sociologia sumamente singular — compartilham de um certo ar de família ao conceberem as realidades sociais como construções históricas e cotidianas de atores individuais e coletivos. Dessa maneira, consideram que o mundo social que se faz, refaz e desfaz de modo constante a partir de construções que são inventadas, reproduzidas, apropriadas, deslocadas e transformadas nas práticas e interações cotidianas, é sempre heterogêneo, complexo e socialmente construído.

A partir dessa perspectiva, na nossa investigação levamos a cabo uma aproximação na qual, frente à fragilidade teórica que costuma caracterizar a grande parte dos estudos sobre as migrações, tentamos manifestar a densidade e centralidade teórica da condição social do estrangeiro e estranho, da alteridade, na própria teoria sociológica. Desse modo, insistimos no fato de que a questão da alteridade não é uma "moda", não é um tema recente e passageiro, próprio de alguns autores e/ou correntes pós-modernas, mas que se apresenta como uma problemática capital, nas próprias origens e institucionalização da Sociologia. De fato, essa questão surge num contexto de imensas alterações sociais, próprias aos processos de industrialização e urbanização dos estados-nação, e desenvolve seus argumentos e conceitos para dar conta delas. Não é leviano acrescentar, a esse respeito, que encontraremos reflexões sociológicas acerca das diferentes figuras da alteridade em todo um conjunto de produções sociológicas "clássicas" e "contemporâneas", produções nas quais além de se conceber a alteridade como o resultado das interações e relações sociais, e não como uma qualidade particular de alguns sujeitos sociais, insiste-se na necessidade de reconstruir os processos através dos quais aquelas interações e relações são construídas como categorias sociais.

Figurativização étnica e estranhamento social

Além de enfrentar alguns dos dilemas epistemológicos e teóricos com os quais as migrações contemporâneas nos desafiam, na nossa indagação abordamos também a história de certos prejulgamentos, ideias e convicções sobre as atuais mobilidades migratórias. Através da análise dos principais tropos discursivos que constituem o discurso sobre "imigração não comunitária", mostramos como se está consumando uma (re)apresentação miserabilista e etnicista dos migrantes. Na atualidade, nos encontramos com um discurso hegemônico sobre a imigração no qual, mediante a recorrente associação dos migrantes a um sem fim de problemas sociais — o que se pode fazer mediante a afirmação de que só têm, geram e/ou exacerbam problemas de ordem pública, problemas educativos, urbanísticos, de convivência ou de qualquer outro tipo —, a presença, a instalação e a mobilidade geográfica e social dos migrantes são (re)presentadas como um grave problema social, que adquire dimensões europeias e cuja origem baseia-se em sua grande afluência, sua excessiva presença ou concentração e, especialmente, em sua diferença ou distância cultural. Desse modo, ao (re)apresentar os migrantes como "etnias perigosas", tal discurso torna-os estranhos social, política e cognitivamente; se os constitui simbolicamente como uma figura estrangeira; isto é, como uma figura alheia, distante, quando não desigual, ao próprio agrupamento sociopolítico, no qual estão instalados e do qual fazem parte.

É preciso assinalar que esta (re)apresentação dos migrantes como uma "presença bárbara", inclusive como um antissujeito europeu, tem exibido diversas modulações ao longo destes anos. Assim como, durante a segunda metade dos anos oitenta, a representação predominante insistia em sua condição de imigrantes estrangeiros preocupando fundamentalmente seu número, situação sociojurídica, localização e condições de vida e trabalho, a partir dos anos noventa, entretanto, o que começa a preocupar é tanto a emergência e expansão de atitudes e comportamentos racistas quanto a interculturalidade e a integração dos migrantes. Pode-se assinalar que, com o passar dos anos, foi sendo relegada, a um segundo plano, sua condição de trabalhadores estrangeiros, com suas posições, situações e condições sociais e de trabalho, e foi ocupando um lugar socialmente muito mais visível a disposição de valores, normas e crenças de que eles seriam portadores e que, regendo seu comportamento, determinariam seu modo de instalação e suas relações com os autóctones. Não obstante, uma formulação não tem por que excluir outras, e —como se manifesta nos fazeres e dizeres que giram em torno à nova lei do estrangeiro e sua rápida reforma — as formulações discursivas articulam-se e recombinam-se de forma constante e renovada.

Por outro lado, nesse estranhamento sociopolítico e cognitivo desempenha um papel fundamental o que se costuma chamar "diferencialismo cultural". Nas práticas e representações que tomam por objeto os migrantes, põe-se em movimento uma (re)apresentação "culturalista" que converte os migrantes, direta e instantaneamente, em "minorias étnicas". É preciso assinalar que este "absolutismo étnico" que etnifica os migrantes, assim como as relações sociais e suas interpretações, é compartilhado por formulações discursivas muito díspares e inclusive antagônicas sobre a imigração. Ainda que não esteja em nosso objetivo minimizar as diferenciações entre as diversas posições interculturalistas e as fundamentalistas culturais ou neorracistas, umas e outras coincidem demasiadamente muitas vezes; certamente que com objetivos e intenções distintas, em uma aproximação culturalista e diferencialista dos migrantes. Umas e outras coincidem em uma conceitualização dos migrantes que, mais do que concebê-los como indivíduos e grupos que constroem suas configurações culturais no seio de relações sócio-históricas determinadas, concebem-nos fundamental e exclusivamente em termos de "culturas" e "diferenças culturais".

De fato, os fazeres e dizeres sobre os migrantes nos colocam ante um dos principais paradoxos que, na atualidade, afetam a noção de *cultura*. Trata-se de um termo que apresenta uma grande popularidade, até mesmo um uso inflacionário, ao qual não tem estado alheia a institucionalização e a transnacionalização da antropologia funcionalista e culturalista norte-americana, ao mesmo tempo que, no seio das ciências e movimentos sociais, é motivo de ácida controvérsia, chegando-se em alguns casos inclusive a rejeitar-se como conceito pertinente. Nesse sentido, aposta-se por noções alternativas que — como as de "repertórios culturais", "reservas de práticas", "habitats de significados" ou "configurações culturais" — escapem à coisificação que aquele outro conceito implicaria ou que teria alcançado. A partir desta perspectiva, a cultura é vista como um entremeado de símbolos, histórias, ritualizações e representações, daquilo que os indivíduos e grupos se servem para atuar e interatuar no seio das relações sociais. Desse modo, pondo o acento nos processos de construção, reconstrução e desmontagem de materiais culturais, essas redefinições e alternativas ao termo cultura insistem na centralidade e importância da ação social — e, portanto, dos atores sociais. Todas elas destacam as contradições e os mal-entendidos, as estratégias, os interesses e as improvisações no marco das dinâmicas socioculturais; todas elas sublinham as conexões e interdependências entre culturas, gentes e lugares, como gosta de dizer U. Hannerz, assim como o papel que, na (re)criação cultural, desempenham grupos e indivíduos.

Apesar disso, no discurso sobre a "imigração não comunitária" recorre-se a uma conceitualização que, definindo a cultura como sinônimo de tradição, isto é, como um "conjunto homogêneo e integrado de valores e normas que determinariam o comportamento de indivíduos e grupos, e que se transmite de geração em geração", apresenta uma concepção estática e homogeneizante das configurações culturais, exagerando a coerência, a homogeneidade e a intemporalidade das mesmas, e descrevendo-as, em suma, como entidades claramente delimitadas e interdependentes. De tal modo que, insistindo na separação e integridade das "culturas", ao mesmo tempo que silenciando às semelhanças que apresentam entre elas e omitindo os processos socioeconômicos e políticos nos quais estão inseridas, facilita a construção, reprodução e manutenção das distâncias e desigualdades sociais. Insistindo-se, como no discurso sobre a "imigração não comunitária" se insiste, na especificidade cultural e abstraindo-se que as diferenças são efeito de uma relação, reforça-se e difunde-se a ideia de que os migrantes são "os" diferentes, convertendo-os assim em uma "espécie exótica" que, como mordazmente adverte o personagem de Arjouni, não têm motivos nem razões, mas só cultura que determine seus comportamentos.

Além disso, é preciso insistir que, nesta (re)apresentação etnicista dos migrantes, subjaz também o que J. Blommaert e J. Verschueren (1994) chamam de a "doutrina do homogeneísmo", quer dizer, a crença de que as sociedades e as culturas são realidades homogêneas que não podem ser alteradas impunemente. Um dos supostos mais incontestados nas múltiplas práticas e representações que tomam aos migrantes por objeto é a de que a paulatina diversificação cultural e étnica, que a afluência dos migrantes implicaria, constitui uma verdadeira mutação social que transmuta o caráter das sociedades europeias, fazendo com que venham a ser a partir de agora "sociedades multiculturais". Desse modo, não só se magnifica e superdimensiona o alcance da presença dos migrantes, como também se define a diversidade como um problema ou perigo para a própria sociedade de instalação, e, o que é ainda pior, apresenta-se como um fenômeno anômalo e recente, que sempre procede de fora e que é gerador de desordem.

Por outro lado, o discurso sobre a "imigração não comunitária" participa também da crença, fortemente sociocêntrica e comunitarista, de que o veículo de uma "cultura" é um "povoado" ou uma "nação". Esquece-se ou se despreza, assim, o papel que exercem outros agrupamentos sociais, como é o caso das classes sociais, das classes de gênero ou das gerações, nas dinâmicas culturais, e se consideram os indivíduos singulares como mero produto ou suporte da cultura e não como intérpretes e inclusive "autores" das configurações culturais. Tal concepção sociocêntrica da cultura impossibilita pensar o modo pelo qual os migrantes adquirem e manejam os significados, as práticas e os símbolos, tanto em sua vida cotidiana quanto no seio dos cenários socioeconômicos e políticos contemporâneos. Impossibilita pensá-los como verdadeiros atores neste mundo sumamente interconectado e transnacional no qual estão instalados e do qual são produtores, coprodutores coletivos e singulares.

A título de colofão

A indagação sobre a significação sociológica da "imigração não comunitária" nos permitiu manifestar que as mobilidades migratórias, consideradas em muitas ocasiões como um objeto de estudo *menor*, constituem um dos fenômenos que mais bem revelam a complexidade e a ambiguidade constitutivas da sociedade contemporânea. A elucidação da densidade simbólica que os lugares comuns contêm dentro de si, do sentido consensual que sutilmente propõem e impõem, não só nos levou a considerar toda uma série de processos e mecanismos de estranhamento social que instituem os migrantes como uma figura de alteridade — como um sujeito estranho, estrangeiro e extemporâneo à sociedade na qual estão instalados —, como, ainda, nos colocou frente a frente também com um estranhamento muito diferente. Permitiu-nos, efetivamente, pôr em prática uma implicação e um distanciamento reflexivos que nos interpela sobre o próprio cenário sociológico, sobre nossas práticas, nossas representações e retóricas sociocognitivas e, muito especialmente, com relação a esse *locus* propriamente humano que é o fato de serem não apenas seres sociais e culturais, mas seres profundamente históricos, isto é, situados e configurados por esses tempos e espaços sumamente desordenados, no seio do qual atuamos e interatuamos. O estudo das mobilidades migratórias contemporâneas nos colocou diante, por conseguinte, do profundo e constante estranhamento que os seres humanos apresentam a respeito de si mesmos e de suas realizações.

Referências

ALTHABE, Gérard. "Production de l'étranger, xénophobie et couches populaires urbaines", In: *L'Homme et la societé*, núm. 77-78, Paris, 1985, p.63-73.

ALVITE, Juan Pedro (Org.) *Racismo, antirracismo e inmigración*, Gakoa, Donostia, 1995.

BARBADILLO GRIÑAN, Patricia. *Extranjería, racismo y xenofobia en la España contemporánea. La evolución de los setenta a los noventa*, CIS/Siglo XXI, Madrid, 1997.

BECK, Ulrich. "De vecino a judío. La construcción política del extraño en la modernidad reflexiva", en *La democracia y sus enemigos*, Paidós, Barcelona, 2000, p.125-153.

BELLO REGUERA, Gabriel. "La extranjería como discurso", In: Román Reyes (ed.), *Crítica del lenguaje ordinario. Maspalomas'92*, Eds. Libertarias, Madrid, 1993, p.145-153.

BLOMMAERT, Jan y VERSCHUEREN, Jef. "La retórica de la tolerancia o lo que se enseña a los agentes de policía sobre los inmigrantes", In: L. Martín Rojo y otros (eds.), *Hablar y dejar hablar (Sobre racismo y xenofobia)*, Universidad Autónoma de Madrid, Madrid, 1994, p.27-44.

CAMILLERI, Carmel. "L'image dans la cohabitation de groupes étrangers en relation inégalitaire", In: *Cahiers internationaux de Sociologie*, vol. LIX, Paris, 1995b, p.239-254.

COLECTIVO IOÉ. *Discursos de los españoles sobre los extranjeros: paradojas de la alteridad*, CIS, Madrid, 1995.

HANNERZ, Ulf. *Conexiones transnacionales. Cultura, gente, lugares*, Cátedra, Valencia, 1998.

IMBERT, Gérard. *Los discursos del cambio. Imágenes e imaginarios sociales en la España de la Transición (1976-1982)*, Akal, Madrid, 1990.

MARIÉ, Michel y otros. *Situations migratoires. La funtion-miroir*, Galilée, Paris, 1977.

MATEO DIESTE, Josep Lluís. *El "moro" entre los primitivos. El caso del protectorado español en Marruecos*, Fundació "La Caixa", Barcelona, 1997.

MORIN, Edgar. *Sociología*, Tecnos, Madrid, 1995.

NAÏR, Sami. *Le regard des vainqueurs. Les enjeux français de l'immigration*, Grasset, Paris, 1992.

OLIVÁN, Fernando. *El extranjero y su sombra. Crítica del nacionalismo desde el derecho de extranjería*, San Pablo, Madrid, 1998.

ORIOL, Michel. "Identité produite, identité instituée, identité exprimée: Confusions des théories de l'identité nationale et culturelle", In: *Cahiers internationaux de Sociologie*, vol. LXVI, Paris, 1979, p.19-28.

PROVANSAL, Danielle. "La inmigración extracomunitaria desde la perspectiva de las ciencias sociales", In: *Quaderns d'Antropologia*, n. 11, Barcelona, 1997, p.7-26.

SANTAMARÍA, Enrique. "El cerco de papel... o los avatares de la construcción periodística del (anti)sujeto europeo", In: VV.AA., *Extranjeros en el paraíso*, Virus, Barcelona, 1994, p.227-24.

SANTAMARÍA, Enrique. *La incógnita del extraño. Ensayo sobre la significación sociológica de la "inmigración no comunitaria"*, Anthropos, Barcelona (2001, no prelo).

SAYAD, Abdelmalek. *L'immigration, ou le paradoxes de l'altérité*, De Boeck Université, Bruxelles, 1991.

STOLCKE, Verena. "Europa: nuevas fronteras, nuevas retóricas de exclusión", In: VV.AA., *Extranjeros en el paraíso*, Virus, Barcelona, 1994, p.235-266.

TAGUIEFF, Pierre-André. *La force du préjugé. Essai sur le racisme et ses doubles*, Gallimard, Paris, 1990.

VAN DIJK, Teun A. "El discurso y la reproducción del racismo", *Lenguaje en Contexto*, n. 1, Amsterdam, 1988, p.131-180.

VAN DIJK, Teun A. "El racismo de la élite", In: *Archipiélago*, n. 14, Barcelona, 1993, p.106-111.

Incluir para excluir

Alfredo Veiga-Neto

Dab es den Menschen so scheint, ist ihr Kriterium dafür, dab es so ist.[1]
Wittgenstein, 1977, p.72.

Em recente artigo que escrevi para o número especial da revista *Proposições* sobre "Educação Especial: exclusão/inclusão", da Universidade de Campinas (UNICAMP), discuti algumas das dificuldades e ambiguidades que enfrentam as políticas que pretendem fazer a inclusão escolar dos anormais, justamente em decorrência, tais dificuldades, da própria construção moderna da normalidade (VEIGA-NETO, 2001). Incorporando boa parte do que já havia feito, retomo agora, neste capítulo, aquela discussão. O que há de novo aqui se concentra sobretudo na primeira metade deste texto; com isso, pretendo tanto colocar minha discussão num âmbito mais abrangente quanto matizar algumas questões que, talvez, não tivessem ficado suficientemente claras naquele artigo. Em todo caso, aqui meu objetivo continua modesto: o que segue ainda não passa de alguns apontamentos sobre as atuais assim chamadas *políticas de inclusão dos anormais*; isso é feito a partir dos estudos foucaultianos que venho desenvolvendo nos últimos anos.

De início, quero deixar claro que, na esteira das contribuições de Michel Foucault, estou usando a palavra *anormais* para designar esses cada vez mais variados e numerosos grupos que a Modernidade vem, incansável e incessantemente, inventando e multiplicando: os sindrômicos, deficientes, monstros e psicopatas (em todas as suas variadas tipologias), os surdos, os cegos, os aleijados, os rebeldes, os pouco inteligentes, os estranhos, os GLS[2], os "outros", os miseráveis, o refugo enfim.

---

[1] "Que assim pareça aos Homens é o seu critério para assim ser".
[2] Uso GLS (gays, lésbicas e simpatizantes) para designar o conjunto de optantes por práticas sexuais e/ou de gênero que não seguem as assim chamadas "duas categorias normais": a masculina e a feminina.

Assim, sob essa denominação genérica — os *anormais* —, abrigam-se diferentes identidades flutuantes cujos significados se estabelecem discursivamente em processos que, no campo dos Estudos Culturais, se costuma denominar *políticas de identidade*. Trata-se de processos que estão sempre atravessados por relações de poder, de cuja dinâmica decorre justamente o caráter instável e flutuante dessas e quaisquer outras identidades culturais. Nesse ponto, os anormais não são uma exceção. Assim, o que é crucial entender é que os anormais não são, em si ou ontologicamente, isso ou aquilo; nem mesmo eles se instituem em função do que se poderia chamar de desvio natural em relação a alguma suposta essência normal. Seguindo o segundo Wittgenstein, isso equivale a dizer que, ao invés de buscar uma suposta correlação entre os significados de alguma *identidade anormal* e um objeto *normal* — na ilusão de poder, a partir daí, estabelecer *o que é mesmo* esse anormal —, o que interessa é examinar os significados de *anormal* a partir dos usos que se faz dessa expressão. Mas não se trata tão somente de fazer uma análise denotacionista, de cunho linguístico, fenomenológico, mas sim de, abandonando qualquer pretensão de encontrar alguma relação entre linguagem e mundo, empreender uma análise genealógica dessas expressões e dos jogos de linguagem e de poder em que elas assumem os significados que têm. Como explica Ewald (1993, p.87), "saber como se efetua a partilha entre o normal e o anormal constitui todo um problema. Compreende-se que ela nunca exprimirá uma lei da Natureza; tão só pode formular a pura relação do grupo consigo mesmo".

Se nos parecem duras as palavras com que é designado aquele variado elenco de "tipos" — e tantos outros quanto mais continuarem se ampliando e refinando os saberes sobre a diversidade humana[3] —, é justamente porque as práticas de identificação e classificação estão implicadas com tão poderosas relações de poder que a assimetria que delas resulta parece não se encaixar com alguns dos nossos ideais iluministas. Se nos incomoda até mesmo a palavra *anormal* é porque sabemos — ou, pelo menos, "sentimos" — que o seu sentido moderno gestou-se por sucessivos deslocamentos *a partir de* outros tipos situados em outras práticas e estratos discursivos — como os monstros, os masturbadores e os incorrigíveis (FOUCAULT, 1999b) —, e *às custas de* oposições, exclusões e violência. Voltarei a esse ponto, mais adiante.

E pode ser, também, que a palavra incomode aqueles que, explícita ou implicitamente, colocam ao abrigo dela até mesmo essa crescente

---

[3] Para uma discussão acerca da crescente instituição da idade como critério identitário, vide VEIGA-NETO (2000b).

massa humana dos sem-emprego, dos sem-teto, dos sem-terra, dos sem-cidadania, dos sem-nada. Nesse caso, tenho argumentado que o deslocamento que referi acima está sendo, hoje em dia, levado adiante: *de* um plano cuja ênfase incidia sobre a morfologia e a conduta (dos corpos), *para* um plano cuja ênfase agora se dá sobre a economia e a privação (de determinados estratos populacionais). Em outras palavras: ainda que os critérios da partilha *normal—anormal* emerjam da "pura relação do grupo consigo mesmo", as marcas da anormalidade vêm sendo procuradas, ao longo da Modernidade, em cada corpo para que, depois, a cada corpo se atribua um lugar nas intrincadas grades das classificações dos desvios, das patologias, das deficiências, das qualidades, das virtudes, dos vícios. O que agora me parece ser uma novidade é a inversão que a lógica do neoliberalismo vem operando nesse processo. A saber, a atribuição de uma marca — agora, construída a partir de critérios fundamentalmente econômicos, como capacidade de consumir, avaliada tanto pelo poder financeiro quanto pela competência/*expertise* para fazer as melhores escolhas (VEIGA-NETO, 2000b) — não propriamente a um corpo, mas a toda uma fração social para que, depois, se diga que qualquer corpo dessa fração é normal ou anormal pelo simples fato de pertencer a tal fração. Isso equivale a dizer que o critério de entrada não é mais o corpo (em sua morfologia e comportamento); o critério de entrada pode ser, também, o grupo social ao qual esse corpo é visto como indissoluvelmente ligado. Não é difícil notar o quão forte é o poder envolvido nesses processos. Correlativamente, também não é difícil notar o quanto parece estar se ampliando o conceito e o uso da norma como estratégia de dominação.

Como sabemos, frente aos incômodos que palavras como *normal* e *anormalidade* podem nos causar, são possíveis algumas alternativas.

Uma delas consiste na pura e simples negação abstrata[4] dos anormais (no plano epistemológico), da qual resultam as práticas de exclusão mais explícitas e radicais (no plano material). Trata-se de práticas que têm no racismo o seu ponto imediato de convergência, se entendermos por racismo não apenas a rejeição do diferente, mas, também, a obsessão pela diferença, entendida como aquilo que contamina a pretensa pureza, a suposta ordem, a presumida perfeição do mundo. A diferença pensada como uma mancha no mundo, na medida em que os diferentes teimam em não se manterem dentro dos limites nítidos, precisos, com os

---

[4] Estou usando essa expressão no sentido que lhe deu a Teoria Crítica (em especial, Max Horkheimer).

quais o Iluminismo sonhou geometrizar o mundo. A diferença entendida como aquilo que, sendo desviante e instável, estranho e efêmero, não se submete à repetição mas recoloca, a todo momento, o risco do caos, o perigo da queda, impedindo que o sujeito moderno se apazigue no refúgio eterno de uma prometida maioridade.

Uma outra alternativa consiste no recurso à proteção linguística dada por algumas figuras de retórica, entre as quais temos bons exemplos nas perífrases do tipo "aqueles que necessitam de cuidados ou atendimentos especiais" e nos eufemismos do tipo "portadores de deficiências"[5]. Lembro que uma parcela dos discursos em prol do politicamente correto adota essa saída, como se quisesse expiar uma culpa, passando por cima dessa questão — fazendo dela uma questão apenas técnica ou, quanto muito, epistemológica —, e jogando para debaixo do tapete a violência que se põe em movimento nessas práticas.

Uma terceira alternativa — aliás, compatível com a anterior — consiste em simplesmente naturalizar a relação *normais — anormais*, isso é, pensar a norma em termos naturais, como algo que aí está, à espera de ser entendida e administrada pelos especialistas. Desse modo, a anormalidade se reduz, também aqui, a uma questão técnica, ainda que se possa embutir, junto a ela, uma discussão política em prol do anormal e, muitas vezes, da sua inclusão social.

Uma outra alternativa consiste em problematizar essas questões, submetê-las ao crivo de uma hipercrítica[6] e expô-las sem ter medo da força que as palavras têm. No plano conceitual e teórico isso envolve riscos e exige cuidadosas análises acerca da genealogia não propriamente do grupo "os anormais", mas de cada um dos muitos tipos que a Modernidade agrupou sob essa denominação. No plano prático, a situação é tão mais difícil e perigosa quando se trata de pensar, propor e implementar políticas sociais que levem em consideração que, afinal, os anormais estão aí e muito tem de ser feito por e junto com eles. O uso da expressão *junto com eles* é proposital pois quero chamar atenção para a crescente popularidade que vêm tendo as políticas de inclusão escolar dos anormais. Com isso, quero contribuir com algumas reflexões de fundo sobre o caráter ambíguo que tais políticas podem assumir, particularmente quando se trata de decidir se os

---

[5] É, no mínimo, curioso notar aí o oxímoro: o portador de deficiência é, em outras palavras, "aquele que carrega/conduz algo que não tem"...

[6] Para uma discussão sobre isso, vide, entre outros, VEIGA-NETO (1995) e RAJCHMAN (1987).

anormais podem, ou mesmo devem, ser misturados, nas escolas, com os *normais* — cada vez mais parecidos com nós mesmos e, bem por isso, cada vez mais especiais, melhores, mais raros...

Agora, mais um risco: como deixar claro que uma hipercrítica a tais políticas de inclusão não implica, em absoluto, uma negação a elas, não implica uma recusa à própria inclusão? E, voltando a uma questão que é anterior a essa: como não deixar a impressão de que não varrer a sujeira para debaixo do tapete não significa querer conviver com a sujeira?

Como bem sabemos, tais políticas de inclusão — uma bandeira que tem atraído boa parte dos pedagogos progressistas — têm enfrentado várias dificuldades. De um lado, essas políticas têm esbarrado na resistência de muitos educadores conservadores. De outro lado, elas têm enfrentado dificuldades de ordem epistemológica ou mesmo prática, seja quando pretendem tratar de modo generalizante e indiferenciado as inúmeras identidades culturais que "povoam" aquilo que se costuma denominar de "todo social", seja quando não levam em consideração que tais identidades culturais têm suas raízes em camadas muito mais profundas do que fazem crer aqueles discursos progressistas mais simplificadores, que costumam ver o mundo sempre a partir da famosa dicotomia dominadores — dominados, exploradores — explorados.

As dificuldades

Como tenho discutido em outros lugares (VEIGA-NETO, 1995, 2000a, 2000b), a escola moderna é o *locus* em que se dá de forma mais coesa, mais profunda e mais duradoura a conexão entre poder e saber na Modernidade. E é por causa disso que ela é capaz de fazer tão bem a articulação entre a Razão de Estado e o deslocamento das práticas pastorais (para as tecnologias do eu), funcionando, assim, como uma máquina de governamentalização que consegue ser mais poderosa e ampla do que a prisão, o manicômio, o quartel, o hospital. Isso faz da escola um lugar privilegiado para se observar, por exemplo, tanto as transformações que já aconteceram quanto as que ainda estão acontecendo na lógica social. Faz dela, também, um lugar atraente para implementar mudanças sobre essa lógica social, que se pretendam necessárias, seja no plano político, cultural ou econômico. Mas isso não significa, absolutamente, que essas sejam operações fáceis. É preciso ter sempre claro que mesmo aquilo que parece ocorrer apenas no âmbito escolar pode ter — e, quase sempre, tem — ligações sutis e poderosas com práticas (discursivas e não discursivas) que extravasam a própria escola.

No caso que estou aqui discutindo, por exemplo, não bastam vontade política e competência técnica (para lidar com o anormal) para que se implemente com sucesso a inclusão. Se não forem levadas em conta a variada tipologia da anormalidade e a sua própria gênese, ou se não se conhecer, como disse Skliar (1999, p.26), "qual é a política de significados e as representações que se produzem e reproduzem nessa proposta", ou em qualquer outra proposta, não apenas as dificuldades serão enormes como, pior, poderemos estar levando a questão para um rumo diferente, ou até oposto, daquele que tínhamos pensado.

É claro que não tenho a pretensão, nem de longe, de tentar resolver essas dificuldades, de apontar algumas "soluções". Até mesmo porque o debate sobre a inclusão escolar não está propriamente no centro de meus interesses de pesquisa, de modo que minha discussão se dará pelas bordas, problematizando em torno de alguns elementos que, muitas vezes, são tomados e pensados tranquilamente nesse debate.

Penso que tematizar essas dificuldades pode contribuir para desnaturalizá-las, para desconstruí-las, para mais uma vez mostrar o quanto elas são contingentes, justamente porque advêm de relações que são construídas social e discursivamente. Com isso não quero dizer que essas dificuldades existem *apenas* num suposto mundo das ideias e que, por isso, seriam mais facilmente removidas do nosso caminho. Ao contrário, tais dificuldades são muito "duras" na medida em que se assentam em práticas discursivas e não discursivas bastante coesas e estáveis, que têm necessariamente uma base material e que mantêm entre si um nexo imanente. Falar em imanência significa dizer que essas práticas não mantêm relações causais simples entre si — situação em que bastaria fazermos uma mudança nas causas, para obtermos uma mudança nos seus efeitos —; prefiro seguir Deleuze (1988) e dizer que se trata, aqui, de intrincadas e poderosas relações de causalidade imanente.

Em suma, aquelas dificuldades não são ontologicamente necessárias, isto é, elas não advêm de uma suposta natureza das coisas, de alguma propriedade transcendental que presidiria o funcionamento do mundo. Vejamos um exemplo disso. Se parece mais difícil ensinar em classes inclusivas, classes nas quais os (chamados) *normais* estão misturados com os (chamados) *anormais,* não é tanto porque seus (assim chamados) níveis cognitivos são diferentes, mas, antes, porque a própria lógica de dividir os estudantes em classes — por níveis cognitivos, por aptidões, por gênero, por idades, por classes sociais etc. — foi um arranjo inventado para, justamente, colocar em ação a norma, através de um crescente e persistente movimento de, separando o normal do anormal, marcar a distinção entre normalidade e anormalidade. Nesse caso, o conceito de nível cognitivo foi inventado, ele próprio, como um operador a serviço desse movimento de marcar aquela distinção; não tem sentido, portanto, tomá-lo como um *datum* prévio, natural. A própria organização do currículo e da didática, na escola moderna, foi pensada e colocada em funcionamento para, entre várias outras coisas, fixar quem somos *nós* e quem são os *outros*.

Então, ao contrário de ontologicamente necessárias, aquelas dificuldades são contingentes. Entendê-las como contingentes — isso é, entendê-las como resultado de múltiplos arranjos históricos cuja tecitura, uma vez conhecida, pode eventualmente ser alterada, redirecionada, rompida — não faz delas um obstáculo menos poderoso para as transformações sociais que se queira fazer. Por que, então, é importante sabermos que isso é assim e saber como se dão essas coisas?

Em primeiro lugar, porque tudo isso, na medida em que nos libera do prometeísmo fundado nas metanarrativas iluministas, nos joga diretamente neste mundo e coloca nas nossas próprias mãos a possibilidade de qualquer mudança.

Em segundo lugar, porque ficamos conhecendo os arranjos sobre os quais devemos aplicar nossos esforços, seja para desativá-los, desarmá-los ou desconstruí-los, seja para ativá-los ou redirecioná-los, tudo em função dos nossos interesses.

Em terceiro lugar porque, ao invés de vivermos no trabalho político e messiânico de preparar a grande virada que nos levaria para um futuro melhor, feliz e definitivo — numa duplicação contemporânea, certamente que em outros termos, das práticas medievais cristãs de ascese e espera —, poderemos viver no permanente trabalho político (mas não messiânico) de promover a crítica radical e a insurreição constante. Usando a conhecida máxima de Foucault: ao invés da grande revolução, pequenas revoltas diárias...

O normal e o anormal

Mas voltemos a tratar da separação entre os normais e os anormais. Penso que as contribuições de Michel Foucault e de Zygmunt Bauman são importantes e muito úteis para articular a desconstrução do caráter natural que é atribuído a essa díade — de um lado, o *normal*; de outro lado, o *anormal* — e para passar a vê-la como uma construção discursiva moderna. Vejamos isso com um pouco mais de detalhe.

Foucault e Bauman compreendem a Modernidade como o tempo em que a ordem deixou de ser vista como algo natural, como "algo que estava aí", e passou a ser entendida simplesmente enquanto ordem e, como tal, um problema a ser resolvido, uma disposição que, por não estar desde sempre aí, deve ser imposta ao mundo natural e social. Nesse sentido, "a existência é moderna na medida em que contém a *alternativa* da ordem e do caos" (BAUMAN, 1999, p.14), sendo o caos, portanto, aquilo que está fora da ordem, o negativo da ordem. Assim, o caos é condição necessária à ordem; essa só é ela mesma, isso é, ela só se identifica com ela mesma se for colocada frente a frente com o seu outro, que é o caos. Dessa desnaturalização da ordem resulta, também, que a própria Natureza tem de ser ordenada e, para tanto, tem de ser dominada, subjugada. Numa perspectiva foucaultiana, esses entendimentos foram as condições de possibilidade para que se estabelecesse todo um conjunto de práticas, a partir da Idade Clássica, cujo alvo é elidir a ambivalência, a indefinição, o desenquadramento, o imprevisível. Para usar uma expressão cunhada pelo filósofo, a *episteme* da *ordem* — e mais: também da *representação*, disse ele — prepara a Modernidade como um tempo de intolerância à diferença, mesmo que essa intolerância esteja encoberta e recalcada sob o véu da aceitação e da possível convivência — nessa forma de racismo[7] que se costuma chamar de *amigável*. Vista a partir dessa perspectiva, a Modernidade caracteriza-se, em suma, como um tempo marcado pela vontade de ordem, pela busca da ordem.

Mas se, para o pensamento moderno, a ordem não estava sempre aí, se ela não é mais entendida como algo natural, aquilo que a vontade de ordem e as operações de ordenamento engendram passa a ser visto como natural... De fato, não deixa de ser um tanto estranho que as díades que se criam a partir de uma operação de ordenamento são sempre naturalizadas. Mas não é difícil compreender que a naturalização daquilo que a vontade de ordem produz resulta do ocultamento do poder que está na gênese das operações de ordenamento. Vejamos como isso se dá.

---

[7] Estou usando o termo racismo no sentido amplo que lhe dá Pierucci: além de "recusa, incapacidade ou impossibilidade de aceitar o outro, o diferente, o não-semelhante, o não-idêntico" o racismo manifesta-se, principalmente, como a própria "celebração da certeza das diferenças... como prescrição da urgência de sublinhar as diferenças para manter as distâncias... uma obsessão com a diferença" (1999, p.25-26).

A *inclusão* pode ser vista como o primeiro passo numa operação de ordenamento, pois é preciso a aproximação com o outro, para que se dê um primeiro (re)conhecimento, para que se estabeleça algum saber, por menor que seja, acerca desse outro. Detectada alguma diferença, se estabelece um estranhamento, seguido de uma oposição por dicotomia: o *mesmo* não se identifica com o *outro*, que agora é um estranho. É claro que aquele que opera a dicotomia, ou seja, quem parte, "é aquele que fica com a melhor parte". Nesse caso, a melhor parte é *do mesmo* ou, talvez seja melhor dizer: é *o próprio mesmo*. Portanto, o resultado dessa operação não é simétrico, ou seja, essa operação cria, de saída, dois elementos que guardam um diferencial entre si. Um diferencial que expressa, ainda que seja em termos simbólicos, um poder que esteve ativo, que funcionou, que aconteceu, no aparentemente simples ato de repartição. E porque parece simples, esse ato parece ser um ato "puramente" epistemológico. E mais: ao parecer uma operação puramente epistemológica, de simples reconhecimento ou estranhamento cognitivo, a dicotomia esconde seu compromisso com a relação de poder que estava na sua origem. Nas palavras de Bauman (1999, p.22), "a falsa simetria dos resultados encobre a assimetria de poder que é a sua causa". Além disso, o diferencial não se estabelece apenas como uma diferença entre dois conjuntos de propriedades (portadas pelos elementos da díade), senão que se manifesta — também e mais importante — como uma diferença nas relações entre os dois elementos, segundo o sentido em que se dão essas relações. No nosso caso, se o normal depende do anormal para a sua própria satisfação, tranquilidade e singularidade, o anormal depende do normal para sua própria segurança e sobrevivência. Conforme explica Skliar, ao discutir a díade ouvinte — surdo, "as oposições binárias supõem que o primeiro termo define a norma e que o segundo existe fora do domínio daquele. No entanto, o ser surdo não supõe o oposto — o negativo — de ser ouvinte, nem o ser cego o oposto de ser vidente" (1999, p.22).

Se o que está descrito acima explica muito genérica e sucintamente como é colocada alguma ordem no mundo — uma ordem que se realiza pelas operações de aproximação>conhecimento>estranhamento, ou seja, inclusão>saber>exclusão —, não explica por que se forma uma determinada díade e não outras, isto é, não explica quais são as "categorias" que se formam por esse processo. Então, o que ainda é preciso fazer é referir como apareceu a díade normal — anormal ou, em outras palavras, de onde vem o próprio conceito moderno de *normalidade*. Isso é aqui de fundamental importância, tendo em vista que aquilo que está na pauta das políticas de inclusão é, justamente, saber o que fazer com os anormais. Não há como, nesse pequeno espaço, entrar em muitos detalhes sobre isso; assim, procurarei apenas fazer algumas referências que poderão ser úteis àqueles que não estão familiarizados com esse assunto.

Para Foucault, esse polimórfico grupo ao qual hoje denominamos *os anormais* formou-se "a partir de três elementos, cuja constituição não foi exatamente sincrônica" (FOUCAULT, 1997, p.61): os *monstros humanos*, o *indivíduo a corrigir* e o *onanista*. É claro que todos esses três "tipos" já existiam desde tempos muito remotos; a novidade que se afirma, desde início do século XIX, é tanto o agrupamento deles numa categoria mais ampla quanto vê-los muito menos como um objeto de curiosidade e muito mais como um problema. A problematização em torno desses tipos decorreu do surgimento, a partir da segunda metade do século XVIII, de um novo elemento que nem o Direito nem as disciplinas conheciam: a *população*. A população — essa novidade enquanto problema ao mesmo tempo científico (da ordem da vida) e político (da ordem do poder) — passa a ser entendida como um novo tipo de corpo, um corpo de múltiplas cabeças sobre o qual são necessários novos saberes (que hoje chamamos de Estatística, Medicina Social, Demografia, Saúde Pública, Ciências Atuariais etc.). Tais saberes não se restringem a cada uma das cabeças que compõem esse novo corpo; a grande novidade: são saberes que se ocupam, principalmente, das relações entre essas cabeças, suas aproximações, suas diferenças, suas regularidades. É a partir daí que se estabelece uma cada vez maior e "estrita colaboração entre os gestores da burocracia estatal com os demógrafos e toda a sorte de *experts* (médicos, psiquiatras, sanitaristas e outros)" (MAIA, 1998, p.135). É esse (indissolúvel) casamento entre os gestores do Estado e esses novos especialistas que coloca em funcionamento uma nova maneira de fazer política — que Foucault denominou *biopolítica* — e um novo tipo de poder, um poder coletivo sobre a vida — que Foucault denominou *biopoder*.

Pelo que discuti antes, e para tornar muito mais econômico e efetivo um controle e uma gestão que até então se davam sobre elementos muito mais dispersos e desordenados, tudo isso implica trazer essas múltiplas cabeças para bem próximo, incluí-las e ordená-las num novo e cada vez maior e mais matizado campo de saberes.

Participou, também, desse processo de gênese do conceito de normalidade mais um outro conjunto de saberes cuja origem estava em outro lugar e num tempo mais recuado. Refiro-me aos saberes sobre o louco e sua loucura, ou seja, aos saberes psiquiátricos. Saberes que por muito tempo se ocuparam em compreender o louco e o que se poderia fazer com a sua loucura, mas que, a partir do século XVIII começaram a se estender para muito além disso. Como explica Foucault (1999b, p.150), um conjunto de condutas que "até então não tinham recebido senão um estatuto moral, disciplinar ou judiciário" — como a indisciplina, a agitação, a indocilidade, a rebeldia, a desafeição —, passa a ser cada vez mais capturado pela Psiquiatria. O que ocorreu foi propriamente a desalienação da Psiquiatria, um alargamento do campo *psi* que levou Foucault a dizer que, a partir de um determinado "momento" histórico, "nada há, em suma, nas condutas humanas que não possa, de uma ou outra maneira, ser interrogado psiquiatricamente" (idem, p.148). Um "momento" a partir do qual os saberes do campo *psi* se tornam saberes tanto médicos — como análise e tratamento das anomalias de comportamento —, quanto judiciários — como regramento e controle sobre a boa conduta social. Saberes onde se cruzam a doença e o crime. Saberes que são vistos como capazes de avaliar e evitar o duplo risco que cada um corre: o risco de *ser* um anormal e o risco de *conviver* com um anormal.

É essa dupla realidade da norma — de um lado: norma como regra de conduta, como oposição à irregularidade e à desordem; de outro lado: norma como regularidade funcional, como oposição ao patológico e à doença — que faz dela um operador tão útil para o biopoder. Ela coloca-se, ao mesmo tempo, sobre um corpo individual e sobre um corpo coletivo do qual esse corpo individual faz parte e ao qual contribui para dar sentido. Assim, a norma pode ser compreendida como uma "medida que simultaneamente individualiza, permite individualizar incessantemente, e ao mesmo tempo torna comparável" (EWALD, 1993, p.86); como "um princípio de comparação, de comparabilidade, de medida comum, que se institui na pura referência de um grupo a si próprio, a partir do momento em que só se relaciona consigo mesmo" (idem, ibidem); como o resultado de um conjunto de operações que institui e dá sentido a polaridades cujos polos guardam sempre uma relação assimétrica entre si.

Além disso, a norma, ao mesmo tempo que permite tirar, da exterioridade selvagem, os perigosos, os desconhecidos, os bizarros — capturando-os e tornando-os inteligíveis, familiares, acessíveis, controláveis —, ela permite enquadrá-los a uma distância segura a ponto que eles não se incorporem ao mesmo. Isso significa dizer que, ao fazer de um desconhecido um conhecido anormal, a norma faz desse anormal mais um caso seu. Dessa forma, também o anormal está na norma, está sob a norma, ao seu abrigo. O anormal é mais um caso, sempre previsto pela norma. Ainda que o anormal se oponha ao normal, ambos estão na norma. É também isso que faz dela um operador tão central para o governo dos outros; ninguém escapa dela.

Aqui, isso tudo é tão mais importante na medida em que, como vimos, as grandes discussões sobre as políticas de inclusão escolar giram em torno, justamente, das vantagens e desvantagens em reunir, em classes comuns, os normais com os anormais. É claro que essas discussões não estacionam nesse ponto. Assim, logo se faz um desdobramento do segundo elemento pois, se os normais tendem a se concentrar num tipo único — cujo limite, como diria Deleuze, é o *mesmo* —, os anormais são multiplicados numa infinidade de tipos e subtipos. A inclusão, nesse caso, funcionaria como um dispositivo de equalização tal que, paradoxalmente, deslocaria a norma para um ponto diferente daquele que tem hoje.

Além dessas, várias outras questões poderiam ser levantadas; mas, aqui, não passei e não passarei de uma rápida referência sobre algumas delas.

Assim, como mais um exemplo, há toda uma discussão ética nos debates sobre a inclusão. A partir da perspectiva que estou aqui adotando, penso que o principal a dizer sobre isso é que não basta argumentar a favor da inclusão tomando como tranquilo um imperativo naturalizante —do tipo "direito à vida", quando "vida" é tomado no seu sentido fundamental, natural — pois, como vimos, a norma não é algo que está na Natureza. É fácil ver que esse tipo de argumento entende o uso social da norma como um "mau uso", como um desvio (a ser corrigido) em relação a um estado natural, original e prévio — neutro, diriam alguns; bom, diriam outros. Um estado natural em relação ao qual o Homem — esse ser que é visto como imperfeito, ou ignorante, ou cego, ou egoísta, ou ainda na sua menoridade — teria se afastado, se desencaminhado e ao qual deveria retornar, por obra do nosso *esclarecimento* — filosófico, científico, psicológico, pedagógico — e de nossa *militância* — política. O caráter platônico desse tipo de entendimento é mais do que evidente. Meu argumento vai em outro sentido. Como muito claramente explica Ewald (1993, p.117), a norma exclui "sem que essa exclusão implique um juízo prévio de natureza. [...] Ela tem as suas exigências. Naturais nunca; sociais sempre." É claro que as partilhas que a norma estabelece têm de ser analisadas também sob o olhar da Ética; o que me parece problemático é a redução que consiste em partir de um *a priori* moralizante autofundado e, fazendo-o de base, derivar as análises sobre práticas normativas. Simplificações desse tipo podem funcionar como "um furo na água", como uma tentativa de construir o moto contínuo; ou pior: podem fazer o "tiro sair pela culatra"...

Junto a essas discussões éticas — e até mesmo se cruzando com elas — estão as questões de ordem econômica. Aqui estou entendendo *econômico* no seu sentido mais amplo; um sentido que engloba tanto esse conjunto de saberes que se organizou a partir e em torno do conceito moderno de população — a Economia — quanto a economia como uma, digamos, manifestação ou princípio de auto-organização em que com um mínimo de investimentos — de tempo, de recursos, de riscos, de afetos etc. — obtém-se os melhores resultados no governo das condutas.

Ainda que eu já tenha feito várias referências à variedade de tipos que se abrigam sob a denominação genérica de *anormais*, volto a esse ponto para lembrar que as políticas de inclusão têm de, necessária e antecipadamente, levar em conta tal multiplicidade. Qualquer discurso minimamente competente da área *psi* há muito já insiste nesse ponto. Isso é trivial. O que quero sublinhar vai no mesmo sentido, mas por razões diferentes. Trata-se do fato de que colocar todos os anormais num mesmo plano significa não atentar para as peculiaridades culturais que se estabelecem em cada grupo. No caso dos defensores das políticas indiferencialistas, não deixa de ser paradoxal que justamente aqueles que se consideram normais procurem, em nome da igualdade, apagar as marcas de culturas de que eles mesmos (indiretamente) participaram e participam como condição de possibilidade, seja na sua origem, seja no seu funcionamento.

Para finalizar — mas sem concluir... —, trago mais um elemento, a título de provocação, que pode aumentar nossa preocupação com os resultados dessas discussões. Refiro-me ao fato de que, assim como o conhecimento especializado da área *psi* estendeu-se sobre todos nós a partir do século XVIII — ainda que continuasse nas mãos de *experts* —, em termos profissionais esse tipo de conhecimento poderá ser cada vez mais exigido a mais e mais pessoas; nesse caso, especialmente aos professores e às professoras. Em outras palavras: isso não corresponde ao alargamento do campo de atuação da Psicopedagogia? Pergunto se esse não é o caso de, entre outras coisas, estar em movimento uma vontade de saber, sempre ativada por uma vontade de poder, tão mais eficiente quanto menos aparente for, tão mais ardilosa quanto mais nos capturar através de estratégias de tradução e simplificação. Tais estratégias incluem variados dispositivos de ordem discursiva e não discursiva, como distribuição diferencial de recursos orçamentários, circulação de vulgatas, discursos panfletários, manuais didáticos, literatura paradidática e até de autoajuda. Se eu quiser me manter fiel à hipercrítica, terei necessariamente de assumir que até este meu texto poderá ser lido e enquadrado numa dessas categorias... De qualquer maneira, nesse campo — como em qualquer outro — o que me parece mais interessante, necessário e produtivo é manter sempre ativas e afi(n)adas a problematização e a crítica radicais, a investigação histórica e a observação microscópica das condições de possibilidade presentes. Tudo isso visando não apenas a saber o que estamos fazendo de nós mesmos, como, ainda, a arriscar a invenção de novas formas de vida e convivência.

Referências

BAUMAN, Z. *O mal-estar da Modernidade*. Rio de Janeiro: Jorge Zahar, 1998.

BAUMAN, Z.. *Modernidade e ambivalência*. Rio de Janeiro: Jorge Zahar, 1999.

DELEUZE, G. *Diferença e repetição*. Rio de Janeiro: Graal, 1998.

EWALD, F. *Foucault, a norma e o Direito*. Lisboa: Vega, 1993.

FOUCAULT, M. *Resumo dos Cursos do Collège de France (1970-1982)*. Rio de Janeiro: Jorge Zahar, 1997.

FOUCAULT, M. *Em defesa da sociedade: Curso no Collège de France (1975-1976)*. São Paulo: Martins Fontes, 1999a.

FOUCAULT, M. *Les Anormaux*. Paris: Gallimard, Le Seuil, 1999b.

MAIA, A. C. "A genealogia de Foucault e as formas fundamentais de poder/saber: o inquérito e o exame." In: Castelo Branco, G. & Baêta Neves, L. F. *Michel Foucault: da arqueologia do saber à estética da existência*. Rio de Janeiro: NAU; Londrina: CEFIL, 1998.

PIERUCCI, A. F. *Ciladas da diferença*. São Paulo: Trinta e Quatro, 1999.

RAJCHMAN, J. *Foucault: a liberdade da Filosofia*. Rio de Janeiro: Jorge Zahar, 1987.

SKLIAR, C. "A invenção e a exclusão da alteridade 'deficiente' a partir dos significados da normalidade." *Educação & Realidade*, 24(1), jul./dez., 1999.

VEIGA-NETO, A. *Crítica Pós-estruturalista e Educação*. Porto Alegre: Sulina, 1995.

VEIGA-NETO, A. "Espaços, tempos e disciplinas: as crianças ainda devem ir à escola?" In: ALVES-MAZZOTTI, Alda et alii. *Linguagens, espaços e tempos no ensinar e aprender*. Rio de Janeiro: DP/A, 2000a, p.9-20.

VEIGA-NETO, A. "Educação e governamentalidade neoliberal: novos dispositivos, novas subjetividades." In: PORTOCARRERO, Vera & CASTELO BRANCO, Guilherme. *Retratos de Foucault*. Rio de Janeiro: NAU, 2000b, p.179-217.

VEIGA-NETO, A. "As idades do corpo: (material)idades, (divers)idades, (corporal)idades, (ident)idades..." In: AZEVEDO, José Clóvis et alii (org.). *Utopia e democracia na Educação Cidadã*. Porto Alegre: Editora da Universidade, 2000c, p.215-234.

VEIGA-NETO, A. "Incluir para saber. Saber para excluir." Campinas: *Proposições*, 2001 (no prelo).

WITTGENSTEIN, Ludwig. *Bemerkungen über die Farben*. Stuttgart: Anscombe, 1977.

O nome dos outros. Narrando a alteridade na cultura e na educação[1]

Silvia Duschatzky e Carlos Skliar

Quem são os outros?

O travestismo discursivo parece ser uma das marcas mais habituais desta época. Com a mesma rapidez na qual se sucedem as mudanças tecnológicas e econômicas, os discursos sociais se revestem com novas palavras, se disfarçam com véus democráticos e se acomodam sem conflito às intenções dos enunciadores do momento.

Em que medida as retóricas da moda — como por exemplo aquelas que reivindicam as bondades do multiculturalismo, que pregam a tolerância e que estabelecem o início de um tempo de respeito aos outros — estão anunciando pensamentos de ruptura com relação às formas tradicionais em que a alteridade foi denominada e representada?

A pergunta não é casual, pois vem ao encontro de um tempo de instabilidade discursiva, no qual conceitos tais *como cultura, identidade, inclusão/exclusão, diversidade e diferença* parecem ser facilmente intercambiáveis, sem custo nenhum para quem assume, se apodera e governa as representações de determinados grupos sociais.

Bhabha (1994) define esta época através da metáfora da desorientação: muito mais que uma sensação confusa, existiria um verdadeiro distúrbio da *direção humana*, um momento de trânsito em que o espaço e o tempo se cruzam para produzir figuras complexas de diferença e identidade, de passado e de presente, de interior e exterior.

Será certo, então, que "tudo que é sólido se desmancha no ar?" Que novas retóricas são novos discursos, outros modos de nomear? Que, por exemplo, o chamado à tolerância venha trincar uma história construída

---

[1] Uma versão deste artigo foi publicada com o título: "Os nomes dos outros. Reflexões sobre os usos escolares da diversidade." Porto Alegre: *Educação & Realidade*, vol. 25, n.2, 2000, p.163-178. Uma outra versão foi publicada com o título: "La diversidad bajo sospecha. Reflexiones sobre los discursos de la diversidad y sus implicancias educativas." Rosario: Cuadernos de Pedagogía, marzo-abril, 2000, p.34-47.

sobre a expulsão da diferença? Que a atenção educativa à *diversidade* constitui, finalmente, a prática de uma educação para todos? Que o multiculturalismo supõe um diálogo entre as diferenças, uma democratização das relações de poder e, finalmente, uma forma de suturar algumas das infinitas faces da expulsão social?

Neste capítulo, propomo-nos a colocar em suspenso certas retóricas sobre a diversidade e sugerir que se trata, em certas ocasiões, de palavras suaves, de eufemismos que tranquilizam nossas consciências ou produzem a ilusão de que assistimos a profundas transformações sociais e culturais simplesmente porque elas se resguardam em palavras de moda.

Uma questão crucial nas políticas culturais e educativas parece ser, atualmente, interrogarmos acerca das representações acerca da alteridade que nos convertem em aliados de certos discursos e práticas culturais, tão politicamente corretas quanto sensivelmente confusas. Assim, quando os meios de comunicação nos lembram os *holocaustos*, as ditaduras, ou interrompem nossa tranquilidade doméstica, com os *fantasmas* que retornam recordando-nos que o nazismo não terminou com a morte de Hitler, horrorizamo-nos e inclusive, ativamos uma memória muitas vezes adormecida por um mundo que se nos apresenta como eterno presente, como *zapping* de instantes.

Não obstante, nos perguntamos: como é possível que os tempos atuais alojem, sem conflito, discursos e práticas, aparentemente, opostos? Como explicar que personagens como Haider ou Le Pen convivam com a proliferação de discursos que reivindicam a diversidade?

Está claro que não seríamos justos se acreditássemos que o ódio ao estrangeiro é igual à tolerância, ou que a aceitação do multiculturalismo é o mesmo que dividir o mundo em culturas, de um lado, legítimas e, de outro, bárbaras.. Mas tampouco estaríamos certos se equiparássemos o significado que possuem as diferenças culturais com as leves pluralidades, com as ligeiras diversidades que apenas se questionam sobre a hegemonia da normalidade.

Estamos em condições de afirmar que certos deslizamentos retóricos são, na realidade, uma revolução da linguagem etnocêntrica? Que o chamado multiculturalista ou a proclamação à tolerância falam de um abandono de posições monológicas?

As respostas a essas perguntas não podem ser neutras ou ingênuas e nos levam a recorrer às diferentes formas nas quais os discursos sobre a diversidade tiveram lugar no pensamento moderno e, mais ainda, pós-moderno. Tentaremos fazer este caminho pensando, ao mesmo tempo, nas relações dessas narrativas sobre a diversidade com alguns elementos do sistema educativo atual.

Nesse sentido apresentaremos três formas nas quais a diversidade foi anunciada, mais ou menos explicitamente, configurando aquilo que poderia ser chamado de versões discursivas sobre a alteridade. São elas: "o outro como fonte de todo o mal", "o outro como sujeito pleno de um grupo cultural", "o outro como alguém a tolerar".

O outro como fonte de todo o mal

Será demasiado contundente afirmar que o *outro como fonte de todo o mal* simbolizou o modo predominante de relação cultural, social e político durante o século XX? Hobsbawm (1998) assinala que este foi o século mais mortífero da história, não só por causa da envergadura dos conflitos bélicos, mas pelos genocídios sistemáticos, as matanças étnicas, o *apartheid*, as ditaduras militares, a violência física e legalista contra os imigrantes etc.

Não obstante, não é só na eliminação física que se realiza o ato expulsor. Essa é a sua face mais óbvia, mas não a única e nem sequer a mais típica nestas últimas décadas. A própria civilização desloca a violência externa à coação interna, mediante a regulação de leis, costumes e moralidades. Regulação que, longe de qualquer pensamento maniqueísta, tem de ser analisada no contexto do aumento de cadeias sociais de interdependência (ELIAS, 1987), como também no marco dos dispositivos de construção de sujeitos e regimes de verdade (FOUCAULT, 1990).

A Modernidade construiu, neste sentido, várias estratégias de regulação e de controle da alteridade que, só em princípio, podem parecer sutis variações dentro de uma mesma narrativa. Entre elas a demonização do outro: sua transformação em sujeito *ausente*, quer dizer, a ausência das diferenças ao pensar a cultura; a delimitação e limitação de suas perturbações; sua invenção, para que dependa das traduções *oficiais*; sua permanente e perversa localização do lado externo e do lado interno dos discursos e práticas institucionais estabelecidas, vigiando permanentemente as fronteiras — isto é, a *ética* perversa da relação inclusão/ exclusão —; sua oposição a totalidades de normalidade através de uma lógica binária; sua imersão e sujeição aos estereótipos; sua fabricação e sua utilização, para assegurar e garantir as identidades fixas, centradas, homogêneas, estáveis etc.

As formas de narrar a alteridade são, ao fim e ao cabo, formas de tradução e de representação que diluem os conflitos e que delimitam os espaços por onde transitar com relativa calma. Mas se a cultura é, de acordo com Bhabha (1994, op.cit.), um território de diferenças que precisa de permanentes traduções, o problema crucial é quem traduz a quem (ou quem representa a quem) e através de quais significados políticos. Disso resulta que a tradução e representação dos outros está atravessada por uma busca permanente de eufemismos, melhores (ou piores) formas de denominar a alteridade. Não obstante, essas formas não são neutras nem opacas e geram consequências na vida cotidiana desses outros.

Estamos aqui posicionados frente a uma complexa problemática que simultaneamente nos indaga sobre a tradução e a representação da alteridade.

Está claro que, quando utilizamos os termos *tradução e traduzir,* não nos remetemos a seu significado literal, mas, melhor dizendo, a seu valor intrinsecamente metafórico. Dado que a questão cultural mais significativa destes tempos parece ser a assimetria entre os discursos e a desigualdade entre as representações, os olhares sobre as diferenças dependem, em certa medida, da possibilidade ou impossibilidade de tradução (CARBONELL I CORTÉS, 1997). Tradução enquanto mecanismo de manipulação dos textos dos outros, enquanto usurpação de vozes da alteridade que são transformadas, primeiro, em vozes *parecidas porém não idênticas* e assimiladas, depois, em nossas formas conhecidas de dizer e de nomear. Tradução como um tipo de eterno retorno à própria língua, como se não se pudesse escapar da gramática da língua que tem o tradutor para "ler" todo estrangeirismo. Como bem assinala Pannwitz, "o erro fundamental do tradutor é que se agarra ao estado fortuito de sua língua, em vez de permitir que a estrangeira a sacuda com violência".[2]

Na mesma linha de pensamento, a representação supõe um sistema de significação que dá inteligibilidade ao mundo e que é produzida dentro de relações de poder (SILVA, 1998), por meio de mecanismos de delegação: quem tem o direito de representar a quem; e de descrição: como os diferentes grupos culturais são apresentados.

O problema da representação não está delimitado por uma questão de denominação/descrição da alteridade. Há sobretudo uma regulação

---

[2] Citado por Walter Benjamin, em "La tarea del traductor". In: BENJAMIN, W. *Angelus Novus.* Barcelona: Edhasa, 1971.

e um controle do olhar que define quem são e como são os outros. Visibilidade e invisibilidade constituem, nesta época, mecanismos de produção da alteridade e atuam simultaneamente com o nomear e/ou deixar de nomear.

Nesse sentido é interessante a ideia de Pollok (1994) acerca do *chamado à visão* que a representação impõe, isto é, uma relação social exercida através de manipulações específicas de espaços e corpos imaginários para o benefício do olhar para o outro.

O caráter imprevisível da alteridade transforma o indizível em perigoso. Assim, as diferenças culturais costumam ser mais bem explicadas em termos de traços fixos, estáticos, essenciais e essencializados, considerados como constitutivos da natureza humana.

A Modernidade inventou e se serviu de uma lógica binária, a partir da qual denominou de diferentes modos o componente negativo da relação cultural: marginal, indigente, louco, deficiente, drogadinho, homossexual, estrangeiro etc. Essas oposições binárias sugerem sempre o privilégio do primeiro termo e o outro, secundário nessa dependência hierárquica, não existe fora do primeiro mas dentro dele, como imagem velada, como sua inversão negativa.

A lógica binária atua, de acordo com Rutherford (1990), como se se rompesse e se projetasse: o centro expulsa suas ansiedades, contradições e irracionalidades sobre o termo subordinado, levando-o com as antíteses de sua própria identidade. O outro simplesmente reflete e representa aquilo que é profundamente familiar ao centro, porém projetado para fora de si mesmo. Por isso, quando os binarismos são identificados culturalmente, o primeiro termo sempre ocupa, como diz MacCannel (1989) a posição gramatical do *o*, porém nunca do *eu* ou do *tu*, construindo na modalidade enunciativa sua posição de privilégio.

Uma questão significativa do discurso colonial é a sua relação com o conceito de fixação na construção e invenção da alteridade. A fixação é um modo de representação de certa maneira paradoxal: supõe rigidez e uma ordem imutável, porém, ao mesmo tempo, desordem, azar e degeneração. Dessa forma, o estereótipo, que é uma de suas principais estratégias discursivas, acaba sendo uma modalidade de conhecimento e identificação que vacila entre aquilo que está sempre em um lugar já conhecido, ou melhor, esperado, e algo que deve ser ansiosamente repetido. É essa ambivalência, na opinião de Bhabha (1994, op. cit.), o que permite sua eficácia e validez: garante sua repetição em conjunturas históricas e discursivas completamente diferentes; centra suas estratégias de individuação e marginalização; produz aquele efeito de verdade probabilístico e preditivo que sempre deve ser excessivo, para aquilo que pode ser demonstrado empiricamente ou explicado logicamente. E, de acordo com Stam e Shohat (1995), o esteriótipo não é uma atitude psicológica ingênua, senão que contém formas opressivas, permite um controle social eficaz e produz uma devastação psíquica sistemática na alteridade.

A alteridade, para poder fazer parte da diversidade cultural *bem entendida e aceitável*, deve despir-se, des-racializar-se, des-sexualizar-se, despedir-se de suas marcas de identidade; deve, em outras palavras, ser como as demais.

A estratégia segundo a qual a alteridade é utilizada para definir melhor o próprio território proíbe formas híbridas de identidade, desautoriza a troca, nega a usurpação do lugar que corresponde à normalidade. Necessitamos do outro, mesmo que assumindo certo risco, pois de outra forma não teríamos como justificar o que somos, nossas leis, as instituições, as regras, a ética, a moral e a estética de nossos discursos e nossas práticas. Necessitamos do outro para, em síntese, poder nomear a barbárie, a heresia, a mendicidade etc. e para não sermos, nós mesmos, bárbaros, hereges e mendigos. Assim, como expressam Larrosa e Perez de Lara (1998):

> a alteridade do outro permanece como reabsorvida em nossa identidade e a reforça ainda mais; torna-a, se é possível, mais arrogante, mais segura e mais satisfeita de si mesma. A partir deste ponto de vista, o louco confirma nossa razão; a criança, nossa maturidade; o selvagem, nossa civilização; o marginalizado, nossa integração; o estrangeiro, nosso país; o deficiente, nossa normalidade.

O outro diferente funciona como o depositário de todos os males, como o portador das *falhas* sociais. Este tipo de pensamento supõe que a pobreza é do pobre; a violência, do violento; o problema de aprendizagem, do aluno; a deficiência, do deficiente; e a exclusão, do *excluído*.

Zizëk (1998), analisa o exemplo do judeu para mostrar como se desdobra a fantasia ideológica de acreditar que ali fora do social, em algum caso particular se funda todo o problema. O ardil do antissemitismo, diz ele, consiste em deslocar as problemáticas sociais, econômicas, políticas, culturais para um conflito entre a sociedade, concebida como um todo harmônico, e o judeu, uma força estranha que corrói a estrutura da sociedade. Que fez Hitler, pergunta-se Zizëk, para explicar aos alemães as desditas da época, a crise econômica, a desintegração social? O que fez foi construir um sujeito aterrador, uma única causa do mal que precipita toda a série de males.

E o que se fez mais tarde com a homossexualidade senão, talvez, depositar nela a origem de todos os conflitos morais? E o que é opor-se à legalização do divórcio, senão evitar a dissolução da família burguesa? E não se trata de depositar todo o mal, no outro, quando se rejeita os *de fora*, ao defender as fontes de trabalho locais?

Este tipo de operações consiste em liquidar, dissolver a heterogeneidade do social, condensando em uma figura uma série de antagonismos de tipo econômico, político, social, moral. Como se o fato de nomear um componente ameaçador nos afastasse da perplexidade que nos provocam as misérias terrenas. A simples evocação de um culpado dá uma sensação de orientação enquanto reduz a um objeto a complexidade dos processos de constituição do social e das experiências humanas.

Esta operação ideológica funcionaria dissimulando uma incongruência que é constitutiva de toda estrutura social. Por sua vez, o judeu, o estrangeiro, o drogado, o homossexual, o pobre, aparecem representando a impossibilidade estrutural da sociedade. O problema é que a sociedade não está incapacitada de alcançar sua plena identidade por causa dos judeus, dos latinos, dos ciganos, dos negros etc. O que impede isso é sua própria natureza conflitante.

Se invertêssemos essa lógica, poderíamos formular que a negatividade, o componente dissonante, não está em um sujeito, portador de um atributo essencialista, nem sequer é necessariamente um desvalor, o negativo é aquilo que irrompe para deslocar a aparente normalidade. Portanto, os antagonismos situacionais e contingentes não se originam em nenhum exterior social; melhor dizendo, eles expressam posições discursivas em conflito.

A América Latina sabe desses binarismos. A conquista a partir da visão europeia vem inaugurar antagonismos essenciais: de um lado a mão redentora dos conquistadores que traz modernização e progresso; de outro, a brutalidade dos índios.

Não obstante, não apenas a "tradução" oficial sofreu de binarismo; também aqueles que, invertendo a vara ideológica, não escaparam da lógica dos antagonismos essenciais, mascarando uma dinâmica mais complexa e plena de tensões. Pergunta-se Canclini (1999) "onde situar os espanhóis que lutaram pelo respeito aos índios ou os filhos de espanhóis que encabeçaram as rebeliões contra a Espanha? E como explicar as contribuições de exilados republicanos ao campo das letras e das artes?"

Não está em discussão a opressão indígena, mas se deveriam recolocar nos debates os processos de hibridização multicultural que aconteceram durante cinco séculos.

Em educação, o binarismo "oficial" constituiu o pilar fundacional. "Ignoramos o que significam as identidades com traço", sustenta Beatriz Sarlo,... "os ítalo-argentinos, os afro-americanos, os polaco-americanos" (1999, p.19). No caso argentino, a dificuldade de pensar as identidades plurais está em relação com as matrizes de um estado nacional que operou, em seus começos, exterminando a população indígena e, posteriormente, remodelando os imigrantes mediante o dispositivo da educação de massas. Conforme Sarlo, "a escola estatal, violenta unificadora, autoritária, participou de uma cena na qual os filhos de estrangeiros converteram-se rapidamente em argentinos típicos" (1999, p.21).

As ações levadas a termo foram, em quase todos os países da América Latina, desde a eliminação física de gaúchos e aborígenes, até a constituição de sujeitos civilizados. Se substituiu a população nativa por migrantes europeus e se homogeneizou uma nação branca mediante a descaracterização das diferenças (QUIJADA, 1986). A partir daqui, o sistema educativo povoou-se de oposições binárias, colocando de um lado o desejável, o legítimo e, do outro, o ilegítimo.

A promessa educativa pretendeu eliminar o negativo, reorientando-o: despojando da palavra o filho de imigrantes, o "cabecinha negra", o "mal" falado, desvalorizando a linguagem não oficial, rejeitando estilos de vida diferentes, enfim desautorizando uma ampla gama de diferenças culturais etc.

Na educação, *o outro como fonte de todo o mal* assumiu diferentes versões, expressamente violentas ou sub-repticiamente excludentes; todas, porém, implicaram uma intenção por descartar o componente negativo, o não idêntico, nas palavras de Adorno. Assim, o sentido comum tornou-se indesejável frente ao pensamento elaborado; a metáfora, só artifício de linguagem frente à exigência explicativa da dedução; a emoção, desvalorizada frente à razão; a emoção, reprimida frente ao decoro das formas corretas de comunicação; a estética, mera aparência frente à solidez certeira da racionalidade; a sexualidade, pecaminosa frente ao olhar julgador da moral.

Os efeitos simbólicos de uma escolarização fundada em princípios binários não alcançaram o mesmo grau de homogeneização cultural nas distintas regiões da América Latina. Voltando a Canclini, esse autor assinala que o Brasil, por exemplo, se apresenta como uma sociedade mais inclinada à hibridização. Sem esquecer as profundas desigualdades sociais que o configuram, pareceria que a interpenetração cultural é uma marca entre os grupos migratórios que formaram o país. A cultura africana penetra de maneira difusa no conjunto da sociedade, como o expressa a força do carnaval, as crenças religiosas, a difusão de fetiches, as práticas lúdicas e rituais (CANCLINI, *Op. cit.*). É interessante a hipótese de Segato (1998) que sugere "que a centralidade da possessão dos espíritos, como experiência fundante e comum da sociedade brasileira, poderia ser uma metáfora do deixar-se habitar pelo outro, ainda que reconhecendo-o como outro".[3]

Os outros como sujeitos plenos de uma marca cultural

A partir desta perspectiva, as culturas representam comunidades homogêneas de crenças e estilos de vida. O estudo das culturas primitivas deu origem ao mito do arquétipo cultural que sustenta que cada cultura se funda em um padrão que outorga sentido pleno à vida de todos seus membros, como se se tratasse de redes perfeitamente tecidas que tudo capturam.

Esse mito da consistência cultural supõe que todos os negros vivem a negritude do mesmo modo, que os muçulmanos experimentam uma única forma cultural, que as mulheres vivem o gênero de forma idêntica. Em poucas palavras, que cada sujeito adquire identidades plenas a partir de únicas marcas de identificação, como se por acaso as culturas se estruturassem independentemente de relações de poder e hierarquia.

O mito da consistência interna supõe que cada cultura é harmoniosa, equilibrada, autossatisfatória. Nela, nada carece de significado cultural, nenhum aspecto importante do funcionamento geral leva consigo uma sensação de frustração, de esforço mal encaminhado. Essa ideia descansa na suposição de que as diferenças são absolutas, textuais, plenas e que as identidades se constroem em únicos referenciais sejam agora étnicos, de gênero, de raça, de religião, classe social etc.

Nesse contexto, a diversidade cultural se transforma em um objeto epistemológico, em uma categoria ontológica; supõe o reconhecimento de conteúdos e costumes culturais preestabelecidos, isentos de mesclas e contaminação.

---
[3] Citado por CANCLINI em *La globalización imaginada*. Buenos Aires: Paidós, 1999.

Para Bhabha (1994, *op. cit.*), a diversidade cultural é também a representação de uma retórica radical de separação de culturas totalizadas, a salvo de toda intertextualidade, protegidas na utopia de uma memória mítica de uma identidade estável. Esse autor articula uma distinção importante entre diversidade e diferença. Critica a noção de diversidade quando ela é utilizada no interior do discurso liberal para se referir à importância de sociedades plurais e democráticas. Afirma que, junto com a diversidade, sobrevém uma "norma transparente", construída e administrada pela sociedade que "hospeda", que cria um falso consenso, uma falsa convivência, uma estrutura normativa que contém a diferença cultural: "a universalidade, que paradoxalmente permite a diversidade, encobre as normas etnocêntricas".

O que persiste no mito da consistência interna é a ideia da coerência lógica, mediante a qual se pode impor uma ordem ideacional ao caos da experiência e um consenso causal, segundo o qual haveria êxito nas tentativas de ordenar os sujeitos na persecussão de certos ideais. Briones (1996) pergunta-se se é válido colapsar distintas formas de diferença em um conceito genérico como o de etnicidade, gênero ou raça: "Não seria mais interessante falar de etnias ou culturas como formas, processos de marcação e não qualidades ontológicas?".

Não há nada irredutível que faça dos grupos só raças ou etnias; são os processos de comunalização que operam mediante padrões de ação, configurando os sentidos de pertinência dos sujeitos. Ao mesmo tempo que proclamam as diferenças com os outros, funcionam silenciando distinções e conflitos. Como sustenta Balibar (1991), os critérios de comunalização inscrevem por antecipação a textura das demandas que irão realizar seus membros.

A radicalização desta postura levaria a exagerar a identidade do outro ou a encerrá-la em pura diferença. Desse modo, permaneceriam invisíveis as relações de poder e conflito e se dissolveriam os laços de vinculação entre sujeitos e grupos sociais.

O mito da consistência interna das culturas alimenta em boa medida o discurso atual multiculturalista. A ideia multicultural parece levantar-se contra as posições homogeneizadoras, reivindicando não só a incomensurabilidade das culturas, segundo padrões universais, mas os direitos plurais não previstos pelas narrativas totais. Nesse sentido, é inegável a abertura do pensamento produzido pela restituição de interrogativas que não foram formuladas pelas correntes do pensamento moderno. O problema surge quando as diferenças são consideradas como entidades fechadas, essencialmente constituídas. Neste caso, torna-se impossível o diálogo cultural enquanto cenário de disputa, bem como se dissolvem os cenários de constituição de identidades plurais.

O multiculturalismo é questionado não só a partir da perspectiva cultural, como também a partir da esfera do pensamento político. Nesse sentido, Nancy Fraser (1998) polemiza com as versões multiculturais por essas terem apagado o conflito político no interesse de reivindicações étnicas, nacionalistas ou de gênero. Desse modo, pareceria que as injustiças econômicas e sociais deixam de operar no horizonte da disputa pelos direitos sociais.

O multiculturalismo torna-se discurso conservador quando a pergunta pelas diferenças não é acompanhada por outra pergunta acerca da articulação dos fragmentos. E dizemos conservador porque o pensamento fica desarmado para pensar a dimensão do sistema como totalidade articulada. Seguindo Zizëk (1998),

> a insistência no multiculturalismo, entendido como a coexistência híbrida e mutuamente intraduzível de diversos mundos de vida culturais, pode interpretar-se também sintomaticamente como a forma negativa da emergência de seu oposto, da presença massiva do capitalismo como sistema mundial universal.

O caráter paradoxal do multiculturalismo é o de fazer a Modernidade cair em sua própria armadilha, ao reclamar dela o que a ela deve. A Modernidade cai assim presa de si mesma. O multiculturalismo é, nesse sentido, um dos reflexos mais significativos da crise da Modernidade. Não será então sua resposta politicamente correta à desigualdade, às exclusões, aos genocídios etc? Será o multiculturalismo uma forma elegante que a Modernidade desenvolveu para confessar sua brutalidade colonial? De acordo, mais uma vez, com Zizëk (1998, *Op. cit.*):

> E, naturalmente, a forma ideal da ideologia deste capitalismo global é a do multiculturalismo, essa atitude que — a partir de um tipo de posição global vazia — trata cada cultura local como o colonizador trata o povo colonizado: como nativos, cuja maioria deve ser estudada e respeitada cuidadosamente. Em outras palavras, o multiculturalismo é uma forma de racismo negada, invertida, autorreferencial, um racismo com distância: respeita a identidade do outro, concebendo esse outro como uma comunidade autêntica fechada, do qual ele,

o multiculturalismo mantém uma distância que se faz possível graças à sua posição universal privilegiada.

É interessante, quanto a isso, a distinção que apresenta Teixeira Coelho (1999) entre multiculturalismo como resultado e como processo. O primeiro, o multiculturalismo como resultado, é um caso de ação cultural, um dado que revela a coexistência de culturas diferentes. O segundo, o multiculturalismo como processo, é uma derivação da fabricação cultural, paternalista, autoritário, discriminatório e totalitário: pretende estabelecer um paralelismo cultural, ali onde isso não existe, e criar um débil mecanismo de compensação pelas antigas injustiças e assimetrias de poder. Busca a superação entre culturas antagônicas, um apagar das fronteiras, um neoiluminismo, uma espécie de convergência simbólica, o *Black and White* de Michael Jackson, como afirma Coelho.

O multiculturalismo conservador abusa do termo *diversidade* para encobrir uma ideologia de assimilação. Assim, os grupos que compõem esse *bálsamo tranquilizante*, que é a cultura, são geralmente considerados como agregados ou como exemplos que matizam, que dão cor à cultura dominante. Entendido dessa forma, o multiculturalismo pode ser definido, simplesmente, como a autorização para que os outros continuem sendo *esses outros* porém em um espaço de legalidade, de oficialidade, uma convivência *sem remédio*.

Uma pergunta inquietante permanece na construção da ideia do multiculturalismo; a saber: quais são os limites na definição da alteridade? Ou, dito mais simplesmente: quem são esses outros na representação multicultural? Esta é uma pergunta crucial em uma época em que as identidades já não se constroem de uma vez e para sempre, mas que se fragmentam, se multiplicam e se fazem móveis, e o fazem não apenas em relação a uma consciência de oposição à identidade oficial.

A resposta a essa indagação não parece ser muito clara. Mas é possível supor que *os outros* não são *todos os outros*, mas *alguns outros*. Ao menos assim parece entender-se, enquanto se fala dos outros, estabelecendo de antemão as categorias aceitáveis para a alteridade: gênero, sexualidade, classe(s) social(is), etnia.

As políticas diferencialistas, construídas sobre a ideia de identidade parecem tornar-se um problema. Todorov (1995)[4] assinala que se

---

[4] Em *La globalización imaginada*. *Op. cit.*

conspira contra a possibilidade de avançar na construção de projetos comuns, quando a sociedade vem a ser terreno de confrontação de interesses particulares. Por sua vez, Ricoeur (1995)[5] sugere deslocar o interesse na noção de identidade para a ideia de reconhecimento. Na perspectiva da identidade há somente a ideia do mesmo, enquanto reconhecimento é um conceito que permite pensar o sujeito sempre em relação. Com eloquente clareza, Stuart Hall[6] acrescenta que deveríamos achar uma maneira de falar da diferença não como alteridade radical, mas como *différance* (conceito chave do pensamento derridiano): "Enquanto uma diferença, uma alteridade radical, contrapõe um sistema de diferença a outro, nós estamos negociando processar uma diferença que se desloca permanentemente dentro de outra. Não podemos assegurar onde termina um sujeito, os limites de sua identidade".

No campo educativo, a entrada do multiculturalismo é recente, visto que o pensamento etnocêntrico miserabilista (Grignon e Passeron, 1991) tem funcionado desvalorizando as outras narrativas e produzindo uma gramática escolar fortemente disciplinadora e homogeneizante. Não obstante, podemos identificar três "traduções" pedagógicas do multiculturalismo. A primeira delas é olhar o multiculturalismo a partir de uma ótica folclórica caracterizada por uma trajetória *turística* de costumes de povos e culturas essencializados. A partir daqui, a diversidade cultural converte-se em uma efeméride, que engrossa a lista dos festejos escolares, ou em um espetáculo do exotismo.

A segunda tradução é aquela que reduz a diversidade ao "déficit". Assim, quando se fala de diversidade, isso é feito para dar nome ou aos pobres, ou aos sujeitos com "necessidades especiais". Não esqueçamos que, a partir de chaves etnocêntricas de leitura, ambos os casos são equivalentes a privação ou a um estatuto de menoridade.

Por último, haveria uma terceira tradução educativa que toma a forma de reivindicação do localismo como retórica legitimadora da autonomia institucional. A suposição cultural relativista de "cada qual segundo o cristal com que se olha" aqui toma a forma de "cada escola segundo suas disponibilidades, recursos técnicos e humanos, condições institucionais e capacidade de gestionar os riscos da competitividade".

---

[5] Idem, *Op. cit.*

[6] HALL, S. Conferência apresentada na Universidad de Stirling, outubro de 1996. Citado por Canclini, em *Globalización imaginada. Op. cit.*

Nesse sentido, seria muito mais apropriado — em virtude do que já tem sucedido nos Estados Unidos, em alguns países europeus e na América Latina — falar de formas plurais, polimorfas, politicamente discrepantes, discursivamente refratárias de educação multicultural.

Isso ocorre, justamente, pelas discrepâncias de interpretação existentes acerca da alteridade, das representações e das concepções de cultura nos projetos pedagógicos. Assim, parece possível incluir, na educação multicultural, tanto os processos de assimilação das minorias à cultura *oficial* como os conteúdos de natureza antirracistas e antissexistas. Do mesmo modo, poderíamos entender por educação multicultural, simplesmente, uma reflexão sobre a presença das minorias nas escolas e uma expressão conflitiva das distâncias entre cultura escolar e cultura regional ou local.

Em geral, em sua versão fraca ou forte, os programas de educação multicultural operam sempre a partir de um duplo mecanismo: a ideia de *respeito* para com a cultura de origem, num tipo de marca de fatalidade e a ideia de *integração* na cultura que se considera hóspede. É nessa duplicidade onde ocorrem os conflitos permanentes entre maioria e minoria, língua oficial e língua do aluno, *alta* e *baixa* cultura, conhecimento escolar e conhecimento regional etc.

Será que a educação multicultural é só uma enunciação de diferenças evidentes, geralmente reduzidas às etnias ou aos "sujeitos com necessidades especiais"? Ou é ela uma tentativa em encontrar nas novas panaceias, como a *mediação*, as soluções aos conflitos? Trata-se de esgotar a descrição da diversidade na visibilidade do diferente dentro da sala de aula? Uma sala de aula politicamente correta, cuja fotografia deve conter como mínimo algum negro, algum deficiente, alguma criança da rua, algum cigano?

As diferentes formas que assume a educação multicultural são as diferentes formas de responder e/ou evitar as consequências dessas perguntas. Uma delas, cimentada na lógica do capital humano, supõe que a educação é a imersão necessária para que todos, mesmo os *naturalmente privados de cultura*, adquiram habilidades úteis para sua empregabilidade em um hipotético mercado de trabalho. Nessa versão, as escolas cumprem um papel de meros instrumentos de competitividade, territórios de conformidade com os códigos de integração dominantes. Uma escola, por outro lado, que é incapaz de se aprofundar nas culturas e nas línguas dos alunos que compõem a alteridade escolar. Há aqui, também, uma relação unívoca entre o conceito de diversidade e de igualdade. A ideia de diversidade só é aceitável, temporariamente, se conduz à simetria de posições e à perda de identidades híbridas. A igualdade resulta desse modo em uma pressão etnocêntrica para quem ou aqueles que não são, não querem ser, não podem ser, rapidamente como os demais, brancos, alfabetizados, saudáveis, europeus, de classe média etc.

Outra versão da educação multicultural aproxima-se do que pode ser chamado de *cognição multiculturalista*. A sociedade multiétnica é apresentada, inventariada, *estetizada,* em um formato folclórico, ao mesmo tempo que é enlatada e fixada no currículo escolar. Trata-se de *aprender* sobre os grupos culturais, seu exotismo, despojando-os de narrativas, do relato da experiência. Apreciar a diversidade, aceitá-la, enfim, concluir que no mundo não estamos, *lamentavelmente*, sós...

Os outros, no entanto, não estão na escola, mas no currículo. Desse modo, o objetivo é ensinar acerca da diversidade cultural e não a educação da alteridade. Os outros estão ao alcance da mão, porém longe, marcados em fotos, pinturas, músicas, teatros, bandeiras, festas escolares etc.

O currículo ensina como somos diferentes da alteridade e se esforça em encontrar algumas semelhanças grotescas. Introduzem-se temáticas como o racismo, sexismo, rejeição cultural, como se elas fossem, justamente, objeto de consciência abstrata, formas de assombro sobre aquilo que a humanidade é, foi e será capaz de produzir linguística e culturalmente.

Uma terceira forma de educação multicultural, a qual poderíamos denominar *antropologia sem sociologia* (Silva, 1995), impõe a convivência dos diferentes, porém sem nenhuma alusão à desigualdade. Suas metas são preservar e estender o pluralismo, valorizar a diversidade, conservando, por exemplo, a homogeneidade na formação e composição do professorado.

De acordo com Semprini (1998), existe uma perversão manifesta em todas as formas de educação multicultural quando elas estão sustentadas só a partir do politicamente correto, das ações afirmativas e da apresentação da alteridade em termos exóticos.

Peter McLaren (1997) sugere a necessidade de outras formas políticas de multiculturalismo e de educação multicultural, que superem aquelas liberais, humanistas e progressistas, às quais denominou multiculturalismo *crítico*. Em oposição às outras políticas de significação, que argumentam que as diferenças são apenas textuais e que se satisfazem unicamente em questionar os privilégios da cultura dominante, deve-se questionar o essencialismo monocultural de toda forma de *centrismo* — logo, etno, falo, antropo, eurocentrismo etc. —, e entender a educação como uma luta ao redor dos significados políticos.

Ainda assim, a educação multicultural deixa em suspenso e talvez atrase voluntariamente a resposta à interrogação sobre aqueles saberes diferentes, incapazes de unanimidade; o saber local e regional, descrito por Foucault (1990), que sempre tem sido desqualificado e entendido como incompetente ou insuficientemente elaborado.

O outro como alguém a tolerar

Como não reivindicar o discurso da tolerância, frente às conseqüências que a intolerância estabelece para a vida humana e para o exercício da liberdade?

Walzer (1998) interroga a chamada política da tolerância, pondo em relevo as ambiguidades dos diferentes regimes de tolerância que a humanidade construiu. Em um processo de somas e subtrações, a história da tolerância se estabeleceu a partir do privilégio do indivíduo em detrimento do reconhecimento de grupos ou ao inverso, o que se tolera é o grupo, deixando sem resolver a questão da liberdade individual.

Walzer destaca também que a Modernidade deu lugar a duas formas de tolerância: a *assimilação individual* e o *reconhecimento do grupo*. A conquista da cidadania de judeus, operários, mulheres, negros e imigrantes significou um passo decisivo no terreno dos direitos humanos. Não obstante, recordemos que o princípio do reconhecimento se sustentou na homogeneidade, na igualação e não na diferença. Ser cidadão no caráter de indivíduo igual e não no caráter de sujeito diferente.

Assim mesmo, dotar os grupos de certo grau de reconhecimento mediante a legitimidade de práticas religiosas, programas educativos, formas de agrupação, implicou um grau de tolerância, embora restrito, se levamos em conta que longe estão os diferentes grupos sociais e culturais de se constituírem em sujeitos políticos que discutam os alcances de sua inclusão nas políticas públicas.

Como vemos, a tolerância não está isenta de ambiguidades; mas, sobretudo, a pergunta é se a tolerância expressa uma utopia de profundo reconhecimento da alteridade e se este é o cenário que possibilita a reconstrução dos laços de solidariedade social.

A polêmica com o discurso da tolerância não supõe reivindicar seu oposto. Geertz (1996) aponta com clareza essa questão quando assinala que interrogar os limites do relativismo não torna alguém antirrelativista, assim como confrontar com o marxismo não torna alguém antimarxista. Do mesmo modo, debater com os limites do discurso da tolerância não implica, de nenhum modo, reivindicar a intolerância.

A tolerância é uma necessidade, um ponto de partida "ineludível" para a vida social; mas é também uma virtude?

A reivindicação da tolerância reaparece no discurso pós-moderno e não deixa de mostrar-se paradoxal. Por um lado, a tolerância convida a admitir a existência de diferenças; no entanto, nesse mesmo convite reside o paradoxo, já que se se trata de aceitar o diferente como princípio, também se tem de aceitar os grupos cujas marcas são os comportamentos antissociais ou opressivos.

A Real Academia Espanhola define a tolerância como "respeito e consideração às opiniões dos demais, mesmo que repugnem às nossas". Se assim fosse, deveríamos tolerar os grupos que instituem as limpezas étnicas em nome da pureza da pátria ou também teríamos de tolerar as culturas que submetem a mulher à obscuridade, ao ostracismo e à submissão.

Geertz rejeita o conceito de tolerância baseado em um relativismo:

> a ideia de que todo juízo remete a um modelo particular de entender as coisas tem desagradáveis consequências: o fato de pôr limite à possibilidade de examinar, de um modo crítico, as obras humanas nos desarmam, nos deshumaniza, nos incapacita para tomar parte em uma interação comunicativa, faz impossível a crítica de cultura a cultura, e de cultura ou subcultura ao interior dela mesma. (1996, p. 127)

Geertz assinala, com clareza, que o medo obsessivo ao relativismo nos torna xenofóbicos; porém isto não quer dizer que se trata de seguir o lema "tudo é segundo a cor com que se olhe". As culturas não são essências, identidades fechadas que permanecem através do tempo, mas são lugares de sentido e de controle, que podem alterar-se e ampliar-se em sua interação. A questão não é evitar o julgamento de uma a outra ou ao interior dela mesma, não é tampouco construir um juízo isento de interrogação, mas é, sim, unir o juízo a um exame dos contextos e situações concretas.

Forster (1999) suspeita da tolerância por seu teor eufemístico. A tolerância, assinala ele, emerge como palavra fraca, nos exime de tomar posições e nos responsabilizar por elas. A tolerância debilita as diferenças discursivas e mascara as desigualdades. Quanto mais polarizado se apresenta o mundo e mais proliferam todo tipo de *bunkers,* mais ressoa o discurso da tolerância e mais se toleram formas desumanas de vida.

A tolerância consagra a ruptura de toda contaminação e revalida os guetos, ignorando os mecanismos através dos quais foram construídos historicamente. A tolerância não põe em questão um modelo social de exclusão; quando muito, ela trata de ampliar as regras de urbanidade com a recomendação de tolerar o que é perturbador.

A tolerância tem uma grande familiaridade com a indiferença. Corre o risco de tornar-se mecanismo de esquecimento e levar seus portadores a eliminar subitamente as memórias da dor. Por acaso, as Mães da Plaza de Mayo na Argentina, os Sem-Terra no Brasil, os rebeldes de Chiapas no México, foram produto da tolerância?

O discurso da tolerância corre o risco de se transformar num pensamento da desmemória, da conciliação com o passado, num pensamento frágil, *light*, leviano, que não convoca à interrogação e que pretende livrar-se de todo o mal estar. Um pensamento que não deixa marcas, desapaixonado, descomprometido. Um pensamento desprovido de toda negatividade, que subestima a confrontação por ser ineficaz.

A tolerância pode materializar a morte de todo o diálogo e, portanto, a morte do vínculo social sempre conflitivo. A tolerância, sem mais, despoja os sujeitos da responsabilidade ética frente ao social e libera o Estado da responsabilidade institucional de encarregar-se da realização dos direitos sociais. O discurso da tolerância de mãos dadas com as políticas públicas bem que poderia ser o discurso da delegação das responsabilidades às disponibilidades das boas vontades individuais ou locais.

Como opera a tolerância na educação? É certo que somos tolerantes quando admitimos, na escola pública, os filhos das minorias étnicas, linguísticas, religiosas ou outras, ainda que esta aceitação material não suponha reconhecimento simbólico. Porém também somos tolerantes quando naturalizamos os mandatos da competitividade como as únicas formas de integração social, quando fazemos recair no voluntarismo individual toda esperança de bem estar e reconhecimento, quando damos uma piscadela conciliatória a tudo o que emana dos centros de poder, quando não disputamos com os significados que nos conferem identidades terminais. Somos tolerantes quando evitamos examinar os valores que dominam a cultura contemporânea, mas também somos tolerantes quando evitamos polemizar com crenças e prejuízos dos chamados setores subalternos e somos tolerantes quando, a todo custo, evitamos contaminações, mesclas, disputas.

A tolerância também é naturalização, indiferença frente ao estranho e excessiva comodidade frente ao familiar. A tolerância promove os eufemismos, como, por exemplo, chamar localismos, identidades particulares às desigualdades materiais e institucionais que polarizam as escolas dos diferentes enclaves do País.

Retornemos ao princípio, para poder sair disso: "o outro como fonte de todo o mal" nos impele à xenofobia (ao sexismo, a homofobia, ao racismo etc.). Por sua vez, o discurso multiculturalista corre o risco de fixar os sujeitos a únicas ancoragens de identidade, que é como condená-los a não ser outra coisa senão que aquilo que se é, a abandonar a pretensão de todo laço coletivo. E, por último, a tolerância pode instalar-nos na indiferença e no pensamento frágil.

Será impossível a tarefa de educar na diferença? Felizmente, é impossível educar se acreditamos que isto implica formatar por completo a alteridade, ou regular sem resistência alguma, o pensamento, a língua e a sensibilidade. Porém parece atraente, pelo menos não para poucos, imaginar o ato de educar como uma colocação, à disposição do outro, de tudo aquilo que o possibilite ser distinto do que é, em algum aspecto. Uma educação que aposte transitar por um itinerário plural e criativo, sem regras rígidas que definam os horizontes de possibilidade.

Referências

BALIBAR, E. "The Nation Form: History and Ideology." In: BALIBAR, E. *Race, Nation, Class, Ambiguous Identities*. New York: Verso, 1991.

BENJAMIN,W. *Angelus novus*. Barcelona: Edhasa, 1971

BHABHA, H. *The Location of Culture*. London: Routledge, 1994.

BRIONES,C. "Culturas, identidades y fronteras: una mirada desde las producciones del cuarto mundo." *Revista de Ciencias Sociales*. n.5. Buenos Aires: Universidad Nacional de Quilmes, 1996.

CARBONELL i CORTÉS, O. *Traducción, exotismo, poscolonialismo*. Cuenca: Ediciones de la Universidad de Castilla - La Mancha, 1999.

COELHO, Teixeira. *Dicionário crítico de política cultural*. São Paulo: Iluminuras, 1999.

EBERT, T. "Writing in the Political: Resistance (Post)Modernism". *Legal Studies Forum XV* (4): 291-303, 1991.

ELIAS, N. *El proceso de la civilización*. México: Fondo de Cultura Económica,1987.

FORSTER, R. "Adversus tolerancia." Rev Lote, *Mensuario de Cultura*. Año III, Número 25, Venado Tuerto, Santa Fe, 1999.

FOUCAULT, M. *Microfísica del Poder*. Madrid: La Piqueta, 1990.

FOUCAULT, M. *Tecnologías del yo y otros textos*. Madrid: Paidós, 1990.

FRASER, N. "La justicia social en la era de las políticas de identidad:redistribución, reconocimiento y participación." *Apuntes de Investigación*. Año II-No 2/3.Buenos Aires, 1998.

GARCÍA CANCLINI, N. *La globalización imaginada*. Buenos Aires: Paidós, 1999.

GEERTZ, C. *Los usos de la diversidad.* Barcelona: Paidós, 1996.

GRIGNON, C. y PASSERON, J. C. *Lo culto y lo popular.* Buenos Aires: Nueva Visión, 1991.

HOBSBAWM, E. *Historia del siglo XX*. Buenos Aires: Crítica, 1998.

LARROSA,J. *Experiencia de la lectura*. Barcelona: Laertes, 1998.

LARROSA, J. & PEREZ DE LARA, N. *Imágenes del Otro*. Barcelona: Laertes, 1998.

MAcCANNELL, D. *The Tourist*. New York: Basic Books, 1989.

McLAREN, P. (1997). *Multiculturalismo crítico*. São Paulo: Cortez Editora.

POLLOCK, Griselda. "Feminism/Foucault-Surveilance/Sexuality." In: BRYSON, N.; HOOLY, M & MOXEY, K (ed.). *Visual Culture. Image and Interpretations*. Hannover: Wesleyan University Press, 1994.

RUTHERFORD, J. *Identity: Community, Culture, Difference*. London: Lawrence & Wishart, 1990.

SARLO, B. "Educación: el estado de cosas". *Punto de Vista*, 63, Buenos Aires, 1999.

SEMPRINI, A. *Le Multiculturalisme*. Paris: Presses Universitaires de France, 1997.

SILVA, T. *O currículo como fetiche. A poética e a política do texto curricular*. Belo Horizonte: Autêntica, 1999.

SILVA, T. "Os novos mapas culturais e o lugar do currículo numa paisagem pósmoderna." Porto Alegre: *Paixão de Aprender*, 9, 1995, p. 40-51.

STAM, R. & SHOHAT, E. *Estereótipo, realismo e representação racial*. Rio de Janeiro: Imagens, 5, 1995, p. 70-84.

WALZER, M. *Tratado sobre la tolerancia*.Barcelona: Paidós, 1998.

ZIZEK, S. "Multiculturalismo o la lógica cultural del capitalismo multinacional." In: F. JAMESON & ZIZEK, S. *Estudios Culturales. Reflexiones sobre el multiculturalismo*. Buenos Aires: Paidós, 1998.

ZIZEK, S. *Porque no saben lo que hacen. El goce como factor político*. Buenos Aires, Paidós, 1998.

Enredos da tradição: a invenção histórica da região Nordeste do Brasil

Durval Muniz de Albuquerque Júnior

> Mas há horas que marcam fundo... / Feitas, em cada um de nós / De eternidades de segundos, / *Cuja saudade extingue a voz.* / E a vida vai tecendo laços / Quase impossíveis de romper / *Tudo o que amamos são pedaços / Vivos do nosso próprio ser.*[1]

A saudade é um sentimento pessoal de quem se percebe perdendo pedaços queridos de seu ser, dos territórios que construiu para si. A saudade também pode ser um sentimento coletivo, pode afetar toda uma comunidade que perde suas referências espaciais ou temporais, toda uma classe social que perdeu historicamente a sua posição, que viu os símbolos de seu poder esculpidos no espaço serem tragados pelas forças tectônicas da história.

A região Nordeste, que surge na "paisagem imaginária" do país, no final da primeira década deste século, substituindo a antiga divisão regional do país entre Norte e Sul, foi fundada na saudade e na tradição. Este texto trata da história da produção deste objeto. Como surgiu um Nordeste adequado para os estudos na academia, para exposição no museu, para o programa de televisão, para ser tema de romances, pinturas, filmes, peças teatrais, discursos políticos, medidas econômicas? Como se produziu este recorte espacial, seus sentidos e significados? E, principalmente, por que sua fundação se deu sob o signo da saudade, da tradição e que consequências políticas advieram deste fato?

O Nordeste não é um fato inerte na natureza. Não está dado desde sempre. Os recortes geográficos, as regiões são fatos humanos, são pedaços de história, magma de enfrentamentos que se cristalizaram, são ilusórios ancoradouros da lava da luta social que um dia veio à tona e escorreu sobre este território. O Nordeste é uma espacialidade fundada historicamente, originada por uma tradição de pensamento, uma imagística e textos que lhe deram realidade e presença.

---

[1] BANDEIRA, Manuel. "A vida assim nos afeiçoa" (A Cinza das Horas), In: *Poesias*, p.33 (grifos nossos).

Não se pode confundir, no entanto, este processo fragmentário com um processo ordenado, crescente, perpassado pela visão evolucionista da história que, partindo de um resultado final, passa a inscrever, no passado, sinais ou pegadas, que já prenunciavam este ponto final. Essa foi exatamente uma das estratégias utilizadas pelo discurso regionalista nordestino para legitimar o recorte espacial que fazia.

Antes que a unidade significativa chamada Nordeste se constituísse perante nossos olhos, foi necessário que inúmeras práticas e discursos "nordestinizadores" aflorassem de forma dispersa e fossem agrupados posteriormente. O que vamos acompanhar aqui é este processo de tecelagem de um novo tecido espacial, à medida que as mudanças históricas esgarçaram as antigas espacialidades.

Existe uma realidade múltipla de vidas, histórias, práticas e costumes no que hoje chamamos Nordeste. É o apagamento desta multiplicidade, no entanto, que permitiu se pensar esta unidade imagético-discursiva. Por isso, o que me interessa aqui não é este Nordeste "real", ou questionar a correspondência entre representação e realidade, mas, sim, a produção dessa constelação de regularidades práticas e discursivas que institui, faz ver e possibilita dizer esta região até hoje. Na produção discursiva sobre o Nordeste, este é menos um lugar que um *topos*, um conjunto de referências, uma coleção de características, um arquivo de imagens e textos. Ele parece ser uma citação, ter origem no fragmento de um texto, um extrato de imaginação anterior, uma imagem que sempre se repete. Nordeste, um feixe de recorrências.

A origem do Nordeste, portanto, longe de ser um processo linear e ascendente, em que "a identidade está desde o início assegurada e preservada" é um começo histórico no qual se encontra a discórdia entre as práticas e os discursos; é um disparate. Essa figuração de uma origem linear e pacífica para o Nordeste se faz preciso para negar que ele é algo que se inventa no presente. Visa a negá-lo como objeto político-cultural, colocando-o como objeto "natural", "neutro" ou "histórico" desde sempre.[2]

O Nordeste surge como reação às estratégias de nacionalização que o dispositivo das nacionalidades e a formação discursiva nacional-popular põem em funcionamento; por isso não expressa mais os simples interesses particularistas dos indivíduos, das famílias ou dos grupos

---

[2] Sobre o problema da *origem* em História ver Flora Süssekind, *O Brasil não é longe daqui*, p.15-21.

oligárquicos estaduais. Ele é uma nova região nascida de um novo tipo de regionalismo, embora assentada no discurso da tradição e numa posição nostálgica em relação ao passado. O Nordeste nasce da construção de uma totalidade político-cultural como reação à sensação de perda de espaços econômicos e políticos por parte dos produtores tradicionais de açúcar e algodão, dos comerciantes e intelectuais a eles ligados. Lança-se mão de *topos*, de símbolos, de tipos, de fatos para construir um todo que reagisse à ameaça de dissolução numa totalidade maior agora não dominada por eles: a nação. Unem-se forças em torno de um novo recorte do espaço nacional, surgido com as grandes obras contra as secas. Traçam-se novas fronteiras que servissem de trincheira para a defesa da dominação ameaçada. Descobrem-se iguais no calor da batalha. Juntam-se para fechar os limites de seu espaço contra a ameaça das forças invasoras que vêm do exterior. Descobrem-se "região" contra a "nação".[3]

A necessidade de reterritorialização leva a um exaustivo levantamento da natureza, bem como da história econômica e social da área, ao lado de todo um esforço de elaboração de uma memória social, cultural e artística que pudesse servir de base para sua instituição como região. Se o problema era fundar uma imagem e um texto original para o Nordeste e se o sublunar oferecia uma multiplicidade e uma riqueza em contrastes, o importante era construir uma dada forma de ver e de dizer, era ordenar uma visibilidade e uma dizibilidade que se tornassem códigos fixos de leitura, era ordenar um feixe de olhares que demarcassem contornos, tonalidades e sombreados estáticos. Toda a pesquisa, em torno da ideia de Nordeste, inicialmente será realizada no sentido de localizar estes elementos garantidores da identidade, da semelhança, da homogeneidade do espaço e da fixação deste olhar e deste falar "nordestino" e sobre o Nordeste.

De Norte a Nordeste

O termo Nordeste é usado inicialmente para designar a área de atuação da Inspetoria Federal de Obras Contra as Secas (IFOCS), criada em 1919. Neste discurso institucional, o Nordeste surge como a parte do Norte, sujeita às estiagens e, por essa razão, merecedora de especial atenção do poder público federal. O Nordeste é, em grande medida, filho das secas;

---

[3] Sobre a relação entre crise econômico-social, política e elaborações regionalistas ver Elide Rugai Bastos, *Gilberto Freyre e a Formação da Sociedade Brasileira*, p.236 e seguintes. Sobre a sensação de fragmentação trazida pela modernidade ver Lúcia Helena, *Totens e tabus da modernidade brasileira*, p.21 e seguintes.

produto imagético-discursivo de toda uma série de imagens e textos produzidos a respeito deste fenômeno, desde que a grande seca de 1877 veio colocá-la como o problema mais importante desta área. Estes discursos, bem como todas as práticas que este fenômeno suscita, paulatinamente instituem-no como um recorte espacial específico, no país.[4]

É a seca que chama atenção dos veículos de comunicação, especialmente dos jornais do Sul do país, para a existência do Norte e de seus "problemas". Ela é, sem dúvida, o primeiro traço definidor do Norte e o que o diferencia do Sul, notadamente, num momento em que o meio é considerado, ao lado da raça, como fatores determinantes da organização social. Nessas ocasiões, a população do Sul é chamada a contribuir em campanhas de arrecadação e são abertas subscrições pelos jornais, em que são publicadas as listas de nomes dos "beneméritos". Essa talvez seja uma das poucas formas de contato entre populações tão distanciadas, sem maior comunicação, dadas as deficiências nos meios de transporte. Oswald de Andrade, ao visitar o Recife, em 1925, fala da ignorância dos sulistas em relação àquela cidade, embora fosse uma das maiores do país. As primeiras imagens do Norte para a maioria dos sulistas eram aquelas trazidas pelos jornais sobre seu "flagelo" e suas vítimas. Era por meio de espetáculos, jogos, festas feitas para arrecadar fundos para as vítimas do flagelo que os sulistas ouviam falar de seus "irmãos do Norte".[5]

O que se nota, no início da década de vinte, é que os termos Norte e Nordeste ainda são usados como sinônimos, mostrando ser esse um momento de transição, em que a própria ideia de Nordeste não havia ainda se institucionalizado, se cristalizado:

> Realizou-se hoje à noite, no Hélio Cinema, um espetáculo infantil em benefício das vítimas da seca do Nordeste brasileiro ... diretores da Sociedade Harmonia e organizadores do grande baile em benefício das vítimas da seca do Norte ... da festa, que constituiu um verdadeiro acontecimento social e estava muito brilhante.[6]

---

[4] Ver FREYRE, Gilberto. *Nordeste*, p.5-6; ALBUQUERQUE JR., Durval Muniz de. *Falas de astúcia e de angústia: a seca no imaginário nordestino – de problema à solução* (1877-1920).

[5] Ver sobre a viagem de Oswald ao Recife, Joaquim Inojosa, *Os Andrades e outros aspectos do Modernismo*, p.259. Sobre a repercussão das secas em São Paulo e as campanhas de donativos ver o meu "Pelas vítimas das secas", *OESP*, 01/01/1920, p.4-5; 02/01/1920, p.4, c.8; 03/01/1920, p.5, c.1; 04/01/1920, p.4, c.7; 06/01/1920, p.4, c.8; 09/01/1920, p.4, c.7; 24/01/1920, p.4, c.2.

[6] ALBUQUERQUE JR., D. M. *Pelas vítimas da seca. OESP*, 06/01/1920, p.4, c.8 e 09/01/1920, p.4, c.7.

Em 1920, a separação Norte e Nordeste ainda está se processando; só neste momento começa a surgir nos discursos a separação entre a área Amazônica e a área "ocidental" do Norte, provocada principalmente pela preocupação com a migração de "nordestinos" para a extração da borracha e o perigo que isto acarreta para o suprimento de trabalhadores para as lavouras tradicionais do Nordeste:

> A política brasileira aplicada ao Norte do Brasil é a negação formal da civilização, é completa e fundamentalmente errada em tudo e só serviu para plantar a desolação e o deserto na Amazônia, e abandono e a miséria social das populações do Nordeste...[7]

A superação da visão provinciana de espaço a que estavam presas as oligarquias dos Estados do Norte é a grande tarefa política e cultural colocada pela necessidade de institucionalização do Nordeste. A visão restrita de espaço, como aquele sobre o qual se exerce o mando pessoal ou oligárquico, vai ter de se ampliar no sentido de unir forças contra o processo de subordinação crescente sofrido por estes grupos. Seus interesses particulares, antes identificados como os interesses de seu Estado, passam agora a ser pensados como interesses de um todo maior: o interesse regional; um recorte espacial, onde todos os sujeitos se inclinariam na mesma direção.[8]

O Sul é o espaço-obstáculo, o espaço-outro contra o qual se pensa a identidade do Nordeste. O Nordeste nasce do reconhecimento de uma derrota, é fruto do fechamento imagético-discursivo de um espaço subalterno na rede de poderes, por aqueles que já não podem aspirar ao domínio do espaço nacional.

A exclusão das províncias do Norte do Congresso Agrícola, realizado no Rio de Janeiro, em 1878, talvez seja o primeiro momento em que os discursos dos representantes das oligarquias desta área tematizam a diferença de tratamento e de situação econômica e política entre "Norte" e "Sul". A crise na produção açucareira, a seca e a venda de grande número de escravos para o "Sul" tornam o Congresso Agrícola de Recife, organizado como resposta ao anterior, um fórum de duras críticas à atuação discriminatória do Estado Imperial em relação a este espaço no que tangia a investimentos, política fiscal, construção de obras públicas e política de mão de obra.[9]

---

[7] SERVA, Mário Pinto, *As reivindicações do Norte*. OESP, 22/03/1920, p.5, c.1.

[8] Ver ALBUQUERQUE JR., D. M. *Op. cit.*, p.286-288.

[9] Ver QUADROS, C. N. "Formação do regionalismo no Brasil". *Revista do Centro de Estudos Baianos* n.77, p.5-13.

A seca de 1877-79, a primeira a ter grande repercussão nacional pela imprensa e a atingir setores médios dos proprietários de terra, trouxe um volume considerável de recursos para as "vítimas do flagelo" e fez com que as bancadas "nortistas", no Parlamento, descobrissem a poderosa arma que tinham nas mãos, para reclamar tratamento igual ao dado ao "Sul". A seca torna-se a partir daí o problema de todas as províncias e, depois, dos Estados do Norte.[10]

As bancadas nortistas conseguem incluir, já na Constituição de 1891, o artigo 5, que obrigava a União a destinar verbas especiais para o socorro de áreas, vítimas de flagelos naturais, incluindo aí as secas. Esta institucionalização das secas consegue, progressivamente, abrir maiores espaços no aparelho de Estado para os grupos dominantes do "Norte". Isso fica claro com a criação da Inspetoria de Obras Contra as Secas (IOCS), em 1909. Essa instituição, destinada ao "combate às secas", torna-se o *locus* institucional da produção de um discurso regionalista que ganha tons cada vez mais inflamados, à medida que o Estado republicano, sob o domínio das oligarquias paulista e mineira, as beneficia no que se refere às políticas públicas.[11]

Com a criação do IFOCS, no governo Epitácio Pessoa, os intelectuais e políticos ligados a este órgão, como Guimarães Duque e João Palhano, tentam eliminar os sentidos díspares que se referiam àquele espaço, que nasciam da luta pela sua efetivação. Eles tentam construir uma imagem e um texto único, homogêneo para a região, acabando com os "vários Nordestes que entupiam as livrarias, uns sinceros, outros não".[12] O Nordeste devia ser visto e lido numa só direção para que seu efeito de verdade fosse eficiente politicamente.

No Congresso de Produtores de Açúcar, realizado em 1920, em Recife, o discurso de denúncia dos "privilégios do Sul, principalmente do café", adquire tons separatistas. Às voltas com uma enorme crise de mercado e com um processo de modernização da produção, empreendidos em grande parte em detrimento dos produtores tradicionais, com recursos apenas do governo estadual, os promotores deste Congresso buscam unificar seus discursos e falam em nome de um espaço único, sob o signo da discriminação e da vitimização. Esboça-se todo o eixo de confronto

---

[10] ALBUQUERQUE JR., D. M. *Op. cit.*, p.65 e seguintes.

[11] Ibidem, p.276.

[12] Ver TEJO, A. L. "O Nordeste do senhor Palhano". *Revista de Antropofagia.* n.7, nov/1928, p.2.

entre Nordeste e São Paulo que vai direcionar as discussões, a partir daí, em torno da questão da nação, da região e da identidade nacional.

Neste mesmo ano, em nome do combate a esta política discriminatória, as bancadas dos Estados nortistas no Congresso Nacional vão formar o chamado Bloco do Norte, que se propõe a unificar as reivindicações de seus Estados.[13]

O cangaço e o seu combate é outro motivo da veiculação crescente de um discurso solidário entre os parlamentares nortistas no Congresso. O combate ao cangaceiro, que não respeitava as fronteiras estaduais, vai exigir também a crescente atuação conjunta do aparelho repressivo dos Estados. O Nordeste é, pois, uma região que se constrói também no medo contra a revolta do pobre, no medo da perda de poder para a "turba de facínoras que empestavam o sertão". A sensação de fragilidade que tomava conta dos produtores tradicionais de açúcar e algodão trazia também o medo da perda de domínio sobre o seu próprio espaço e, por seu turno, levou a uma crescente preocupação de unir esforços, para combater as revoltas das camadas populares, advindas também das próprias mudanças na sociabilidade tradicional. Não só o cangaço, como também as revoltas messiânicas, são fatores de construção de um espaço fechado de poder, uma região capaz de garantir a manutenção da mesma hierarquia de poderes, bem como a dominação tradicional.

Na verdade, o "intelectual regional", "o representante do Nordeste" começa a ser forjado quando filhos dos grupos dominantes nos Estados convergiam para Recife, por este ser, além de centro comercial e exportador, centro médico, cultural e educacional de uma vasta área do "Norte". A Faculdade de Direito do Recife e o Seminário de Olinda eram os locais destinados à formação superior, bacharelesca, das várias gerações destes filhos de abastados rurais. Desde o século XIX, essas instituições se constituíam em lugares privilegiados para a produção de um discurso regionalista e para a sedimentação de uma visão de mundo comum. Eram os lugares onde se formavam os intelectuais tradicionais da área, com exceção apenas daqueles que podiam estudar no exterior. Era aí que figuras influentes em nível nacional, bem como os futuros dirigentes dos Estados e localidades se conheciam, sedimentavam amizades, trocavam ideias acerca de política, de economia, de cultura e de artes. Essas instituições funcionavam como centro intelectual de aglutinação, em torno de temas políticos e econômicos, que ultrapassavam os

---

[13] ALBUQUERQUE JR., D. M., "O Bloco Político do Norte". *OESP*, 03/09/1920, p.4, c.5.

limites de suas províncias ou Estados, notadamente, a partir do momento em que o declínio traz a sensação de marginalização em âmbito nacional. Os aspirantes a ocuparem cargos de direção em seus espaços, se solidarizavam na indignação com a discriminação do governo central e se preocupavam com a própria incerteza de seus futuros, devido à crise que solapava as bases tradicionais de suas riquezas e poderio.[14]

Recife era também o centro jornalístico de uma vasta área que ia de Alagoas até o Maranhão, como pôde constatar Gilberto Freyre, ao pesquisar os anúncios publicados no *Diário de Pernambuco*, ao longo do século XIX e início do século XX. Ele usa a área de influência desse jornal para definir os limites do que seria a região Nordeste. José Lins do Rêgo chega a afirmar que o Diário teria servido para iniciar muitos filhos de senhor de engenho nas primeiras letras. Com o passar do tempo, esse jornal torna-se o principal veículo de disseminação das reivindicações dos Estados do Norte, bem como vai se constituir num divulgador das formulações em defesa de um novo recorte regional: o Nordeste.[15]

É nas páginas do *Diário de Pernambuco* que Gilberto Freyre publicará a sua série de cem artigos numerados, enviados dos Estados Unidos, onde começa a delinear o que chama de pensamento regionalista e tradicionalista. Esse jornal também publica as novelas de Mário Sette, como *Senhora de Engenho*, ponto de partida para Freyre pensar na elaboração de um romance regionalista e tradicionalista. Foi em 1925, por ocasião da comemoração do centenário desse jornal, que se produziu a primeira tentativa de dar ao recorte espacial Nordeste mais do que uma definição geográfica, natural, econômica ou política. *O Livro do Nordeste*, elaborado sob a influência direta de Gilberto Freyre, dará a este recorte regional um conteúdo cultural e artístico, com o resgate do que seriam as suas tradições, a sua memória, a sua história. Para José Lins, foi aí que "o Nordeste se descobriu como pátria". No editorial de abertura de *O Livro do Nordeste*, Freyre afirma ser esse um "inquérito da vida nordestina; a vida de cinco de seus Estados, cujos destinos se confundem num só e cujas raízes se entrelaçam nos últimos cem anos", período de vida não só do jornal, como da própria Faculdade de Direito.[16]

---

[14] Ver SOUZA BARROS. *A Década Vinte em Pernambuco*, p.192 e seg. e MICELI, S. *Intelectuais e classe dirigente no Brasil*, p.35 e seguintes.

[15] Ver RÊGO, J. L. *Meus verdes anos*. p.125 e D'ANDREA, M. S. *A tradição redescoberta*. p.49.

[16] Ver FREYRE, G. "Vida Social no Nordeste", *O livro do Nordeste*. p.75.; SETTE, M. *Senhora de Engenho*.

O Livro do Nordeste, de certa forma, antecipa o que iria ocorrer no Congresso Regionalista do Recife, em 1926. Embora indefinido entre um encontro artístico-cultural e um encontro político, o Congresso serviu, segundo Joaquim Inojosa, "para unir cearenses, norte-riograndenses, paraibanos, pernambucanos, alagoanos, sergipanos, em torno de um patriotismo regional", estimulando "o amor ao torrão natal de cujo salubre entusiasmo, de cujo grande ardor se faz a estrutura das grandes pátrias". O Congresso teria em vista salvar o "espírito nordestino" da destruição lenta, mas inevitável, que ameaçava o Rio e São Paulo. Era o meio de salvar o Nordeste da invasão estrangeira, do cosmopolitismo que destruía o "espírito" paulista e carioca, evitando a perda de suas características brasileiras.[17]

Esse Congresso será organizado pelo Centro Regionalista do Nordeste, fundado em 1924, que se propunha a "colaborar com todos os movimentos políticos que visassem ao desenvolvimento moral e material do Nordeste e defender os interesses do Nordeste em solidariedade". Dizia o programa do Centro que a unidade do Nordeste já estava claramente definida, embora assumisse também, como uma de suas tarefas, acabar com os particularismos provincianos para criar a comunhão regional. Perante o governo e os outros Estados, era fundamental que esta unidade do Nordeste se apresentasse, realizando movimentos em busca de uma melhoria material e moral. O Centro devia funcionar como uma instituição capaz de congregar os "elementos de vida e cultura nordestinas, organizando conferências, excursões, exposições de arte, uma biblioteca com a produção dos intelectuais da região no passado e no presente e editar a revista O Nordeste".[18]

A explosão do Movimento Autonomista em Pernambuco, a criação do Centro Regionalista e a o combate violento ao messianismo posterior realização do Congresso Regionalista levam ao surgimento, na imprensa paulista, por exemplo, de inúmeras críticas ao separatismo nordestino. Esta imprensa preocupa-se sobretudo com as críticas levantadas contra uma República "que não sabia conter os desmandos paraimperiais dos Estados grandes e ricos" e o fato de esses movimentos defenderem que "os Estados brasileiros só deviam ser governados por homens radicados em suas terras e não por políticos profissionais que moravam no Rio de

---

[17] INOJOSA, J. O Movimento Modernista em Pernambuco, p.208-209.
[18] Idem, ibidem.

Janeiro e desdenhavam os Estados". A radicalização do regionalismo nordestino pode ser constatada pela participação de elementos de classe média e até líderes operários no Movimento Autonomista de Pernambuco. Em *Moleque Ricardo*, José Lins reproduz as cenas a que assistiu como estudante na Faculdade de Direito do Recife, a justaposição de reivindicações políticas de classe com reivindicações regionalistas.[19]

Essa série de eventos e práticas dispersas fazem emergir e se institucionalizar a ideia de Nordeste, inclusive entre as camadas populares. Essa ideia vai sendo lapidada até se constituir na mais bem acabada produção regional do país, que serve de trincheira para reivindicações, conquistas de benesses econômicas e cargos no aparelho de Estado, desproporcionais à importância econômica e à força política que esta região possui. Mesmo o movimento de trinta será apoiado pelo discurso regional nordestino, como forma de pôr fim à Primeira República e, com ela, a hegemonia de São Paulo, estando as forças sociais aí dominantes em condição de barganhar a montagem de um pacto de poder que lhes assegura a manutenção de importantes espaços políticos. Ao mesmo tempo, a política modernizante, industrializante e nacionalista do Estado, no pós-30, só faz aprofundar as distâncias entre essa área e o Sul do país e subordiná-la cada vez mais, obrigando-a a aceitar uma posição subalterna na estrutura de poder. São criadas políticas compensatórias, como o Departamento Nacional de Obras Contra as Secas (DNOCS) e o Instituto do Açúcar e do Álcool (IAA), instituições destinadas a falar em nome deste espaço e a distribuir migalhas que caem do céu do Estado indo parar nos bolsos dos grandes proprietários de terra e empresários, funcionando como incentivos a uma obsolescência tecnológica e a uma crescente falta de investimentos produtivos. Isso torna o Nordeste a região que praticamente vive de esmolas institucionalizadas através de subsídios, empréstimos que não são pagos, recursos para o combate à seca que são desviados e isenções fiscais.

O que podemos concluir é que o Nordeste será gestado em práticas que já cartografavam lentamente o espaço regional como: 1) o combate à seca; 2) o combate violento ao messianismo e ao cangaço; 3) os conchavos políticos das elites políticas para a manutenção de privilégios etc. Mas o Nordeste também surge de uma série de práticas discursivas que vão afirmando uma sensibilidade e produzindo um conjunto de saberes de marcado caráter regional.

---

[19] FREYRE, G. *Manifesto Regionalista*, p.32. Sobre a reação na imprensa paulista ao Congresso Regionalista de Recife, ver Monteiro Melo, "Regionalismo ridículo", *OESP*, 06/03/1926, p.3, c.1. Ver, ainda, RÊGO, J. L. *O Moleque Ricardo*.

A invenção do Nordeste

> O Nordeste o que tem feito até hoje é se
> coser com suas próprias linhas.[20]

Essa frase, atribuída a Agamenon Magalhães, pode muito bem expressar o processo de que vamos tratar, ou seja, o da invenção imagético-discursiva do Nordeste.

Para legitimar o recorte Nordeste, o primeiro trabalho feito pelo movimento cultural iniciado com o Congresso Regionalista de 1926, denominado de regionalista e tradicionalista, foi o de instituir uma origem para a região. Essa história regional retrospectiva busca dar à região um estatuto, ao mesmo tempo universal e histórico. Ela seria restituição de uma verdade num desenvolvimento histórico contínuo, em que as únicas descontinuidades seriam de ordem negativa: esquecimento, ilusão, ocultação. A região é inscrita no passado como uma promessa não realizada, ou não percebida; como um conjunto de indícios que já denunciavam sua existência ou a prenunciavam. Olha-se para o passado e alinha-se uma série de fatos, para demonstrar que a identidade regional já estava lá. Passa-se a falar de história do Nordeste, desde o século XVI, lançando para trás uma problemática regional e um recorte espacial, dado ao saber só no início do século XX.

Gilberto Freyre, por exemplo, atribui à influência holandesa no século XVII um dos fatores de diferenciação do Nordeste. Essa área teria se diferenciado até do ponto de vista cultural do restante do país a partir do momento em que Recife se constituiu em centro administrativo de uma área equivalente ao atual Nordeste, além de centro financeiro, comercial e intelectual judaico-holandês. Este mesmo autor atribui à administração portuguesa a formação de uma "consciência regional" mais forte do que uma consciência nacional, que, caso existisse, poria em perigo o domínio do colonizador. Faz assim, de uma maneira ou de outra, recuar ao período colonial a consciência regional, a própria existência do Nordeste e, ao mesmo tempo, coloca-a como um dos fatores de formação da própria consciência nacional. Para ele, a região teria nascido antes da nação.[21]

O próprio regionalismo é visto como um elemento da nacionalidade brasileira, desde seus primórdios, quando as enormes distâncias

---

[20] Citado por SOUZA BARROS, *Op. cit.*, p.59.
[21] Ver FREYRE, Gilberto. *Sobrados e Mocambos*, 1º vol., p.319 e seguintes.

autonomizam "focos genéticos de povoamento" e a rivalidade entre as regiões teria seguido, lado a lado, a animosidade contra a metrópole. As regiões, no Brasil, se definiriam, então, por histórias diferentes, grupos espirituais típicos; com usos, heróis e tradições convergentes.

É fundamental notar que, se Gilberto Freyre, ao traçar a história da transição que levaria ao Nordeste de 1925, coloca a seca de um século atrás como um dos marcos, o faz mais por suas "consequências morais e sociais". Embora as secas, como a mestiçagem, continuem a fazer parte de qualquer história da região, não são mais os fatores naturais que definem, que dão identidade, que estão na origem da região. São os fatos históricos e, principalmente, os de ordem cultural que marcariam sua origem e desenvolvimento como "consciência". É a fundação da Faculdade de Direito, é a atuação do Diário de Pernambuco, é a invasão holandesa e a Insurreição Pernambucana, são as revoltas de 1817, 1824 e 1848, que são colocadas como origem desta identidade regional. A legitimação do recorte regional já não se dá com argumentos naturalistas, mas com argumentos históricos.[22]

A busca das verdadeiras raízes regionais, no campo da cultura, leva à necessidade de se inventar uma tradição. Inventando tradições tenta-se estabelecer um equilíbrio entre a nova ordem e a anterior; busca-se conciliar a nova territorialidade com antigos territórios sociais e existenciais. A manutenção de tradições é, na verdade, sua invenção para novos fins, ou seja, a garantia da perpetuação de privilégios e lugares sociais ameaçados.[23]

O medo de não ter espaços numa nova ordem, de perder a memória individual e coletiva, de ver seu mundo se esvair, é que leva à ênfase na tradição, na construção deste Nordeste. Essa tradição procura ser uma baliza que oriente a atuação dos homens numa sociedade em transformação e impeça o máximo possível a descontinuidade histórica. Ao optar pela tradição, pela defesa de um passado em crise, esse discurso regionalista nordestino fez a opção pela miséria, pela paralisia, mantendo parte dos privilégios dos grupos ligados ao latifúndio tradicional, às custas de um processo de retardamento cada vez maior de seu espaço, seja em que aspecto nos detenhamos.[24]

---

[22] Ver FREYRE, Gilberto, G. *Região e tradição*. p.107 e seguintes.
[23] Ver OLIVEIRA, Lúcia Lippi. L.L. "Repensando a tradição". *Ciência Hoje*, v.7, n.38, dez/1987, p.58.
[24] Sobre a noção de tradição, ver HOBSBAWM, E. e RANGER, T. (orgs.). *A Invenção das Tradições*.

Vai se operar nesses discursos com um arquivo de clichês e estereótipos de decodificação fácil e imediata, de preconceitos populares ou aristocráticos, além de "conhecimentos" produzidos pelos estudos em torno da região. Usar-se-á sobretudo o recurso à memória individual ou coletiva, como aquela que emite a tranquilidade de uma realidade sem rupturas, de um discurso que opera por analogias, assegurando a sobrevivência de um passado que se vê condenado pela história.

A procura por uma identidade regional nasce da reação a dois processos de universalização que se cruzam: a globalização do mundo pelas relações sociais e econômicas capitalistas, pelos fluxos culturais globais, provenientes da modernidade, e a nacionalização das relações de poder, sua centralização nas mãos de um Estado, cada vez mais burocratizado. A identidade regional permite costurar uma memória, inventar tradições, encontrar uma origem que religam os homens do presente a um passado, que atribuem um sentido a existências cada vez mais sem significado. O "Nordeste tradicional" é um produto da modernidade, que só é possível pensar nesse momento.

A perda é o processo pelo qual estes indivíduos tomam consciência da necessidade de se construir algo que está se acabando. O fim do caráter regional da estrutura econômica, política e social do país e a crise dos códigos culturais desse espaço fazem pensar e descobrir a região. Um lugar criado de lirismo e saudade. Retrato fantasioso de um lugar que não existe mais, uma fábula espacial.

Não é à toa que as pretensas tradições nordestinas são sempre buscadas em fragmentos de um passado rural e pré-capitalista; são buscadas em padrões de sociabilidade e sensibilidade patriarcais, quando não escravistas. Uma verdadeira idealização do popular, da experiência folclórica, da produção artesanal, tidas sempre como mais próximas da verdade da terra.[25]

A obra de Luís da Câmara Cascudo se destaca quanto a essa idealização do elemento popular. Câmara Cascudo, em seus trabalhos, adota a visão estática, museológica do elemento folclórico. Seus trabalhos, longe de fazer uma análise histórica ou sociológica do dado folclórico, se constituem em verdadeiras coletâneas de materiais referentes à sociedade

---

[25] Sobre a idealização do elemento de cultura popular como tradição, ver MAGNANI, J. G. C. *Festa no Pedaço* e BAETA NEVES, L. F. *Uma caçada no zoo: notas de campo sobre a história e conceito de arte popular*.

rural, patriarcal e pré-capitalista do Nordeste, vendo o folclore como um elemento decisivo na defesa da autenticidade regional, contra os fluxos culturais cosmopolitas. Embora se apresentem como defensores do material folclórico, são paradoxalmente esses folcloristas os seus maiores inimigos e detratores, ao marginalizá-lo, impedindo a criatividade em seu interior, cobrando a sua permanência ao longo do tempo, o que significa reivindicar sua obsolescência. Para esses estudiosos, o folclore serviria para revelar a essência da região, por ser ele uma sobrevivência emocional. Seria ele uma constelação de elementos pré-lógicos que preexistiam a toda cultura no seu esforço de afirmação conceitual. O folclore seria o repositório de um inconsciente regional recalcado, uma estrutura ancestral, permitindo o conhecimento espectral de nossa cultura regional. O folclore seria expressão da mentalidade popular, e esta, por sua vez, da mentalidade regional.[26]

Nesse discurso, a ideia de popular se confunde com as de tradicional e antimoderno, fazendo com que a elaboração imagético-discursiva Nordeste tenha enorme poder de impregnação junto às camadas populares, já que estas facilmente se reconhecem em sua visibilidade e dizibilidade. O que esta construção de uma cultura regional institui é a própria ideia de uma solidariedade e de uma homogeneidade entre códigos culturais populares e códigos tradicionais dominantes. O povo só seria reativo ao elemento moderno.

O folclore seria um elemento de integração do povo nesse todo regional. Ele facilitaria a absorção dessa identidade regional pelas camadas que se buscava integrar à nova sociedade em gestação. O folclore apresenta, pois, neste discurso tradicionalista, uma função disciplinadora, de educação, de formação de uma sensibilidade, baseada na perpetuação de costumes, hábitos e concepções, construindo novos códigos sociais, capazes de eliminar o trauma, o conflito trazido pela sociabilidade moderna. O uso do elemento folclórico permitiria criar novas formas que, no entanto, ressoavam antigas formas de ver, dizer, agir, sentir, contribuindo para a invenção de tradições. Construir o novo, negando a sua novidade, atribuindo-o uma pretensa continuidade, como estavam fazendo com a própria região. Ele seria esse elo entre o passado e o presente. Ele permitiria "perpetuar estados de espírito".[27]

---

[26] Ver RAMOS, A. *O Folclore Negro no Brasil*; FERNANDES, F. "A burguesia, o progresso e o folclore", *OESP*, 19/09/1944, p.4, c.8.

[27] Sobre a função integrativa do folclore, ver FERNANDES, F. *Folclore e Mudança Social na Cidade de São Paulo*.

Essa construção do Nordeste será feita por vários intelectuais e artistas em épocas também as mais variadas. Ela aparece desde Gilberto Freyre e a "escola tradicionalista de Recife", da qual participam autores como José Lins do Rêgo e Ascenso Ferreira, nas décadas de vinte e trinta, passando pela música de Luiz Gonzaga, Zé Dantas e Humberto Teixeira, a partir da década de quarenta, até a obra teatral de Ariano Suassuna, iniciada na década de cinquenta. Pintores como Cícero Dias e Lula Cardoso Aires, o poeta Manuel Bandeira, os romancistas Raquel de Queiroz e José Américo de Almeida, embora guardem enormes diferenças entre si, possuem em comum esta visão do Nordeste e dela são construtores.

Visibilidade e dizibilidade regional

Os artistas e intelectuais tradicionalistas vão apoiar a visibilidade e a dizibilidade regional no trabalho com a memória. É, na verdade, uma tarefa de organização do próprio presente, este presente que parece deles escapar, deles prescindir. É como se, no passado, seus ancestrais governassem a si e aos outros, a sua própria história e a dos outros, e eles agora se vissem perdendo este governo, fossem governados por outros; não conseguissem sequer governar a si mesmos. A busca por arrumar discursiva e artisticamente estas lembranças é a forma que encontram para organizar suas próprias vidas. Pensar uma nova identidade para seu espaço era pensar uma nova identidade para si próprios.

Quanto mais a história fazia este grupo social se aproximar de seu desaparecimento mais se tornava perigosa. No momento em que a história se aproxima desses confins, ela só pode deter-se, sob pena de, pondo fim a este grupo social, à sua história, pôr fim a si própria. Por isso, como todo grupo social em crise, esta elite tradicional tenta deter sua morte, detendo a história. Lutar contra a história é lutar contra a finitude, e é justamente a memória a única garantia contra a morte, contra a finitude.

O discurso tradicionalista toma a história como o lugar da produção da memória, como discurso da reminiscência e do reconhecimento. Ele faz dela um meio de os sujeitos do presente se reconhecerem nos fatos do passado, de reconhecerem uma região já presente no passado, precisando apenas ser anunciada. Ele faz da história o processo de afirmação de uma identidade, da continuidade e da tradição, e toma o lugar de sujeitos reveladores desta verdade eterna, mas encoberta.

A história, em seu caráter disruptivo, é apagada e, em seu lugar, é pensada uma identidade regional a-histórica, feita de estereótipos imagéticos e enunciativos de caráter moral, em que a política é sempre vista como desestabilizadora e o espaço é visto como estável, apolítico e natural, segmentado apenas em duas dimensões: o interno e o externo. Interno que se defende contra um externo que o buscaria descaracterizar. Um interno de onde se retiram ou minimizam as contradições.

A volta para "dentro de si" do Nordeste, para buscar a sua identidade, o seu caráter, a sua alma, a sua verdade, dá-se à medida que o dispositivo da nacionalidade e a formação discursiva nacional-popular colocam como necessidade o apagamento das diferenças regionais e a sua "integração no nacional". Manter a "vida deste espaço" era, na verdade, manter viva esta dominação ameaçada. A memória espacial é, na verdade, a memória de uma dominação em crise. A região surge assim como uma "dobra espacial", como um espaço fechado às mudanças que vêm de fora. O Nordeste se voltaria para si como forma de se defender do seu outro, do espaço industrial e urbano que se desenvolvia notadamente no Sul do país. O Nordeste é uma rugosidade do espaço nacional, que surge a partir de uma aliança de forças, que busca barrar o processo de integração nacional, feita a partir do Centro-Sul.

O Nordeste dos "regionalistas e tradicionalistas" é uma região formada por imagens depressivas, de decadentes, como as presentes nas obras de José Lins do Rêgo. Imagens evocativas de um passado de tradição que estava se perdendo, como nestes versos de Bandeira:

> Saí menino de minha terra
> Passei trinta anos longe dela
> De vez em quando me diziam
> Sua terra está completamente mudada
> Tem avenidas, tem arranha-céus...
> é hoje uma bonita cidade!
> Meu coração ficava pequenino.
> Revi afinal o meu Recife
> Está de fato completamente mudado
> Tem avenidas, tem arranha-céus
> É hoje uma bonita cidade.
> Diabo leve quem pôs bonita a minha terra.[28]

A produção sociológica de Gilberto Freyre, bem como a dos chamados "romancistas de trinta", tem no trabalho com a memória a principal matéria. Estes últimos vão tentar construir o Nordeste pela rememoração de

---

[28] BANDEIRA, M. "Minha terra" (Belo Belo), *Poesias*, p.340.

suas infâncias, em que predominavam formas de relações sociais agora ameaçadas. Eles resgatam a própria narrativa como manifestação cultural tradicional e popular, ameaçada pelo mundo moderno e a tomam como expressão do regional. Enquanto em São Paulo os modernistas procuravam romper com a narrativa tradicional, assumindo a própria crise do romance no mundo moderno, no Nordeste, o movimento regionalista e tradicionalista volta-se para resgatar as narrativas populares, a memória como único lugar de vida para este homem moderno dilacerado entre máquinas, a narrativa como o lugar de reencontro do homem consigo mesmo, de um espaço com sua identidade ameaçada. Como numa épica, esses romances querem garantir a continuidade do que foi narrado, querem garantir a reprodução, por meio de gerações, deste mundo desentranhado e suspenso na memória: o mundo "regional".[29]

Uma região que se constrói pela memória implica uma convivência entre a ideia de sobrevivência e a de vácuo. O passado aparece em toda a sua alegria de redescoberta, para, ao mesmo tempo, provocar a consciência triste do seu passar, do seu fim. Essa máquina de rememoração, que é o romance de trinta, é também a máquina de destruição, de ascensão à consciência de um tempo perdido.

A ênfase na memória por parte dos tradicionalistas nasce dessa vontade de prolongar o passado para o presente e, quem sabe, fazer dele também o futuro. Eles abominam a história, por ela estabelecer uma cisão entre as temporalidades. A descoberta da historicidade de todas as coisas e, portanto, o seu caráter passageiro e mutável é que provoca esse sentimento de angústia.[30]

Essa memória espacial, esteticamente resgatada, inspiraria a criação de um futuro melhor, liberto dos arrivismos, artificialismos e utilitarismos burgueses. Um espaço regional, feito para permanecer no tempo; construído com o agenciamento de monumentos, paisagens, tipos humanos, relações sociais, símbolos e imagens que pontilham este território estriado pelo poder. É na memória que se juntam fragmentos de história, lembranças pessoais, de catástrofes, de fatos épicos que

---

[29] Sobre a crise da narrativa no mundo moderno e a sua função reprodutora da tradição ver BENJAMIN, W. "O narrador. Considerações sobre a obra de Nikolai Leskov". In: _____. *Magia e técnica, arte e política*, p.197 e seguintes.

[30] Sobre a coexistência ou linearidade das temporalidades, ver DELEUZE, G. *Proust e os signos*. p.83-93. Sobre a emergência da história como paradigma da epistemé moderna, ver FOUCAULT, M. *As palavras e as coisas*. p.231 e seguintes.

desenham o rosto da região. Um espaço sem claros, preenchido completamente por esses textos, imagens e sons que lhe dão espessura. Espaço onde nada é provisório, onde tudo parece sólido como a casa-grande de pedra e os móveis de mogno e jacarandá; onde tudo parece tranquilo, vagaroso como o balançar na rede ou na cadeira, região da permanência, do ritmo lento, da sedimentação cultural, da família, afetiva e infantil.

Essa visibilidade afetiva e infantil da região se expressa com destaque na poesia de Ascenso Ferreira, embora quanto à forma seja um dos primeiros artistas a trilhar os caminhos do modernismo em Pernambuco. Sua visão do Nordeste, segundo ele próprio,

> foi se desenhando em contato com os passantes do Rancho de seu tio, onde trabalhava, onde homens de diferentes lugares se encontravam, trazendo toadas de engenho, toadas do sertão, coco, sapateados, ponteios de viola, histórias de mal-assombrado, caçadas, pescarias, viagens, narrações etc.

Esse material de sua vivência de Fronteira (assim se chamava a casa comercial de seu tio), entre o campo e a cidade, essa gama de materiais populares e folclóricos será agenciada, à medida que os artigos de Gilberto Freyre lhe "desperta o amor pelas coisas de nossa tradição rural". À forma de expressão modernista alia materiais de expressão tradicionais para constituir aquilo que seria "uma poesia, expressão da verdade regional".[31]

Para Ascenso, a região Nordeste seria o lugar de uma sociabilidade brasileira, atemporal, ameaçada de ser destruída pela "civilização estrangeira". Sua poesia queria contribuir para a preservação dessa alma "ora brincalhona, ora pungente do Nordeste, das festas, dos engenhos e do sertão". Tanto em sua poesia como na pintura de Cícero Dias, não há nenhuma intenção de reivindicação social. Eles querem apenas "compreender a totalidade da vida nordestina, exprimindo sua essência pura, sua alma não maculada pela modernidade".[32]

Compreender a "alma de sua terra", descobrir sua identidade também era a preocupação de José Lins do Rêgo. Para ele, organizar a memória pessoal era organizar a memória regional. A descoberta da "psicologia regional" era a descoberta da própria região, que passava também pela descoberta de si, de sua identidade como pessoa e como intelectual.

---

[31] FERREIRA, A. *Catimbó e outros poemas* (Prefácio de Manuel Bandeira). p.6-7.
[32] Ibidem, p.6.

O Nordeste é essa imagem espacial interiorizada na sua infância no engenho Santa Rosa, território dos Carlos de Melo, dos Ricardos. Um espaço melancólico e cheio de sombras; um espaço de saudades.[33]

A intenção inicial de escrever a memória de seu avô, como contribuição para que as novas gerações não esquecessem esses homens que haviam feito a glória de uma época na região, transforma-se numa série de romances que surgem sob a influência direta do amigo Gilberto Freyre e da dizibilidade memorialística da região. É a pretensão de ser espontâneo, de ser verdadeiro que torna o seu trabalho com memória um trabalho não crítico, nem problematizador. Ele pretende não estar sendo parcial, quando, na verdade, seus romances expressam uma forma de ver a realidade, um olhar de menino de engenho. É a partir da varanda da casa-grande, como fazia seu avô, que ele olha para a "sua terra", para o Nordeste.[34]

A preocupação em entender a alma da terra, a sua espiritualidade, assentada no sobrenatural, na transcendência e na religiosidade atravessa também toda a obra do poeta Jorge de Lima. Assumindo sua condição de poeta "católico", Jorge busca captar o que seriam as fontes negras da memória e do inconsciente de um catolicismo nordestino, sertanejo, em que o sagrado se mistura com a natureza e com os vínculos sociais concretos. Um Nordeste de alma negra, mística, espiritual e oprimida, em busca da redenção em Deus. Nordeste onde a mistura de sangue confundiu espíritos e papéis sociais:

> Há no meu sangue:
> três moças fugidas, dois cangaceiros
> um pai de terreiro, dois malandros, um maquinista
> dois estourados.
> Nasceu uma índia,
> uma brasileira,
> uma de olhos azuis
> uma primeira comunhão.[35]

Raquel de Queiroz se preocupa com a dicotomia entre tempo e espaço. Para ela o tempo, diferentemente do espaço, não tinha estabilidade, não se podia ir e voltar nele. O que se passa no tempo, some, anda para

---

[33] Ver RÊGO, J. L. *Meus Verdes Anos*. p.6.
[34] Ver RÊGO, J. L. *Menino de Engenho*.
[35] LIMA, J. "Passarinho encantado" (Poemas Negros). *Obra Poética*. p.237-238.

longe e não volta nunca. É com profundo pesar que ela constata ser o passado uma substância solúvel, que se dilui dentro da vida, escorre pelos buracos do tempo — águas passadas. Para Raquel, a dimensão do tempo é aflitiva para o homem, pois seus únicos marcos são as lembranças, cujas testemunhas são as pessoas que também passam, também se transformam. O homem não tem sobre o tempo nenhum comando, apenas sofre o tempo, sem defesa. O tempo anda no homem, mas este não anda nele. O tempo nos gasta como lixa, nos deforma, nos diminui e nos acrescenta. Os olhos de trinta anos desaparecem, a forma de ver também. Razão por que o espaço é repositório da memória, das marcas do tempo; é a dimensão que, segundo ela, deve proteger o homem dessa sensação de vertigem. O espaço seria a dimensão conservadora da vida.[36]

Até nas músicas de Luiz Gonzaga essa consciência do caráter dilacerador do tempo, essa visão moderna da temporalidade, cede lugar, várias vezes, a uma visão cíclica, que advém da própria imagem da região estar muito próxima da natureza. Um Nordeste onde o tempo descreve um círculo entre a seca e o inverno. Tempo do qual participam não só o homem, mas os animais, as plantas, até os minerais. Uma região dividida entre momentos de tristeza e de alegria. Mesmo para quem dela sai, o migrante, o Nordeste aparece como este espaço fixo da saudade. O Nordeste parece estar sempre no passado, na memória; evocado como o espaço para o qual se quer voltar; um espaço que permaneceria o mesmo. Os lugares, os amores, a família, os animais de estimação, o roçado ficam como que suspensos no tempo a esperarem que um dia esse migrante volte e reencontre tudo como deixou. Nordeste, sertão, espaço sem história, infenso às mudanças. Sertão onde a fogueira ainda esquenta o coração, sem rádio e sem notícia das terras civilizadas:

> Ai quem me dera eu voltar / Pros braços do meu xodó / Saudade assim faz roer / E amarga qui nem jiló / Mas ninguém pode dizer / Qui mi viu triste a chorar / Saudade o meu remédio é cantar...[37]

Tanto o trabalho teatral como o literário de Ariano Suassuna também se voltam para a construção do Nordeste como um espaço tradicional. Um Nordeste, construído a partir de uma visão sacramental da memória, onde

---

[36] Ver QUEIROZ, R. "João Miguel". *Três Romances*, p.125 e "Mapinguari". *Obras Reunidas*, v.5, p.136-137.

[37] "Ai quem me dera eu voltar/Pros braços do meu xodó/Saudade assim faz roer/E amarga qui nem jiló/Mas ninguém pode dizer/Qui mi viu triste a chorar/Saudade o meu remédio é cantar..." (*Qui nem jiló*, Luiz Gonzaga e Humberto Teixeira, RCA, 1950).

"uma aristocracia rude e as pessoas simples conviviam com o temporal e o atemporal, num mesmo plano de interesses particulares e imediatos". Para Suassuna, o tempo é uma dimensão da morte, que, ao lado da fome, da sede, das doenças, da nudez, do sofrimento, do acaso, do infortúnio e da necessidade, destruía a região que buscava preservar em seu trabalho. Nordeste que tinha como maior insígnia, como brasão, a morte. Uma morte selvagem, mãe de todos.[38]

O Nordeste de Ariano, ao contrário do freyriano, é o Nordeste sertanejo, do "reino encantado do sertão". Sua obra se volta para afirmar esse espaço como o verdadeiro Nordeste, onde também existia "nobreza", não existiam "só profetas broncos e desequilibrados e cangaceiros sujos e cruéis". Nobreza comparável à que floresceu na "civilização do açúcar, só que "sem as cavilações e as afetações dos ioiôs e sinhazinhas". Um "reino" bruto, despojado e pobre, com quem o autor se identifica e, a partir do qual, produz a sua obra, motivo de sua existência, motivo de sua epopeia e a de seus heróis pobres e extraviados.[39]

Na sua luta contra a história, Ariano constrói o Nordeste como o reino dos mitos, do domínio do atemporal, do sagrado, da indiferenciação entre natureza e sociedade. Lançando mão do gênero epopeico, das estruturas narrativas míticas e, principalmente, das estruturas narrativas e do realismo mágico da literatura de cordel, Ariano inventa seu Nordeste, "reino embandeirado, épico e sagrado". Um espaço sertanejo, inventado a partir da vivência do autor na cidade, do agenciamento de lembranças e reminiscências de infância e de uma grande quantidade de matérias de expressão populares. Um espaço ainda não desencantado, não dessacralizado, um reino dos mistérios, onde o maravilhoso se mistura à mais cruel realidade e dá-lhe sentido.

Um Nordeste que se liga diretamente ao passado medieval da Península Ibérica. Um Nordeste barroco, antirrenascentista, antimoderno. A dizibilidade do Nordeste, a linguagem para expressá-lo deve ser buscada, pois, em formas teatrais ibéricas medievais, bem como nas formas populares, na tradição popular que guardaria muitas dessas formas "arcaicas". A obra de Ariano reafirma o uso das formas narrativas do cordel como forma de dizer esta região do país. Forma adequada para se "representar" um espaço onde não existiriam fronteiras entre o real e o imaginário,

---

[38] Ver SUASSUNA, A. *História do rei degolado nas caatingas do Sertão* (Uma epopéia do sertão. Prefácio de Idelete Muzart). p.XV. *O santo e a porca. A pena e a lei.*

[39] Ver SUASSUNA, A. *História do rei degolado nas caatingas do Sertão.* p.56-57.

entre o sentimental e o antipoético; entre o divino e o pagão; entre o trágico e o cômico; entre a loucura e a razão.[40]

Embora com obras muito diferentes, estes autores e artistas têm em comum o fato de serem construtores de um Nordeste, cujas visibilidade e dizibilidade estão centradas na memória, na reação ao moderno, na busca do passado como dimensão temporal; assinaladas positivamente em sua relação com o presente.

Esse Nordeste é uma máquina imagético-discursiva que combate a autonomia, a inventividade e apoia a rotina e a submissão, mesmo que essa rotina não seja o objetivo explícito, consciente de seus autores, ela é uma maquinaria discursiva que tenta evitar que os homens se apropriem de sua história, que a façam, mas, sim, que vivam uma história pronta, já feita pelos outros, pelos antigos; que se ache "natural" viver sempre da mesma forma as mesmas injustiças, misérias e discriminações. Se o passado é melhor que o presente, e ele é a melhor promessa de futuro, caberia a todos se baterem pela volta dos antigos territórios esfacelados pela história.

Referências

ALBUQUERQUE JR, Durval Muniz de. *Falas de astúcia e de angústia: A seca no imaginário nordestino (1877-1922).* Campinas: UNICAMP. 1988.

BANDEIRA, Manuel. *Poesias*, Rio de Janeiro: José Olympio. 1955.

BASTOS, Elide Rugai. *Gilberto Freyre e a formação da sociedade brasileira.* São Paulo: PUC. 1986.

BENJAMIN, Walter. *Magia e técnica, Arte e política* (Obras Escolhidas, Vol. I). São Paulo: Brasiliense. 1985.

D'ANDREA, Moema Selma. *A tradição re(des)coberta.* Campinas: UNICAMP. 1992.

FERNANDES, Florestan. *Folclore e mudança social na cidade de São Paulo.* Petrópolis: Vozes. 1979.

FERREIRA, Ascenso. *Catimbó e outros poemas,* Rio de Janeiro: José Olympio. 1963.

FREYRE, Gilberto. *Região e tradição.* Rio de Janeiro: José Olympio.1941.

FREYRE, Gilberto. *Manifesto regionalista.* Recife: Instituto Joaquim Nabuco/MEC. 1967.

FREYRE, Gilberto. *Sobrados e mocambos* (2 vols.). Rio de Janeiro: José Olympio. 1977.

FREYRE, Gilberto. *Casa-grande e senzala.* Rio de Janeiro: José Olympio. 1981.

FREYRE, Gilberto. *Nordeste.* Rio de Janeiro: José Olympio; Recife, FUNDARPE. 1985.

---

[40] Ver SUASSUNA, A. *O Romance d'A Pedra do Reino* (Prefácio de Raquel de Queiroz). p.XI-XIII.

HOBSBAWN, Eric & Ranger, Terence (org.). *A invenção das tradições*. Rio de Janeiro: Paz e Terra. 1984.

INOJOSA, Joaquim. *Os Andrades e outros aspectos do Modernismo*. Rio de Janeiro: Civilização Brasileira; Brasília, INL. 1975.

LIMA, Jorge de. *Obra Poética*. Rio de Janeiro: Editora Getúlio Costa. 1949.

MAGNANI, José Guilherme Cantor. *Festa no pedaço*. São Paulo: Brasiliense. 1984.

MICELI, Sérgio. *Intelectuais e classe dirigente no Brasil* (1920-1945). São Paulo: Difel. 1979.

QUEIROZ, Raquel de. *O Quinze* (Três Romances). Rio de Janeiro: José Olympio. 1948.

QUEIROZ, Raquel de. *Caminho de pedras* (Três Romances). Rio de Janeiro: José Olympio. 1948.

QUEIROZ, Raquel de. *João Miguel* (Três Romances). Rio de Janeiro: José Olympio. 1948.

QUEIROZ, Raquel de. *As três Marias*. Rio de Janeiro: José Olympio. 1956.

QUEIROZ, Raquel de. *Mapinguari* (Obras Reunidas vol. 5). Rio de Janeiro: José Olympio. 1989.

RÊGO, José Lins do. *O moleque Ricardo*, 8. Rio de Janeiro: José Olympio. 1970.

RÊGO, José Lins do. *Menino de engenho*. Rio de Janeiro: José Olympio. 1971.

RÊGO, José Lins do. *Meus verdes anos*. Rio de Janeiro: José Olympio. 1981.

RÊGO, José Lins do. *Pedra bonita*. Rio de Janeiro: Nova Fronteira. 1986.

SETTE, Mário. *Senhora de engenho*. São Paulo: Fagundes. 1937.

SOUZA BARROS. *A década vinte em Pernambuco*. Recife: Fundação de Cultura da Cidade do Recife. 1985.

SUASSUNA, Ariano. *Seleta em prosa e verso*. Rio de Janeiro: José Olympio; Brasília: INL. 1974.

SUASSUNA, Ariano. *Romance d'a pedra do reino*. Rio de Janeiro: José Olympio1976.

SUASSUNA, Ariano. *História do rei degolado nas caatingas do Sertão*. Rio de Janeiro: José Olympio. 1977.

SÜSSEKIND, Flora. *O Brasil não é longe daqui*. São Paulo: Companhia das Letras. 1990.

Trivialidade e transcendência. Usos sociais e políticos do turismo cultural[1]

Manuel Delgado Ruíz

Turismo e cultura em um tempo desconjuntado

Há muitas comparações possíveis entre duas modalidades de estranhamento que têm, não em vão, como denominador comum a viagem em busca da *cultura*. De um lado, o banal turismo. Do outro, o científico estudo antropológico. Por sobre a distância que se estende entre a prática de uma forma "superficial" de ócio e o rigor que se presume para uma disciplina acadêmica, o turista e o etnógrafo se parecem. Há algo no espírito de ambos que se nutre de uma idêntica substância. Refiro-me àquele "eu parti" que podemos encontrar na atração pelo extraordinário, pelo insólito, pelo distante etc. e que está na base desse leque de experimentos humanos que vai desde a viagem filosófica do século XVIII até a atividade dos modernos *tour operators*, com uma grande modalidade de lugares intermediários, um dos quais poderia ser uma dessas viagens anunciadas como "etnográficas", que as agências turísticas atuais mais seletas incorporam entre suas ofertas, e nas quais se vende uma aproximação a culturas avaliadas como exóticas. Tanto do deslocamento turístico como do etnográfico, com toda a enorme distância que parece estender-se entre ambos — situados nos extremos do "trivial" e do "sério" — poder-se-ia dizer o que de toda viagem apontava James Clifford: "A 'viagem' abarca uma variedade de práticas mais ou menos voluntaristas de abandonar 'o lar' para ir a 'outro lugar'. O deslocamento ocorre com um propósito de ganho: material, espiritual, científico. Traz, em si, obter conhecimento e/ou ter uma 'experiência' (excitante, edificante, prazerosa, de estranhamento e de ampliação de conhecimentos ...)".[2] Mais adiante: "a 'viagem' denota práticas mais ou menos voluntárias de abandono do terreno familiar, em busca da diferença, da sabedoria, do poder, da aventura ou de uma perspectiva

---

[1] Este texto corresponde ao trabalho lido no Simpósio Internacional sobre Turismo Cultural, em Valladolid, em novembro de 1999.

[2] CLIFFORD, J. *Itinerarios transculturales*. Barcelona: Gedisa, 1999, p.88.

modificada". Turismo e etnologia: duas formas de peregrinação em busca do sentido perdido.

Num e no outro caso, do que se trata é — como insiste Geertz, em *El antropólogo como autor* —, de "haver estado ali",[3] ter praticado um tipo de imediatismo particular e talvez irrepetível, por mais que o "haver estado ali", do turista e do etnólogo, seja resultado de um bilhete de ida e volta e da capacidade de enfrentar um certo nível de incomodidade. Além disso, e da duração e da profundidade do olhar que se dirige àqueles que não são culturalmente como si mesmo, há outro fator que incide no parentesco entre etnógrafo e turista. Muito antes que o deslocamento turístico generalizasse a experiência do "efeito túnel" — viagem de ponto a ponto, sem atenção pelos lugares intermediários ou distantes dos centros de interesse —, o antropólogo já trabalhou sobre o terreno, como o moderno turista, antes de tudo sobre *nós*, isto é, sobre intersecções extremamente concretas que funcionavam como sinédoques, marcos privilegiados onde reconhecer a suposta totalidade essencial da sociedade visitada. Por seu lado, a cultura receptora esforça-se precisamente em oferecer aquilo que lhe é requerido, de acordo com sua articulação em um sistema intercultural plenamente submetido às leis da oferta e da procura. É *o diferente* o que a sociedade anfitriã sabe que deve exibir enfaticamente, consciente como é do que se espera dela por parte de quem acode turisticamente a visitá-la e que devem ver "o que há para ser visto", esses pontos dos guias turísticos, marcados com diferentes graus de adjetivos admirativos, dos quais não se pode esquivar, sob pena de um implacável sentimento de culpa.[4] Esses, por sua parte, não esperam nada novo, nada diferente daquilo que viram nas fotografias exibidas nos livros ou nas revistas de viagens, nos postais turísticos, nos documentários da televisão ou nos filmes de ficção. Chegaram até aí só para confirmar que tudo o que lhes foi mostrado como em sonhos existe mesmo.

O turismo radicaliza a lógica institucional e representacional em que se inscreve. Esta não é outra senão a do chamado *tempo livre* ou *do ócio*, na medida em que o tempo do ócio consiste basicamente em fazer com que o tempo livre deixe de sê-lo realmente. O imaginário dominante toma por dado que este tempo livre ou do ócio é, quase por definição, essa totalidade abstrata que se estende do outro lado do *tempo de trabalho*. O imaginário

---

[3] GEERTZ, C. *El antropólogo como autor*. Barcelona: Paidós, 1989.
[4] Cf. CARDÍN, A. "El supermercado turístico". In: *Lo próximo y lo ajeno*. Barcelona: Icaria, 1989, p.147-151.

dominante é conformado por atividades que uma ficção operatória supõe inteiramente dissociadas tanto das atividades obrigatórias quanto do lugar que cada um ocupa no sistema produtivo. No seio dessa esfera do tempo livre, imaginado como autônomo e independente, cada um deve tratar de satisfazer o que vive como "autênticas necessidades" afetivas e intelectuais. Foi Jean Remy quem mostrou que o turismo é uma expressão de *lateralidades, modo menor ou secundariedade,* estado de exceção que tempera a vida social do indivíduo e que contrasta com a *centralidade,* os *modos maiores,* a *primariedade,* isto é, o conjunto de papéis que assumimos em nossa vida cotidiana, em termos de responsabilidade, de obrigações relativas a nosso lugar na estrutura social, de nossos "compromissos inevitáveis".[5] Supõe-se que a secundariedade cumpre a função de nos outorgar uma oportunidade para a reflexão, para calibrar nossa localização no mundo social e fazer um certo balanço existencial. Prometendo cumprir semelhantes pressupostos, o turismo tece uma trama social alternativa e paralela, proporciona um distanciamento em relação ao que é trivial no mundo social, permite uma escapada efêmera até uma arcádia provisória, sem conflitos, sem contradições, sem paradoxos. Uma bolha ideal, um cenário preparado para satisfazer os desejos e no qual o indivíduo poderá estar, ao mesmo tempo, tanto longe quanto em casa. Parêntese — dose controlada de utopia — em que se pode regenerar do desgaste provocado por todos esses compromissos que logo, ao regressar, cada qual terá que reassumir.

Nem é necessário dizer que essa esfera do ócio ou do tempo livre nada tem de autônoma, nem obedece a uma lógica própria. Existe e se desdobra em função — e como função — de circunstâncias políticas, econômicas, legais e sociais mutantes porém sempre concretas. Em relação a seus conteúdos específicos, não é menos evidente que dependem de determinadas instâncias de produção e controle, e são sugeridas aos indivíduos — entendidos como consumidores de seu próprio tempo livre — por meio de estímulos publicitários procedentes tanto de empresas privadas quanto de instituições públicas.[6]

Convém sublinhar aqui a dimensão *espacial* e, sobretudo, *temporal* do fato turístico. O fato turístico inscreve-se dentro de uma sociedade que valoriza a mobilidade espacial, o deslocamento, como um dos mecanismos

---

[5] REMY, J. "La implication paradoxale dans l'expérience touristique". In: *Sociologie urbaine et rurale,* , Paris: L'Harmattan, 1998. p.353-368.

[6] Cf. LANFANT, J.-F. *Sociología del ocio.* Barcelona: Península, 1978, p.274-275.

essenciais dos quais depende a realização pessoal. Cada indivíduo se valoriza e é valorizado, em grande medida, em função da quantidade e excepcionalidade dos locais em que esteve, isto é, de sua conta pessoal de países e cidades dos quais se pode dizer "eu os conheço". Por outro lado, sem dúvida o turismo funciona antes de tudo como um uso qualificado do tempo do ócio, e é específico — certamente — das sociedades industrializadas, definidas por uma vivência do tempo baseado no culto à produção e pela seriação e a mercantilização do temporal, assim como pela dicotomia brutal entre tempo produtivo e tempo não produtivo. A realidade vivida tende cada vez mais a cronificar-se: esse espesso entremeado de horários, turnos, agendas, prazos etc. que se colocam sob o despotismo dos ritmos sincronizados e dos processos calculáveis, que obedecem à lógica implacável dos calendários e dos relógios. O tempo, assim racionalizado, divide-se em grandes blocos pautados e planificáveis dos quais não é possível escapar, nos quais o tempo livre deve deixar de sê-lo imediatamente e não cabe pretexto algum para o "tempo morto".[7] O tempo é de trabalho, de ócio ou de descanso. O primeiro deles não deixou de diminuir, e calcula-se que hoje não ocupa muito mais do que 15% do tempo total de um assalariado ou de um estudante. O resto, descontando o de descanso, é tempo de um ócio cada vez mais monitorizado, que é agora uma fonte fundamental de riqueza, comparável inclusive com a que o trabalho produtivo gera. Esse tempo inicialmente concebido para a expansão e o crescimento pessoal está hoje fortemente mediatizado não só pelas práticas associadas ao consumo de massas, como também pelas instituições que organizam e fiscalizam a vida, que a instalam em espaços físicos e temporais perfeitamente delimitados dos quais induz-se a não se separar.

Os tempos presumivelmente consagrados ao ócio, que em princípio se suporiam disponíveis e não rotineiros, são cada vez mais vítimas daquilo que alguns autores chamam uma *cronificação perversa*,[8] consequência mórbida da própria dinâmica expansiva da cronificação, que busca e obtém o disciplinamento de todos e de cada um dos momentos da vida humana. Produz-se uma crescente sincronização em nível planetário,

---

[7] Sobre isso, ver GONZÁLEZ SAÍNZ, J. A. "Una modesta reclamación del tiempo muerto". *Archipiélago,* n.10-11, noviembre, 1992, p.83-87.

[8] RAMOS TORRE, R. "El desvanecimiento de Cronos: aspectos de la temporalidad en las sociedades actuales". In: GONZÁLEZ ORDOVÁS, M. J. *et al.. El malestar urbano en la gran ciudad.* Madrid: Talasa/Fundación Cultural Coam, 1998, p.35-44.

parte desse processo que se chama *mundialização*, e que consiste na aparição de um tempo público comum, que rege a proliferação em todas as direções de redes de comunicação e de informação que já cobrem a totalidade da superfície terrestre.

Contrastando com essa poderosa tendência à homogeneização das rotinas temporárias, outra poderosa pressão, não menos característica do mundo contemporâneo, não menos potencialmente anômica, se exerce no sentido contrário: a heterogeneização, o deslocamento, a imprevisibilidade. Ao contrário do tempo homologado a nível planetário, a incerteza de um tempo destruído, desconjuntado, marcado por constantes arritmias, representadas pelos contratos temporários, pelos horários comerciais flexíveis, pela aceleração da mobilidade, pelas jornadas de trabalho "à la carte", pelas intermitências afetivas, pelas urgências ou morosidades de toda ordem.[9] A sociedade urbana é cada vez mais uma sociedade temporalmente hiper-segmentada. Passamos, assim, da experiência dos grandes ciclos e ritmos que unificam mundialmente a vivência do tempo para uma experiência invertida: taquicardias, eventualidades e irregularidades na organização temporal que precarizam nossa segurança no futuro imediato, e nos deixam à mercê da sorte. Longe das velhas regularidades locais que caracterizavam a comunidade pré-moderna, submetido ora à homogeneidade absoluta que absorve ou desfaz a identidade, ora a uma pluralidade que a faz explodir em mil pedaços, o indivíduo sente-se, ao mesmo tempo, capturado por uma colossal máquina massificadora e perdido em um labiríntico universo de referências contraditórias.

Nas antípodas dessa situação quantificada do tempo, tal e qual o mundo urbano-industrial o entende, encontra-se —ou assim se apresenta— o conceito de tempo de festa. A festa e o turismo podem, por isso, apresentar-se como expressões que Krzystof Pomian chama tempo qualitativo,[10] distinto do e alternativo ao tempo imposto desde a razão política e industrial, associável a uma atividade que se presume liberadora e de catarse, ao mesmo tempo que sutilmente normalizadora, lugar no qual, realmente, se desdobram formas eficazes de ação social e de ideologia cultural. Daí também a *complementaridade* que, sob a aparência de *diferencialidade*, o tempo turístico busca. Faz falta apenas uma observação

---

[9] GODARD, F. "À propos des nouvelles temporalités urbaines". *Les Annales de la Recherche Urbaine*, 77, 1997, p.7-14.

[10] POMIAN, K. *El orden del tiempo*. Gijón: Júcar, 1990.

simples sobre o tipo de repertórios que podem ser oferecidos aos praticantes da peregrinação turística, para encontrar o que andam buscando: o reencontro inconsciente com essa *unidade* que a vida moderna havia sacrificado no altar da razão prático-instrumental, todo o associável com o autêntico, com o profundo, com o perene, em um mundo dominado pelo falso, pelo banal, pelo efêmero. Como se apontou na apresentação de um número especial dedicado aos tempos urbanos, de *Les Annales de la Recherche Urbaines,* "para os funcionários do patrimônio cultural, [a temporalidade] é contínua, acumulativa e simbólica".[11] É na "cultura" e no "cultural", da arte à tradição, da história à arquitetura, onde se pode deparar com a confirmação de toda identidade coletiva, política ou socialmente determinada, com a evidência palpável de toda essência suposta a uma comunidade humana, ali onde esta encontra os signos externos e as provas de sua qualidade e grandeza. Por sua vez, o turista cultural é aquele que entra em contato com expressões literais de *verdade*, de *autenticidade*, manifestações sagradas de uma totalidade transcendente e inefável — a Cultura, a História, a Arte... — , que permite estender a camadas cada vez maiores da população aquele mecanismo que, segundo Paul Willis, havia permitido à cultura burguesa, "enganada por seu próprio enigma", buscar "escapatórias da alienação e do fetichismo..., no mundo tranquilo, encolhido, pequeno, fora do tempo, imutável dos objetos envoltos por uma aura".[12]

Parece haver poucas dúvidas de que o turismo cultural constituiu-se num lugar privilegiado para se fazer análises de como as relações humanas se apresentam perante outras sociedades e perante elas mesmas. Como âmbito específico da maneira como hoje o mundo se configura espaçotemporalmente, o turismo cultural é uma indústria cuja matéria prima é a representação dramatizada e extremamente realista, de qualidades que se consideram de algum modo imanentes a determinados agrupamentos humanos de base territorial — cidades, regiões, países —, uma reificação radical daquilo que de permanente e substantivo possa pressupor uma entidade coletiva qualquer. Por outro lado, os objetivos total ou parcialmente apresentados como de índole "cultural" dignificam, elevam, por assim dizer, uma prática social amenizada pelo descrédito do trivial. A marca cultural permite que o deslocado por motivos de ócio resgate-se a

---

[11] LASSAVE, P. y Querrien, A. "Emploi du temps". *Les Annales de la Recherche Urbaine*, n.77, 1997, p.4.

[12] WILLIS, P. "La metamorfosis de mercancías culturales". In: CASTELLS, M. *et al.*, *Nuevas perspectivas críticas en educación*. Barcelona: Paidós, 1994, p.186.

si mesmo do inferno da vulgaridade, leva-o a um reencontro com o turismo pioneiro e ainda puro dos românticos do século XIX, salva-o do que poderia ser percebido como a vulgarização dos *turistas de sol e praia*. O turista culturalmente redimido obtém uma classificação superior nas hierarquias baseadas na possessão de capital simbólico, o que lhe permite justificar, ante si mesmo e ante os demais, a viagem realizada a partir da dignidade dos locais de Cultura que visitou e até dos suvenires que lá comprou e que ostentará em público, mais tarde.

Religião oficial e turismo de estado

Para os antropólogos é certamente comprometedor falar de *cultura*. Quando eles o fazem, é para aludir àquilo que definem como seu sujeito de conhecimento, visto que a sua é a "ciência da cultura", com o que é habitual que provoquem mais de um mal entendido. Para eles, o termo em questão é a categoria operacional em torno da qual organizam internamente suas explicações. Essa noção de cultura — que impregna também um bom número de trabalhos historiográficos — pode inspirar-se seja em uma fonte ilustrada — a *cultura* como elemento distintivo do ser humano a respeito da natureza —, seja adotando o referencial romântico-idealista — a *cultura* como configuração ideossincrática singular e coerente, que dá personalidade a um grupo humano.[13] A partir daí, os antropólogos e historiadores, ao falarem de *cultura*, e em função da estratégia à qual estejam inscritos, podem aludir ao universo ideativo das pautas e dos valores que singularizam um grupo humano, ao conjunto das tecnologias materiais e ideológicas de que uma sociedade é dotada, a uma instância social complexa que se supõe autônoma ou, em geral, à capacidade simbolizadora humana.[14] Em Sociologia, e a partir das perspectivas marxistas — Raymond Williams, Thompson, Willis —, tem-se constituído, nas últimas duas décadas, uma especialização em *estudos culturais*, interessados nos processos de produção de cultura das classes subalternas nas sociedades urbano-industriais.

De costas para todas essas concepções holísticas de *cultura*, empregadas nas Ciências Sociais, o uso convencional do termo *cultura* é muito

---

[13] Para uma genealogia destas duas concepções de cultura, remeto-me a HELL, V. *La idea de cultura*. México: FCE, 1986.

[14] ESTEVA FABREGAT, C. *et al. Sobre el concepto de cultura.* Barcelona: Mitre, 1985 e Kahn, J. S. (*op.*). *El concepto de cultura.* Barcelona: Anagrama, 1978.

diferente. A ideia mais frequente de cultura — aquela à qual se faz referência quando se fala, por exemplo, de *turismo cultural* — refere-se mais a um campo difuso, porém supostamente isento, no qual está integrado de maneira pouco clara todo um conjunto de produções, para as quais se tem um consenso ou se atribui um valor especial. Na realidade, esse conceito padronizado de cultura se conforma e atua à maneira daquilo que os antropólogos entendem por sistema cultural, isto é um sistema de significados compartilhados, expressos em uma ordem de representações e comunicáveis por meio de símbolos. Nele se veriam integradas pessoas, atividades e produtos que recebem sua homologação enquanto matéria cultural, a partir de juízos emanados de uma casta especial, constituída por pessoas consideradas autorizadas ou entendidas. Além disso, o espaço do "cultural" gera, por último, não apenas discurso ao seu próprio propósito, mas atuações públicas ou privadas de porte, às quais se alude como *política, iniciativa, financiamento, gestão, promoção* "cultural", que centralizam, por sua vez, a atividade de *departamentos, conselhos, ministérios, associações, direções gerais...* de Cultura, ou de *indústrias, agentes, gestores, empresas, serviços, consumos, setores,...* igualmente "culturais", que se desenvolvem em tempos ou espaços que se apresentam como *equipamentos, instalações, festivais, mercados, plataformas, territórios...* não menos "culturais".

Em nenhuma destas instâncias ou atividades concretas que são anunciadas como "culturais" se insinua alguma intenção de estabelecer o que significa a palavra *cultura* e, quando se tenta fazer isso, as definições apropriadas são de uma vagueza absoluta. Na prática, o que se incorpora a este território presumido como segregável pode ser inventariado a partir dos temas aos quais se faz referência nas revistas especializadas, chamadas "culturais", ou nas seções ou em suplementos "de cultura" da imprensa periódica: livros, artes plásticas, pensamento, música clássica, teatro, cinema, dança, patrimônio histórico, arquitetura, museus.[15] Essa ideia corresponde muito bem à "cultura de elites", que a partir de agora designaremos como Cultura, com maiúscula, para distingui-la de outras

---

[15] Um exemplo da confusão que pode cercar o conceito de "cultura" temos no recentemente publicado *Llibre blanc de la cultura* (Edicions 62, Barcelona, 1999), através do qual o Partido dos Socialistas de Cataluña estabelece suas propostas nesse folheto. Na apresentação, a palavra "cultura" se emprega de maneira errática e contraditória. Não obstante, na hora das concreções setoriais, os âmbitos contemplados, no próprio índice da obra, estão muito mais claros: artes plásticas e visuais, criação literária e edição, artes cênicas —teatro, dança, circo—, música, museus e patrimônio móvel, patrimônio documental e arquivos, culturas populares e tradicionais...

expressões culturais de ampla aceitação por parte do público em geral, e que podem agrupar-se sob o capítulo também pouco claro de "cultura de massas", cujas manifestações mais depreciáveis seriam o *kitsch*, o vulgar, o ridículo, o *snob* etc. Essa dicotomia pode manifestar-se em outras. Jordi Busquets sugeriu algumas: qualidade *versus* quantidade, elegância *versus* vulgaridade, criação *versus* produção, conhecimento *versus* ignorância.[16] Tais contrastes poderiam associar-se a uma tipologia já consagrada, que vem servindo para classificar as pessoas em função de seus gostos: *highbrow* ("sobrancelhas altas/arqueadas"), *middlebrow* ("sobrancelhas médias") e *lowbrow* ("sobrancelhas baixas"). A Cultura seria identificada com os gostos da pessoa *highbrow,* e seria oposta, seguindo agora outra tipologia menos citada, à *masscult* ou cultura vulgar, formada por produtos pseudocultos, pretenciosos, afetados, que cativam a pequena burguesia e aos intelectuais postiços.[17] Também poder-se-ia estabelecer este tipo de oposições em termos de Cultura como "o extraordinário", "o excepcional", em certo modo "o sagrado", em contraposição ao ordinário, ao cotidiano, à experiência de cada dia.

Entre as produções em geral indignas de serem incluídas como "Cultura" pode-se mencionar a música ligeira, o teatro para o grande público, os esportes, o cinema comercial, os *best-sellers* editoriais, as produções destinadas a serem difundidas pelo rádio ou televisão etc. — criações que são consideradas a partir dos centros de homologação daquilo que é e que não é cultural como frívolas e, portanto, claramente inferiores. Outras elaborações culturais, como o cinema clássico de Hollywood, a fotografia, certos grupos de rock ou cantadores, as histórias em quadrinho para adultos, o circo, o *music-hall,* entre outras, recebem um estatuto ambíguo ou flutuante. A tudo isso, se teria de acrescentar aquelas expressões culturais atribuídas, originalmente, às "classes populares", "ao povo" ou, em um registro mais marxista, às "classes dominadas" ou "subalternas" que, segundo os *experts*, ilustram a verdade autêntica do povo, aquilo que não foi contaminado nem pervertido pela alienação da cultura de massas ou pelo imperialismo cultural norte-americano. Trata-se do que foi etiquetado como "cultura popular e tradicional" e que não é senão aquilo que, até agora, recebeu o nome de folclore, que, apesar de sua

---

[16] BUSQUETS, J. *El sublim i el vulgar. Els intel.lectuals i la "cultura de masses".* Barcelona: Proa, 1998, p.185.

[17] Em catalão, existe um termo específico para a *midcult: cultureta,* isto é "culturinha", um diminutivo que indica não tanto trivialização da Cultura mas, melhor dizendo, algo como amesquinhamento, pequenez.

humilde procedência, aparece assiduamente catalogado como Cultura. Este diagnóstico sobre a dignidade das "obras de cultura" costuma ser remetido ao grau de especulação formal presente nelas, mesmo que não seja pela força. Nem é preciso dizer que existe um considerável terreno intermediário entre o que entendemos por *Cultura* e o que entendemos por *cultura,* e também que a compartimentação entre tais âmbitos é lábil, de maneira que podemos observar como os objetos de um estrato passam às vezes ao contíguo e vêm aumentar ou diminuir sua cotização em função do sentido em que se produz a passagem. Uma máquina de barbear, exposta em uma exposição sobre desenho em um grande centro cultural, é alta cultura; uma ária de Verdi, interpretada em um estádio de futebol, é cultura de massas.[18]

Os critérios do gosto pessoal são os que permitem aos indivíduos exercer uma adesão a cada um dos níveis em que — mesmo que seja de maneira grosseira porém operativa — podem ser divididas as produções estéticas ou intelectuais, dos quais só o mais elevado aparece como merecedor de uma plena legitimação. Essas orientações do gosto pessoal, têm uma dupla virtude ordenadora. É certo que por um lado refletem com bastante exatidão a divisão social em classes econômicas; mas, ao mesmo tempo, geram um entremeado social paralelo, a partir de sua capacidade taxonômica própria, que permite que as pessoas sejam classificadas a partir de seu grau de inscrição às ênfases de cada um dos estratos culturais reconhecíveis. É isso que nos permite falar de pessoas de maior ou menor "cultura", ou de um nível cultural mais ou menos distinto, conectando então a ideia de Cultura — como conjunto das elaborações providas por artistas e criadores — com aquela outra que se refere à globalidade acumulada dos conhecimentos enciclopédicos e que, desqualificando as pretensões de autodidata, pode requerer um reconhecimento de nobreza que somente as titulações acadêmicas podem certificar.

Esse valor classificador dos indivíduos, a partir de sua adesão erudita, é a que denuncia a origem etimológica do valor "cultura", na acepção latina de *cultura,* isto é, cultivo ou aproveitamento da terra; mas,

---

[18] A súbita e quase milagrosa dignificação cultural de um produto pode vir a ser dada tão só por sua localização. No outono de 1999, coincidiram três acontecimentos que ilustram à perfeição esse fenômeno: a exposição de motos no Guggenheim de Bilbao, a de desenho e música de frequentadores de discotecas no Centro Gallego de Arte de Santiago de Compostela e a celebração do Campeonato de Catalunha de Boxe na sala Metrònom de Barcelona.

também, do corpo e da alma. A cultura se assemelha, aqui, à *Bildung* dos idealistas alemães — Goethe, Hegel, Schiller... —, isto é, à formação intelectual, estética e moral do ser humano, àquilo que lhe permite viver plenamente sua própria autenticidade. A diferença que se produz, então, entre uma pessoa que mediante a esquisitice de suas aficções de tempo livre participa dos estratos aceitos como mais sofisticados da Cultura, em relação àquela outra que mantém uma relação escassa ou nula com tais planos, será do tipo *cru-cozido* ou *selvagem-domesticado*, sendo a matéria para temperar o espírito de cada um. É isso que permite falar de sujeitos mais ou menos cultivados, para dar a entender seu grau de aproximação a um estado de natureza não trabalhada e, consequentemente, para justificar uma valorização mais baixa; essa valorização, certamente, que os coloca naturalmente no lugar entre os setores submissos da sociedade, nos quais, na prática, costumam sempre se encontrar.[19] Esse, o indivíduo "sem cultura", "de pouca cultura", "com um nível cultural baixo" etc., se separaria de uma ordem simbólica considerada como a mais legítima e legitimada de todas e ver-se-ia disposto a gerar sentimentos de "infração, erro, torpeza, privação de códigos, distância, consciência vergonhosa ou atribulada dessa distância ou dessas faltas".[20] Tal hierarquização dos seres humanos em função do seu grau de contato com a Cultura é o que Pierre Bourdieu traduziu em termos de *capital cultural,* cuja posse deve ser proclamada por meio da frequência às atividades e lugares culturais, tais como exposições temáticas ou de arte, salas de cinema seletas, teatros, auditórios etc. O benefício simbólico, ao qual Bourdieu chama de *rentabilidade cultural,* obter-se-á não apenas na comunhão quase mística com o objeto "de arte e cultura" dado em cada atividade, mas muitas vezes *a posteriori* "das conversações que manterão com relação à mesma e mediante a qual se esforçaram para se apropriarem de uma parte de seu valor distintivo".[21]

A função social da Cultura como âmbito específico cumpre, pois, um duplo papel. Como acabamos de ver, distingue aqueles que se relacionam com seus objetos, ordenando-os verticalmente em função do grau

---

[19] A antropóloga Maria A. García de León foi responsável, em meados dos anos 90, por um curso de doutorado, na Universidade Complutense, cujo título era precisamente "Culto/Inculto". Seu objetivo era observar tal separação como um instrumento a serviço da prática da hegemonia social e política. Uma síntese dos conteúdos dessa assinatura pode ser encontrada em GARCIA DE LEÓN, M. A. "Culto/Inculto. Análisis de las estructuras de diferenciación y jerarquización socioculturales". *Revista Complutense de Educación*, VIII/2, 1997, p.194-209.

[20] GRIGNON, C. y Passeron, J.-C. *Lo culto y lo popular*. Madrid: La Piqueta, 1992, p. 41.

de frequência e/ou intensidade desse contato. De fato, o contato maciço com a Cultura supõe uma espécie de crítica de massas à cultura de massas, um paradoxo que Umberto Eco já havia enunciado como "uma crítica popular da cultura popular".[22] Porém, ao mesmo tempo que segrega do resto aqueles que se aproximam devotamente a ela, para receber sua bênção, a Cultura homogeneiza-os, visto que os reúne, os agrupa, os faz comungar com muitos outros, com esse mesmo objeto cultural que desfrutam. A dialética dos usos culturais implica singularização, dado que diferencia alguns indivíduos de outros, por sua inscrição aos valores chamados "culturais; mas também, massificação, dado que opera o agrupamento de um público às vezes numerosíssimo ao redor do assunto cultural distinguido e distinguidor".[23]

Essa condição dialética, com seu falso aspecto de paradoxo, reclama outra pista etimológica: a que faz do *cultuador* latino não apenas um "lavrador", mas também um "adorador" ou pessoa que rende homenagens aos deuses. De fato, a palavra *cultura* está igualmente associada com a noção de *culto* como prática de religião. Isso seria adequado à conceitualização que antes fazíamos da Cultura enquanto sistema cultural, na medida em que justamente tem sido a religião um dos exemplos que melhor tem evidenciado os dintéis de poder que podem alcançar certos sistemas de representação, baseados em símbolos sacramentados. Concretamente, toda ideia de cultura é inseparável de sua própria gênese teológica, que fundamenta com argumentos santificadores a já mencionada dicotomia cru-cozido, e que resulta compreensível só a partir de sua dúvida conceitual com o que a escolástica cristã concebeu como o Reino da Graça, como domínio oposto ao Reino da Natureza.[24] Mais concretamente, a noção de cultura que estamos manipulando todos nós — incluindo agora os próprios antropólogos — não constitui senão uma transformação laica, facilmente reconhecível daquele deslocamento na ideia de graça que a escola franciscana opera no século XIII, fazendo uma diferenciação entre graça criada e *habitus* ou graça conce-

---

[21] BOURDIEU, P. *La distinción. Claves sociales del gusto*. Madrid: Taurus, 1992, p.266.

[22] ECO, U. Apocalípticos e integrados ante la cultura de masas. Barcelona: Lumen, 1968, p.13.

[23] Esse duplo movimento foi observado por Armet Huet, em seus comentários sobre as políticas culturais na cidade francesa de Rennes: "De la démocratisation de la culture à la diversité créatice". *Les Annales de la Recherche Urbaine*, n.70, 1996, p.4-26.

[24] Cf. BUENO, G. "La génesis de la idea metafísica de cultura". In: *El mito de la cultura*. Barcelona: Prensa Ibérica, 1997, p.117-146.

dida, para denotar o resultado da capacidade humana de produzir este dom ou auxílio para a salvação, a partir de seus próprios méritos.

A Cultura, no sentido de "as artes e as letras", não faz outra coisa senão reconhecer essa base mística da ideia geral de cultura que manipulamos. O terreno se translada agora à maneira como esta graça, interpretada enquanto Cultura universal, é distribuída, e de como os indivíduos dela participam, e assim se salvam, a partir de seus gostos artísticos e intelectuais. Localizada em um nível máximo de abstração, a Cultura é então compreendida como parte de uma esfera de algum modo sobrenatural, à qual ela se rende num — e aqui a expressão toma um sentido duplamente literal — *culto* por parte de uma minoria de eleitos: o público consumidor da Cultura como idêntico a um novo povo de Deus. A celebração da Cultura se comporta, então, igual ao que faria qualquer outro aparato de deificação associado a uma entidade metafísica que se apresenta como eterna e universal. Seus atos públicos — exposições, concertos, representações teatrais, conferências... — funcionariam como liturgias que escolhem espaços — teatros, auditórios, bibliotecas, ateneus, museus ou territórios chamados eloquentemente de *salas, casas* ou *centros* de cultura — que apenas dissimulam a sua vocação de autênticos templos, nos quais a Cultura protagoniza suas hierofanias, e que encontram nos monumentais "centros de cultura" das grandes cidades sua versão catedralícia. Como símile religioso da catedral medieval, poder-se-ia acrescentar a analogia com o santuário, entendido como o lugar onde se guardam imagens veneradas ou relíquias santas, e que se constitui em uma atividade que não se deveria ter dúvida em denominar *peregrinação*.[25]

Em função dessa tipificação enquanto religiosidade implícita, os gestores ou especialistas culturais constituíram-se em membros de uma espécie de clericato, profissionais cuja função seria administrar tanto espiritual como materialmente tudo o que é relacionado com o sagrado cultural. Da mesma maneira, as figuras do artista, do intelectual ou do criador corresponderiam, então, às dos personagens que foram literalmente possuídos pela Cultura, concebida como instância sobre-humana que se manifesta, que

---

[25] A analogia é, de certo modo, literal. A noção central na maioria das atividades de massas apresentadas como "cultural" tem a ver com o critério de *autenticidade* que se atribui às coisas visitadas-veneradas, tais como os objetos de um museu ou os monumentos históricos. Esse critério foi o que marcou o aparecimento do primeiro grande precedente daquilo que hoje chamamos "turismo cultural", que gira em torno de objetos cuja presença outorga destaque ou prestígio ao lugar em que são custodiados: o comércio de relíquias na Europa carolíngia. Ver, a respeito, o artigo de Patrick Gerary em APPADURAI, A. (*op*). *La vida social de las cosas*. México: Grijalbo, 1983.

pode ser interpelada e que se incorpora neles ou os converte em instrumentos vicários de sua ação. Seu papel é então o de mediadores — funcionais no primeiro caso, carismáticos no segundo — que comunicam instâncias que, se não fosse por elas, permaneceriam isoladas umas das outras, e que são, por um lado, a Cultura e, por outro, a vida ordinária dos simples mortais, sendo suas produções análogas às mediações das quais fala a teologia católica, as imagens ou objetos que possibilitam ao povo fiel conceber em termos físicos e venerar as entidades celestiais. A relação entre esses dois níveis — variante da velha separação sagrado/profano — é, em qualquer caso, sempre vertical, isto é, de cima para baixo. Tanto os oficiantes quanto o público — o novo fiel — da Cultura são receptáculos passivos da atividade pentecostal, por assim dizer, de um novo Espírito Santo, que desce sobre eles como as línguas de fogo do episódio do novo testamento.

Apesar disso, e seguindo a analogia, a Cultura não pode limitar-se a vir a ser uma prática elitista que restrinja os benefícios de sua ação salvadora, à maneira do predestinacionismo calvinista. Deve ter expressões que evoquem o que se apresenta como religiosidade popular implícita, fórmulas de piedade acessíveis inclusive para o que antes foi o "povo simples" e hoje pode denominar-se "grande público". Passando por alto a mera dimensão comercial e industrial desta popularização da Cultura, esta modalidade de religiosidade implícita supõe a generalização da ação purificadora daquilo que se apresenta como atos e práticas *culturais*. Nesse caso, a tarefa dos difusores-apóstolos e oficiantes da Cultura não pode limitar-se ao conjunto dos bens protegidos e mostrados, nem aos serviços ofertados ao público a partir dos equipamentos culturais. A exaltação da Cultura passa então — para colocar como fazia Jacques Duhamel, que fora ministro de cultura francês — por "criar um ambiente", isto é, gerar um clima que, de certo modo, é clima de santidade, âmbito de elevação e que faz do turismo cultural uma forma deslocada do turismo religioso.[26] Não em vão, a orientação última de toda política *cultural* obedece ao modelo do ideal democrático que outrora se conhecera como "educação popular", exacerbação da lógica que impulsionara um dia as políticas atenienses e que hoje aspiram constituir-se como referencial exclusivo daquilo que — tampouco em vão — é chamado de *homogeneização cultural*. Essa consiste na dissolução da infinita diversidade das práticas e usos culturais, através das quais se expressam alguns não menos inume-

---

[26] Algo que, nos casos como o das atividades organizadas em torno do Caminho de Santiago, pode ficar plenamente explicitado.

ráveis universos sociais, tudo isso no marco de uma sociedade onde a complexidade e a pluralidade não deixam nunca de crescer, uma diversidade em expansão que ameaça — pela via do desacato ou da indiferença — a centralização e a unificação das quais depende o controle político nas sociedades modernas.

Todas essas considerações explicam por que a administração pública é a mais interessada em manter o que bem poderíamos denominar "gastos do culto" — consistentes em levantar e manter os lugares especiais onde a Cultura produz suas epifanias —, e com tanta frequência pactuar com suas custosas montagens cênicas. É mais, é esta prioridade em montar equipamentos culturais — pontos de referências espaciais, polos de atração devota — o que está determinando a regeneração de paisagens industriais ou urbanísticas empobrecidos, bem como reimpulsionar a economia de numerosas cidades com base na inversão turística de grandes capitais internacionais.[27] A maioria das planificações urbanísticas reabilitadoras dos últimos anos tem colocado, em primeiro lugar, a importância de enaltecer "o histórico", sem dissimular, às vezes, os objetivos politizadores — centralização, participação, promoção da identidade — que se buscam, como quando Oriol Bohigas dizia em umas jornadas sobre os centros históricos: "Nossas cidades necessitam uma dupla intervenção simultânea e coordenada: reabilitar o centro histórico, atuando a fundo, e dar 'centralidade' — urbanidade, identidade, monumentalidade, espírito coletivo, participação política — à periferia".[28] A capitalização estatal dos benefícios redentores da Cultura é ainda mais evidente nos macroespetáculos culturais periódicos ou excepcionais, à maneira dos grandes festivais ou da criação de "cidades-capitais culturais" europeias, nas quais se confirmam as tendências teatrocráticas que, na atualidade, experimentam as instituições políticas em todo o mundo.[29]

A atividade associada à Cultura resulta, na maioria das vezes, só ser possível pelo patrocínio dos governos locais, regionais ou nacionais, que têm nos resultados de tal mecenato um dos elementos de ostentação mais importantes, o argumento principal do qual depende sua

---

[27] Sobre a maneira como Joseba Zulaika advertiu, no caso deo Guggenheim de Bilbao: *Crónica de una seducción. El museo Guggenheim-Bilbao*. Madrid: Nerea, 1997. A propósito dessa obra, vr o comentário de HABA, J. "Bienvenido Mister Krens". *Archipiélago*, n.34-35, invierno, 1998, p.225-226.

[28] BOHIGAS, O. "La reconstrucció de la ciutat". In: GABRIELLI, B. *et al. La ciudad històrica dins la ciutat.*, Girona: Ajuntament de Girona/Universitat de Girona/Fundació la Caixa, 1997, p.163.

imagem pública, sua marca de grandeza que exibe ante os próprios indivíduos — seus cidadãos — e os estranhos — os visitantes, ainda que também ante as outras administrações com as quais, neste domínio, não deixa nunca de competir. O cultural é, não nos esqueçamos, um turismo que se caracteriza pelo fato de que seus objetos de atenção costumam ser ou muito baratos — as entradas aos centros culturais ou aos museus — ou totalmente gratuitos — catedrais, edifícios especiais, paisagens, monumentos —, precisamente por sua condição de terem sido disponibilizados ou conservados pela administração pública. Em outras palavras, apesar de que se fale de *mercado* ou *negócio cultural*, ou de que se gerem, ao seu redor, práticas de *merchandising* e de *marketing*, a atividade associada à Cultura é, pelo menos em primeira instância, quase sempre deficitária. O investimento institucional no capítulo cultural não pode reverter em benefícios econômicos por via direta, embora beneficie os provedores de serviços privados, que ele convoca ao seu redor, tais como: a hotelaria, a restauração, os transportes etc., ao mesmo tempo em que dinamiza a criação de novas infraestruturas, com o movimento econômico que isso gera. Pelo papel que as instituições políticas assumem em sua promoção, bem que se poderia dizer, sobre o turismo cultural, que ele é uma forma daquilo que deveríamos chamar *turismo de Estado*, no sentido de que são as instâncias oficiais as encarregadas de patrociná-lo e de investir em sua promoção; mas também que são elas que obtêm o grosso de seus benefícios — benefícios econômicos que lhe chegam indiretamente por via impositiva, porém benefícios que sobretudo são medidos em termos de prestígio e reconhecimento.

Em uma palavra, a institucionalização política da cultura — e sua consequente funcionalidade — faz dela, na atualidade, não unicamente um novo culto a mais entre os que caracterizam o processo de repaganização que experimenta a sociedade tardo-capitalista, mas, como se encarregou um dia de nos advertir Marc Fumaroli,[30] a autêntica nova modalidade que tem adotado hoje, e entre nós, a velha figura da religião de Estado. Essa visibilidade grandiosa do poder político é o que dá a base

---

[29] A vocação dos grandes monumentos culturais de virem a ser instrumento de discurso laudatório, ao poder político que os representa, pode ter expoentes tão claros como no caso do Teatro Nacional de Catalunya e do Auditório, em Barcelona, situados um junto ao outro para expressar, em termos de grandeza faraônica, a competência entre os governos da Generalitat de Catalunya e do Ajuntamento de Barcelona.

[30] FUMAROLI, M. *L'État culturel. Essai sur une religion moderne*. Paris: Fallois, 1992. Um novo aporte à linha crítica inaugurada por Fumaroli, que surgiu muito recentemente, é Saint-Puigent, M. *Le Gouvernement de la culture*. Paris: Gallimard, 1999.

àquilo que alguns autores tem chamado um *quinto poder*,[31] destinado, de certo modo, a restituir o que em seus dias foi a antiga autoridade das igrejas e das castas sacerdotais.

Cultura, ócio e realidade virtual

No marco das maneiras atualmente em curso através das quais somos obrigados, como, por exemplo, a nos livrarmos de nosso tempo livre, nada mais próximo de um equipamento cultural do que um parque de atrações. É certo que acabamos de ver como as grandes instalações culturais — Domus (de La Coruña), Kursaal (de San Sebastián), Guggenheim (de Bilbao), Macba (de Barcelona)... — constituem-se em templos nos quais se celebra a religião oficial dos Estados modernos, pelo que penetrar neles exige do visitante a mesma austeridade e recolhimento que se deve observar em qualquer lugar sagrado. Nada de casual há nisso, posto que se representa aí um dos aspectos mais exigentes e menos mundanos dos modernos cultos culturais. Ao contrário, o parque de atrações é um espaço todo ele destinado ao estímulo das sensações absolutamente sofisticadas, ao qual se vai para receber gratificações imediatas, que não requerem nenhum esforço de atenção e que não exigem — antes pelo contrário — a mínima discrição nas condutas.

Apesar dessa enorme distância aparente, o equipamento cultural e a feira mantêm entre si algumas analogias importantes. Em primeiro lugar, pela própria natureza festiva de toda atividade associada ao ócio de massas e ao turismo. Logo, e sobretudo, porque os parques de atrações, além das instalações nas quais se trata de destruir, por uns momentos, a estabilidade da percepção e de buscar uma certa vertigem, podem, não em vão, incluir espaços destinados a exposições, autênticos museus paródicos, dedicados neste caso a coisas caracterizadas por um tipo particular de anomalia que as torna surpreendentes, raras, extraordinárias... Essa consideração se refere a objetos que têm sido considerados — seguindo a tipologia proposta por Dan Sperber em um memorável trabalho sobre as anomalias classificatórias animais[32] — bem *híbridas* — os autômatos —, bem *monstruosos* — os fenômenos humanos que se exibiam antes nas feiras ou as imagens de cada um, que se refletem nas

---

[31] Cf. MOLLARD, C. Le Cinquième Pouvoir. La culture et l'Etat de Malraux à Lang, Paris: Armand Colin, 1999.

[32] SPERBER, D. "Pourquoi les animaux parfaits, les hybrides et les monstres sont-ils bons à penser symboliquement?". *L'Homme*, XV/2, abril-juny, 1975, p.5-34.

salas de espelhos côncavos e convexos. Os objetos excepcionais que se exibem nos museus, nos festivais artísticos ou nos equipamentos culturais, igualmente superabundantes em significado, também entrariam dentro dessa caracterologia dos acidentes taxonômicos; só que Sperber reservara para eles a etiqueta de *perfeitos*, isto é, de ideais, sem mácula, impecáveis, modelares etc. O público que assiste à feira ou que se apresenta ante os altares da Cultura é convidado a levar a cabo duas operações simétricas, mas idênticas no plano lógico-formal: colocar-se ante coisas que foram previamente postas entre "aspas" e que suscitam bem, a mais absoluta circunspecção ante uma perfeição monstruosa, ou, bem, o riso ou o calafrio ante uma monstruosidade perfeita. O grande equipamento cultural não faz, definitivamente, senão transladar a um nível transcendente — guardam-se ali restos ou testemunhos de uma autenticidade perdida ou distante — a mesma substância — o raro, o excêntrico — que a feira desloca ao campo da gozação e da paródia, como se se tratasse de duas formas alternativas e, no fundo, indissociáveis por serem complementares, de integrar a aberração, a exceção, a indelicadeza.

Não é essa a única afinidade entre a feira e os lugares em que a Cultura se corporifica. O parque de atrações é, sobretudo, um campo fechado no qual ilusões terríveis ou maravilhosas podem tornar-se realidade. Nesse espaço reservado às possibilidades que o pensamento intui, porém das quais a realidade cotidiana não foi, não é e nem nunca será provedora, recebem certificado de natural, recebem o excepcional direito de existir. É assim que dos parques de atrações e das feiras poderíamos dizer o mesmo que, segundo Merlau-Ponty, Pomian sugeria das coleções e dos museus: sua função é de servir de vínculo entre o visível e o invisível, isto é, em outros termos, entre mundo e pensamento.[33] De repente, em uma sociedade na qual os automóveis são terminantemente proibidos de colidir entre si, faz-se real a impossível alucinação de um lugar — os carros de choque — nos quais a única coisa que podem fazer os veículos que por ali circulam é de chocarem-se convulsivamente. As feiras assumem também o encargo de encenar, como se fossem reais, os imaginários que o folclore contemporâneo foi forjando, sobretudo a partir do cinema que, não por acaso, arranca e devolve, hoje, em seus últimos experimentos, como uma atração de feira a mais: as naves espaciais, as diligências, os bólidos, os barcos piratas giratórios, em suas formas mais ingênuas ou, com as

---

[33] POMIAN, K. "La colección, entre lo visible y lo invisible". *Revista de Occidente*, 141, febrero, 1993, p.41-50.

mais modernas técnicas de realidade virtual, para nos dar as últimas referências às expressões mais sofisticadas e atuais deste mesmo princípio de virtualização. Também se trata de incorporar autênticos cenários deste mesmo imaginário coletivo, uma tendência que apontavam os castelos encantados e os túneis do terror e que a moderna indústria do ócio amplificou desmesuradamente sob a forma dos atuais parques temáticos, nos quais o visitante pode transladar-se fisicamente ao Selvagem Oeste, ao Castelo da Branca de Neve, à Guerra das Galáxias ou às paisagens das Mil e Uma Noites.

Se repararmos, os sacrários culturais operam exatamente da mesma maneira. Sob a seriedade litúrgica, o que se pretende neles é que certas realidades presumidas como incontestáveis e poderosas, mas nunca vistas na realidade e só intuídas pela recorrência e pela autoridade com que são invocadas, podem se tornar realidade ante nós, aparecer literalmente como verdades materiais que inclusive se poderia tocar, caso as medidas de segurança não nos impedissem. Todo museu ou centro cultural é inevitavelmente um lugar de evasão, do mesmo modo que os parques de atrações, não porque ambos sejam espaços de ócio, mas porque um e outro estão repletos de objetos concebidos para mudar de realidade, para fugir do cotidiano e para procurar uma viagem quase mística aos territórios do inefável, do não acontecido e do legendário. De repente, os museus de Belas Artes nos demonstram, na realidade, que a Beleza tem domicílio estável. Os museus de Artesanato Popular evidenciam que a Tradição é algo mais que uma enteléquia ou um simples *look*. A identidade pode receber sua consistência de museus que se apresentam com frequência como o de História Nacional, onde os traços nacionais ou étnicos são expostos como coisas realmente reais e obtém os termos de sua legitimidade. Os museus de Antropologia e de Etnologia costumam estar aí para nos brindarem com uma imagem do exótico e do humano selvagem que responda às nossas expectativas a respeito deles. Os restos arqueológicos recebem a não menos estratégica tarefa de confirmar que nosso presente já estava de algum modo no passado. As demonstrações ao vivo da Cultura Popular e Tradicional servem para confirmar a imagem que o turista faz daqueles a quem visita, que o brindam com aquilo que sua figuração do arcaico esperava, ao mesmo tempo em que os habitantes de lugarejos encenam a comédia de sua identidade. Os ecomuseus em plena natureza não fazem outra coisa senão explicitar essa mesma vontade de naturalizar o que é mostrado, integrando-o numa encenação "em exteriores" de suas próprias condições de verdade. Por sua parte, o que seria da

Vanguarda se não fosse pelos lugares nos quais ela possa praticar periodicamnte suas piruetas? O projeto de uma macroexposição universal em Barcelona para o ano de 2004 — o chamado Fórum Internacional das Culturas — expressa a ambição de pôr em cena, grandiloquentemente, "o multicultural", entendido, claro está, em seu sentido mais trivial. Jean Baudrillard referiu-se ao Centro Georges Pompidou, de Paris, como um monumento à "dissuasão cultural", que se ergue "sobre um cenário museológico que só serve para salvar a ficção humanista da cultura".[34]

Os centros urbanos museificados, os edifícios públicos singulares, os monumentos, os pontos marcados nos mapas turísticos, nos quais aparece o que merece a pena ser visto por seus valores históricos ou artísticos, implicam uma cartografia de certo modo mágica, que não é propriamente sincrônica, nem tampouco diacrônica, mas, melhor dizendo, anacrônica, visto que, como manifestou Lévi-Strauss ao referir-se aos arquivos históricos, representa a pura anistoricidade.[35] A função das marcas territoriais "de visita obrigatória" não é diferente daquilo que desempenham os documentos antigos, os objetos dos colecionadores e outros vestígios memoráveis que, se desaparecessem, arrastariam consigo as "provas" do passado, e nos deixariam órfãos de ancestrais e de raízes. Sua tarefa é precisamente esta: constituir-se em herança, no sentido mais estrito da palavra, tal como a empregaríamos para nos referirmos a um título nobiliárquico, uma ata notarial ou uma prova de sangue, só que o passado imaginário ao qual remetem não é sua fonte mas a consequência de sua necessidade. Esses testemunhos magníficos, feitos de pedra, que se levantam como pontos de atração e referências espaciais poderosas, são o acontecimento em sua contingência mais radical, visto que outorgam à história uma existência física não eludível. Poder-se-ia dizer, desses objetos espaciais, o que daqueles outros "objetos singulares" — antigos, exóticos, folclóricos... — escrevia de novo Baudrillard[36]: são signos nos quais pretende-se descobrir a sobrevivência de uma ordem tradicional ou histórica que, na realidade, não existiria a não ser pelo esforço que se faz em representá-lo. Os monumentos e edifícios destacados nos guias estão aí para significar, e para significar justamente o tempo, ou, melhor, a supressão do tempo. Como objetos de autenticidade, têm o que os demais pontos que os rodeiam no

---

[34] BAUDRILLARD, J. *L'effet Beaubourg. Implosion et dissuasion.* Paris: Galilée, 1977, p.23.
[35] Cf. LÉVI-STRAUSS, C. *El pensament salvatge.* Barcelona: Ed. 62, 1985, p.279-282.
[36] BAUDRILLARD, J. "El objeto marginal, el objeto antiguo". In: *El sistema de los objetos.* México: Siglo XXI, 1988, p.83-97.

espaço não têm, nem seguramente nunca terão: a capacidade de nos transportar à infância, ao nascimento, à mãe, à origem ou inclusive à vidas passadas, realidades das quais a verdade ou a impostura são de todo irrelevantes, à luz da eficácia simbólica que executam.

Foi Marc Augé quem mais agudamente percebeu essa tendência à disneylização das cidades culturalmente emblemáticas, depositárias de conotações que as eternizam e as convertem em desembocadura de peregrinações que sempre encontram nelas aquilo que pensavam encontrar. Muitas cidades já são agora conglomerados nos quais se procura tornar compatível uma vida civil, mais ou menos normalizada, com uma oferta turística em que a forma urbana, seus elementos constitutivos e até os próprios urbanistas procuram que se pareçam à imagem que delas se tem, à maneira como víamos que acontecia no povoado castelhano, convertido em um típico povoado andaluz, no filme *Benvenido Mr. Marshall*, de Luís García Berlanga. Augé imaginava algo parecido em uma Paris do ano 2025, que havia sido adquirida completamente pela Companhia Disney para convertê-la em uma reprodução de si mesma, que juntava e ordenava devidamente todos os protótipos que lhe podiam ser atribuídos: Disney-Belas Artes em Montmartre, Disney-Belle Epoque nos grandes boulevares etc. Ninguém vivia, nem trabalhava, nem estudava nessa Paris futura. Só havia turistas e empregados Disney disfarçados de mosqueteiros, de *sans-coulottes*, de boêmios do século XIX, de universitários de 68 etc.[37]

Como um nó entre instâncias desconectadas — a fantasia e a existência diária — as feiras e os lugares da Cultura levam a cabo a mesma tarefa de tornar deveras real o que necessitamos crer, ou aquilo que os outros necessitam que acreditemos que é real. Surge o prodígio de coisas que são ao mesmo tempo reais e virtuais. De fato, fazer a conexão das feiras e dos centros de cultura, dos museus ou dos núcleos urbanos museificados, não é arbitrária, tampouco original. Já se evidenciou até que ponto estes dois marcos têm muito de intercambiável e contamos com a análise de como se orientaram, com critérios museísticos, grandes festivais culturais destinados a um público familiar, como foi em grande medida o caso da Expo'92.[38] Llorenç Prats perguntou-se com lucidez: "O que nos impede julgar também como ativação patrimonial um parque de atrações como Port Aventura, ambientado por áreas culturais e onde muitos de seus

---

[37] AUGÉ, M. "La ciudad de ensueño". In: *El viaje imposible. El turismo y sus imágenes*. Barcelona: Gedisa, 1998, p.133-141.

[38] Cf. S. VENTOSA, "L´EXPO´92 : Museografia efímera i identitats culturals". *Revista d´Etnologia de Catalunya* (julio 1993), p.112-121.

elementos são autênticos?"[39]. Em um sentido inverso porém equivalente, o Domus de A Coruña, poderia ser um exemplo esplêndido de centro museístico concebido à maneira de uma colossal sala de jogos recreativos. O projeto da empresa Disney de construir nos Estados Unidos um parque-museu, dedicado a divulgar a história daquele país, demonstra a permeabilidade que resulta do trânsito entre estas duas modalidades de espaços protéticos, os dois destinados a prolongar a realidade com virtualidades institucionalmente pertinentes. De fato, em Barcelona, por exemplo, o Bairro Gótico, resultado artificial das reformas em seu arcabouço antigo, em princípios do século XX, ou o Porto Espanhol, construído com motivo da Exposição Universal de Barcelona de 1929, já obedeciam a essa mesma dialética entre autenticidade e impostura. Na realidade, todas as Exposições Universais celebradas, até agora, constituíram-se em paradigmas de banalização museística e consagraram-se a ferir, entre nós, enteléquias relativas ao "progresso humano" — "a Energia", "Os Descobrimentos", "A Navegação" — ou a supostas personalidades coletivas — "Japão", "Castilla-La-Mancha"...—, em montagens baseadas inevitavelmente em estereótipos e lugares comuns. Não se deveria ver nisso um fenômeno especificamente novo, mas a repetição de um mecanismo já aplicado nos processos de transformação de interesses em identidades histórico-culturais. Remy cita o caso da Grand Place de Bruxelas, construída no século XVII, em três anos, e unicamente à base de fachadas. Esse pastiche se inspirava em um modelo arquitetônico já em desuso e serviu para fazer a exaltação das corporações, um modelo de associação econômica em declínio naqueles tempos.[40]

Todo museu ou centro de cultura manifesta os efeitos gratificantes de qualquer modalidade de colecionismo: intenção desesperada de preservar a memória ou invocar a presença do passado, ou de evidenciar a existência do remoto ou do abstrato, sempre como fórmula quase mágica que busca escapar das incongruências e das inconsistências do concreto próximo. É nessa ordem de coisas que se tem de inserir a lógica representacional que toda exibição cultural executa: os objetos descontextualizados — os painéis explicativos, as classificações conceituais, a narração que vai costurando o que se mostra..., todos os elementos didáticos, materiais, ideativos que se ordenam cuidadosamente em vitrinas, painéis, montagens, vídeos, diapositivos... — estão aí para fazer-nos desfrutar e aprender, oferecendo, a não

---

[39] Ll. PRATS, *Antropología y patrimonio*. Barcelona: Ariel, 1997, p.53.
[40] REMY, *Op. cit.*, p.195.

importa quem, a realidade conceitual — a *pop-art*, a multiculturalidade, a história do rádio, o românico —, a possibilidade de uma existência física como entidade contínua e sem fragmentações, nem erros, nem desmentidos, nem contradições, conjunto coerente, estrutura toda ela feita de materiais de desejo. Torna-se a cumprir a oposição entre a perfeição da sociedade das representações coletivas e a imperfeição da verdade morfológica da sociedade dos humanos. À ordem social que constituem os objetos "de Cultura" poder-se-ia aplicar as palavras que o próprio Durkheim escrevera sobre a sociedade que constitui o substrato da vida religiosa: "Essa sociedade não é um dado empírico, definido e observável; é uma quimera, um sonho onde os homens embalaram suas misérias, porém na qual nunca viveram na realidade. É uma simples ideia que vem traduzir, na consciência, nossas aspirações mais ou menos obscuras em torno do bem, da beleza e do ideal".[41] Também se dá razão, com tudo isso, a Guy Debord, quando esse assinalava como

> o consumo espetacular que conserva a antiga cultura congelada chega a ser, abertamente, em seu setor cultural o que é, implicitamente, em sua totalidade: a comunicação do incomunicável. Ali, a destruição extrema da linguagem pode encontrar-se trivialmente reconhecida como um valor positivo oficial, já que se trata de anunciar uma reconciliação com o estado de coisas dominante, no qual toda comunicação é jubilosamente proclamada ausente.[42]

A contradição entre a ritualização banalizadora e a ritualização sacramental se desvela em seguida como falsa. A uma sociedade que tão pouco lhe custou trivializar o transcendente, menos lhe custaria acabar por transcendentalizar o trivial. Cumpre-se assim a lúcida apreciação de Adorno: "A cultura não pode divinizar-se mais do que enquanto neutralizada e coisificada. O fetichismo leva à mitologia.[43] Magno espetáculo da Cultura, que faz o prodígio de converter em ídolo tudo o quanto mostra, que enaltece o que antes subtraiu à vida, que converte esse saber e essa beleza sequestrados naquilo que hoje são: ao mesmo tempo, um sacramento e uma mercadoria.

---

[41] E. DURKHEIM, *Les formes elementals de la vida religiosa*. Barcelona: Edicions 62, 1982, p.425.

[42] G. DEBORD, *La sociedad del espectáculo*. Madrid: Castellote, 1976, p.128.

[43] T.W. ADORNO, *Crítica cultural y sociedad*. Barcelona: Sarpe, 1984, p.231.

Ser ou não ser Triqui: entre o narrativo e o político

Alexis López

> ... eu não sou Triqui, complemento-o sendo um bom gerente de financiamentos para projetos da comunidade... Os anciões são muito Triquis, desempenharam toda a série de cargos públicos, dominam a língua e leem o tempo, além do que respeitam nossas tecelagens, nas quais as mulheres tecem e leem nossa história... Pode-se chegar a ser um Triqui sem ter nascido lá, inclusive sem se falar a língua, sempre e quando te integres, cumpras o trabalho coletivo, os cargos que te toquem, e respeites —o que nós respeitamos... Já logo aprenderás a língua, sobretudo se te casas com uma mulher Triqui...

Assim responde Fausto Sandoval, líder Triqui, quando lhe pergunto se eu posso chegar a ser um Triqui, quer dizer, um dos indígenas que habitam a serra do sul de Oaxaca. Eu, nascido na cidade do México.

Respostas como esta me fazem pensar nas relações que se estabelecem entre os diversos grupos humanos, nos processos de constituição de identidades e nas dinâmicas de poder que implica tudo isso. Essas ideias têm orientado meus estudos sobre os desejos e as expectativas educativas de alguns grupos indígenas e os desejos e as expectativas que se estabelecem nos projetos educativos de aplicação nacional no México.

Como parte dessa exploração estabeleci algumas articulações entre certos elementos que identifiquei ao revisar os seguintes textos: a) Uma proposta educativa Triqui (1996);[1] b) O penúltimo capítulo do livro de Jorge Larrosa *La experiencia de la lectura*, intitulado "Narrativa, identidad y desidentificación";[2] e c) O artigo escrito por Ernesto Laclau e Lilian Zac que leva o sugestivo título *Minding the Gap: The Subject of Politics (1994)*.[3]

---

[1] Trata-se de uma trama de materiais assinados pelo grupo de trabalho eleito pela comunidade de Chicahuaxtla, Oaxaca, responsável de elaborar uma proposta educativa própria dos indígenas Triquis. Entre estes materiais destacam-se: Conferência (1996); Exposição (1996); Projeto (1999); Entrevista (2000) e Têxteis (2000).

[2] LARROSA, J. (1998) *La Experiencia de la Lectura. Estudios sobre literatura y formación*. Barcelona: Laertes.

[3] Trata-se de um artigo incluído no livro que Ernesto Laclau editou em 1994 sob o título *The Making of Political Identities*. Londres: Verso.

Essas articulações constituem um olhar para a instabilidade constitutiva das identidades e geram a necessidade de contar com interpretações mais flexíveis sobre o *ser* dos diversos grupos humanos, na perspectiva de uma educação entendida como constituição de sujeitos sociais, em tempos e espaços específicos.

A partir do olhar de Jorge Larrosa, trata-se de explorar o modo pelo qual uma narrativa (PONENCIA, 1996),[4] entendida como mecanismo de compreensão de si mesmo e dos outros, pode articular ideias sobre identidade, sobre autocompreensão do sujeito e sobre as relações e práticas sociais, quer dizer, sobre os espaços onde se produzem, se interpretam e mediam histórias. Assim, entenderíamos que a narração de Fausto Sandoval é uma auto-interpretação narrativa, um fenômeno de intertextualidade, de polifonia.

O sentido daquilo que somos ou, melhor ainda, de quem somos, depende em boa parte das histórias que contamos e que nos contamos, histórias que podem ser *lidas* a partir de três ângulos: o primeiro, hermenêutico, já que o ser é impensável fora da interpretação; o segundo, semiológico, dado que o significado de um *texto* é impensável fora de suas relações com outros *textos*; e o terceiro, pragmático-político, já que o ser humano está em um mundo no qual o discurso funciona socialmente, em um conjunto de práticas discursivas que implicam jogos de poder.

O que-fazer de Fausto com seus companheiros, do grupo elaborador da proposta educativa, e com os professores indígenas bilíngues de sua região, enquanto prática social, é constitutivo do mundo da vida cotidiana, no qual as narrações e as autonarrações são produzidas, reproduzidas e também interpretadas. É o caso da função que as comunidades atribuíram à escola de governo durante seus primeiros anos de presença em seus povos: *ser fonte de emprego para alguns deles*. Longe de atribuir-se-lhe um papel educativo, interpretou-se-lhe como espaço de ocupação e ingresso, segundo nos narra Fausto.

O poder atravessa o discurso, atravessa também a interpretação e a auto-interpretação: a construção de identidades. Na narrativa de Fausto encontramos múltiplos exemplos da luta política em torno de *quem*

---

[4] Faço referência à exposição apresentada por Fausto Sandoval, líder Triqui, em 1996 em Santa Cruz, Bolívia. Ele narra a chegada das escolas de missionários e as de governo à região indígena Triqui, situada no estado de Oaxaca, ao sul do México. Sandoval discute as resposta que as comunidades deram a essas presenças e o que os levou a se organizarem para elaborar uma proposta educativa própria.

somos: a conquista de espaço dos livros de texto gratuitos em língua indígena, distribuídos pelo governo; as assembleias e os debates para conseguir que a comunidade assuma a importância de sua própria língua ao lado do castelhano; os enfrentamentos com os programas escolares e sobretudo com os conteúdos educativos que chegam dos governos federal e estadual; e a luta pela presença dos Triquis como parte da sociedade mexicana, na informação que se maneja nas escolas. Todas essas tensões referem a constituição da identidade Triqui em relação com os *outros*, com aquilo e aqueles que ameaçam sua existência como Triquis.

O tempo de nossas vidas é um tempo narrado; no caso dos indígenas Triquis, eles plasmam esse tempo nas tecelagens, nas túnicas que usam as mulheres em vida e que lhes servem de mortalha quando morrem. É assim, *como narrativa*, que cada ponto do caminho contém todo o caminho.

A experiência é o que nos passa; não só o que passa, o acontecimento é o que nos passa enquanto tem sentido para nós, enquanto é interpretado. Quando Fausto fala da escola de governo como uma *escola não habilitante,* faz isso abrindo uma possibilidade de interpretação, utilizando como referência múltiplos acontecimentos que respaldam essa perspectiva; como o fato de que as crianças de seus povoados, ao concluir a educação primária na escola de governo, não falam e escrevem bem nem sua língua, nem o castelhano; além disso, nessas alturas até já esqueceram o que sabiam sobre o tempo, sobre a agricultura, sobre os cargos tradicionais, sobre as plantas medicinais etc.

É em forma de tramas que articulamos os acontecimentos de nossa vida, fazendo deles sequências significativas. Também em uma trama construímos nossa própria continuidade ou descontinuidade ao longo dos acontecimentos de nossa vida. Fausto refere que as primeiras escolas dos missionários espanhóis, durante a época colonial, foram vistas pelos Triquis como algo desnecessário e estranho. A pressão que se exerceu sobre os pais para que mandassem seus filhos à escola chegou ao grau de tirar-lhes seus instrumentos de labor, até que o fizessem. Séculos depois, essa interpretação da escola, agora do governo, se modifica, ao ser vista como fonte de trabalho, mais do que agência educativa. Mais tarde chegam a significá-la como não habilitante. Trata-se de diversas imagens que tomam parte da trama sobre a qual atualmente interpretam sua identidade como Triquis e elaboram uma proposta educativa própria.

As experiências de Fausto, narrativamente interpretadas, entendidas como uma trama, podem manter algum tipo de identidade Triqui, no fato de ele mesmo dar-se conta de suas mudanças. Fausto conta a diferença como sua identidade e a sua identidade como diferença, em um jogo muito ativo de relações sociais que podem oferecer novos elementos de identificação.

Parece ser que só compreendemos quem são os outros (ou as outras) ao compreender as narrativas de si que eles mesmos ou outros nos fazem, ou, como neste caso, ao narrarmos nós mesmos alguma parte significativa da sua história. E significativa quer dizer que aí, nesta trama, os outros aparecem como pessoas particulares. Claro, esse *ser* sempre se encontrará em uma estabilidade crítica, em um campo de força de inclusão e de exclusão de intensidade muito diferente e dentro de permanentes processos de identificação e des-identificação. É aqui onde encontrei o sentido que articula as *identidades narrativas* em Jorge Larrosa, com as reflexões sobre os processos de identificação, que fazem Ernesto Laclau e Lilian Zac em seu artigo.

Laclau e Zac se aproximam da questão sobre a relação entre sujeito e identidade mediante o mecanismo da identificação. Utilizando conceitualmente alguns elementos da teoria lacaniana, eles sustentam que o *eu* é um conjunto de sucessivas identificações imaginárias — históricas e contingentes —, cuja função é o reconhecimento da possibilidade de plenitude: a ilusão do fechamento é a ilusão do *eu*. Assim o ato de identificação se realiza como função de *recheios*: um movimento que envolve uma função de determinação ativada pelo fracasso na constituição de uma unidade objetiva, quer dizer de uma identidade completa, estável e permanente.

Esses autores acrescentam que só se pode assumir aquelas identificações do imaginário que constituem o *eu,* se tais identificações são ratificadas pelo *outro* como referente do simbólico. Portanto, o que temos é um funcionamento da alienação e internalização: um sujeito que se aliena é uma *identidade-como-objetividade*, que é parte de um sistema de diferenças. Não obstante, há outro elemento em qualquer ato de identificação: o fracasso na constituição de toda identidade, já que cada significante não representa todo o objeto, mas deixa um *resíduo*. Isto tem efeitos de má recepção, distorções e excessos que apontam para uma constituição incerta e contingente.

Os autores sustentam a inevitabilidade do fracasso de qualquer identidade assim como a ansiedade que emerge a partir dessa incerteza. Com Lacan, assumem que o homem é o sujeito da falta porque ele emerge de certas relações de discursos nunca acabados; e é essa falta que o impulsiona em direção à ação, só que suas ações não equivalem a soluções. Pensemos na grande variedade de perspectivas narrativas e interpretativas possíveis para um mesmo fato ou processo.

Perguntam-se, se, depois de tudo, o problema da identificação não deveria ser, em geral, o problema central da política? A abolição da distinção fina entre sujeito e objeto, assim como o caráter instável de toda identidade, é condição do manejo da incompletude da sociedade, ao qual temos chamado política.

Ao voltar a olhar os textos da proposta educativa Triqui — a partir de uma perspectiva que assume as *identidades narrativas* e a *instabilidade constitutiva* de toda identidade — encontrei elementos relacionados com o *ser Triqui*. É o caso da necessidade de reconhecimento, por parte dos membros da comunidade, ao cumprimento eficaz das tarefas que exigem os diversos cargos que tem que cumprir uma pessoa para ser identificada como Triqui. Trata-se de uma condição de exigência social que está acima do lugar de nascimento, do lugar de residência e inclusive do uso da língua indígena. Isso ocorre diferentemente em outros povoados indígenas; entre os tzeltales de Chiapas, por exemplo, é básico o manejo da língua própria e sobretudo das atitudes e maneiras de trato social.

Existe o caso de pessoas, até mesmo estrangeiras, que são reconhecidas como *mais Triquis* que outras nascidas na comunidade e falantes da própria língua, mas que não têm cumprido eficazmente o sistema de cargos. Assim, os membros da comunidade consideram que ser Triqui implica ter êxito nas relações com *os outros*, os não Triquis, para o que é necessário, por exemplo, um bom manejo do espanhol e do cálculo; além disso, identificam como *bom Triqui* a quem é capaz de relacionar-se com o *mundo externo*, ao mesmo tempo em que cumpre suas responsabilidades nos cargos públicos e exerce o *tequio* (trabalho voluntário em obras de benefício comunitário).

Os anciãos são considerados como *muito Triquis*, já que passaram por todos o sistema de cargos ou atividades, manejam amplamente a língua indígena, leem o tempo e conhecem profundamente o território, a agricultura e a geografia da região. Por sua parte, as mulheres são reconhecidas como Triquis quando dominam a tecelagem para produzir túnicas e quando são capazes de ler os relatos, ao interpretar os ícones que se representam nestas tecelagens.

Tudo faz pensar que os processos de identificação na constituição da identidade Triqui operam no sentido que sustentam Laclau e Zac, quer dizer, como função de recheio de uma identidade instável e nunca acabada, que ao ser narrada deixa a sensação de que sempre ficam fios soltos onde se amarrarão novos elementos de identificação, provenientes das múltiplas relações que os Triquis mantêm com outros grupos humanos.

Mas nem todos os elementos de identificação que circulam pela trama cultural serão articulados ao *ser* dos Triquis. Muitos dos conteúdos educativos da escola de governo, por exemplo, são rejeitados, exceto a leitura e a escrita de sua língua e do castelhano, as quais eles querem aproveitar como meio para obter êxito em suas relações com os outros.

Até aqui, discuti algumas das articulações de elementos encontrados nos materiais que utilizei como referência. Agora, apontarei reflexões que realizei ao interpretar essas articulações.

1. Se olhássemos o *ser Triqui*, quer dizer, a *identidade Triqui* como algo acabado, como algo terminado, imanente a certos indivíduos e grupos humanos, seria impossível explicar por que existem pessoas que podem se incorporar e ser reconhecidas como Triquis, até mesmo como *mais Triquis* que outras nascidas no território e que, inclusive, falam a língua. Temos o caso de pessoas que, tendo nascido na região, são desconhecidas como Triquis, por não cumprirem com os cargos tradicionais ou porque não respeitam o que o grupo considera valioso. É provável que os Triquis, em suas narrativas, interpretem este assunto como uma questão de *identidades essenciais, imanentes*, embora seus comportamentos, e muitas de suas opiniões, estejam mais orientadas no sentido de *ser Triqui* como algo relacional.

2. A identidade Triqui é algo que *se está dando* mais do que algo já dado. Aqui, gostaria de acentuar a perspectiva que propõem Laclau e Zac: identidades como cadeias de elos de identificação que se articulam e que alcançam certos níveis de plenitude temporais, para imediatamente depois sofrerem rearticulações, que podem implicar a exclusão ou a inclusão de elementos de identificação (novos, velhos, outros). O ler e o escrever não eram elementos próprios dos Triquis; não obstante, agora são considerados como fatores de êxito nas relações com *os outros*. Isso tem a ver com o manejo do espanhol e do castelhano como língua de contato com o *mundo exterior*.

3. O termo *identidade* deveria ser ressignificado para ser dotado de um maior dinamismo, com o objetivo de considerar as complexas redes de atos de identificação, que implica o processo de *estar sendo Triqui*. Gostaria de reiterar que a partir desse ponto de vista não se *é Triqui* de uma vez para sempre, senão que *se está sendo Triqui* na medida em que o

sujeito articula uma cadeia de identificações que propiciam certas ações, ações essas que, ao serem reconhecidas pela comunidade, propiciam a alienação do sujeito em termos de uma *identidade-como-objetividade* (que nunca soluciona plenamente o ser Triqui). Com isso, tal sujeito passa a fazer parte de um sistema de diferenças: *ser Triqui, não ser o outro.*

4. Não obstante, como os atos de identificação operam como função de preenchimento, diriam Laclau e Zac, sempre existe um resíduo, que gera insatisfação e resulta em instabilidade, o que propicia novos atos de identificação, na busca de maior plenitude. Certamente, isso explica em parte a busca do povo Triqui em relacionar-se com *o exterior,* assim como a necessidade de permanência de certos elementos identificadores como atividades privadas, que asseguram um entrelaçamento relativamente estável; esse é o caso da atividade têxtil com sua riqueza semiótica para a *identidade Triqui.*

5. O sistema de cargos pode ser encarado como estrutura de relações sociais intra-comunitárias que geram uma cadeia de atos de identificação que são centrais ao processo de *estar sendo Triqui.* Algo análogo ocorreria no aprendizado do trabalho têxtil por parte das mulheres Triquis, o que além disso tem a vital função de preservar a narrativa da vida comunitária. Em ambos os casos, trata-se de correntes de identificação que são ratificadas pelos outros, como referenciais simbólicos.

6. A instabilidade da *identidade Triqui,* como a de qualquer outra identidade, e o ativo jogo entre os atos de identificação e de reconhecimento dos outros, podem ser vistos como condições de possibilidade para a ativa vida política das comunidades Triquis tanto no seu interior, quanto em suas relações com o restante da sociedade mexicana. Não obstante, também podem ser condições de possibilidade para mudanças que articulem o estar *sendo Triqui* com o *deixar de ser Triqui,* ou melhor dizendo: *ser um Triqui diferente.*

7. Nas tramas narrativas de *estar sendo Triqui* entra em jogo um conjunto de decisões que se traduzem em diversas ações, a partir do reconhecimento que implicam as cadeias de identificações das quais falamos; só que essas ações não serão nunca *a solução* à incompletude do ser Triqui, precisamente porque sempre haverá elementos excluídos —como, por exemplo: conteúdos educativos da escola de governo—, que a partir do *exterior* ameaçam a aparente estabilidade da identidade Triqui. Assim, a inclusão de novos elementos de identificação opera como condições de possibilidade para a inclusão ou para a exclusão de outros elementos identitários.

8. Em todo esse jogo e re-jogo de identificações e des-identificações, é muito importante o papel das diferenças, assim como as relações de poder com os diferentes. A interpretação e a ressignificação d*o próprio e do alheio* —agregaria Laclau: o jogo das equivalências— geram condições de possibilidade para posicionamentos éticos. *Eu, nós, ele* e *os outros*, são registros que, a partir da perspectiva da responsabilidade, levam a explorar novos filões do *ético* nas narrativas dos Triquis, e de qualquer outra narrativa.

O *estar sendo* Triqui, muito mais que o *ser* Triqui, nos fala de inclusões e exclusões, da instabilidade constitutiva dos limites e fronteiras sociais, culturais e políticas. Mas também nos permite ver que a vida dos Triquis é tão mutante como a de todos os grupos humanos e que boa parte dela se fixa, temporalmente, na trama de suas tecelagens, quer dizer, em suas narrativas.

Identidade, diferença e diversidade: manter viva a pergunta

Nuria Pérez de Lara Ferre

Introdução: é preciso voltar a olhar bem

Ao iniciar uma reflexão a partir das palavras *identidade*, *diferença* e *diversidade* que hoje em dia invadem o discurso pedagógico com tanta insistência —a ponto de fazê-lo semelhante a um catecismo que todos devemos conhecer em detalhe e praticar automaticamente—, faz-se necessária a obviedade das perguntas: Que é identidade? Que é diferença? Que é diversidade?

Se recorremos ao dicionário, ferramenta fundamental quando se trata de palavras, vemos que as três palavras se relacionam entre si produzindo uma o significado da outra, como acontece, por exemplo, entre "identidade e diferença", ou confundindo-se entre si como o fazem "diferença e diversidade". Pelo dicionário saberemos que a palavra "diferença" significa a *qualidade ou acidente pelo qual uma coisa se distingue de outra ou variedade entre coisas de uma mesma espécie* e que "diversidade" significa *variedade, dessemelhança, diferença ou de distinta natureza, espécie, número ou figura*. Vemos assim que o significado de "diferença e diversidade" permite-nos distinguir o outro do um, o outro do mesmo. Quer dizer que o diferente ou diverso é o contrário do idêntico. Saberemos também olhando um dicionário que "identidade" significa *o fato de ser uma pessoa ou coisa a mesma que se supõe ou se busca* ou bem *a circunstância de ser uma pessoa a que diz ser*.[1]

Porém, ainda que o dicionário nos dê o significado preciso das palavras, devemos também levar em conta, como aconselha Jünger, que *as coisas demasiado precisas não reforçam a realidade, senão que atentam contra ela. Daí que se tenha esta impressão: é preciso voltar a olhar bem.*[2]

---

[1] Diccionarios de la Real Academia Española y María Moliner.
[2] JUNGER, E. *La tijera*. Barcelona: Tusqquets, 1993.

Para voltar a olhar bem, podemos nos valer agora de algo menos preciso, mais artístico, como pode ser a literatura; nos textos de Clarice Lispector, por exemplo, que se adentram no mais profundo da natureza humana, encontramos a seguinte reflexão: "Eu reduzida a uma palavra? Porém, qual palavra me representa? Uma coisa sim que eu sei é que eu não sou meu nome. Meu nome pertence aos que me chamam. Porém meu nome íntimo é zero. É um eterno começo que interrompe sem parar minha consciência de começo".[3]

De fato, menos precisão, mais profundidade e maior abertura e portanto maior aproximação à realidade da pergunta que a palavra *identidade* representa para mim: quem sou? Eu não sou meu nome; meu nome pertence àqueles que me chamam. Minha identidade me dão os outros, mas eu não sou essa identidade, pois se eles têm de dá-la a mim é porque eu, em mim mesma, por mim mesma, em minha intimidade, não a tenho.

Também o pensamento filosófico nos ajuda a aprofundar nestas questões de maneira semelhante a como faz Clarice Lispector, diferenciando entre o mais interior de nosso ser, a intimidade e, talvez o mais exterior, a identidade. José Luis Pardo pensa assim:

> o desvio, a inclinação e em suma, a intimidade é a primeira referência em relação à qual se determina a identidade (relativa) do sujeito. Em uma formulação ainda mais forte: toda identidade está falsificada porque se o ser do sujeito é curvo, é impossível traçar nele, linhas retas.
>
> Não tenho intimidade porque eu saiba quem sou, mas porque sou aquele para quem nunca se esgota o sentido da pergunta: quem sou? A pergunta menos fundamental do menos fundamental dos saberes (ninguém se atreveria a chamá-lo ciência), o saber de si mesmo, o saber acerca da falta de saber, acerca da falta de fundamento da própria existência, o saber (o sabor) da intimidade.[4]

Na verdade, a diferença, o desvio, a inclinação até o não idêntico, que conforma a intimidade de cada um, nos afasta da identidade que os outros nos dão e, no mais íntimo de cada qual, talvez todos saibamos que não somos ninguém. Não obstante, a educação impõe, a si mesma, o dever de fazer de cada um de nós alguém; alguém com uma identidade bem definida pelos cânones da normalidade, os cânones que marcam aquilo que deve ser habitual, repetido, reto, em cada um de nós.

---

[3] LISPECTOR, C. *Un soplo de vida*. Madrid: Siiruela, 1999.
[4] PARDO, J. L. *La intimidad*. Valencia: Pre-textos, 1996.

Identidade, diferença e *diversidade*: três palavras que falam do tudo e do nada dos seres humanos; três palavras que, em educação, acabam hoje resultando tópicos vazios ao mesmo tempo em que conformam uma realidade disciplinar, institucional e subjetiva que acaba definindo e plasmando a identidade da Educação atual.

Educar na diversidade respeitando a identidade de cada um, aceitar e respeitar as diferenças a partir da igualdade entre os seres humanos, poderiam ser frases de manual não por repetidas menos vazias, eufemísticas e adaptáveis a qualquer enfoque que se queira dar à educação hoje.

Não obstante, visto que sou — diz-se — pedagoga, que tem refletido sempre — ou, pelo menos, tenho tentado — sobre a questão da diferença — a básica, a sexual e a circunstancial, a de capacidades —, vou tratar de me valer desses três termos para falar deles como conceitos próprios da educação atual, para extrair algo das realidades que pretendem significar e para dizer algo do que em mim produzem uns e outros.

E a primeira coisa que em mim eles produzem, como acabo de dizer, é essa sensação de tópico vazio de realidade quando não encobridor de uma realidade não aceita e, não obstante, imposta em toda explicitação de projetos educativos a que hoje possamos nos referir. E essa sensação vem a mim a partir de minha experiência naquilo que se tem levado a chamar de Educação Especial. Isto é, aquela parte da Educação que considerou os sujeitos como objeto de seu discurso teórico e prático: alunado deficiente, especial, diferente do alunado majoritário, eficiente, normal, homogêneo. Uma parte da Educação que, resistindo hoje a morrer como disciplina específica, contrariamente àquilo que predica como prática necessária para seu objeto, acabou definindo esse alunado como alunado igual, mas com necessidades educativas especiais.

A perturbação da diferença

Por que digo que essas palavras produzem em mim a sensação de tópico vazio ou encobridor da realidade? Simplesmente, porque o que salta aos olhos quando olhamos o mundo de hoje é, precisamente, a realidade de que nosso mundo é um mundo no qual a presença de seres diferentes aos demais, diferentes a esses demais caracterizados pelo espelhismo da normalidade, é vivida como uma grande perturbação.

E mesmo que seja possível que cada um de nós — ou cada uma de nós ao menos — produzamos sempre com nossa presença alguma perturbação que altera a serenidade ou a tranquilidade dos demais, nada há de tão perturbador como aquilo que a cada um lembra seus próprios defeitos, suas próprias limitações, suas próprias mortes; é por isso que as crianças e os jovens perturbam os adultos; as mulheres, os homens; os fracos, os fortes; os pobres, os ricos; os deficientes, os eficientes; os loucos, os cordatos; os estranhos, os nativos... e, talvez, vice-versa. Clarice Lispector manifesta-o em um de seus explêndidos relatos dizendo "É que eu mesma, eu propriamente dita, não nasci mais do que para perturbar"[5] e essa perturbação que toda presença produz se apazigua tão somente quando tal presença pode incluir-se na ilusão de normalidade que acolhe em seu seio a tranquilidade do "não passa nada, é normal" ou quando tal presença pode incluir-se em uma globalidade perturbadora porém ao mesmo tempo culpável de seus próprios efeitos nos demais, isto é, culpável de tal perturbação.

De fato, em nossas faculdades de formação do professorado e de profissionais da educação, leem-se textos que produzem sempre a ilusão de normalidade de quem os leem ou estudam e a polarização no outro da perturbação e da culpa. Só refletindo sobre este fato — do que produz em nós o estudo de tais textos — poderíamos, como disse Claudio Magris, "neutralizar o poder letal das fronteiras" e começar a nos sentir "sempre do outro lado" e a nos colocarmos "sempre do lado da outra parte".[6]

Realmente, visto que na Universidade estamos invadidos de saberes e discursos que patologizam, culpabilizam e capturam o outro, traçando entre ele e nós uma rígida fronteira que não permite compreendê-lo, conhecê-lo nem advinhá-lo; visto que na Universidade, a presença do outro sobre o que se fala, do outro para quem se estuda e do qual alguma coisa — que pode se confundir com o todo — se conhece, porém do qual nada se sabe; visto que a presença real do outro é, na Universidade, praticamente nula e não podemos nos aproximar dele para ver seu rosto, escutar sua voz e vernos em seu olhar, só nos resultaria possível perceber, escutar e adivinhar o outro, abrindo nossos sentidos e fazendo pensar a nosso próprio coração sobre a perturbação que em nós produz sua possível presença. Isto é, refletindo sobre a ilusão de normalidade que nos impede conhecer-nos, refletindo

---

[5] LISPECTOR, C. *Felicidad clandestina*. Barcelona: Grijalbo-Mondadori, 1997.

[6] MAGRIS, C. *Microcosmos*. Barcelona: Anagrama, 1999.

sobre o fato de que se olhamos para fora, onde o outro não está porque está em mim, nunca o conheceremos... A experiência possível na Universidade, no momento, é quase exclusivamente esta e a ela devemos nos referir; caso contrário, nos veríamos limitados aos conceitos deixando-nos, como disse María Zambrano, vazios de realidade.[7]

E, não obstante, o que na Universidade se produz pode ser tudo ao contrário: nenhuma reflexão sobre um sujeito próprio, nenhum saber ou sabor acerca de nossa intimidade e um acúmulo de conteúdos sobre o outro que o define, o identifica e o encerra em um opaco envoltório tecnicista que faz dos demais os especiais, os descapacitados, os diferentes, os estranhos, os diversos e de nós os obviamente normais, os capacitados, os nativos, os iguais; e, por isso, dois são os tipos de identidade que a Universidade segue produzindo ao transmitir o conhecimento acadêmico, científico e técnico que alude à diferença e à diversidade na educação: a identidade normal e a identidade anormal; é a esta segunda a que se passou a chamar de diferente, especial ou diversa.

Mas existem identidades especiais?

Falar dos meninos e meninas, das mulheres e dos homens, aos quais a Educação Especial se refere, resulta difícil. Falar deles e delas como seres com uma identidade ou identidades especiais é ainda mais difícil. Talvez seja por isto mesmo que recorrer aos poetas possa parecer uma saída fácil. Porém, ao mesmo tempo, são os poetas quem, com sua palavra, acertam no mais íntimo de nossas realidades, isto é, no mais profundo do nosso sentir e no mais sentido de nosso pensar.

É por isso que penso que talvez algumas palavras de René Char possam nos dizer algo da identidade de muitas das pessoas as quais conheci em minha experiência na Educação Especial. Elas dizem assim:

> Alguns seres não estão nem na sociedade nem em um mundo de sonho. Pertencem a um destino isolado, a uma esperança desconhecida. Seus atos aparentes dir-se-iam anteriores à primeira inculpação do tempo e à despreocupação dos céus. Ninguém se oferece para pagar-lhes um salário. Ante seu olhar se funde o porvir. São os mais nobres e os mais inquietantes.[8]

---
[7] ZAMBRANO, M. *Delirio y destino*. Madrid: Mondadori, 1989.
[8] CHAR, R. *El desnudo perdido*. Madrid: Hiperión, 1995.

Talvez o poeta não se refira a seres como esses nos quais eu estou pensando, talvez não. Não obstante, suas palavras me fazem pensar em alguns deles e, sobretudo, talvez suas palavras me façam ver que porventura seja esta sua identidade — se é que se pode chamar "identidade" ao fato de não estar nem na sociedade nem no mundo dos sonhos. Quero dizer, se é que se pode chamar de identidade à experiência de ser, existir e subsistir em um mundo real, com um corpo real, uns sentimentos reais e uma vida real na qual tu és olhado e te vês como algo invivível: "Eu não sei se poderia seguir vivendo, para mim, melhor seria estar morto", dizem alguns; outros dizem: "melhor que não nasçam"; e outros mais: "se os deixamos nascer, permitamo-lhes viver dignamente"... Quero dizer que talvez seja essa a sua identidade, a que tão bem expressa René Char, se é que se pode chamar de identidade a essa experiência de viver em um mundo no qual o melhor que se pode dizer de ti é que "já que te deixamos estar aqui, que teu estar seja digno". "Não podes fazer parte da sociedade, porém não és um sonho, aqui estás. Que fazemos contigo?".

Porém, à parte desses sentimentos e dizeres dos que olham de fora àqueles que padecem de alguma "deficiência" e, ao aproximarem-se deles, não podem perceber mais do que essa não-vida, essa impossibilidade, e sentir por eles uma errada compaixão —e digo errada, porque compadecer seria padecer com eles a vida e não a negação de sua vida—, ao lado desses sentimentos, digo, existem os que têm outros sentimentos, que, precavidos em seu saber científico e técnico sobre as deficiências humanas, empenham-se em defini-los, classificá-los e atribuir-lhes identidades construídas a partir desse saber, para profetizar sobre como construí-los adequadamente nos processos de normalização previstos para cada qual, mas para um "cada qual" delimitado em e por sua deficiência, que se constitui assim como definidora de sua "identidade".

Nesse sentido, podemos encontrar uma infinidade de livros ou capítulos dentro deles, sempre obras de especialistas, que dizem em seus títulos algo assim como "A psicologia da surdez", "Características psicológicas da criança cega" ou "... da Síndrome de Down", ou "... da Deficiência muscular progressiva"... de modo que neles ficam definidas características atribuídas à enfermidade ou deficiência entre as quais encontramos aquelas tão conhecidas como a de que "ser um deficiente psíquico é ser muito carinhoso, espontâneo e carente das inibições próprias da vida adulta" e, "em certas ocasiões, muito, muito teimoso"; outras, menos conhecidas, como a de que "padecer de uma deficiência muscular progressiva supõe uma personalidade que oscila entre os sentimentos de superioridade e tirania e as atitudes de negligência e desânimo" ou aquelas outras características, atribuídas aos cegos, segundo as quais estes "se perdem em discursos verborréicos e carentes de significação"... ou as de que "os surdos são personagens isolados que preferem só se comunicar entre eles, produzindo sua própria marginalização" etc. etc. Por último, não podemos esquecer que na atualidade inclui-se, entre o alunado com necessidades educativas especiais, aquela parte da população escolar à qual se atribuem deficiências de índole social e aos quais se define como alunado de risco, filho da desestruturação familiar ou inclusive pré-delinquente. Porém, certamente, para todas essas características definitórias da identidade de cada aluno ou aluna com necessidades educativas especiais — e para cada uma delas em separado —, existe o tratamento adequado para interrompê-las, promovê-las ou reeducá-las, segundo convenha a cada caso e situação.

Na minha opinião, ninguém está livre daqueles sentimentos e dizeres populares e poucos agora estão livres dessas definições e classificações técnicas que se vulgarizaram nos meios de difusão e divulgação científica e, sobretudo, nos programas que, pretendendo uma ação solidária, socorrem-se de *experts* que falam deles e sobre eles, em ocasiões inclusive com a participação das próprias pessoas afetadas, as quais, a partir dessa posição de objeto sobre o qual se fala, não podem fazer outra coisa senão assumir as características, as necessidades, as dificuldades, as experiências, enfim, as "identidades" que lhes outorgam.

Eu mesma não posso negar ter me valido de ambas as coisas, nos caminhos que me trouxeram e levaram a isso que se tem chamado Educação Especial. Não só porque como de cada filha de vizinha escutei desde a minha mais tenra infância algo como "melhor que não tivesse vivido mais", por exemplo, mas porque, além disso, minha formação universitária situou minha primeira aproximação real a essas pessoas, na ingênua temeridade da jovem recém licenciada que, pouco ou muito, chegou a acreditar que com a bagagem que a Universidade e suas especializações lhe haviam proporcionado, poderia fazer "o que se tem de fazer", porque precisamente ela é a que "tem o que tem de ter" para tratar as pessoas — infantis ou adultas — que padecem de alguma dessas deficiências sobre as quais tanto havia estudado.

Só a partir da certeza que agora tenho de não estar livre nem de uns nem de outros prejuízos ou talvez, melhor dizendo, só de estar em uma medida muito pequena —a que me dá em me saber partícipe deles—, posso hoje me aproximar com certa tranquilidade deste tema que me propus agora, a saber, as "identidades especiais", com conhecimento de que, precisamente porque não existem, se produz um empenho constante para fazê-las existir. E esse empenho constante se produz pela necessidade de identidade normal que cada um de nós tem, e pela necessidade de normalizar as identidades dos profissionais que a universidade pretende formar.

A formação dos profissionais da educação na diversidade: a identidade da norma

Quando alguém, procedente da prática cotidiana junto a pessoas qualificadas como especiais ou anormais, introduz-se no mundo universitário, naquelas carreiras que pretendem formar educadores e educadoras como *experts* na Educação especial — hoje idealmente fundamentada na Pedagogia da Diversidade —, não pode mais do que ficar surpreso com a segurança, arrogância e simplismo com que se abordam os conteúdos disciplinares que se sustenta em tal formação.

Em um rápido trajeto pela disciplina, encontramo-nos com aquilo que se supõe ser um processo que vai do simplismo da teorização positivista biomédica até a complexidade da teorização sobre a diversidade humana, mas que não é mais do que um espelhismo. Um espelhismo fruto, seguramente, do olhar ingênuo e impregnado de desejos com que, do lado de fora da Universidade, se possa imaginar ser a sua função social.

Na verdade, as abordagens sobre a diversidade mantêm, para a Educação especial, enfoques tecnicistas biomédicos, agora encobertos com as últimas descobertas neurológicas para novas entidades nosológicas — como, por exemplo, a hiperatividade. Junto a isso, enfoques psicologizantes comportamentalistas, para as deficiências psíquicas profundas ou transtornos como as psicoses infantis ou o autismo (estes casos podem inclusive dispor de intervenções neuro-cirúrgicas, antes chamadas lobotomias, que eliminem alguma das partes do cérebro supostamente causadora de condutas inoportunas). Ao mesmo tempo, um acabamento pedagogista da disciplina para todas aquelas deficiências — hoje necessidades educativas especiais — "integráveis", um enfoque que nega seus antecedentes biomédicos e psicológicos, jogando fora, com a água da banheira, a transdisciplinaridade que um olhar complexo a partir da pedagogia da diversidade pudesse propor.

Resulta disso um discurso (vazio) sobre a diversidade com a consequente proposta de um trabalho transdisciplinar, que as famosas equipes multidisciplinares e as vias de acesso a eles radicalmente desdizem, e algumas práticas integradoras ou inclusivas — sempre se pode trocar as palavras qual coleiras de cães —, com as quais se enfrentam somente professores e professoras, quase sempre sendo sancionados negativa ou carencialmente pelos *experts* de tais equipes.

Assim, as aulas ou os hoje chamados créditos — seguramente o são porque, de alguma maneira, tem-se de devolvê-los com juros — as aulas, digo, para a formação de tais *experts*, dividem-se, claramente, em matérias tais como "Diagnóstico psicopedagógico", "Técnicas de modificação da conduta", "Estratégias cognitivas", "Habilidades sociais", "Educação Especial", "Didática das deficiências motoras", "Didática das deficiências sensoriais", que às vezes podem ser reunidas para economizar, pelo fato de que as duas são do corpo, digo eu, pois as da alma sempre vão à parte, como é o caso da "Didática das deficiências psíquicas" etc. Como se pode adivinhar, em todas essas matérias mantêm-se enfoques parcelados e mutiladores, classificações nosológicas e práticas de divisão de corpos e mentes que não respondem nunca à complexa realidade com que os professores e professoras se enfrentam. Muito menos respondem à complexidade das vidas do alunado a que se refere tal formação pedagógica.

Por outro lado, nessa formação mantém-se aquele tipo de práticas docentes que, como diz Antonio Escohotado, são "combinação de sadismo e masoquismo, onde o professor atormenta seus alunos com exames centrados na exigência de soluções aparentemente impossíveis ou muito difíceis (reproduzindo seu próprio infortúnio de quando era aluno) e pode se transformar em estátua de sal quando algum aluno esperto formula alguma pergunta pertinente".[9]

É preciso deixar claro que, ante essas certeiras observações de Escohotado, não seria pior a resposta da estátua, senão que, muito frequentemente, em lugar da estátua, responde com arrogância um professor ou professora que alude de imediato à falta de formação e experiência de quem formula a pergunta; quem o faz que é qualificado de impertinente ou temerário por aquele que não é capaz de calar como a estátua, quando sua identidade professoral se vê ameaçada.

Sim; em nossa Universidade — à que eu conheço, pelo menos —, a pergunta atrevida, ingênua ou sutil, em lugar de ser vista como uma

---

[9] ESCOHOTADO, A. *Caos y Orden*. Madrid: Espasa, 1999.

afirmação da identidade e da autoridade do professor — isto é, como um reconhecimento de sua capacidade de pensar, de sua abertura ao diálogo e de sua simples aceitação de que, em muitas ocasiões, não tem resposta —, é vista como um atentado que, de imediato, deve ser interrompido com medidas de poder, que "colocam em seu lugar" o ousado ou ousada discente.

Formam-se assim, em nossas carreiras pedagógicas, profissionais que devem saber a todo momento a "solução a ser aplicada", a "resposta a ser dada" que corte pela raiz toda pergunta. Munidos e munidas com todo tipo de técnicas de diagnóstico e tratamento, e com a certeza de que cada uma pode responder ao caso que ante si se apresente, não se costuma formular agora aquelas perguntas iniciais que eu considerei como fundamentais: Quem sou eu? O que produz em mim a presença do outro? Que pergunta há em seus olhos, em seu gesto, em seu grito ou em seu silêncio? O que diz a mim sua presença?

Se sua presença nada me diz, se seus olhos, seu gesto, seu grito ou seu silêncio não me reclamam, se em mim nada se produz com tudo isso, não posso mais do que recorrer à acertada classificação de suas condutas — pois a um monte de condutas a técnica pedagógica reduz toda a sua presença, e acertar com a adequada aplicação de uma técnica ou estratégia — parece que a terminologia militar invadiu a educação desde que se aceitam as críticas às suas relações quarteleiras —, para que dita presença se transforme em conduta adaptada, normal, reta, isto é, dentro da resposta correta.

Identidades profissionais, técnicas ou *experts*, é o que se pretende com a atual formação universitária. Identidades que reneguem essa íntima inclinação a fazer perguntas que em todo ser humano existe; identidades seguras livres de toda dúvida cada vez que se enfrentem com novas situações já que, curiosamente, junto ao vazio discurso do vertiginoso que é a mudança na sociedade atual, propõe-se a eficácia da resposta imediata que, por ser imediata, não pode ser outra senão a "dada", isto é, a velha — a que seria logicamente inadequada e a que, paradoxalmente, se exige do profissional eficiente.

Ante a insegurança que toda mudança vertiginosa produz, ensina-se o profissional a responder com segurança; ante a humildade da certeza de que "não somos ninguém" — que em todo ser humano produz a presença do déficit, a doença, a velhice, o desvalimento ou a loucura —, ensina-se ao profissional a responder com a arrogância daquele que pretende saber — ele sabe o que necessita o deficiente, que educação requer o doente ou o ancião, qual é a conduta racional que deve ter o louco ou como deveria comportar-se o pobre e desvalido, para ser "alguém".

Um alguém já definido também por aquilo que as novas técnicas e estratégias pretendem produzir: normalização (de norma, de normalidade). Em todos os casos a que nos estamos referindo, ainda que em meu fórum interno penso que aqui vale generalizar, normalização supõe ocultação da inclinação, compensação do déficit, correção do desvio. Por fim, negação da diversidade.

A medida dessa ocultação, dessa compensação, dessa correção, é a que deve ter o (ou a) profissional cuja identidade reta, normal, conhecedora e segura representa, sancionada precisamente pelos certificados da academia. Uma identidade tão normal que é capaz de outorgar identidades normais aos demais. Uma identidade tão segura que não deve nem precisa duvidar de suas respostas. Sem dúvida, uma identidade livre de inclinações, vazia de intimidade, pois fica reduzida à sua dimensão externa, técnica, profissional, pública. Na realidade, como diz José Luis Pardo, "a dimensão pública do eu é a que permite determinar o eu como um "sujeito sujeitado" ou "submetido a uma função social" (pública ou privada), isto é, a dimensão a partir da qual os demais o reconhecem, enquanto que a dimensão íntima é aquela na qual o eu se libera de toda sujeição, de toda função, e toda submissão, para "fazer-se a si mesmo".[10] E é este último, esse fazer-se a si mesmo, o que a atual formação das (e dos) profissionais da educação impede, pois ainda aceitando que a identidade é o mais externo e a intimidade o mais interno do eu, não devemos por isso pensar que não haja entre elas uma comprometida relação. Uma relação tão comprometida que pode chegar a negar uma das duas, se não cuidamos de cada uma delas.

Essa formação a que me refiro, superdimensionando o saber do e da docente, sobre todo o impessoal saber da disciplina, e minimizando o próprio e pessoal; magnificando o saber sobre os demais e negando o saber que os demais produzem sobre si mesmo; fazendo da educação um monte de aplicações técnicas e negando-a como processo de relação —no qual estão em jogo nossas inclinações, desejos e sentimentos para com os demais—, reduz os e as discentes a "sujeitos sujeitados submetidos à sua função social", para a qual toda inclinação íntima é contraproducente, quando não nefasta. Uma formação que pressupõe, além disso, que cada sujeito encontrará através dela seu lugar na maquinaria social para a qual se prepara e em caso contrário —o mais habitual, por outra parte— será o próprio sujeito o causador de sua desgraça, por sua falta de identidade

---

[10] *Op. cit.*

profissional e aquele que deverá recorrer de novo aos *experts* — que têm uma identidade —, para reencontrá-la ou buscar uma nova identidade, se não quiser passar a fazer parte dessa diversidade — sempre marginal, ainda que não minoritária —, daqueles que não têm um lugar social.

Na minha opinião, faz-se necessário um restabelecimento radical da formação pedagógica que a academia produz. Um restabelecimento que situe o científico-técnico da educação no lugar parcial — mas não parcelado — que lhe corresponda e que abra o pensamento das e dos futuros educadores e profissionais da educação às perguntas fundamentais a que antes me referia. Perguntas fundamentais que deveriam acompanhar-nos sempre como sinal de uma capacidade, essa sim, comum a todos os seres humanos: a capacidade que mantém viva a pergunta precisamente porque, sabendo que não há resposta, obriga-nos a continuar perguntando.[11]

A pergunta pela diferença

Se, no princípio de minha reflexão, eu dizia que nos dicionários *diferença* e *diversidade* confundem-se, são praticamente sinônimos ou podem efetivamente resultar nisso, quero agora deter-me nesta significativa confusão, que é também habitual nos discursos a que antes aludi, sobre a Pedagogia da Diversidade, nascida a par e em consequência das reivindicações que, a partir dos anos 60 e 70, produziram os chamados grupos marginais, minoritários ou majoritários — já que entre eles se contavam mulheres, jovens, deficientes, enfermos crônicos, anciãos, homossexuais, doentes mentais, negros, índios, imigrantes...

No meu modo de ver, essa confusão entre diferença e diversidade não é mais do que um modo de continuar se esquivando de uma questão fundamental para a compreensão de todo o humano: a questão da diferença sexual. O fato de que a resposta que se coloca em primeiro lugar à banal pergunta "quem sou?" é "sou um homem" ou "sou uma mulher"...

Como dizem as mulheres de Diotima:

> Não considerar a diferença sexual pode ser entendido como uma espécie de decisão simplificadora. Mas se aprofundarmos, poderemos ver que aqui o excluído não são simplesmente certas experiências ou certos procedimentos em favor de outros. Aqui o que se exclui é a própria alteridade pela qual se constitui o sujeito humano em função do sexo. E pela qual o sujeito,

---
[11] IBÁÑEZ, J. *El regreso del sujeto*. Madrid: SigloXXI, 1994.

no ato de conhecer, encontra fora de si e oposto a si não apenas o mundo a conhecer, mas também a si mesmo no outro sexo. Isso constitui inegavelmente uma formidável complicação para a relação de conhecimento.

O domínio sexista tem cumprido aí um papel importante. A subordinação de um sexo a outro é uma maneira prática de resolver o problema humano, que não é um, mas, dois. Trata-se de uma solução usada tradicionalmente para regular as relações entre os dois sexos; uma solução que tem sido adotada também pela Filosofia e pela Ciência, para poder atribuir ao sujeito do conhecimento a qualidade de ser uno e simples, isto é, um sujeito que não é tocado pela particularidade de seu corpo sexuado e, enquanto tal, um sujeito que é oposto ao objeto múltiplo e produtor do seu conhecimento.[12]

Dessa simplificação do sujeito — pela qual de uma solução prática se passou a um saber filosófico e científico — resulta essa confusão evasiva a que me refiro.

Tem havido muitas maneiras de se evitar esta questão, *desde* a redução biologicista que atribui — podemos dizer "atribuía"? — natureza, instinto, sexo... à mulher, e cultura, razão e alma ao homem, pondo este acima daquela que ficava assim submissa, negando-lhe em sua humanidade, *até* a atualidade do reducionismo sociologista, que faz da diferença sexual uma simples construção social que inclui o chamado "gênero" como mais uma das manifestações da diversidade humana.

Não obstante, por pouco que aprofundamos na questão com um olhar tanto aberto à sua complexidade quanto acolhedor do biológico humano como algo essencialmente social (e vice-versa), nos daremos conta de que a diferença sexual é a diferença humana fundamental e aquela que possibilita a grande riqueza da diversidade e, ao mesmo tempo, a grande mesquinhez com que é ela tratada. É a partir da diferença sexual que se torna certa aquela frase que diz que nós, os seres humanos, somos todos igualmente diferentes porque somos homens e mulheres — homens e mulheres, brancos; homens e mulheres, mestiços; homens e mulheres, negros; homens e mulheres, pobres ou ricos; homens e mulheres, orientais ou ocidentais; e assim sucessivamente. E é esta primeira diferença negada, subsumida, dominada, hierarquizada, a que foi tomando forma e criou a ordem simbólica que extendemos a todas as demais diferenças da diversidade humana.

---

[12] DIOTIMA. *Il pensiero della differenza sessuale*. Milano: La Tartaruga, 1991.

Assim é que, da hierarquização entre homem e mulher, nasce a hierarquização entre o masculino e o feminino. Eis um exemplo disso: a atribuição de racionalidade, abstração e independência ao masculino e, por outro lado, de sensibilidade, concreção e dependência ao feminino... e todos os tópicos em que possamos pensar. Desse modo, as atribuições femininas, certamente inferiores, são precisamente as que se fazem a todas aquelas populações consideradas diferentes; tais atribuições são as mesmas que aquela velha divisão biologicista atribuia às mulheres —instinto, natureza, sexo, corpo...—, como características de sua identidade feminina. Todas elas, características superadas pela cultura, pela razão, pela alma, pelo saber do Homem, isto é, da Humanidade toda, a qual Ele representava, à imagem e semelhança, nunca melhor dito, de Deus. Por outro lado e ao mesmo tempo, essa diferença sexual em cada um dos grupos vem sendo tratada como o mesmo sistema de divisão hierárquica que situa em cada grupo o homem, os homens, acima da mulher, das mulheres.

Continuar resolvendo a situação com a crença mágica de que a questão da diferença sexual se resolve igualando-a é continuar se evitando —simplificando— a questão do sujeito humano que não é um, mas que são dois. A resposta à questão da diferença sexual, que faz dela uma circunstância "acrescentada" ao sujeito humano masculino, e que quando se refere ao feminino o reduz a um resto ou "diferença" em relação a esse Sujeito único—, é que dá lugar a todos os posicionamentos "politicamente corretos" que pretendem igualar as mulheres aos homens. Assim, são as mulheres que devem ter acesso ao exército —porque elas têm "também" esse direito—, e não os homens que, junto com as mulheres, deveriam renunciar às armas e aprender a resolver os conflitos de outro modo, já que essa é uma necessidade de homens e mulheres. Assim, são as mulheres que devem ter acesso ao mercado de trabalho, entrando na extrema competitividade de suas normas, e não os homens que deveriam questionar com as mulheres a violência de tal mercado, buscando outros sistemas laborais que ajudassem a uma melhor convivência, equilibrando o jogo entre a vida privada e a vida do trabalho, para todos e todas. É fácil reconhecer, nas análises mais progressistas, uma sanção negativa para todas as propostas que reduzem a dedicação laboral, atribuindo-as exclusivamente à necessidade de submissão das mulheres à vida doméstica — esta sempre vista como não cultura —, quando não a atitudes cômodas e conservadoras das mulheres, que as aceitam ou inclusive as buscam; no ensino, é este um tópico do qual se nutrem a maioria das análises sociológicas negativas sobre a feminização da educação.

Não obstante, vou aqui sair em defesa em favor dessa feminização pelo quanto ela trouxe — com uma maior ou menor consciência das próprias mulheres — uma série de benefícios sem os quais a atual — para não dizer persistente — crise do sistema educacional seria uma catástrofe ainda maior. E esses benefícios radicam-se fundamentalmente na contribuição que, a partir da diferença feminina e não a partir da igualdade, elas realizaram e continuam realizando. Como funcionaria o sistema educativo, no ensino infantil e primário, se a esses não se dedicassem principalmente as mulheres, contribuindo com todo o saber que sua experiência feminina tem lhes dado, somando-se a isso o enriquecimento dos conhecimentos acadêmicos (ou da igualdade), sem os quais nunca lhes teria sido permitido ascender a esse posto de trabalho? De que se alimentaram os mais recentes conhecimentos psicológicos sobre a primeira infância, senão da observação das relações — consideradas "naturais", é claro — materno-filiais? Que são essas relações materno-filiais, senão cultura, uma cultura criada e mantida pelas mulheres? Até que ponto esse saber que chega à escola da mão das mestras não contribuiu para fazer dessa escola infantil e primária um lugar no qual ainda se pode viver, relacionar-se e aprender? Por outro lado, como se explica esse (cada vez maior) êxito das meninas e das jovens no ensino, que as leva majoritariamente até o ensino superior universitário?

Todas essas coisas não são mais do que o resultado da feminização do ensino e, sobretudo a última delas — o êxito das meninas e das jovens em seu rendimento acadêmico —, é mostra, além disso, de que nas análises sobre a crise da educação continua a estabelecer-se uma imperdoável evasiva sobre a questão da diferença sexual em tal crise, e se continua a resistir a uma análise complexa do sujeito humano, que não é um, mas dois, que essa educação, apesar dela, está contribuindo para criar.

Por último, para concretizar em que consiste essa contribuição das mulheres à educação, direi que essa contribuição consiste, principalmente, na importância que elas atribuem — que nós atribuímos — à relação, já que é precisamente o desejo de relação o que as leva a eleger sua dedicação à educação. Trabalhando com mulheres professoras, é fácil dar-se conta de que é a relação o que mais as preocupa e mais as satisfaz; é a importância que elas dão às relações que as faz se interessarem pelo bem estar dos meninos e meninas na escola, se preocuparem em buscar o prazer na vida cotidiana escolar, prazer nessa vida cotidiana que encontram, com muito mais facilidade — poderíamos dizer: habilidade —, as meninas que os meninos, as professoras que os professores. Essa preocupação e essa busca não procedem — pelo menos em grande parte, não podem proceder — dos conhecimentos acadêmicos, senão que procede de um saber propriamente feminino, porque nasce da experiência à qual, segundo alguns, fomos condenadas: a experiência do cotidiano, do efêmero, dos pequenos prazeres e da importância do amor. E seja ou não seja, fosse ou não fosse, condena — e dessa experiência as mulheres têm tirado um saber — a isso que Maria Zambrano qualifica de saber da alma, saber da ternura profunda que faz com que nossa íntima inclinação, mais do que nossa identidade, nos comprometa na busca de um lugar no mundo para cada criatura que concebemos ou para cada criatura com a qual nos relacionamos, e nos conduza inclinando-nos até a aceitação de toda criatura humana como humana, pois poderíamos ter sido nós mesmas a concebê-la.

É desse saber do qual temos aprendido, como diz Luigina Mortari[13], que

> deixar-se afetar pelo sofrimento dos demais, e responsabilizar-se por ele, é um modo essencial de fazer um trabalho civilizador. Não é verdade que o deixar-se afetar pelo outro, o ser co-partícipe de seu sentir, crie desordem e que, por isso, impeça uma ação eficaz; antes pelo contrário, essa é a condição necessária daquele "pensar da alma" que introduz um princípio de ordem diferente, a ordem de uma razão incorporada e sensível, que constrói saber; não trabalhando em torno de conceitos segundo procedimentos pré-definidos, mas a partir da interpretação do olhar do outro, de seus gestos, de seu modo de entrar em relação com ela ou dela se afastar.

É evidente que esse saber, ainda que fosse através das mulheres que tenha chegado à academia, não é um saber produzido por ela, para a qual a distância, a não afetação, a eliminação de íntimas inclinações é fundamental para alcançar o verdadeiro saber da realidade objetiva. Porém, a realidade humana é que nenhum de nós é ninguém, apesar de nossas identidades e que todos, ainda que a desconheçamos, temos nossa intimidade, inclinada mormente pelo nosso sentir. Um sentir complexo que nos aproxima ao outro e nos inclina a aceitá-lo, porém que também nos alheia dele e nos impele à rejeição. A primeira é uma emoção "social" — como muito bem Maturana qualifica a emoção do amor —; a outra é "a-social" — como também Maturana qualifica a emoção do poder que nos leva a rejeitar, negar e dominar o outro.[14] E ainda que a todos e a todas nos pese, esse

---

[13] MORTARI, L. *Sulle tracce di un sapere*, en el libro *Il profumo della maestra*. Napoli: Liguore Editore, 1999.

[14] MATURANA, H. R. *La realidad ¿objetiva o construida? Fundamentos biológicos de la realidad*. Madrid: Antrhopos, 1995.

sentir tem sido simplificado e partido em dois em uma mortífera divisão prática, atribuindo a primeira —a emoção do amor— às mulheres e a segunda —a do poder— aos homens. Não devemos levar essa mesma redução simplificadora à educação, mas aceitemos que a contribuição diferencial da experiência feminina é uma contribuição fundamental, cultural, simbólica, patrimônio de todos os seres humanos. Tratemos de entender que a diferença sexual, e como ela tem sido tratada e simbolizada, é uma questão básica para compreender a complexidade do humano e que esquivar-se da importância dessa diferença é simplificar e empobrecer o mundo no qual vivemos. Reduzir a questão a essa mágica igualação politicamente correta supõe —como estamos vendo e por pouco que olhemos— uma perda do simbólico feminino no mundo, uma perda para todos e todas nós.

Somente modificando a prática da relação entre os sexos —e aqui cito as palavras de alguém que goza de grande prestígio em educação—, somente trocando a prática da relação entre os sexos com um trabalho cotidiano:

> a cada momento e constantemente recomeçada, pode se arrancar das frias águas do cálculo, da violência e do interesse, "a ilha encantada" do amor, esse mundo fechado e perfeitamente autárquico que é o lugar de uma série continuada de milagres: o [milagre] da não violência, que faz possível a instauração de relações fundadas na plena reciprocidade e que autoriza o abandono e a entrega de si; o [milagre] do reconhecimento mútuo que permite, como diz Sartre, sentir-se "justificado por existir", assumido, inclusive nas próprias particularidades mais contingentes ou mais negativas, em e por uma espécie de absolutização arbitrária do arbitrário de um encontro ("porque era ele, porque era eu"); o [milagre] do desinteresse que faz possíveis relações "desinstrumentalizadas", fundamentadas na felicidade de proporcionar felicidade, de encontrar na maravilha do outro, principalmente ante o assombro que ele nos suscita, razões inesgotáveis para nos maravilharmos.

São palavras de Pierre Bourdieu[15] que, através de suas frias e objetivas análises da dominação masculina —que a mim me pareceram mais da submissão feminina—, acaba seu texto reconhecendo que o amor existe apesar de tudo, e sobretudo entre as mulheres, com a força suficiente para ser

> instaurado como norma, ou como ideal prático digno de ser perseguido em si mesmo, pelas excepcionais experiências que procura. A aura do mistério de que está rodeado, principalmente na tradição literária, pode

---

[15] BOURDIEU, P. *La domination masculine*. Paris: Seuil, 1998.

ser compreendida facilmente a partir de um ponto de vista estritamente antropológico; fundamentado na suspensão da luta pelo poder simbólico que a busca de reconhecimento e a tentação correlativa de dominar suscitam. O reconhecimento mútuo pelo qual cada um se reconhece no outro, que reconhece a si mesmo como outro, pode conduzir em sua perfeita reflexividade, para além da alternativa do egoísmo e do altruísmo e inclusive para além da distinção entre o sujeito e o objeto...

Continuam sendo essas as suas palavras. Não obstante, ainda que eu as cite para apoiar minha proposta sobre o valor simbólico da participação das mulheres no mundo, ainda que eu as cite pelo assombro sorridente que em mim produziram quando as li, não deixa de ser esta sua referência ao amor, uma referência ao amor do casal, um amor "fechado", como ele mesmo disse e eletivo, ainda que fruto do acaso de um encontro:"porque era ele, porque era eu"; um amor que se pode qualificar, como ele o faz, de unidade social elementar e um amor ao qual o sujeito humano masculino pode se entregar, fundamentalmente, porque ele pôde viver e ser plenamente aceito, para além de toda a reciprocidade, por um outro, que o teve em seus braços e o fez saber, com sua ternura, que havia para ele um lugar no mundo, um outro que era uma mulher, sua mãe, ou alguém como tal. Esse outro do sujeito masculino que é a mulher, o outro sujeito humano, funda, a partir de seu corpo, uma unidade social elementar — por que não haveriam de ser duas as unidades sociais elementares? Na realidade deveriam ter sido sempre duas, o mal é que, da qual fala Bourdieu, é de muito recente criação e ainda pouco divulgada fora da literatura, como muito bem ele disse ele. Ao contrário, a unidade social elementar fundada no corpo da mulher com a dualidade mãe — filha ou mãe — filho, baseada também no amor, estabelece uma espécie de amor que não é mais fechado nem eletivo, mas aberto à aceitação do que a vida através de seu próprio corpo de mulher, pode lhe dar. Um amor a toda criatura humana, necessariamente, filha de mulher.

Se, como dizíamos, a *identidade* é aquilo que o outro nos dá e que toma parte do mais externo de cada um, ou seja, de sua função social, e a *intimidade* é aquilo ao qual tendemos a nos inclinar a partir do mais interno do si mesmo, poderíamos dizer — a respeito da questão da diferença sexual — que ela tem provocado, no tratamento tradicionalmente estabelecido de tal diferença, uma maior identidade, uma maior fixação da função, do externo, no homem; e ela tem provocado também uma maior inclinação a partir do mais íntimo, e portanto, uma maior diversidade de identidades potenciais nas mulheres, já que o jogo entre intimidade e identidade tem inclinado os pratos da balança segundo a diferença sexual e sua determinação prática cotidiana.

Talvez seja o amor, visto que nele parecem coincidir hoje homens e mulheres, a inclinação humana que melhor poderia reequilibrar os pratos da balança, que tem feito do chamado sujeito humano uma unidade indissolúvel, excludente do outro, da outra; e excludente também do outro, como se nada de fora fizesse parte do interior desse sujeito, nem esse mesmo fizesse parte do mundo em que um e outra vivem, do mundo em que vivemos. Nas palavras de María Zambrano:

> O amor quando não é aceito, converte-se em nêmesis, em justiça, em implacável necessidade da qual não há como escapar. Como a mulher nunca adorada se converte na morte que ceifa a vida dos homens. [...] É uma realidade, uma potência original, necessária para a fixação de uma órbita, de uma ordem. [...] O amor, pois, estabelece a cadeia, a lei da necessidade. E o amor também dá a primeira noção de liberdade. Necessidade-liberdade são categorias supremas do viver humano. O amor será mediador entre elas. Na liberdade fará sentir o peso da necessidade e na necessidade introduzirá a liberdade.[16]

Em conclusão e a partir de uma perspectiva complexa, o que se trata aqui é de um novo conceito de liberdade, e também de um novo conceito de sujeito. Porém, de conceitos que não estejam vazios de realidade. Enquanto que a realidade siga nos mostrando um sujeito humano individual e autônomo, que precise estar dotado de direitos para ser livre, que não se sinta filho de ninguém e não tolere a dependência, e cujo ideal principal seja o dinheiro, podem estar bem tranquilos aqueles que defendem a selvagem globalização e o direito das mulheres à identidade militar; outros, ao contrário, teremos que seguir nos construindo a nós mesmos, a nós mesmas, com a vã ideia de poder algum dia, sem que o solo se abra sob nossos pés, acreditar na existência desse novo sujeito humano, complexo, que não é um, mas dois.

---

[16] ZAMBRANO, M. *El hombre*. Citado por Milagros RIVERA em *El fraude de la igualdad*. Barcelona: Planeta, 1997.

A qualquer coisa chamam Arte.
Ensaio sobre a falta de lugares[1]

José Luis Pardo

Tendemos a pensar, levados pelas polêmicas que asfixiam nossa atualidade, que os lugares — ou seja, as extensões habitáveis, definidas e limitadas, únicas, nas quais os homens podem nascer, viver e morrer como homens — estão desaparecendo da face da terra por obra e graça de uma maldição chamada *globalização*. Tendemos a pensar que no princípio eram os lugares, que os lugares são algo assim como coisas naturais, produtos espontâneos da natureza que proporcionam aos homens e às coisas uma significação própria e reta, uma origem, uma morada e um destino que não são fruto de eleições ou convenções, que não estão submetidos às arbitrariedades das conjunturas históricas, que são algo sagrado e, de certo modo, eterno. E tendemos a pensar assim porque todos nascemos em algum lugar sem sermos donos dessa decisão, e todos temos vínculos inapagáveis e sinais de nascimento, simpatias e afetos inegociáveis a nós e aos nossos. Sentimos, além disso, saudade daquele lugar perdido onde as palavras tinham um significado primitivo que não podia ser distorcido nem atraiçoado, e onde o pão tinha sabor de pão e o vinho tinha sabor de vinho. Sentimos, finalmente, que tudo isso fomos perdendo com o tempo, que perdemos inclusive o rumo de nosso destino pela força de termos compromissos em demasia, que atraiçoamos aos nossos e esquecemos nossas origens e que, como castigo, as palavras deixaram de nos falar em nossa própria língua para se tornarem ambíguas e vazias, e os alimentos perderam seu sabor, e os utensílios seu tato. E, quando queremos regressar, o resultado é que já não existe o lugar no qual nascemos: construíram um restaurante de comida rápida, uma sucursal bancária ou uma edificação anônima de apartamentos, em qualquer caso um restaurante, um negócio ou um edifício que nada têm de particular, que não conservam sinal algum do lugar, que são indiscerníveis dos de qualquer outra parte do mundo globalizado que nos consome na saudade do lugar.

---

[1] Publicado em Ignacio CASTRO (Ed.). Informes sobre *el estado del lugar*. Caja de Asturias. Oviedo, 1998. Agradecemos ao autor e a Ignacio Castro a autorização para reproduzir aqui o artigo.

Quando esse vendaval irrompe em um lugar — dizemo-nos — como as campanhas de ginetes nômades nas aldeias fronteiriças durante o frio inverno, não deixa pedra sobre pedra, tudo arrasa e tudo assola, tudo desertifica dando lugar... ou, melhor dizendo, tirando lugar e deixando apenas um produto inabitável e vazio, insípido, abstrato e profano, contínuo, homogêneo e ilimitado chamado espaço, espaço global. Não é por casualidade — continuamos nos dizendo — que nomeamos com esse título de "espaço" à extensão despovoada e infinita da qual se ocupam os astrofísicos e ao corpo inabitável e inquebrável com o qual tratam os matemáticos. Isso é o que resta quando as máquinas demolidoras derrubam uma morada: espaço, espaço vazio, inabitável, espaço global, um nada por onde podemos passar, porém onde é impossível residir, genuína manifestação daquilo que algum antropólogo tem chamado de "o não lugar". Prova disso — dizemo-nos mil e uma vezes —, prova de que o espaço não é nenhum lugar, é que, quando mandam um homem ao espaço — ao qual não podem lançá-lo a não ser mediante uma potentíssima violência que requer um desprendimento energético imenso —, têm de encapsulá-lo em uma nave ou embuti-lo em um traje — ou seja, de ambas maneiras, têm de preservar sua vida colocando-o em algum lugar — se querem que sobreviva, porque ali, nos espaços exteriores, não há lugar para os homens viverem.

Assim, pensamos que o global, o espaço global, é o resultado de ter despido o mundo dos lugares que constituíam sua veste natural, substituindo esses hábitos naturais, natais, por um artifício insubstancial que o arruína como habitat, que o desnaturaliza, que o deslocaliza, que o desencanta e desacraliza por efeito de uma depredação devastadora, dirigida por uma Empresa que alguns chamam "mercado capitalista mundial", outros "ciberspaço", mas cujo nome próprio é, sem dúvida, "Niilismo S.A". Uma empresa cujo dono é Mr. Nada, da qual ninguém é titular, porém, da qual todos terminamos sendo empregados e, alguns, privilegiados, conselheiros da administração. Esses são os que nos têm tomado o que é nosso, o significado de nossas palavras, o sentido de nossas vidas e o sabor de nossas coisas. Então — tornamos a nos dizer —, se há alguma coisa e não melhor dizendo nada, se há algo capaz de deter essa empresa de ruína universal que comunica a todos os lugares e os dissolve na sopa boba do espaço global — por um processo de generalização e abstração sem limites —, se há algo assim deve ser, com toda segurança, um lugar, algum lugar dos poucos que restam. É certo que estas resistências, dada sua ostensiva inferioridade em comparação com a onipotência da Empresa "Niilismo S.A.", às vezes utilizam métodos pouco amáveis para proteger suas fronteiras sagradas e naturais contra a voracidade do Nada, mas tendemos a justificá-los: como poderiam ser amáveis, se sua obstinada e antiprogressista causa perdida é o único que resta no mundo — o único que resta do mundo, de natureza, de ser — que possa obstaculizar e deter, embora seja momentaneamente, o crescimento ilimitado do deserto? Não há — vamos concluindo — nada parecido ao espaço global, isso não pode ser uma coisa natural mas, sim, o nada onde ninguém vive, um invento fictício forjado por abstração, um pesadelo, um delírio megalomaníaco no qual, por um azar espantoso e trágico, estamos agora obrigados a perambular como almas penadas, como fantasmas em busca de um repouso impossível.

Às vezes, em algum momento de lucidez, entre os suores provocados por esse pesadelo que é nossa existência desnaturalizada, pensando em nossas origens perdidas, em nossos laços rompidos, em nossa irrecuperável identidade, sentimos o desejo de acompanhar em sua interrogação, nos últimos momentos de uma merecida célebre conferência, a Martin Heidegger, quando esse perguntava: "Nós, em nosso existir, existimos historicamente na origem? Sabemos, isto é, respeitamos a essência da origem?"

Não captamos muito bem, verdade seja dita, a qual origem refere-se exatamente Heidegger; porém, em qualquer caso, essa pergunta nos soa como nossa, nos soa como perguntar: sabemos nós na realidade quem somos, de onde viemos e aonde vamos? Ou perdemos o rumo? Porque quem tem origem, quem tem lugar natal, não só tem uma procedência e uma morada sempre disposta a abrigá-lo, como também um ponto de retorno seguro e acolhedor — a terra sagrada como direito último dos homens para terem onde cair mortos. Mas como temos escutado que Heidegger tinha uns gostos políticos, digamos, lamentáveis, tememos que, nessa sua alusão à origem, haja alguma conotação de pureza racial com cheiro de campo de extermínio. E não somente não é assim — o da pureza racial, pelo menos —, mas que, além disso, é tudo ao contrário: o que precisamente defende Heidegger, em seu discurso sobre as obras de arte, é que — ao contrário do que defenderia um racista — as obras de arte não se explicam por seu lugar de origem (ou pelo DNA de seu autor) mas, ao contrário, são os lugares de origem os que se explicam pelas obras de arte. Não há lugares naturais ou nações sustentadas em base genéticas ou raciais; o que há são Lugares do Espírito, lugares culturais custodiados pelas obras de arte, já que só os lugares poetizados são habitáveis e os verdadeiros Lugares os fundam os poetas e os artistas. E nisso, ao menos, sentimos que Heidegger não se engana.

Então, quando já havíamos nos reconciliado com o filósofo e havíamos nos esquecido de suas perigosas amizades, quando havíamos nos sentido plenamente incluídos no "Nós" pronunciado quando perguntava se Nós existimos em nossa origem (agora podemos entender em nosso lugar espiritual, em nossa cultura originária), quando estávamos ansiosos por escutar sua resposta, nos lança um chicotaço inesperado e seco, ao explicar-nos que a solução não está na raça, mas em "Hölderlin, o poeta a cuja obra ainda têm de se enfrentar os alemães".

Vá lá! Bem que isso era coisa dos alemães. Assim, ao dizer "nós", estava dizendo "nós, os alemães". Nós, digo eu, os que não somos alemães, ao não termos de afrontar a obra de Hölderlin, temos alguma oportunidade de recuperar nossa origem, nosso lugar? Teremos de olhar para nossos poetas. Cada um ao seu, ao de seu lugar. O que Heidegger parece estar dizendo é que, se os alemães querem saber se são verdadeiramente alemães, têm de ler Hölderlin e calcular até que ponto identificam-se com essa ficção que em sua obra chama-se *Alemanha* e, assim, poderiam medir seu grau de desnaturalização ou de desespiritualização, porque poderão medir a distância que separa a "Alemanha Espiritual" de Hölderlin — que, mesmo ficitícia, é certamente a verdadeira e a natal — da "Alemanha oficial", aquela que consta nos mapas convencionais de geografia política. Nós poderíamos fazer o experimento de comparar a Madri oficial de hoje em dia, ou o Oviedo de 1998, com a Madri de Pérez Galdós ou a Vetusta de Clarín. E é possível que pensássemos que perdemos natureza e espírito, porém o mal é que isso mesmo —segundo nos informam os próprios Pérez Galdós e Clarín— é o que pensavam já aqueles habitantes de outros tempos: por aqueles então, já nem Madri nem Oviedo eram o que haviam sido, nem o que deviam ser.

Agora, surge uma dúvida: se a verdadeira Alemanha ou a verdadeira Espanha ou a verdadeira Cuenca não estão nos gens nem nos mapas, mas nas ficções mediante as quais pretende-se dar lugar a um povoado, por que temos de considerar mais autêntica a ficção de Hölderlin do que a de Hitler? O localismo da raça é repugnante e pavoroso, porém sua única vantagem é a de ser refutável, recorrendo às ciências da natureza — além de recusável, recorrendo à moral —: podemos perfeitamente verificar o fato de que as expressões "raça ariana" ou "raça espanhola" carecem de referência no mundo e, portanto, estamos em condições de denunciar seu caráter de exclusiva desculpa ideológica da atrocidade. Por outro lado, o localismo do espírito só poderia apelar às ciências "brandas", isto é, àquelas que justamente não têm — segundo este mesmo localismo — outro método senão a hermenêutica — isto é, que dependem de uma interpretação, porque não operam sobre fatos mas sobre linguagens — e que, além disso, desde Gadamer, tomam a experiência estética como modelo de interpretação. Os lugares, as culturas, as nações convertem-se em Obras de Arte, que temos de compreender e julgar exclusivamente a partir de sua própria alteridade identitária, isto é, no contexto cultural imanente que elas mesmas constituem (a este "valorizar as coisas a partir dos valores que elas mesmas destilam" é aquilo que se chama comumente de "círculo hermenêutico"). Daqui então se segue que, como, efetivamente, não haveria sentido dizer que a *Gioconda* é mais verdadeira ou mais falsa do que *As Meninas*, ou que um Murillo é mais imoral do que um Tiziano, tampouco é possível valorizar os lugares culturais a partir do ponto de vista epistemológico ou ético — não haveria sentido, por exemplo, dizer que a astronomia ptolemaica era falsa ou "mais falsa" do que a copernicana, ou que os sacrifícios humanos dos astecas eram injustos porque, se o fizéssemos, estaríamos cometendo o pecado de colocar as obras fora de seu lugar, no espaço global, no qual perderiam todo seu sentido —, mas só a partir do ponto de vista estético.[2] A propriedade dessa interpretação é inegável: ao reconstruir o lugar inteiro — o contexto — a partir da obra, reduz-se praticamente a zero a ambiguidade do significado — as coisas e as palavras recuperam sua natureza ao serem colocadas de novo em seu lugar, tudo se direciona ao sentido reto —, embora também é óbvio que igualmente nulas são as possibilidades de verificar a interpretação, cujo único recurso é recorrer à tradição e, como frequentemente até Heidegger, à etimologia, recurso tão pouco seguro que facilita, evidentemente, a proliferação *ad libitum* das interpretações circulares que hoje vemos crescer como um câncer na "cultura da queixa", que dissolveu a estética filosófica em mera crítica cultural; e o recurso — o da tradição — que reforça a posição de Hegel, segundo a qual a obra de arte é "coisa do passado".

Com o que chegamos a uma conclusão, já não somente nostálgica, senão que abertamente melancólica: sim, *houve um tempo em que cada um estava em seu lugar e havia um lugar para cada um*. E suponhamos

---

[2] Teria gostado, no sentido de valorizar somente a partir do ponto de vista estético, por exemplo, ouvir Heidegger dizer que a razão pela qual a ficção de Hölderlin é preferível à de Hitler é porque *Die Wanderung* é uma obra incomparavelmente superior — quanto à sua qualidade literária — ao *Mein Kampf*; mas isto não se ouviu, embora seguramente ele pensasse assim, e me pergunto se não seria o caso de que ele não pudesse dizer isso porque o contexto de ambas as obras era diferente.

que este lugar — feito de coisas tão próprias como a própria língua, essa invenção dos poetas graças à qual temos mundo — constitui a esfera, o marco ou o contexto no qual — e só no qual — nossos atos podem ter significado. Suponhamos que, ao menos em princípio, as palavras, as coisas e as ações têm seu significado próprio e reto — natural — em seu lugar. Ao contrário, se as palavras, as coisas, as ações ou as pessoas são colocadas fora de seu lugar, perdem frequentemente sua natureza, seu significado, tornam-se absurdas, desnaturalizam-se. Se isso acontece às obras, não seria uma exceção também ocorrer com as obras de arte: também elas — repito: ao menos em princípio — teriam seu pleno significado somente mantendo-se na origem, como morada de uma comunidade, de um lugar natal, isto é, da totalidade bem segura de significações que seriam as próprias de uma cultura. Assim, uma das chaves do sentimento que desperta em nós a contemplação dessas obras de arte que são "coisa do passado" — isto é, que estão fora de seu contexto natural, fora de seu lugar, expostas nesse outro antilugar que é o museu, por exemplo —, obras cuja comunidade originária, cujo lugar natal já é só ruina e cuja língua é uma língua morta, seria precisamente sua indescifrabilidade. Perderam sua significação original, sua função primária e, como diria Umberto Eco, sua denotação.

Espectadores diferentes as encherão de diferentes conotações individuais, literárias, cinematográficas, eruditas, porém em qualquer caso sempre subjetivas, arbitrárias, melancólicas e efêmeras — seguindo o modelo do círculo hermenêutico? —, toda vez que sua denotação objetiva —sua função primária, seu significado natural — já não é acessível. Não obstante, como as obras não são somente utensílios de um lugar mas lugar originário de uns utensílios, elas mesmas são o féretro no qual repousa sua língua — seu lugar, seu código, sua cultura —, um féretro que se pode profanar, porém no qual apenas acharemos, como em todos os féretros, ruínas e podridão. Qualquer sentido que justifiquemos atribuir a estas obras não passará de um sentido figurado, pois o reto — que só pode ser local — está definitivamente perdido a partir do momento em que se profanou o lugar, derrubaram-se as muralhas que o protegiam, transgrediram-se os limites que o preservavam e as obras globalizaram-se, puseram-se à disposição de todo mundo, à vista de qualquer um. Estas obras mortas — coisa do passado — perderam seu significado: são lugares, porém espaços desabitados e inabitáveis, ruínas que dificultam o desdobramento ilimitado do espaço. Não obstante, na medida em que são féretros, assinalam um lugar sagrado, uma terra consagrada que, embora perfeitamente inútil e insensata, apresenta-se como uma barreira não franqueável para o progresso civilizatório, e exige, como Antígona a Creonte, o respeito devido aos mortos.

Cada um pode calcular por sua conta o modo pelo qual as obras de arte moderna ou contemporânea, precisamente para conservar seu valor como obras de arte, imitam esse modelo niilista das "coisas do passado", apresentando-se como significantes sem significado ou objetos sem contexto, conotações sem denotação por estarem fora de lugar, monumentos que nasceram mortos, arruinados, despojados do mundo que poderia interpretá-los, incapazes eles mesmos de gerarem lugares que não sejam de passagem, conformando-se com as migalhas de sentido que cada espectador atira sobre eles, migalhas também subjetivas, arbitrárias, melancólicas e efêmeras (porque ali, onde não há denotação, todas as conotações são arbitrárias). E talvez — continua ditando-nos a melancolia — isso não ocorra somente por vontade dos artistas de continuarem conservando o prestígio de sua estirpe, ao apresentarem seus produtos com o mesmo verniz que outorga seu valor aos resíduos de culturas desaparecidas, mas sim, talvez, porque é impossível construir obras verdadeiramente atuais, verdadeiramente modernas e contemporâneas — isto é, obras que encontrem sua significação nos lugares atuais, que possam ser interpretadas em nosso contexto —, porque agora já não estamos em lugar algum, nem há lugares próprios, porque todos os lugares — seja as culturas, seja a natureza — foram devastados ou estão em vias de extinção por causa da globalização. Essa seria, pois, uma forma de interpretar o título deste trabalho: ler o rótulo "A qualquer coisa chamam arte", e o subtítulo "ensaio sobre a falta de lugares" a partir desta muito ampliada nostalgia do lugar cultural ou espiritual.

Isso posto, se esse localismo dos espíritos — dos espectros que percorrem o mundo em nome do retorno do reprimido — é o que há de frear as ambições de Mr. Nada e os projetos expansionistas do "Niilismo S. A.", podemos ir nos despedindo do ser e da natureza, porque este localismo é, do início ao fim, niilismo. É ruim, sem dúvida, querer apoiar a defesa do lugar na natureza — mal por falso e por moralmente atroz —, mas não é melhor sustentá-la no Espírito, quando isso significa que *nada há* que justifique uma interpretação em lugar de outra — a não ser, equilíbrios de poder —, *nada há* que legitime uma ficção e desqualifique a outra. Se todas as culturas valem o mesmo, nenhuma vale nada; se todos os lugares são sagrados, nenhum o é; e, se todas as ficções são verdadeiras, sua resistência só pode apoiar-se, efetivamente, dada sua indigência, na violência, uma violência tão cega, injustificada e vazia de propósito como a que se atribui aos agentes do "Niilismo S. A".

***

Se isso foi suficiente para pulverizar a estéril polêmica que nos intoxica, poderíamos começar a ir saindo do atoleiro reparando no caráter artificial, construído e convencional de todo lugar cultural, histórico e geográfico, assim como — embora isto agora nos importe menos— no caráter conjuntural, contingente e provisional dos mesmíssimos lugares naturais, quero dizer, das próprias leis da natureza. A distribuição das coisas e pessoas em lugares — chamem-se, ou não, nações — é um fenômeno totalmente acidental e epidérmico, embora seja também um fenômeno extremamente importante. A formação de lugares — históricos, geográficos, culturais — é sempre algo derivado e não originário, o resultado de uma negociação, de um acordo, de uma relação de forças ou de um enfrentamento violento, nunca um produto espontâneo da natureza ou do espírito — salvo na medida em que o sejam todas estas coisas mencionadas. As atuais fronteiras da Espanha, de Cuenca ou de Tegucigalpa são o fruto de longos e complexíssimos processos de cálculo (nos quais, sem dúvida, também interveio a natureza, com suas transformações primárias, secundárias e terciárias), porém não é a tradição o que legitima essas fronteiras — não é o fato de "haver sido" ou de ser "coisa do passado" —, fronteiras que nada têm de natural ou genuíno, senão que os acordos internacionais que exigem — enquanto exijam — a obrigação e o direito de respeitá-las. Ou seja, que de certo modo são ficções, porém ficções consolidadas pela convenção e pela submissão voluntária.

Por isso sempre se torna confusa a invocação da Natureza ou do Espírito — e, em suma, da tradição — como motivos para modificar as fronteiras ou ampliar os poderes. A Espanha autêntica, a Cuenca autêntica ou a autêntica Tegucigalpa não são naturais nem culturais, nem, muito menos, dependem da interpretação que delas se faça a partir de seu próprio interior, já que requerem, sem escusas, o reconhecimento global dos demais para garantir sua estabilidade; são conglomerados de espírito e natureza, mesclas impuras de cultura e natureza, cristalizadas em uma normalidade provisoriamente estável. Isso quer dizer que a Espanha autêntica é meio falsa, meio convencional? Na verdade, é isso que quer dizer. Mas que nos sirva de consolo pensar que essa semifalsidade ela comparte com todos os demais lugares do mundo.

De modo que o local não é de todo a veste natural (ou espiritual, ou cultural) do mundo; ele tem pelo menos uma mancha, uma nódoa ou um buraco na veste pelo qual deixa a descoberto suas vergonhas — sua vergonhosa falta de naturalidade ou de espiritualidade, sua artificialidade, sua falsidade —; ele tem um ponto fraco, uma debilidade. Ah! — dizemo-nos — disso aproveitar-se-á o astuto Mr. Nada para miná-lo! Porém afundemos um pouco mais nessa ferida: se não há qualquer lugar que não tenha esse defeito, essa impureza, então é que, entre as notas decisivas do lugar, há uma que até agora não havíamos identificado: que todo lugar se define por uma falta (o buraco na veste) ou por uma sobra (o tampão com o qual se tapa artificial e provisoriamente), que em todo lugar falta um — o melhor, o autêntico, o verdadeiro — e sobra outro — o espião, o traidor, o impostor. E, ao não ser esta uma característica acidental, mas um traço definitivo do lugar, isso quer também dizer que todo lugar tem um agulheiro por onde ameaça aruinar-se, por onde corre perigo de esvaziar-se completamente de sua identidade, uma greta por onde se lhe escapa sua natureza e seu espírito e penetra esse ar pútrido de algo que *não é natureza, não é espírito e não é cultura*, algo que não é do lugar próprio nem, provavelmente, de nenhum outro lugar. Isso refuta a ingênua crença, antes mencionada, segundo a qual *houve um tempo no qual cada um estava em seu lugar e havia um lugar para cada um*. É, ao contrário, na origem, o lugar já se definia porque faltava um e sobrava outro, porque nem tudo estava em seu lugar.

E isso se pode justificar de muitas maneiras: notando, por exemplo, que, se o lugar não existe a menos que seja reconhecido por outros (lugares), então os outros (os outros lugares, os distantes) estão necessariamente incluídos na identidade do próprio lugar e a debilitam; ou bem se pode assinalar que, se todo lugar nasce a partir de se traçar um círculo — hermenênutico? — que distingue entre o interior e o exterior, visto que é preciso nomear o excluído para excluí-lo, e, embora seja desse modo tão paradoxal, o exterior toma parte da definição do interior. Gitta Sereny perguntava ao ex-comandante de Treblinka, Franz Stangl: "Visto que iriam matá-los todos, que significado tinham as humilhações, a crueldade?" E Stangl respondia: "Serviam para preparar os que tinham que executar materialmente as operações. Para que pudessem fazer o que tinham de fazer". Macabra homenagem do verdugo à sua vítima: apesar de havê-la excluído totalmente do lugar, de havê-la despojado de todo sinal de pertinência ao domínio do espírito, de havê-la posto absolutamente fora de lugar — no campo de extermínio, onde só estão aqueles que não têm onde cair mortos, aqueles que não têm lugar —, todavia segue reconhecendo nela um incômodo sinal de parentesco que o impede de fazer seu trabalho.

Logo, o lugar é um local onde algo não está em seu lugar, e não por culpa de nenhum empresário desalmado. O que faz um lugar é uma impureza na origem. Como chamar a esse algo que está num lugar que não é o seu, que não pertence ao lugar no qual está, ou que falta a seu próprio lugar? A isso chamamos *obra de arte* — e note-se que a definição tem certa eficácia: todos temos em mente intermináveis polêmicas sobre o lugar onde devem estar certas obras de arte. Não lembra aos habitantes do lugar sua autenticidade ou sua identidade perdidas, não é o modelo espiritual ou a utopia que eles devem realizar na natureza mas, ao contrário, enfrenta-os com sua mais que provável falsidade, com aquilo que eles não são. E mais: ensina-os que eles já não são o que são e anuncia-os que, no futuro, o serão ainda menos. Que o lugar se lhes irá das mãos. E isso pode ser assim, repito, porque a obra sempre está fora de lugar. É um signo, sem dúvida, porém um signo cujo significado reto e próprio só se poderia saber se estivesse em seu próprio lugar. Como não está, não nos oferece mais do que uma nebulosa galáxia de conotações ou sentidos implícitos da qual não podemos extrair uma denotação, uma interpretação reta ou um significado explícito: se algo não se pode fazer com uma obra de arte, esse algo é precisamente círculo, sobretudo hermenêutico, porque ela nos arrasta a desvios que nunca retornam à origem, que sempre se bifurcam e vagabundeiam. Assim, de certo modo, tem razão Heidegger, ainda que pese a ele dizer isso (se é que lhe pesa mesmo): as obras de arte permitem-nos corroborar que não existimos historicamente na origem; elas nos fazem constatar nossa impureza.

Isso nos poupa da melancolia. Não é que não encontremos um significado próprio para elas ou uma função primária às obras do passado, porque seus lugares culturais tenham sido devastados pela história e constituíam algo assim como um *retorno do reprimido* — o testemunho dos crimes que não queremos recordar —; não é por culpa dos museus — esses campos de concentração para aquele que não tem um lugar de origem —; não é a famosa globalização nem nossa falta de memória o que nos furta seu fundamento, é que nunca o tiveram, nasceram já orfãs. Assim, quando recomendamos sua preservação como "patrimônio histórico-artístico", porque as supomos filhas de alguma cultura, de alguma natureza ou de algum espírito, porque supomos que alguma vez tiveram algum significado reto (que laboriosos eruditos enriquecem em velhos documentos e em tratados de História da Arte) ou pertenceram a algum lugar e agora repousam — descansam em paz — e é melhor não perturbar seu sono, não mostramos maior dignidade nem mais conhecimento do que aqueles que afirmavam que o rei ia gloriosamente ornado apesar de que o viam miseravelmente nu. E o mesmo vale para esses críticos — tão abundantes no ambiente restauracionista que nos invade — que sentem saudade daqueles belos tempos nos quais as obras de arte estavam em seu lugar, tinham um sentido reto e uma função primária, e acusam a arte contemporânea de que ela já não se atreve mais a expressar o espírito coletivo de um lugar e repete incansavelmente as ladainhas vanguardistas (uma repetição da qual esses críticos acusam — como não o fariam! — Mr. Nada, também conhecido como Mr. Money e Mr. Moda, reproduzindo um argumento já utilizado por Hitler, que também sentia-se incomodado e queixava-se: a arte converteu-se em uma moda como a confecção; um estilo a cada temporada: num ano, o cubismo; noutro, o surrealismo; noutro mais, o dadaísmo... e sempre copiosos benefícios), como se essa perda de significado próprio também fosse culpa da globalização e não a própria origem da obra de arte.

Portanto, uma boa maneira de pensar a origem da obra de arte — para dizê-lo com esta venerável fórmula —, ou mesmo a falta de sua origem, é pensá-la como um traslado, como uma mudança de lugar. A obra — essa coisa que não se sabe muito bem onde colocar nem o que significa, por não estar no seu próprio lugar e sobrar no alheio — é uma coisa que se converte em tal porque muda de lugar (a qualquer coisa se poderia, na verdade, chamar de arte, no caso de que lhe falte um lugar), como os utensílios indígenas que se convertem em peças de museu — isto é, mudam de lugar e perdem suas denotações e funções primárias — quando sua sociedade se extingue. Porém este simples fato — de que uma coisa esteja fora de seu lugar — agride o lugar onde está porque lhe recorda que se pode mudar de lugar e, em uma palavra, que *há outros lugares*. E que, se chegam coisas de outros lugares, é que há trajetos, trânsitos, um ir e vir e portas por onde entra o que está fora e escapa o que está dentro. E se todo lugar está definido por ter uma coisa a mais — uma obra de arte, diríamos —, então há algo prévio ao lugar, algo que ao menos logicamente o precede, e isso é o próprio trânsito, o trajeto, o traslado. Também podemos poupar-nos da nostalgia: *no princípio não era o lugar, no princípio era o traslado,* com o que o traslado tem de perda da própria essência, da própria identidade, do próprio espírito e da própria cultura, com o que tem de desnaturalização e de falsificação. Sim, podemos poupar-nos da nostalgia do lugar, ao menos nesse modo tão extenso que consiste em pensar que aniquilamos — com tanta globalização — os lugares e os substituímos pelos não lugares ou espaços de trânsito. Podemos nos poupar da nostalgia porque estes não lugares não são só tão antigos como os lugares, mas, até mesmo, como acabo de dizer, logicamente anteriores a eles.

A arte é um exercício de translação, de tradução: sempre versão, nunca original, ensina aos homens de um lugar sua falta de originalidade; e, além disso, tem uma função primária: permite que eles não sejam originais, que tomem distâncias com relação ao seu lugar. Do campo de concentração de Westerbork, na Holanda, saíram, durante a Segunda Guerra Mundial, noventa e três trens, cada um deles com uns mil deportados, trens que faziam o trajeto até Auschwitz em quatro dias e demoravam outros quatro regressando, para recolher uma nova carga. Ao cabo de umas quantas viagens, um ajudante da enfermaria do campo holandês deu-se conta de que sempre eram os mesmos trens os que faziam o transporte. A partir desse momento, os deportados deixaram mensagens ocultas nos vagões, mensagens que voltavam nos trens vazios e que avisavam a seus sucessores que deviam levar víveres, água e tudo o quanto fosse necessário para sobreviver. Mas não restaram sobreviventes das primeiras viagens, daquelas nas quais os deportados não estavam de sobreaviso e haviam partido às cegas, na crença infundada de que os verdugos os proveriam, automaticamente, do que fosse preciso para socorrer às necessidades mais elementares, para uma viagem de quatro dias. Eles não puderam sequer deixar uma nota. As obras de arte parecem-se com essas notas: estão sempre em lugares de trânsito, frequentados por viajantes que, como os deportados dessa história, não são mais de nenhum lugar, estão em paradeiro desconhecido, no não lugar; vêm de um lugar que não é nenhum — ou será que um campo de concentração é algum lugar? —; e, embora eles não o saibam, vão a outro local que tampouco é um lugar. Os artistas não são melhores que eles, têm sua mesma origem e seu mesmo destino — ou seja, nenhum —, simplesmente fizeram a viagem primeiro e deixaram essas inscrições para que quem os sucedessem pudessem viver algo que, de outro modo, resultaria insofrível; deixaram-lhes essas instruções para sobreviverem ao não lugar, para fazerem minimamente habitável o essencialmente inóspito, para inventarem um modo de viver ali onde não se pode viver. Por isso, digo que lhes permitiram sobreviver ao lhes permitir não serem originais: ensinaram-lhes que sua dor, sua falta de refúgio, não era o primeiro, que não era original mas repetido, que já havia outros homens que haviam padecido disso e que agora eles, os novos viajantes, podiam se olhar nessas notas como em um espelho, no qual sentir sua própria dor que, então, se converteria em uma dor comum, compartilhada. Isso — as notas dos trens com destino a Auschwitz, as obras de arte — não livra ninguém de sua dor (porque, dito mesmo que de passagem, não há coisa no mundo que possa nos livrar da dor), simplesmente nos permite viver, permite-nos respirar, continuar respirando apesar da desolação, da morte, da mesquinhez e da estupidez, e em meio a elas. Pode ser que essas notas pareçam muito pouca coisa, quase nada. Mas são literalmente vitais para nós, que estamos nesse trem ou sabemos que algum dia haveremos de fazer essa viagem.

* * *

Porém, que é que alenta nesse alentar? Quem é que respira nessa inspiração? Para começar, fixemo-nos em que um alento como este, um alento que não quer ser simplesmente ar, mas que, justamente, aspira a ser "ar carregado de sentido", que aspira a produzir sentido — isto é, possibilidades para que outros homens sintam algo que de outro modo os mataria —, que aspira a distrair a morte, isto é, ao que chamamos espírito. Isso posto, qual espírito? O espírito local, o gênio do lugar? Se antes descartamos o localismo dos espíritos, foi porque — recordemo-lo —, para produzir sentido, é preciso que algo não esteja em seu lugar. Só quando não estão todos os que são, nem são todos os que estão, pode haver lugar; só quando nem tudo tem um sentido —o mesmo sentido—, pode algo ter sentido e ser sentido. E isso, insisto, é o que se passa em todos os lugares, que estão carcomidos pelo que não tem lugar, que nasceram de um deslocamento —por isso, entre outras razões, todos sentimos que nossa pátria está "em outro lugar".

Assim, repitamos a pergunta: que é que respira no hálito da obra de arte? É a respiração de outro lugar, um lugar ao qual teríamos que nos transladar para estar onde devemos estar, nosso autêntico lugar, ao qual pertencemos, a utopia que devemos realizar e onde cada um estaria em seu local? Não, certamente: esse lugar, onde tudo está em seu lugar e nada sobra nem falta, não é o paraíso perdido, é o inferno. *O que respira na obra de arte é* o hálito do não lugar ou, dito mais claramente, *o hálito do global.* A obra de arte é um fragmento do espaço global injetado venenosamente no espaço local. O episódio vergonhoso ou a lenda negra que todo lugar guarda em segredo recoberto por piedosas mentiras sobre a origem e sobre o destino, sobre o passado e sobre o futuro (sua genuína falsidade). Alguns a olham com curiosidade — como é possível que o falso exista?

—, outros com horror — por Deus, cubramos essa vergonha!. Isso é o que se passava com Primo Levi com sua tatuagem de Auschwitz, a qual conservava gravada no antebraço: alguns, curiosos, pediam para vê-la; outros, incrédulos, escandalizavam-se quando ele a mostrava — "Mas, homem de Deus! Como tu não apagaste isso?".

Era *isso* um fragmento de espaço global que não encontrava seu sentido em nenhum lugar? O que dizer do espaço criado pelas obras de arte, dos cenários dos quadros, dos dramas ou das películas, ds territórios gerados pela arquitetura, pela escultura ou pela música, o que dizer da Paris de Proust, da Cuernavaca de Malcom Lowry, de La Mancha de Cervantes ou da Dublin de Joyce? Não são localidades bem concretas? Sem dúvida, são concretas, porém não são locais. A Londres de Dickens é, se queremos dizê-lo assim, "o espírito de Londres", porém isso é outra maneira de afirmar que é justamente Londres salva de seu lugar — salva dos londrinos de seu lugar e de seu tempo — e posta, literalmente, à disposição de todo o mundo. A Londres de Dickens é um conjunto de emoções, de percepções, de paixões, de sentimentos, de climas e de atmosferas nas quais cabe todo o mundo, que todo o mundo pode sentir e viver por uns *duros*, que resiste às piores traduções, às mais politicamente corretas desconstruções e às mais canonicamente acadêmicas reconstruções, que ressurge viva de todas suas leituras, que permite a milhares de pessoas no mundo —não importa qual seja seu lugar— viverem uma história perfeitamente desprendida de suas condições locais e sentirem emoções que não são privadas nem remetem a nenhuma comunidade local, que são absolutamente públicas e, não obstante, inteiramente íntimas. É uma Londres superlativamente hospitaleira.

Dir-se-á, e é inegável, que Dickens "baseou-se" na Londres de seu tempo para criar essa Londres desprendida e comum, e que o espaço literário por ele criado é perfeitamente distinguível da Cuernavaca de Lowry ou da Madri de Galdós. Mas isso acontece porque, como já disse, a obra de arte é um fragmento de espaço global injetado no espaço local, isto é, um observatório do espaço global: o ponto de vista, por assim dizê-lo, é local — é a Londres da época de Dickens —, mas, visto a partir desse ponto, é o espaço global, não localizável. Digamos que se trata de uma perspectiva localmente deformada do espaço global, e essa deformação local é a que lhe confere sua singularidade, frente a outros territórios de ficção. Porém, é somente porque, através da obra de Dickens, podemos ver o espaço global — comum, não localizável — pelo qual Dickens conseguiu salvar de sua Londres histórica-geográfica certos objetos sensíveis ou, melhor dizendo, certa sensibilidade que a partir desse momento desprendeu-se de seus sujeitos e de seus objetos empíricos — incluindo o sujeito histórico Charles Dickens — e criou a possibilidade para quem quer que seja de sentir coisas que até esse momento não se podiam sentir, produziu novos sentidos, forjou uma certa pedagogia da sensibilidade, descobriu e povoou uma região desconhecida do espaço global, que em sua honra chamamos Londres, mas que é uma Londres de todos os homens, uma Londres de qualquer um, uma Londres de ninguém, uma Londres qualquer, na qual cabem todas as Londres que foram e serão. A qualquer coisa chamamos arte, sem dúvida, *porém só a qualquer coisa*: as coisas que sejam determinadamente isto ou aquilo, minhas ou tuas, daqui ou de lá, locais, essas não são qualquer coisa, e só qualquer coisa é uma obra de arte, só qualquer Londres é uma Londres qualquer, de ninguém.

Como, efetivamente, não podemos sair "diretamente" ao espaço global, que em sua total nudez resulta inabitável, necessitamos observatórios que nos permitam vê-lo, que nos permitam ver para além de nosso lugar, como os deportados de Westerbork necessitavam notas para ver além das paredes de seus vagões. Quando se põe em pé um desses observatórios — uma obra de arte —, o que estamos vendo é uma singularidade no espaço global, *uma singularidade global* que constitui a refutação da repetida tese de que o espaço global é homogêneo e indiferenciado: graças, entre outras coisas, às obras de arte, o global tem regiões singulares (que não deixam por isso de serem globais, universais), diferentes, emoções qualitativamente diferentes e sentimentos discerníveis que, apesar disso, não são apropriáveis por nenhum que não seja um qualquer, por nenhum que não seja ninguém. Quando olhamos por esse observatório — para continuar com essa terminologia —, descobrimos nossa origem. Descobrimos a impureza de nossa origem: por isso, os que são alguém olham sempre com suspeita as obras de arte. Não, não somos da Alemanha, nem da França, nem da Espanha, mas do espaço global, do espaço qualquer e não localizável, de todos e de ninguém. Viemos do espaço, do não habitável. *A origem é o global*. A obra de Dickens — da qual não pretendo fazer mais do que um mero exemplo, ainda que um digno exemplo — tem um sentido textual, literal, não figurado nem desviado, não metafórico. Seu sentido é essa "Londres qualquer" (que não se confunde com nenhuma Londres determinada), o espírito do global que respira na Londres local. Diremos também, com razão, que esse sentido literal não é mais do que um nó de conotações; acontece, porém, que a conotação é o sentido original de todo signo. Não é que as palavras tiveram no princípio um significado original e logo o tenham perdido com o tempo, com os traslados e com a desnaturalização: ao contrário, o poder ler-se de muitas maneiras (embora não de todas as maneiras) é inerente a tudo o que está escrito — diga-se isso contra a extensa e supersticiosa crença de que a escrita "fixa um significado", quando a única coisa que fixa é um significante. A conotação é o inegociável, a denotação é o arbitrário. A Londres literária (ou pictórica, ou musical), por ser global e conotativa, é a única Londres textual, a única Londres literalmente Londres. E, não obstante, não é uma Londres-modelo que deveríamos imitar. É uma Londres inimitável, só pode repetir-se precisamente porque é letra, repetição, porque é literal e, por isso, essencialmente alcançável e disponível. Os lugares determinados, por assim dizer, derivam dessa "Londres qualquer" e conseguem articular significados corretos, próprios e denotativos por força de restringir esse nó inesgotável de conotações que é a Londres literal (literária, ou musical, ou pictórica etc.). O artista cria uma porção de espaço de ninguém, que ninguém pode patrimonalizar porque não se pode localizar nem fechar.

Assim é que, paradoxalmente, essa Londres qualquer, que é a Londres original, o sentido da palavra "Londres", ainda estando na origem, não é visível desde o princípio: há que descobri-lo (e a isso chamamos talento ou gênio). Ao descobrir a Londres literal e global da qual derivam, por restrição, todas as Londres figuradas e locais, Dickens não solucionou nenhum problema para os londrinos, mas, melhor dizendo, criou-lhes um. Descobriu a Londres-problema da qual todas as Londres locais, históricas e geográficas apresentavam-se como casos de solução. Descobriu a que respondia Londres, qual era seu sentido textual, como se chamava, seu sabor e seu aroma. Descobriu uma Londres qualquer — não a única Londres qualquer, é claro: o frutífero da arte é que, do mesmo modo que a ciência pode descobrir novos objetos não previstos, pode-se descobrir artisticamente novas "Londres quaisquer" até agora não imaginadas; por isso a arte é sempre "coisa do futuro". Dickens descobriu uma, e a pôs à disposição de qualquer um, a salvo de todos os que eram alguém. Não achou nenhuma resposta para as perguntas dos londrinos, mas encontrou a pergunta à qual todas suas palavras, todos seus passos e todas suas idas e vindas tentavam responder. Isso é o que faz uma obra de arte: um buraco no local para poder sentir o global, para poder sentir o hálito do global, o vento que vem de fora e renova o ambiente, torna-o respirável, enche-o de alento, de espírito, de sentido.

Por tudo isso, espero que agora estejamos em melhores condições do que no princípio para compreendermos o suposto conflito entre o local e o global. Sem dúvida, temos que preservar o local. Sem dúvida também, o global enquanto tal é inabitável e inóspito, despovoador e estéril. Porém não temos de preservar o local pelo simples fato de ser local. Gostaria de pensar que agora temos um critério para distinguir uns lugares de outros, um critério global e não local que se relaciona com a hospitalidade. Só temos de preservar aqueles lugares — únicos aos quais cabe considerar sagrados — a partir dos quais é possível observar o global, só aqueles que nos permitem dispor do global em nossa escala, só aqueles que nos permitem sentir e viver, não uma solução para nossos problemas, mas um problema para nossas soluções. Habitar a Terra quer dizer isto: habitar em lugares a partir dos quais seja possível sentir a Terra como espaço global de todos os homens nus, dos homens quaisquer. Não é o caso de erguer muralhas contra a penetração do global — mais tarde ou mais cedo, seu ar irrespirável acabará penetrando em nossos recintos e assolando nossas casas e nossos bairros, nossos palácios e nossas favelas, sem que isso seja atribuível à má vontade de Mr. Nada: nada pode finalmente opor-lhe resistência. Só nos cabe abrir as janelas à medida de nossos pulmões, respirar a dose de veneno adequada para não nos intoxicarmos mortalmente, mas sem o que nos asfixiaríamos em interiores fechados. Não é outra coisa à qual chamamos *beleza*: a dose precisa, sempre indeterminada de antemão, sempre qualquer dose. Aspiramos à maior globalidade possível, a que nosso lugar não seja senão o conjunto de restrições mínimas necessárias para poder sentir o global.

    Assim é que acredito, depois de tudo, que temos razões para lamentar a falta de lugares, a falta *desses* lugares. Os lugares, é verdade, escasseiam, se entendemos por lugares aqueles a partir dos quais pode-se contemplar o global. Não é, porém, com nostalgia que temos de enfrentar esse fato, porque sempre houve lugares dessa natureza, poucos lugares a partir dos quais se pudesse alcançar o global. Se há um fundo ético na tarefa estética, é justamente por este motivo: tudo o que façamos para aumentar o número de lugares hospitaleiros, de lugares nos quais se possa respirar, onde se possa transitar, entrar e sair sem necessidade de identificar-se, tudo o que façamos será pouco. Em certa ocasião, Nietzsche mostrou a um ancião adivinho que, como tantos adivinhos de hoje, queixava-se da falta de espírito do mundo:

> Todos os poços se secaram para nós, também o mar retirou-se, todos os solos querem abrir-se, mas a profundidade não quer nos tragar! Assim ressoa nosso lamento, afastando-se sobre pântanos. Na verdade, estamos demasiado cansados inclusive para morrer, continuamos sem dormir e sobrevivemos ... em câmaras sepulcrais!

É o grito de guerra do niilismo, da nostalgia e da melancolia. O mesmo dos que hoje se queixam do espaço global. Porém olhemos o mundo: onde está essa globalidade? Onde está o mundo? O que abunda, melhor dizendo, é um rosário desfiado de locais fechados e sem janelas onde as pessoas se asfixiam enclausuradas sobre sua própria natureza e nadando no sangue de sua própria cultura, caminhando, como os presos, em círculos hermenêuticos e interpretações corretas sem referência externa. Círculos que, além disso, multiplicam-se a uma velocidade alarmante, e dos quais emana uma cultura da queixa contra a globalização. Mr. Nada esfrega as mãos: que outra coisa poderia convir mais a seus planos do que essa pretensão de os lugares se fecharem sobre si mesmos; que outra estratégia seria mais rentável, para a empresa "Niilismo S. A.", do que o fechamento em um local sem ventilação, onde só crescem o rancor e a melancolia? ("Que apodreçam!", disse Mr. Nada, "e assim poupar-me-ão trabalho e munições"). E nada é, ao contrário, mais resistente ao niilismo do que o esforço por tornar habitável o espaço global, por descobrir mais e mais Londres quaisquer. A todos aqueles que pensam que a globalização nos deixou em um deserto sem horizontes morais, é preciso gritar, como Zaratustra ao velho adivinho: "Na verdade, quero mostrar-lhe um mar no qual ainda pode se afogar!".

Corpos inabitáveis.
Errância, Filosofia e memória[1]

Eugénia Vilela

A memória da maior parte dos homens é como um cemitério abandonado, onde jazem, sem honras, os mortos que eles deixaram de amar. Toda a dor prolongada insulta o seu esquecimento.

Marguerite Yourcenar

A escrita da História. Nômades e sedentários

Procuramos a memória apesar do saber do medo. Revolvemos sentidos e sentimentos. Para além do existido e aquém das palavras, desenhamos a espessura dos traços de uma *geografia* — não biografia ou história — que marca relevos, depressões, cumes, planícies, ligações de terra, promontórios, ilhas — como uma grafia de signos sobre o mundo. É um saber que se enraíza na não evidência da *paisagem*, pois compreender é embater contra a espessura da matéria de que é feito o pensamento. Num paradoxo formal — a impenetrabilidade do corpo do mundo. O pensamento é uma cartografia do tempo e do espaço, a compreensão é a espessura dos lugares. Sem a retórica da história como ficção do presente.

A barbárie regressa, obsessivamente. E a história mostrou violentamente que as grandes narrativas têm falhas, são ficções da memória e do sentido: "Escreve-se a história, mas ela foi sempre escrita do ponto de vista dos sedentários, e em nome de um aparelho do Estado (...). Aquilo que falta é uma Nomadologia, o contrário de uma história".[2,3]

Deslocando-se no eixo de uma racionalidade totalitária que define vectores lineares de tempo em direção a um momento último de reconciliação consigo própria, a história é sedentária. Nela, a narrativa do progresso esquece a dinâmica intrínseca ao próprio acontecer. E o *progresso* define precisamente

---

[1] Publicado em Enrahonar. *Quaderns de Filosofía*, n. 31, 2000. Agradecemos à autora e a *Enrahonar* a autorização para publicar aqui o artigo.

[2] DELEUZE, G. et GUATTARI, F. *Mille Plateaux*. Paris: Minuit, 1980, p.34.

[3] Todas as citações do francês, presentes no texto original da autora, foram traduzidas ao português pela professora Norma Regina Marzola.

essa ideia de perfectibilidade inquestionável do percurso do humano, sob um processo de legitimação criado pelas práticas discursivas dominantes:

> a tradição dos oprimidos ensina-nos que o "estado de exceção" em que vivemos é a regra. É-nos preciso elaborar uma concepção da história que corresponda a um tal estado. A partir daí constataremos que a nossa tarefa consiste em criar um verdadeiro estado de exceção.[...] Não é de modo algum filosófico espantarmo-nos pelo fato de serem "ainda" possível no século XX os acontecimentos que vivemos.[4]

Perante esse *estado de exceção* ao qual regressamos, continuamente, como uma regra enquistada na impossibilidade significativa do *ainda*, a história configura-se como um conceito que procura prender, num território narrativo sedentário, o processo de criação de significado que os homens desenraizam de um espaço memorial onde se inscreve a *experiência da facticidade*. Mas todos os tempos são espaços memoriais e os processos de libertação são, como o considera Deleuze, forçosamente nomádicos:

> quando se diz que as revoluções têm um futuro mau, nada se diz sobre o futuro revolucionário das gentes. Se os nômades nos têm interessado tanto, é porque eles são um vir-a-ser e não fazem parte da história; são dela excluídos, mas se metamorfoseiam para reaparecer de outra maneira, sob formas inesperadas, nas linhas de fuga de um campo social.[5]

Mas como apreender as formas não esperadas que se erguem nas *linhas de fuga* de um campo social? Perante uma história enquanto remissão sedentária do sentido, existem *devires* que são acontecimentos que se cravam na historicidade do presente como feridas nômades: "as minorias, os devires, as "gentes" [...] são os devires que escapam ao controle, as minorias que não cessam de ressuscitar e de fazer enfrentamento. Os devires não são, absolutamente, a mesma coisa que a história".[6]

---

[4] BENJAMIN, W. *Sobre arte, técnica, linguagem e política*. Lisboa: Relógio de Água, 1992, p.162.

[5] DELEUZE, G. *Pourparlers*. Paris: Minuit, 1990, p.209.

[6] Ibidem, p.208. Quando Deleuze fala, relativamente a Foucault, dos "movimentos de subjetivação que se desenham, hoje, em nossas sociedades", questionando quais são "os processos modernos que estão em via de produzir a subjetividade?". E isso não significa de forma alguma, segundo Deleuze, um retorno ao sujeito, pois "os processos de subjetivação não têm nada a ver com a "vida privada", mas designam a operação pela qual os indivíduos ou as comunidades se constituem como sujeitos, na borda dos saberes constituídos e dos saberes estabelecidos, desobrigado de dar lugar a novos saberes e poderes. É porque a subjetivação vem em terceiro lugar, sempre "desenganchada", numa espécie de dobra, redobramento ou pregueada". Pourparlers, p. 206.

O *devir* — que Deleuze substantiva concretamente como as *gentes* que se subtraem ao poder enquanto dominação, aqueles que se erguem e resistem, sem lugar ou regresso anunciados — são, afinal, os *acontecimentos* que rompem com o vetor linear do tempo histórico e recriam os traços de um sentido nômade.

Esta *nomadologia do sentido* não significa que a instabilidade do movimento da história supõe uma renúncia ética. Nem mesmo a indiferença perante o movimento incerto do tempo onde todos os acontecimentos seriam apenas fatos equivalentes perante uma relativização total de valores. A nomadologia supõe a necessidade de pensar o acontecimento — o que não significa a submissão à ordem do acidente — enquanto âmago do pensamento. E esse pensamento enraíza-se numa forma de contaminação fecunda entre o que não é pensamento e o pensamento.[7]

Afigura-se, assim, fundamental recuperar o acontecimento como objeto de pensamento. E esta abertura não supõe uma escolha apenas teórica, mas a assunção de uma sensibilidade política que confere um importante lugar às emoções humanas:

> A ausência de emoção não é a origem da racionalidade e não pode escavá-la. [...] o que se opõe ao "emocional" não é de modo algum o "racional", qualquer que seja o sentido do termo, mas, com efeito, a insensibilidade que é frequentemente um fenômeno patológico ou, ainda, a sentimentalidade que representa uma perversão do sentimento.[8]

O espaço público, esse espaço de visibilidade que Hannah Arendt considera ser uma condição essencial da vida política, não existe como uma cena: ele depende dos gestos que o fazem, da implicação dos membros de uma sociedade pela política. Nesse contexto, é necessária uma linguagem que parta da sintaxe do sangue da realidade contemporâneo.

Uma geografia imprecisa. Espaços, lugares e distâncias

O *ser humano* é uma expressão ontológica, o *ser-se humano* é uma expressão ética. Tal como a vida e a morte são os polos tensionais da existência, o *inumano* é tão humano como o *humano*. Mas o que se entende

---

[7] Cf. ARENDT, H. *The Human Condition*. Chicago: The University of Chicago Press, 1958.

[8] ARENDT, H. *Du mensonge à la violence*. Paris: Calman-Lévy, 1972, p.173.

por *humano* quando, perante as formas endêmicas de deformação do poder, as narrativas assumiram uma forma perversa do nomear?

A narrativa histórica é um contínuo regresso do *Outro*. Contemporaneamente, recriam-se na Europa *figuras* — ligadas intimamente a um espaço territorial — que traduzem novas versões de um contínuo *fanatismo do sangue* que marca, segundo a expressão de André Glucksmann, a história humana. Deslocados, refugiados, exilados, errantes significam-se em relação a um espaço sedentário onde, sob uma forma totalitária da racionalidade, são marcados os territórios divisíveis de uma geografia do reconhecimento do *mesmo* e rejeição do *outro*. Torna-se então fundamental realizar, tal como o afirma Foucault em *A vida dos homens infames*, uma crítica da razão política, pois *o sofrimento dos homens nunca deve ser um mero resíduo da política*.

Contemporaneamente, a história traz-nos cenários inesperados: o Norte e o Sul. Muros que se erguem entre as pessoas e as nações. Em territórios desiguais. Sob este novo cenário, uma outra formação discursiva expõe a persistência de uma *surda sacralização* do espaço contemporâneo — campos de refugiados, campos de exilados, campos de deslocados, campos de detenção. Uma vez mais, os outros criam-se a partir de um movimento centrífugo dos regimes de poder e de verdade.

A sobrecarga de refugiados, mortos e deslocados é um *acontecimento* contemporâneo que se significa por referência a um *território* que, como o afirma Foucault na *Microfísica do poder*, é sem dúvida "uma noção geográfica, mas é antes de tudo uma noção jurídico-política: aquilo que é controlado por um certo tipo de poder". Uma forma de marcação da diferença não pela diversidade, mas pela exclusão.[9]

Na contemporaneidade, o *espaço* substitui, em termos de referência de ação e de discurso, a história. Como o refere Michel Foucault, se

> a grande obsessão que dominou o século XIX foi, como se sabe, a história [...] a época atual será talvez, antes, o espaço. Vivemos numa época do simultâneo, numa época de justaposição, numa época do próximo e do distante, do lado a lado, do disperso. Vivemos um momento onde o mundo se experimenta, creio eu, menos como uma grande existência

---

[9] No Ocidente, a obsessão pela identidade é a imagem do medo pelo diferente, a obsessão pela inclusão de tudo aquilo que não se inclui nas categorias do mesmo. O resto é o outro — os apátridas, os excluídos, os deslocados, os refugiados. Todos eles são excêntricos relativamente ao centro de construção simbólica de um sentido duro.

que se desenvolverá através do tempo do que como uma rede que liga os pontos e entrecruza sua meada.[10]

Para Michel Foucault, o problema do *emplacement* — problema que define a identidade do espaço contemporâneo — coloca-se, em contexto humano, em termos de demografia, definindo-se pelo "problema de saber que relações de proximidade, que tipo de armazenagem, de circulação, de sinais de marcação, de classificação dos elementos humanos devem ser preferentemente retidos em tal ou qual situação para alcançar tal ou qual fim. Vivemos numa época onde o espaço se dá, a nós, sob a forma de relações de lugar".[11]

Todavia, os espaços, os acontecimentos e os objetos que se inscrevem na cena antropológica contemporânea são textos absurdos — insignificantes para além da voracidade da passagem. Funda-se o *não lugar*[12] como exposição de uma lógica da devastação que se deseja a si mesmo como significante/significado. Na Ruanda, em Angola, na Palestina, na Argélia, em Timor, ou na Bósnia, esses *não lugares* corporalizam-se sob diferentes configurações territoriais e políticas. Aí, os acontecimentos têm nomes concretos, nos quais se enunciam histórias de errância e de espera onde a memória é apenas o tempo impreciso do morrer. Os *lugares antropológicos* desaparecem, então, sob um movimento surdo de degeneração de memória, sob a dureza metafísica de um presente que reconduz o sentido à insignificância.

Existem lugares que são inexplicáveis na sua natureza. Os campos de refugiados, os campos de morte são, todos eles, resistentes à descrição analítica, à decomposição e à reconstituição. A reconstituição da figura do medo presente em qualquer forma que o universo concentracionário pode assumir é impossível. Esses espaços apenas

---

[10] FOUCAULT, M. "Les espaces Autres". In: *Dits et Écrits*, IV v. Paris: Gallimard, 1994, p.752.

[11] Ibidem, p.754.

[12] Marc Augé, na sua obra *Não Lugares*, empreende a definição de um novo objeto de investigação antropológica — o *não lugar* — a partir da noção anterior de *lugar antropológico*. O *lugar* é definido como um território que delimita as raízes relacionais e históricas de uma comunidade conferindo-lhe, assim, uma identidade. Esse espaço marca um lugar interior — identitário — por remissão ao qual se produzem efeitos de reconhecimento. Ele delimita no mundo "espaços significativos, sociedades identificadas a culturas concebidas, elas mesmas, como totalidades plenas: universos de sentido no interior dos quais os indivíduos e os grupos, que não são senão uma expressão, se definem em relação aos mesmos critérios, aos mesmos valores e aos mesmos procedimentos de interpretação". AUGÉ, M. *Non-lieux — Introduction à une Anthropologie de la Surmodernité*. Paris: Seuil, 1992, p.46-47.

expõem uma política de destruição programada do outro sob uma geografia de morte, onde o corpo se afigura, por um lado, como *efeito-objeto* da localização e do desenvolvimento do poder, e, por outro lado, como um dos elementos fundamentais dos *jogos de poder* e *de verdade*.[13]

Estando em ligação com todos os outros, esses espaços contradizem todos os outros espaços. Esses espaços são heterotopias:

> lugares reais, lugares efetivos, lugares que são desenhados na instituição mesma da sociedade, e que são espécies de contra-lugares, espécies de utopias efetivamente realizadas, nas quais os lugares reais [...] são, por sua vez, representados, contestados e invertidos, espécies de lugares que estão fora de todos os lugares, ainda que, no entanto, eles sejam efetivamente localizáveis.[14]

Entendido pela lógica como uma construção onde se anuncia um princípio de estrutura e coesão que torna possível o sentido como memória, o *lugar* é, todavia, na contemporaneidade, um espaço que se faz sobre os deslocamentos, o medo e o ódio envolventes. Numa palavra, ele é um lugar de ruína.

Torna-se fundamental, então, realizar uma Heterotopologia, isto é, uma "descrição sistemática que teria por objeto, numa dada sociedade, o estudo, a análise, a descrição, a "leitura" [...] desses espaços diferentes, desses outros lugares, ma espécie de contestação ao mesmo tempo mítica e real do espaço onde vivemos".[15]

Refugiados, deslocados e errantes

Milhares de homens e mulheres deslocam-se sem cartografia definida; "estão separados no mundo/cada um com a sua noite/cada um com a sua morte".[16] O movimento de fuga — da África, da América Latina, da Europa de Leste para a Europa Ocidental — embate contra o muro dos

---

[13] FOUCAULT, M. *Vigiar e Punir*. Petrópolis: Vozes, 1989. Com Foucault a via genealógica de articulação entre o conhecimento e a verdade adota a perspectiva do corpo, pois a relação íntima que ocorre entre o saber e o poder é definida sob uma tecnologia política do corpo, pela qual o corpo surge como vítima real do processo de racionalização instrumental. Ao realizar uma crítica da *racionalidade bio-técnico-política* característica da Modernidade, Foucault procura delinear a genealogia do indivíduo moderno enquanto objeto. Desenhando-se, uma vez mais, uma relação íntima entre a violência e a verdade.

[14] FOUCAULT, M. Ibidem, p.756.

[15] Ibidem, p.756.

[16] CELAN, P. *Sete rosas mais tarde*. Lisboa: Cotovia, 1996, p.59.

acordos internacionais — o *Espaço de Shengen*. Da África para a Europa, a fuga prende todo o imaginário de esperança a um *lugar sem lugar*: o barco. De Cuba para a América, os *balseros* — o barco, uma vez mais.

O barco configura-se como heterotopia: "o barco é um pedaço de espaço flutuante, um lugar sem lugar, que vive por si mesmo, encerrado em si e abandonado, ao mesmo tempo, ao infinito do mar e de porto em porto".[17] O barco é, aqui, um *espaço outro*, onde se habita a fuga do desespero.

Mas todos os destinos chegam sempre a um porto de desembarque. E depois de um percurso impossível em que atravessam um continente, um *espaço outro* define a esperança: os campos de refugiados. E ficam em terra. Presos. Depois ou antes do mar, o medo. Aquele sentimento que aparece nos espaços em desarmonia.

Como permanecer fiel a um *espaço interior*[18] que marcou o deslocamento do corpo, quando o refúgio é apenas mais uma ferida. Perdidos, agora, no corpo do mundo. Num espaço absolutamente *exterior*[19]. O corpo deslocado possui ele mesmo uma outra deslocação — a do sentido sedentário da memória e da compreensão. Devolve a incomunicação com o mundo porque este passou a existir como um a-significante onde tudo se equivale. Talvez antes, passou a des-existir. E, na linha do pensamento de Foucault, uma nova forma de *bio-política* emerge nestes *espaços outros* contemporâneos.[20]

---

[17] Ibidem, p.762.

[18] Em "Les Espaces Autres", Foucault sublinha que "não vivemos num espaço homogêneo e vazio mas, ao contrário, num espaço todo cheio de qualidades, um espaço que é, talvez, também freqüentado por fantasma; o espaço de nossa percepção primeira, o dos nossos sonhos, o de nossas paixões detêm neles mesmos qualidades que são como que intrínsecas; é um espaço leve, etéreo, transparente ou, efetivamente, um espaço obscuro, áspero, atravancado". FOUCAULT, M. idem, p.754.

[19] O *espace du dehors* e este é "o espaço no qual vivemos, pelo qual somos puxados para fora de nós mesmos, no qual se desenrola precisamente a erosão da nossa vida, de nosso tempo, de nossa história, esse espaço que nos corrói e escava é em si mesmo, também, um espaço heterogêneo. [...] não vivemos numa espécie de vazio, no interior do qual se poderia situar os indivíduos e as coisas". Ibidem, p.754-755.

[20] Giorgio Agamben em *O poder soberano e a vida nua* realiza uma análise crítica de *experiência da facticidade* na Modernidade, especificamente sob a forma que assumiu no nazismo, sob o signo de uma *biopolítica:* "É como se a vida nua do *Homo sacer,* sobre cuja separação se fundava o poder soberano, se tornasse agora, assumindo-se a si própria como tarefa, explícita e imediatamente política. Mas isto é, precisamente, o que caracteriza a viragem biopolítica da modernidade, isto é, a condição em que nos encontramos ainda hoje. [...] O nazismo fará da vida nua do homo sacer, definida em termos biológicos e eugênicos, o lugar de uma decisão incessante sobre o valor e a ausência de valor, onde a biopolítica se transforma continuamente em tanatopolítica e o campo se torna conseqüentemente o espaço político". AGAMBEN, G. *O poder soberano e a vida nua*. Lisboa: Presença, 1998, p.146.

No corpo rasga-se uma zona de indiferenciação entre a *vida nua* — o homem como animal vivo — e o *poder soberano* — o homem como sujeito político.[21] A história da espera nos campos de refugiados é o fechamento progressivo do sentir e do olhar sobre um tempo que progressivamente se vai convertendo em espaço imóvel, infinito. Perde-se o espaço entre o corpo e o mundo, perde-se o *lugar* porque se vai corroendo o desejo de partir ou ficar. Desaparece a memória, o lugar significante da história individual. Desaparece a possibilidade de regressar.

Corpos oblíquos à claridade, rendendo-se ao peso do chão, à terra. Homens, vozes que na impossibilidade concreta de palavra encontram — na espera nos campos de refúgio, nas estradas periféricas que conduzem às metrópoles, na infinita espera e na infinita errância — o desamparo de crer. O desespero.

Sob as figuras do êxodo, da deslocação, do refúgio da errância, a violência contemporânea desenvolve-se sob uma estética da crueldade na qual o poder faz do corpo a palavra da escrita de uma lógica do medo. A barbárie que essa ordem carnal-discursiva pretende ultrapassar não tem fim.[22] Os acontecimentos exteriores colonizam a consistência — a substantividade do desejo —; e (o desespero) o não esperar é apenas o momento onde já se transcendeu o grito. A dor é opaca e indivisível.

Mas como dar visibilidade à voz daqueles que não possuem outra escrita senão a da sua história concreta? Como criar sentidos, significações, como dar nome, isto é, trazer à existência em termos gnoseológicos, aquilo que é o inominável na raiz de um *contrassinal*[23] metafísico? A dor concreta do corpo em sofrimento. De homens em sofrimento.

---

[21] "O conceito de 'corpo', tal como o de sexo e sexualidade, faz desde logo parte de um dispositivo, por conseguinte é desde sempre corpo biopolítico e vida nua, e nada nele e na economia do seu prazer parece oferecer-nos um terreno seguro contra as pretensões do poder soberano. De facto, de forma extrema, o corpo biopolítico do ocidente (essa última encarnação da vida do *Homo sacer*) apresenta-se como um limiar de absoluta indistinção entre direito e facto, entre norma e vida biológica.[...] Uma lei que pretende transformar-se integralmente em vida encontra-se cada vez mais confrontada com uma vida que se desvanece e aniquila em norma". AGAMBEN, G. idem, p.178.

[22] "Depois dos campos, não há regresso possível à política clássica; neles, cidade e casa tornaram-se indiferenciáveis e a possibilidade de distinguir entre o nosso corpo biológico e o nosso corpo político, entre o que é incomunicável e mudo e o que é comunicável e dizível, foi-nos retirada para sempre. E nós não somos apenas, nas palavras de Foucault, animais em cuja política está em questão a vida enquanto seres vivos; pelo contrário, somos também cidadãos em cujo corpo natural está em questão a sua própria política". AGAMBEN, G. IDEM, p.178.

[23] Termo de Paul Celan, no poema "A via régia". "A Via Régia por trás da porta falsa, / com o sinal do leão/ trans-mutado pelo / contra-sinal, / o astro, / de quilha para cima, / atolado, / tu, com a / pestana / sondando a ferida". CELAN, P. *Sete rosas mais tarde*. Lisboa: Cotovia, 1996, p.181.

Em Timor, na Argélia, em Angola, como em tantos outros lugares do mundo, os homens morrem os dias todas as manhãs. É essencial recuperar a história do seu corpo como campo de batalha; a história que os acontecimentos concretos escreveram no seu corpo como um alfabeto de dor. E como o título do filme russo de Vitali Kanevski — *Não te mexas, morre e ressuscita*. Porque há corpos inabitáveis.

O sangue e o silêncio. Sobre o testemunho. Corpos oblíquos

Existem memórias de lugares, medos e resistência. Lugares que sendo *não lugares* constituem *heterotopias* onde se define uma lógica paralalela à do espaço legitimado, por referência ao qual se tornam enclaves. Os homens que os habitam — deslocados, asilados, refugiados — erguem-se frente ao medo. Há lugares que se confundem com o seu objeto: o corpo estendido, oblíquo ao céu como se apenas pudesse existir assim. Lugares de morte.

Nos campos de refugiados, os corpos fendem os muros circundantes. Aqui o corpo move-se como evidência: o único indício da dor ou da alegria. Entre o campo de batalha interior e o exterior não existe separação.

Nesses *espaços outros*, existem os que esperam e os que deixaram de esperar. Os primeiros, insubmissos. Intuíam a lutar porque intuíam a morrer. A vida é esse abismo: uma luta que faz com os músculos um muro contra a substância do medo. Os segundos, perdidos. Na matéria de uma tristeza prolongada, desencontram-se de uma pele que é o mais interior do mundo. Oblíquos o corpo, a queda, o deslize dos olhos que não aguardam nenhuma luz de frente. Oblíquos até se ver no chão o mundo.

Todos eles, sem caminho. Porque todos os regressos são inabitáveis. Porque essa é a força racional da sua ação, do seu movimento. Da ânsia de encontrar.

Se fecham os olhos, as paisagens que reconhecem são aquelas que transcendem os lugares concretos. As sombras surgem em superfícies onde é a partida que está na memória de todos os lugares de chegada. Existem corpos que não descrevem, mas inscrevem nos seus movimentos a transcendência na imanência de cada gesto. Esses corpos rasgam os lugares, tornam o *não lugar* uma *heterotopia*. São, eles mesmos, lugares onde a convocação de sentido se faz em equilíbrio precário.

Um corpo, refletindo-se no exterior de si mesmo, une-se internamente a um universo onde o medo inaugura territórios em que o tempo se desalinha. *O mais profundo do homem é a pele*, como escreveu Valery. Mas a pele pode ser uma fronteira inabitável.[24]

Os corpos, ainda organicamente inteiros, afirmam materialmente a memória. Existem a paixão e a fragilidade. A força. Com os olhos em chamas, as mãos e o medo. Na sua evidência equívoca, o corpo dos sobreviventes e dos mortos dos campos de refugiados expõe o espaço íntimo da memória. Estes homens dão corpo à dor. E a dor é intransitiva. Tal como a morte. Aqui, os acontecimentos têm um volume carnal.

Torna-se essencial regressar à carne do sentido. O *corpo cicatrizado* como *acontecimento* é mais do que promessa de ser. É memória — deslocamento simbólico e acontecimento. O corpo é uma ferida exposta sob a geografia concreta do real. Talvez a ontologia seja impossível na partilha de dor.

Os sobreviventes e os mortos

As formas complexas que os regimes de poder e de verdade assumem contemporaneamente recriam os nexos entre os fatos históricos, recriando a história como ficção através de evidências discursivas que se sustentam, afinal, numa lógica da ocultação dos acontecimentos. As valas comuns, os corpos incinerados, as violações sistemáticas, as aldeias queimadas são gestos sistemáticos de apagamento da memória. Talvez não tão simbólicos como a destruição das bibliotecas. Ou talvez mais.[25]

---

[24] O silêncio dos refugiados pode desenhar-se, também, como traço de uma distância que é fuga para lugar nenhum. A fuga é uma procura não só de partir mas de chegar a alguma parte, a algum lugar. Nos campos de refugiados perdeu-se a vontade de *evasão* que os levou a procurar refúgio. O sentido que atribuímos a *evasão* é o sentido afirmado por Emmanuel Levinas, na sua obra *De l'Évasion*. "a evasão é a necessidade de sair de si-mesmo, isto é, de quebrar o encantamento mais radical, mais irremissível, o fato de que o eu é si-mesmo [...] na evasão o eu se afasta, não enquanto oposto ao infinito do que ele não é ou do que não se tornará, mas ao fato mesmo de que ele é ou se torna." (p.98/99). Para Levinas, a evasão não surge como fuga em direção à morte nem como uma saída do tempo, "a necessidade de evasão se encontra, ao contrário, absolutamente idêntica em todos os pontos de arresto onde sua aventura a conduz, como se o caminho percorrido não retirasse nada à sua insatisfação" (p.96). LEVINAS, E. *De L'Évasion*. Paris: Fata Morgana, 1982.

[25] Em Timor Leste, queimam-se aldeias, suspeita-se de massacre a populações, impedem-se os observadores da ONU de ir a Alas e descobrem-se aldeias queimadas. Na região dos grandes lagos, na Bósnia, os campos e as valas. A queima de rasto, de acontecimento, logo, de memória. Será mórbido descobrir as ossadas e recuperá-las na Bósnia? Essa ação certamente não traz os mortos à vida, mas não abstrai, não transforma o acontecimento em narrativa metafórica de uma história sem corpos.

A morte dos corpos tornou-se a errância das vozes. Por isso, é fundamental encontrar os corpos, dar-lhes visibilidade, e assim recuperar a luta enunciada em cada um desses corpos. Eles são testemunhas sem fala mas com voz. Neles, a memória afigura-se como a intranscendência do grito de dor. A recuperação da memória significa torná-los — a eles — sujeitos de história. O que procuramos é, afinal, o movimento tensional de sentido criado pela memória.

Existe uma linguagem da evidência marcada nesses corpos que faz com que a verdade esteja, não do lado do agressor, mas da vítima; só ela pode dizer um sofrimento que não se comunica ou representa, apenas se exibe:

> O sofrimento é o sofrimento. Ele não é um signo, não é portador de nenhuma mensagem. Não reenvia a nada". Mas a violência é efetiva antes da primeira ferida: "O medo encerra sua vítima. Não é o ser humano que tem medo, é o medo que o tem. Pouco importa que ele esteja efetivamente encerrado numa cela. Lá onde o medo reina, o mundo se restringe à circunvizinhança imediata.[26]

Compreende-se, então que os corpos são eles mesmos acontecimentos capazes de ferir.[27]

Os sobreviventes e os mortos são os sujeitos de um acontecimento que, rompendo o *lugar* do eu, instaura sem qualquer mediação simbólica a própria significação. É essencial, pois, pensar os *acontecimentos*.

Memória. A voz sem escrita

A questão que agora se coloca é pensar: como *dar testemunho* de um *acontecimento* que interrompe o tempo histórico e abre fendas no equilíbrio do "eu"? Como pensar o acontecimento do inumano num corpo como campo de batalha onde todas as memórias se inscrevem? Como circunscrever o sentido de uma não palavra: o corpo?

É necessário reconverter o silêncio em voz daqueles que viveram desde dentro o acontecimento. Os acontecimentos são concretos. O *inumano*

---

[26] SOFSKY, W. *Traité de la Violence*. Paris: Gallimard, 1997, p.93.

[27] Apesar da sua pesada materialidade — na qual os próprios corpos dão testemunho de acontecimentos que rompem com a opacidade de um presente sem memória — os campos de refugiados, para aqueles que confrontam o olhar com esse acontecimento, são uma *heterotopia* onde os corpos se expõem como um sinal portador de memória. Eles configuram o desejo e o medo presentes na experiência humana.

é um acontecimento plural, ele não pode ser apenas mais uma figura que se perde na abstractização da dor.

Contra as narrativas históricas gerais que definem um território de partilha sob as categorias abstratas de "povo", "holocausto", "percentagem de mortos", o *testemunho* mostra que a partilha do sentido da dor e da morte, como feridas, não decorre do direito de uma entidade genérica sem identidade nomeável — como os países, os povos ou as nações — mas do testemunho dos sujeitos singulares que viveram desde dentro a *barbárie*. Aqueles a quem o regime de poder marcou sobre o seu corpo concreto uma escrita de dor e de morte.[28]

Como resistir quando o medo coloniza, quando o medo lança a obsessão de um instante esvaziado de densidade do acontecimento, quando a memória passa a ser o mesmo que um outro que é um *ser-em-abismo*, sem memória?

Sem a memória o homem seria sempre o espectro da sua liberdade. Estranho, ele seria apenas a materialidade de um presente em que todos os possíveis foram impossíveis. A liberdade não é para além da memória enquanto direito. Mas, "desde que os acontecimentos vividos pelo indivíduo ou pelo grupo sejam de natureza excepcional ou trágica, esse direito torna-se um dever: o de se lembrar, o de testemunhar".[29]

Certos acontecimentos devem tornar-se memória viva, pois "o Memorial restaura, assim, os desaparecidos em sua dignidade humana. A vida perdeu contra a morte, mas a memória ganha em seu combate contra o nada".[30] Contudo, o *dever de memória* não pode ser o objeto de uma moral que se defina a partir da literalidade da memória. A *memória literal* é portadora de risco, uma vez que "o uso literal que torna o acontecimento antigo intransponível, volta, no fim das contas, a submeter o presente ao passado"[31] ao fazer do acontecimento um *fato intransitivo*.

É fundamental, então, criar as condições de um *uso exemplar da memória*, onde a *compreensão* significa a irrupção de significação num acontecimento e o entendimento desse acontecimento a partir da sua fratura:

> os que conheceram o horror do passado têm o dever de elevar sua vozes contra um outro horror, este bem presente, se desenrolando a algumas

---

[28] Impossível não lembrar Kafka, F. *Na colónia penal*. Litoral Edições, 1988.
[29] TODOROV, T. *Les Abus de la Mémoire*. Évreux, Arléa, 1995, p.15.
[30] Ibidem, p.16.
[31] Ibidem, p.32.

centenas de quilômetros, até mesmo a algumas dezenas de metros deles. Longe de permanecer prisioneiros do passado, nós o teremos posto a serviço do presente, como a memória — e o esquecimento — devem se colocar a serviço da justiça.[32]

Para compreender o acontecimento é imprescindível deixar ser tocado.

Diferentemente do doutrinação[33], "a compreensão é criadora de sentido, de um sentido que produzimos no processo mesmo da vida, na medida em que nos esforçamos para nos reconciliarmos com nossas ações e nossas paixões".[34] No *testemunho*, aquele que se manifesta passa a existir para além de um discurso legitimado pelos *jogos de verdade*, uma vez que "a reconstituição do passado é percebida como um ato de oposição ao poder".[35] As memórias são, afinal, uma cicatriz que dá sentido à ligação da vida e da morte.[36]

Em *L'ère du témoin*,[37] Annette Wieviorka sublinha a importância essencial da figura do *homem-memória* enquanto *portador de história*; por referência a essa condição, a vítima adquire, por um lado, uma dignidade decorrente da sua condição de *homem-memória* e, por outro, uma legitimidade e identidade sociais enquanto *portador de história*. A memória é participação na *verdade* do mundo. Negamos a verdade àqueles a quem despossuímos da memória. Sem ela, a violência é a única possibilidade. Assim, ao incorporamos a história do *outro* no presente, o outro deixa de ser uma inconsistência ontológica.

Desenha-se, então, no espaço da memória, uma ligação entre a compreensão política e a compreensão de si, uma vez que, na sua radical diversidade, os resistentes à ordem totalitária sempre foram aqueles que

---

[32] Ibidem, p.61.

[33] "O endoutrinamento não pode senão reforçar ainda a luta de caráter totalitário contra a compreensão e introduz, em todo caso, um elemento de violência no conjunto do domínio político". ARENDT, H. "Compréhension et Politique". In: *La Nature du Totalitarisme*. Paris: Payot, 1990, p.41.

[34] Ibidem, p.41

[35] Ibidem, p.12.

[36] A vida e a morte constituem intimamente a condição essencial do humano. Todas as formas de construção simbólica do sentido, tentam dar consistência a esse momento, o morrer. Mas a proximidade com esse sentido nunca é posse. Morrer é sempre um acontecimento posterior a nós próprios, nunca podemos pensar a nossa própria morte, pois deixamos de poder tocar esse acontecer que faz parte da nossa existência. É necessário criar um sentido para a morte. O sentido ético da morte é uma exigência em termos de contemporaneidade.

[37] WIEVIORKA, A. *L'Ère du Témoin*. Paris: Plon, 1988.

possuíam, segundo a expressão de Hannah Arendt, *o hábito de viver consigo mesmo de forma explícita.*

Aqueles que realizaram o luto da sua dor transformam a literalidade da memória em *memória exemplar*, pois "a memória de nossos lutos nos impede de olharmos os sofrimentos dos outros, ela justifica nossos atos presentes em nome dos sofrimentos passados".[38] A *memória exemplar* é potencialmente libertadora, nela "o passado torna-se, por conseguinte, princípio de ação para o presente".[39] O uso exemplar da memória permitirá, então, "utilizar o passado tendo em vista o presente, servir-se das lições de injustiças sofridas para combater aquelas que ocorrem hoje, abandonar o si para ir ao encontro do outro".[40]

A atividade de compreensão torna-se, aqui, absolutamente necessária,

> ainda que ela não possa jamais guiar diretamente a luta ou fornecer os objetivos que, de outro modo, fariam falta, ela só existe para dar um sentido ao combate e permitir a emergência de uma inventividade nova do espírito e do coração humanos.[41]

É em relação a essa *inventividade do espírito e do coração humanos* que a memória pode ser o rastro infinito de uma ética que se ergue sob uma lógica do *limite*. E este é precisamente o espaço do *entre* — o espaço de conjugação de uma lógica do medo e do desejo, em paisagens não periféricas. O *limite* pode ser, neste contexto, um horizonte de ressignificação do espaço entre o humano e o desumano, precisamente o espaço onde se situa o conceito ético de dignidade.

Enquanto conceito ético, a *dignidade humana* deve ser interpretada no lastro da sua ligação com o *acontecimento* concreto. Ela só poderá surgir como significante a partir da sua incorporação no espaço do acontecimento histórico, tornando-se, assim, fundamental nomear com acontecimento a *barbárie*. Os acontecimentos possuem, então, uma sintaxe que, ao ser integrável no sentido da historicidade do presente, fá-los adquirir visibilidade e dignidade.

Reviver histórias de gente esquecida, num sentido de subversão, significa regredir o tempo linear e possuir a impossibilidade do esquecimento. É possível dizer o insuportável e o intolerável. Contudo, a morte é um

---

[38] REZVANI, S. *La Traversée des Monts Noirs*. Paris: Stock, 1992, p.264.
[39] TODOROV, T. id., p.31.
[40] Ibidem, p.32.
[41] ARENDT, H. idem, p.43.

acontecimento de silêncio. Mas nem todo o silêncio é fecundo. O das vítimas e dos carrascos é diferente.

Os carrascos apenas manifestam a crueza sem volume do silêncio. Eles desenham a racionalização dos factos como um processo totalitário de construção do sentido da história, apenas por um dos lados. Sob esta narrativa, a história é concebida antecipadamente como um acontecimento sem testemunha, um acontecimento cujo projeto é, na sua intencionalidade histórica, o desaparecimento literal das testemunhas. Realiza-se, assim, o apagamento da memória através de uma narrativa histórica que faz desnascer a memória plural.

Nas vítimas, a materialização da existência é o espaço fulminante do silêncio que se desprende de uma linguagem em que o silêncio é impuro. E depois, porque é sempre depois, terceiro na sequência cronológica do tempo de destruição, o silêncio dos silenciados. Aqueles a quem retiraram a voz e o corpo.

A necessidade do testemunho enraíza-se, simultaneamente, na solidão dos que falam e dos que calam. E quando o silêncio é a única fala?

Visibilidade sob uma pele interior. A arte

Para alguns, a narração da sua memória enraíza-se na impossibilidade de viver com as recordações sem as expor na escrita. Mas, o que pensar quando a escrita não é possível e tem de ser apenas uma expressão *ética do desaparecimento*? Como enfrentar a ética com a *voz segunda* de uma escrita que tem como testemunho a voz de uma primeira pessoa sem possibilidade de se enunciar na escrita? Aqui é fundamental a voz do sofrimento das testemunhas, sendo o sofrimento o único lugar desde onde se pode pensar.

Mas como dizer esse sofrimento com uma palavra que seja ética? E o que fazer quando as testemunhas já não existirem? Que vozes? Aí a arte é uma voz fundamental: "Mais que nunca, aí, a comunicação é necessária e difícil, mais que nunca a arte é uma obrigação", afirma David Rousset.[42]

---

[42] Rousset, D. "L'Art est une Obligation". In: *Le Monde – Dossiers et Documents Littéraires*, n.21, octobre, p.4, 1998. Prisioneiro político deportado em Buchenwald, Rousset foi um sobrevivente dos campos de morte. De regresso a França, publica vários livros nos quais procura analisar e compreender o universo concentracionário. Mas, para ele, era essencial fazer da sua acção uma implicação mais radical no plano do mundo, era preciso regredir o esquecimento, não apenas pelo fechamento no ressentimento de uma *memória literal*, tal como Todorov o afirma em Les *Abus de la Mémoire*, mas, fundamentalmente, questionar, a partir da experiência do passado,

A necessidade do testemunho não significa apenas a consistência do testemunho como documento social, uma vez que, tal como o afirma David Rousset ao referir-se ao universo concentracionário, "por mais rico que seja o documento ou o testemunho, por mais precioso para o analista, ele não permite participar, portanto, compreender realmente e desde logo, que o relato não tem comparação com o vivido pelo autor". Para David Rousset, "a arte é a única introdutora possível, a única que abre a intimidade das profundezas concentracionárias. [...] Para que aquele tempo, lá, não seja perdido".[43] Aceitar o indizível do intolerável é uma forma de pactuar com o silêncio liso dos carrascos, um modo de abstratização onde a história se esvazia de homens.[44] A experiência limite é dizível, deve sê-lo. Ao dar nome, dá-se existência.

Dar sentidos através dos *nomes* aos acontecimentos sem memória é não dizer o outro, mas erguer a voz do outro, é construir linguagens de resistência. *Dar nome* é trazer à existência o destino individual das vítimas. O que não significa a transparência da memória narrada: "na linguagem dos homens elas (as coisas) são supradenominadas. Na relação das linguagens dos homens com as das coisas, existe algo que, aproximadamente se pode designar por 'supradenominação': supradenominação, enquanto

---

os campos de deportação soviéticos que, nos anos 40, estavam em atividade. Esse questionamento afigura-se, para Rousset, como um dever de todos os deportados, de forma a tornar o passado um acontecimento significante que seja a raíz da acção sobre o presente. Neste contexto, a *memória exemplar* torna possível que — face a uma acção de que não se é ator, mas que se conhece por analogia ou do exterior — se sustente o dever de implicação e transformação de uma outra situação integrada no universo concentracionário.

Esse universo possui diferentes manifestações, não podemos comparar os campos de extermínio com os campos de deportação, existem diferenças irredutíveis entre eles. Não se trata de universalizar – o que seria, uma vez mais, uma forma de esvaziar a história dos homens que a vivem: "o universo concentracionário é sem medida em relação a todos os outros", escreve Rousset. Como o explicita Todorov, "a memória exemplar generaliza, mas de maneira limitada; ela não faz desaparecer a identidade dos fatos, ela os coloca somente em relação uns com os outros, estabelece comparações que permitem salientar semelhanças e diferenças. E "sem medida" não quer dizer "sem lugar": o extremo está em germe no cotidiano. É preciso, não obstante, distinguir entre germe e fruto". TODOROV, *Les Abus de la Mémoire*, p.46.

[43] Ibidem, p.4.

[44] A morte é a privação da palavra — de um eu que já não pode enunciar-se. Nesse contexto, a possibilidade da morte se transmutar em enunciado pode cumprir perfis discursivos mas não éticos. Em toda a representação há sempre um elemento perturbador onde o *entre* é um espaço impossível de ser partilhado. Sob essas circunstâncias este acontecimento pode afigurar-se como construção simbólica e não como promessa de ser. Aqui a linguagem torna-se um texto instável.

fundamento lingüístico mais profundo de toda a tristeza e emudecimento (observado a partir das coisas)".[45] No entanto, no testemunho é necessária uma *linguagem outra* que ultrapassando a *linguagem humana dos nomes* seja próxima das *linguagens sem nome,* utilizando as expressões de Walter Benjamin, pois "a linguagem não é apenas comunicação do comunicável, mas, simultaneamente, símbolo do não comunicável".[46]

Uma linguagem onde a palavra/imagem, pronunciando os acontecimentos das vítimas, ressignifica o existido através de um texto outro que não se constitui a partir da gramática de uma racionalidade totalitária, mas de uma fratura desencadeada pelos acontecimentos. Esses homens não são os enunciadores de enunciados; são eles próprios a enunciação e o enunciado, justapostos no seu corpo.

Se a história é a gramática do tempo, a memória é a enunciação da temporalidade enquanto raiz da compreensão. Isto é, a memória é um texto de acontecimentos que se ressignificam numa linguagem que é o lugar de *compreensão.* Compreender é o processo que se enraíza no *toque* com a textura de um acontecimento que fere indivíduos concretos. Compreender é habitar o *espaço entre,* onde o silêncio se afirma como modalidade significante de sentido: "A compreensão é um processo sem fim [...]: é a maneira específica na qual o homem vive, porque cada indivíduo tem necessidade de se reconciliar com um mundo no qual era estrangeiro à nascença e no seio do qual permanece sempre estrangeiro. A compreensão começa com o nascimento e só tem fim com a morte".[47]

Esse movimento ético do pensamento não é solipsista; nele afigura-se essencial pensar que traços do outro recriam em nós a nossa identidade e natureza — *nmadaes*. Mas com a certeza que a resistência, tal como pensa Deleuze, não significa necessariamente salvação.

É essencial ler de outra forma o espaço de significação: os sentidos recortam-se sob territórios imperfeitos porque assentam a sua definição na indefinição de fronteiras. Para tal, urge criar uma *linguagem outra* em que a compreensão (ética) seja íntima da beleza (estética) da escuta e do olhar. Uma beleza que nasce do *espaço entre* o silêncio e o silêncio, pois, como escreveu Daniel Sibony numa crônica publicada em 1997 no *Libération,*

---

[45] BENJAMIN, W. Idem, p.194-195.
[46] Ibidem, p.196.
[47] ARENDT, H. idem, p.40.

a verdade não é um deus predador que brincasse de comer os corpos humanos, [...] ela é um movimento, cheio de rigor e de graça, que ajuda os humanos a viver e, aí, se reencontrar. Ela não é da ordem do cutelo (sim, não), mas o meio termo fecundo, onde um e outro produzem, como terceiro, uma verdade.

Porque a verdade é uma linguagem de múltiplas vozes a múltiplas vozes, o sentido é vagabundo e o *lugar* é a proximidade interior da pele. E tocar é o movimento que constitui a ligação intrínseca e íntima entre a ética e a estética.[48]

Quando o silêncio se rasga com o sangue das imagens que obsessivamente rompem os crânios e as mãos, é fundamental *dizer a escuta das testemunhas*. O silêncio das vítimas não é vazio, mas o lugar de uma experiência impossível de transmitir. Pelas palavras ou pela ausência delas.

Mais importante do que a categoria abstrata de acontecimento, é o acontecimento enquanto força em bruto do medo e da dor das vítimas. Elas têm voz. E é essa voz que deve constituir o acontecimento. Como compreender? A própria compreensão faz-se no limite. A dor não é abstrata. A memória é uma história com homens. De tato.

O ato de testemunhar — enquanto exorcismo da dor (o homem-memória) ou enquanto ferida ética infinita (dar testemunho do acontecimento, a sustentação da memória das vítimas como ética) — afirma não só a transgressão dos significados legitimados pelos diferentes regimes de poder, como a resistência desde dentro do acontecimento. E assim criam-se *lugares de sentido* que são o resgate de uma dignidade impedida de dissolução desde dentro, a partir da voz que sofreu na materialidade do existir.

Pela arte, não se traduz o intraduzível da dor — a dor na terceira pessoa é uma ficção — mas cria-se o espaço de manifestação possível ao toque, através da disseminação do sofrimento vivido por quem o sofreu desde dentro.

Desde dentro significa que o sofrimento é sempre penúltimo, face à sua expressão; ele é incomunicável. Mas existe um *direito à memória* que é um dever de transgressão e resistência, um dever que se configura num sujeito que ressignifica em si uma sintaxe do inominável e, criando uma outra linguagem, interrompe desde dentro, através da sua obra, a vida de

---

[48] "Olha com atenção, regista o que vês; descobre uma maneira de tornar necessária a beleza, descobre uma maneira de tornar bela a necessidade". MICHAELS, A. *Peças em Fuga*. Lisboa: Presença, 1998, p.51.

outros sujeitos. Essa interrupção, pela sua obra, significa um encontro com a memória de outro — um processo de educação pela arte — em que essa criação é o toque do humano.

A arte implica, simultaneamente, a interrupção da negação da dignidade de si mesmo — único e irrepetível —, enquanto acontecimento maximamente íntimo e próximo da identidade de um sujeito, e também o toque com o outro, desde o mais próximo de si que é a interrupção de uma existência a partir de uma ressonância interior de pele — o toque do outro. Esse toque é uma forma de comunicação e luta contra o esquecimento de uma história irrepetível, sendo também a possibilidade de transformação de uma historicidade do presente: a possibilidade de incisão no corpo do mundo através dessa memória. Nesse sentido, trata-se de uma memória que é vida e não um campo de morte do desejo.

A arte é o único introdutor possível para falar dos campos de concentração e de morte, dizia David Rousset. Nesse sentido, a arte pode ser a procura de raiz do momento de ligação, desde dentro do *acontecimento*, onde se habita o *espaço entre* as palavras, as imagens, as recordações e o esquecimento.

A dor e a morte do outro originam uma situação limite da qual nasce a ética. Aí, os mortos não são cadáveres, mas marcas que eles próprios deixaram na memória de outros sujeitos. A compreensão, enquanto *lugar*, é, então, uma atitude essencial para a resistência. E *dizer* pode talvez exigir outra linguagem, a estética e a ética em ligação íntima.

Dizer as imagens e as palavras — os olhos e as vozes — é a única forma de dar visibilidade à impossibilidade de sentido de certos acontecimentos. Fazê-los furar a pele dos que veem ou leem, como uma luz que atravessa os olhos mesmo com as pálpebras fechadas, no limite da transparência da impossibilidade de olhar. É, afinal, procurar os sinais de dor e de alegria enquanto dimensões constituintes da existência, no texto interior do acontecer.

Uma educação contra o esquecimento

Os mundos existem pela construção de sentido que acoplamos ao real — através da construção de formas simbólicas que são o alfabeto da escrita do mundo. A educação é uma forma de construir mundos.

A educação contra o esquecimento deve partir do acontecimento maximamente concreto — aquele no qual um indivíduo transporta todos os humanos. Não existem memórias periféricas. Cada uma das vítimas é a figura da humanidade e é neste parodoxo que se deve sustentar a força de uma *pedagogia da recordação*, utilizando a expressão de Pierre Vidal Naquet. No fundo, a educação é a aprendizagem de um *ato de nomear*, onde o esforço de compreensão não seja mais um equívoco *jogo de espelhos*[49] no qual o acontecimento surge como ficção.

É urgente sustentar a memória das vítimas, de todas as vítimas. Assim, é necessária uma linguagem que parta da sintaxe do sangue da realidade contemporânea. A educação pela arte deve ser o momento de ligação entre a memória daquele que existenciou a dor e a memória que se cria pela compreensão que nasce da partilha íntima de um sentido através da arte.

O trabalho fundamental da educação deve ser o de encontrar expressões de utilização da memória que, a partir do *dar testemunho* dos acontecimentos, assumam a configuração ética do toque. Porque o *toque* é o lugar de compreensão: "Sem esta espécie de imaginação que constitui de fato a compreensão, nós não saberíamos determinar nossa posição no mundo. É a única bússola interior que possuímos. Somos contemporâneos somente do que nossa compreensão atinge com sucesso".[50] Através da arte, a educação surge como um modo de utilização da memória para não nos condenarmos à não compreensão do sofrimento.

Percorremos um caminho onde, a partir da não intencionalidade do *acontecimento*, se funda a significação da *memória* pela *compreensão* do acontecimento que nos rompe eticamente. Mas como utilizar essa memória para fundar o chão da resistência que se abriga numa memória plural, contra o esquecimento?

A educação pode assumir a intencionalidade desse esforço humano de significação do silêncio e da voz daqueles que são os Outros.

---

[49] "O espelho, antes de tudo, é uma utopia, já que é um lugar sem lugar. No espelho, me vejo lá onde não estou, num espaço irreal que se abre virtualmente atrás da aparência, eu estou lá, lá onde não estou, uma espécie de sombra que me dá a mim mesmo minha própria visibilidade, que me permite olhar-me, lá onde estou ausente: utopia do espelho. Mas é igualmente uma heterotopia, na medida em que o espelho existe realmente, e onde ele tem, sobre o lugar que eu ocupo, uma espécie de efeito de volta; é a partir do espelho que me descubro ausente do lugar onde estou, já que me vejo acolá. [...] o espelho funciona como uma heterotopia no sentido que ele torna esse lugar que eu ocupo no momento em que me olho no espelho, ao mesmo tempo absolutamente real, em ligação com todo o espaço que o circunda, e absolutamente irreal, já que ele é obrigado, para ser percebido, passar por esse ponto virtual que está acolá". FOUCAULT, M. idem, p.756.

[50] ARENDT, H. idem, p.60.

Pela comunicação dessa memória através da arte, enquanto único introdutor possível de todos os universos concentracionários, será possível construir uma *memória exemplar* que é, afinal, um lugar de resistência.

O dizível do indizível é, então, o espaço fundamental onde a memória constrói um sentido humano para a historicidade do presente e onde a filosofia "[...] "é como um estado clandestino do pensamento, um estado nômade".[51] Neste contexto, a educação pode ser a escrita de campos nômades de sentido que permitem manter o espaço de vida e de liberdade. Erguendo-se, então, como a raíz ontológica da criação e da esperança.

À filosofia cabe-lhe a tarefa de afrontar o real, pensar o mal onde ele subsiste. O passado não pode ser aceito como inalterável; é necessário opormo-nos a esse passado desde o presente — que é o acontecimento no qual o lastro do passado consome e recria todos os sentidos possíveis. A resistência é uma ética dos que estão vivos.

---

[51] DELEUZE, G. idem, p.210.

Estilhaços de utopia. Vontade de poder, vibração transcultural e eterno retorno[1]

Martín Hopenhayn

Nas páginas seguintes tento esboçar elementos para utopizar em um cenário *pós*, quer dizer, a partir do colapso das grandes utopias que encharcaram a Modernidade com esperanças, sangue e suor. Para isso me apoio fortemente em conceitos extraídos da filosofia de Nietzsche, complementado com o atual fenômeno do multiculturalismo. De um lado, recorro à noção nietzschiana de *vontade de poder* para aí repensar um novo vínculo com o outro que vai além da mera tolerância e apela à *afetação e recreação mútua*. Tal conceito me permite repensar o emergente pluralismo cultural como *permeabilidade* de uma cultura ao aporte enriquecedor de outras. Finalmente, a noção nietzschiana do *eterno retorno* me permite sair do esquema linear do tempo histórico e pensar o tempo da liberdade como recorrente e espasmódica.

A vontade de poder como disposição singular

O desabamento veloz das utopias modernas pode ser entendido como promessa de maior diferenciação, quer dizer, como opção para o desenvolvimento de sujeitos mais "singulares". Pós-muro, descobrem-se os novos símbolos e *scripts* da vida humana, já não reduzida a funções a respeito de um futuro absoluto ou uma ordem fechada. Porém também pode sentir-se este desabamento de utopias como ameaça de um "sem sentido" que ocorre de maneira cada vez mais corrosiva. À medida que nos distanciamos da própria orgia do colapso — essa revolução invertida que foi a queda do muro —, a liberdade subjetiva começa a ser vivida, cada vez mais, como desassossego. Não é casual, pois, que quem proclamara a morte de Deus também prevenisse contra

---

[1] O presente artigo baseia-se no livro do mesmo autor, *Depois do niilismo: de Nietzsche a Foucault* (Barcelona/Santiago, Editorial Andrés Bello, 1997). O autor combinou partes dos últimos quatro capítulos do referido livro e acrescentou algumas passagens inéditas, na tentativa de articular uma proposta unitária.

a ilusão utópica de redimir definitivamente o sofrimento[2]. A pretensão de pôr fim à dor e à solidão, que na ilusão utópica acreditamos possível tanto para nossa biografia pessoal como para a história de nosso povo, resultou ser um elo a mais corrente do senhor: amarra à desesperança cada vez que a dor reaparece ou cobra uma nova figura, e acaba rebelando-se ao mesmo jogo do devir.

Uma vez mais será preciso insistir que a liberdade, para forjar-se uma nova sensibilidade, não pode pretender-se inabalável, nem ao resguardo definitivo de angústias. O desejo legítimo de autocriação, próprio do espírito moderno, é inseparável da experiência de ver-se abalado pelas situações que tal desejo vai gerando à medida que se desprende.[3] A saída para a vontade de liberação não está nesta pretensão *salvacionista*, mas, ao contrário, em tomar sua própria vulnerabilidade como parte de sua riqueza experiencial. A reinvenção de si mesmo "toma a si suas consequências". Nisso, tanto a filosofia como a vida de Nietzsche têm algo de emblemático.

O conceito de vontade de poder de Nietzsche congrega esse duplo fio da vocação autocriadora. A vontade de poder é tanto um modo particular de expor-se à transfiguração do entorno, um modo singular de processar tal exposição, quanto um modo de refluir-para-fora a partir dessa experiência pessoal. Na vontade de poder está a permeabilidade ao meio e a energia para transfigurar esse meio. O duplo jogo do término é o que aqui me interessa resgatar.

A transfiguração que exerce a vontade de poder começa, portanto, consigo mesma: seu próprio *pathos* é sua matéria imediata de reinterpretação. Junta os elementos que lhe provê sua peculiar permeabilidade às forças externas — e às suas próprias forças reativas ou passivas —, e logo as reelabora como material para reprojetar seu peculiar modo de se ressignificar. Essa reprojeção tem sentido produtivo e sentido crítico. No primeiro, afirmando-se em sua diferenciação, vale dizer, singularizando-se. Em sentido crítico, a vontade de poder reelabora sua vulnerabilidade

---

[2] Refiro-me a Friedrich Nietzsche. A proclamação da morte de Deus se anuncia primeiramente em *A Gaia Ciência* e se aprofunda em seu célebre *Assim falou Zaratustra*.

[3] Por *desejo de autocriação* ou *autoprodução* refiro-me ao ideal moderno de um sujeito que é capaz de superar em sua própria vida os atavismos e cargas de uma herança cultural coercitiva, e que logo pode decidir livremente a respeito da vida que quer realizar. Esse desejo ou vontade de auto-produção — ou de *singularização* — é parte do imaginário utópico contemporâneo. Faço alusão não tanto à proclamação utópica de "mudar o mundo", mas de "mudar minha vida" e fazer, desta máxima, o objetivo de um movimento coletivo.

para relançar-se com impulso desvelador contra aquilo que a debilita. Dito na linguagem dos antipsiquiatras, "não se trata de 'resolver' as ansiedades persecutórias mas, sim, de *usá-las*, lucidamente, para destruir uma situação persecutória real, objetiva, em que estamos aprisionados desde antes do início de nossa existência".[4]

A vontade de poder aparece assim reinstalada na fronteira entre a *afeição* que produz em nós aquilo que se passa em nós mesmos, e nosso poder para graduar tal afecção, recriá-la e utilizá-la como matéria prima em nossos atos de singularização. Já em seus primeiros escritos da juventude, um Nietzsche quase adolescente interrogava sob a influência de Emerson: "e não depende dos acontecimentos em certo modo só a tonalidade de nosso destino, enquanto que a violência ou a debilidade com que nos golpeia só depende de nosso temperamento?".[5] A vontade de poder encontra seu lugar entre o que nos advém e a carga que nele imprimimos: entre nosso *destino* e nosso *caráter*. Segue o jovem Nietzsche: "Enquanto o destino aparece ao homem no espelho de sua própria personalidade, o livre arbítrio individual e o destino individual são dois adversários igualmente fortes".[6] Mas logo essa tensão se revela também como *relação interna* entre destino e caráter: "Não devemos esquecer [...] que o homem enquanto atua, criando assim seus próprios acontecimentos, determina seu próprio destino; que os acontecimentos tal como se apresentam ao homem têm sido ocasionados por esse, consciente ou inconscientemente, e tem de se concordar com ele".[7]

Como na cosmovisão do alquimista, uma sugestiva correspondência fica insinuada entre o afeto e a biografia, entre aquilo que ultrapassa nossa vontade e como a inundamos com nossa própria produção de sentido. A vontade de poder deverá ser entendida como um *campo de afinidades* entre o ser e o suceder, entre o caráter e o destino, entre a intencionalidade da vontade e os vínculos que o mundo estabelece com ela. Rompe-se assim o divórcio entre sujeito e objeto, entre vontade e mundo e, em troca, propõem-se relações de simpatia e antipatia entre múltiplas singularidades nômades, práticas de conhecimento em que o sujeito sempre participa, de

---

[4] COOPER, D. *La muerte de la familia*. Buenos Aires: Paidós, 1971, p.16.
[5] NIETZSCHE, F. Escritos de juventud. In: *ECO, Revista de la Cultura de Occidente*. Bogotá, número especial "Nietzsche 125 Años". p.481.
[6] Ibidem, p.484.
[7] Ibidem, p.484.

algum modo, a respeito daquilo que conhece, e sempre se autorrecria naquilo que recria. Ronald Laing diz em um paradoxo quase budista: "A Vida que estou tratando de captar é o eu que está tratando de captá-la".

A vontade de poder e o problema do outro

Se a vontade é pensada como um jogo dinâmico de afeição e produção de sentidos, que ocorre quando entram em cena outras vontades que se assumiram como modos singulares de recriar aquilo que os afeta? Que acontece quando os processos de diferenciação implicam compenetração intersubjetiva, diferentes vontades que não cessam de se reprojetar ao exterior sob novas figuras, e que nesta reprojeção atravessam-se umas às outras? Como repensar o problema do *impacto no outro*, a coexistência de sentidos heterogêneos conferidos reciprocamente, a permeabilidade de certas vontades frente a outras que também se afirmam se singularizando e se afetando?

Nesse ponto, a filosofia nietzschiana da vontade de poder é suscetível a distintas interpretações. Frequentemente tem sido entendida como uma filosofia da agressão e de legitimação do domínio de uns sobre outros. Que isso possa deduzir-se necessariamente de uma exegese da filosofia de Nietzsche é algo que não cabe discutir aqui; porém como meu interesse não é exegese, mas usar a bateria conceitual de Nietzsche em proveito de um pensamento emancipatório, acredito ser possível tomar um caminho diametralmente distinto. De que modo, então, a vontade de poder dá lugar a repensar positivamente o vínculo com o outro?

O reconhecimento do outro-diverso é também a evidência da impossibilidade da totalidade dentro de mim e a colocação em perspectiva de minhas certezas. A verdade do outro, diferente da minha, revela-se a mim como uma vontade singular e, portanto, não acabada. A presença de uma *outra* vontade me faz presente, através da evidência de minha própria incompletude, o caráter não fechado dos sentidos que minha vontade produz. Em sentido positivo, através desta diferença com o outro percebo-me como potencialidade de diferenciação, posso retomar minha existência como perspectiva-em-devir e não mais como totalidade consagrada. A intensidade com que uma vontade pode se projetar em suas perspectivas mantém, pois, uma correlação positiva com a presença de outras vontades, as quais também concorrem para projetar suas perspectivas.

Com isso, a relação entre vontades opõe à distinção sujeito-objeto um vínculo construído por relações de contrastes e correspondências, sincronias simpatias e também conflitos. Se a manipulação e o domínio do outro pressupõem uma *distância objetivante*, em que se configuram tais relações de domínio, a vontade de poder, em troca, necessita de um outro genuíno, que se afeta e que produz sentidos, para se pôr em movimento. Que a vontade se defina como um querer-produtor-de-sentido, pressupõe um outro intérprete desses sentidos, e que se defina como um *afetar-se*, pressupõe inversamente um outro que lhe configura sentidos.

Disto se deduz uma *comunidade* de vontades que se afetam; de vontades que em seu processo de diferenciação geram continuamente vínculos singularizantes entre si; de sujeitos que não se restringem a ser semelhantes em direitos, mas que, além disso, se conferem significações que os modificam. A vontade de poder implica, em escala social, o poder de transfiguração de uns por outros, colocados em metamorfose recíproca. Isso não exclui a necessidade de valores básicos de convivência, como a tolerância e o respeito à diversidade. Porém, tampouco se restringe a pensar a interação coletiva em termos formais, senão que se agrega um elemento *ativo*. A partir do ponto de vista da vontade de poder o outro tem comigo um vínculo intencional; e a questão é se ver a finalidade e a *singularidade* deste vínculo. O conjunto de vontades não é só a *ausência de coação*, mas *presença da diferença*. O reconhecimento de uma incessante influência e produção de sentidos no vínculo com o outro força a reinterpretar este vínculo em sentido forte: como compenetração, permeabilidade, reconstrução diferencial de identidade. Como assinalam Laing e Cooper, fazendo alusões a Sartre: "As significações no ambiente ou no outro jamais aparecem a nós, quando não seja na medida em que nós mesmos somos seres significantes. Nossa compreensão do outro nunca é contemplativa, é um momento de nossa *praxis*, um modo de viver."[8]

Este sentido forte que adquire o vínculo com o outro leva a pensar a comunidade de vontades também em sentido forte, como criativa no simbólico, dinâmica em sua recomposição interna e em sua impressão intersubjetiva. À luz dessa interferência, parecem bastante opacos os laços intersubjetivos que se deduzem da racionalidade do consenso — diálogo baseado em regras discursivas universais que permitem arbitrar

---

[8] R. LAING, R. y COOPER, R. *Razón y violencia: una década de pensamiento sartreano*. Buenos Aires: Paidós, 1973. p.54.

diferenças —, ou os laços leves que a sensibilidade pós-moderna sugere — relações descomprometidas, aleatórias ou meramente táticas entre os sujeitos. No terreno da vontade de poder, a intersubjetividade adquire outra ressonância, como campo de produção de vínculos singulares, e como processo sinérgico em que as distintas vontades se nutrem de seus vínculos para recriar-se. O tema do outro adquire mais relevo do que na racionalidade *procedimental* do consenso ou do que na racionalidade "débil" da sociabilidade pós-moderna. É possível, portanto, utopizar a partir desta reconstrução de ideia de comunidade, com base no conceito de vontade de poder: comunidade em que opera intensivamente a dialética afeição-transfiguração nas relações internas. Comunidade em que o vínculo não é apenas de "não agressão" ou de cooperação funcional mas, também, de ressignificação incessante.

A vibração transcultural

E como, hoje em dia, esta possibilidade toma forma? Gostaria de ensaiar aqui um veio que adquire caráter global, a saber, a compenetração entre culturas radicalmente distintas. Visto em positivo, esse movimento implicaria multiplicar exponencialmente as opções de recriação da identidade de cada um. O leque das formas de viver e das visões de mundo está se abrindo tanto, e tão visivelmente, que permite a cada sujeito reorganizar sua própria vida com margens inéditas de abertura.

Seria esta a forma utópica de entender tal fenômeno. Na transculturalidade que atualmente recompõe os códigos interpretativos em todas as latitudes, intensifica-se a permeabilidade entre vontades que ressignificam o mundo. Trata-se de um processo em que o outro, como um outro cultural que participa comigo em um campo de afinidades e conflitos, se recria também com particular intensidade.

Existe uma progressiva permeabilidade e confrontação entre culturas e sensibilidades muito diferentes. Um texto inédito intitulado sintomaticamente *Vibrações transculturais*, expressa a tentação por desenraizar-se na passagem para outros códigos culturais:

> Só superando a própria cultura e pertencendo a uma diferente, só pertencendo a uma ordem que desgarra nossa particularidade, pode alguém encontrar a possibilidade de comunicar em torno dos sentidos pensáveis e dos valores que já não levam ao modelo de sua origem[9].

---
[9] VISKER, R. *Transcultural Vibrations*, inédito, p.4.

Nessa nova mestiçagem, o sujeito busca fundir num mesmo ato a exploração antropológica e o vee existencial. A autoexperimentação encontra na viagem transcultural e na combinação de estilos suas versões mais sedutoras. De imediato, recriar perspectivas no contato com o "essencialmente outro" se torna acessível num mundo onde a heterogeneidade de línguas, ritos e ordens simbólicas é cada vez mais imediata.[10]

Se na história contemporânea a luta pelo respeito ao outro-distinto constitui uma conquista nunca de todo conseguida, hoje o desafio inclui e ultrapassa essa aceitação do diverso. Já não é só a tolerância do outro-distinto o que está em jogo, mas a opção da autorrecriação própria na interação com este outro. Passamos do velho tema do respeito para a aventura de nos olharmos com os olhos do outro. Entrar nesse olhar do outro me faz a mim ser outro em relação a mim mesmo.

Se se concebe o vínculo com o outro no marco de uma comunidade de vontades de poder que se ressignificam e se interpenetram em suas múltiplas produções de sentido, a transculturalidade adquire implicações muito mais intensivas. Nessa acepção da vontade de poder a compreensão do outro produz em mim um deslocamento de perspectiva. O *pluralismo torna-se perspectivismo*, isto é, *recriação do olhar e recriação da forma em que cada um se vê a si mesmo*. Não se trata apenas de repetir a crítica ao etnocentrismo e conceder ao bom selvagem o direito de viver à sua maneira e adorar seus deuses. Mais do que respeito multicultural, autorrecriação transcultural: retornar a nós depois de habitar os olhares dos outros, colocar-nos *experiencialmente* em perspectiva, passar nosso corpo pelo corpo do Sul, do Norte, do Oriente. Enfim, deixar-nos atravessar pelo vaivém de olhos e pernas que hoje se deslocam, em velocidade desenfreada, de um extremo a outro do planeta, repovoam nossa vizinhança com expectativas de ser como nós, porém também o inundam com toda a bagagem de uma história radicalmente diferente que se nos volta subitamente próxima. No dizer holístico de Morris Berman, isso implica "uma troca a partir da noção freudiana-platônica da prudência à noção alquímica dela: o ideal será uma pessoa multifacética, de traços

---

[10] Prefiro falar aqui de *transcultural* e não de *intercultural* ou *multicultrural*, porque a ênfase coloca-se menos no efeito de agregação, diversificação ou mestiçagem cultural, e mais no efeito de se transcender a si mesmo, através do "culturalmente-outro". O fenômeno que aqui interessa — e que é pertinente para a definição de vontade de poder já desenvolvida — é a permeabilidade de uma vontade por efeito de outra e, inversamente, a capacidade de que a vontade desenvolvida nesse encontro transcultural para exceder-se a si mesma, vir a ser outra, transfigurar-se, ser lançada para além de si mesma.

caleidoscópicos por assim dizer, que tenha uma maior fluidez de interesses, disposições novas de trabalho e vida, papéis sexuais e sociais, e assim sucessivamente".[11] Como nos delírios de Antonin Artaud, passamos a reconhecer-nos em personagens de outras histórias e em paisagens de outras geografias, talvez tampouco sem nunca nos instalarmos de todo nelas. A metamorfose intercultural incorpora em sentido positivo a arte esquizoide de mesclar os olhares dentro de si, refazer em seu próprio corpo as biografias dos demais.

Nessa ótica, a vontade de poder afirma sua singularidade *desenraizando-se* com relação a sua cultura materna e sintetizando sua própria história com retalhos de histórias que provêm de outros confins biográficos e geográficos. Esta troca pode ser fundamental dentro da trajetória do pensamento emancipatório, porquanto estabelece uma clara diferença entre o *singular* e o *particular* — o singular, como transfiguração; o particular, como atomização — e entre o *sintético* e o *totalizante* — o primeiro, como mescla; o segundo, como racionalização fechada. Para singularizar-se nessa compenetração entre sensibilidades heterogêneas, a vontade de poder separa a compulsão da própria particularidade. O particularismo é incompatível com a disposição de experienciar a partir de dentro da pele do outro, sobretudo quando a "outridade do outro" se institui precisamente em sua pele — seja sua cor, sua sensibilidade, sua vibração no mundo. Se hoje o deslocamento de perspectiva encontra sua matéria mais propícia nos processos de recombinação intercultural, o particularismo torna-se forçosamente reacionário em sua resistência a se ver a partir da sensibilidade ou da cultura do outro. A Modernidade abandona, aqui, o cenário atomizado em que cada um circulava em torno de seu próprio imaginário — um cenário em que o valor supremo da tolerância faria possível, em princípio, a coexistência sem agressão entre particularismos — e propõe um cenário "holístico", "sinérgico" ou "interativo", onde o recorrente é a própria mistura.

Nesse deslocamento, algo significativo ressoa na subjetividade. Minha diferenciação a respeito do outro transmuta-se em incessante diferenciação comigo mesmo. Porém não se trata tanto de dar as costas à própria história, mas, sim, de abri-la ao cruzamento com outras histórias. A interpenetração linguística, das maneiras de se alimentar e cuidar do corpo, do erotismo, enfim — móveis claramente desiguais para abrirem-se ao mundo —, constituem uma nova figura que, tanto no pessoal como

---

[11] BERMAN, M. *El reencantamiento del mundo*. Santiago: Cuatro Vientos, 1987, p.273.

no coletivo, põe à prova o ideal de singularização. Nas vertiginosas migrações que vão de leste a oeste e de norte a sul, na onipresença do olho de qualquer um que vê o mundo através do monitor, e na progressiva culturização do conflito político tanto em escala nacional como internacional, bate um desafio comum: *as sínteses transculturais não só se convertem numa possibilidade para praticar o perspectivismo, como também numa necessidade de ser perspectivista para evitar paranoias de não identidade.* A interpenetração de perspectivas avança em todas as direções e anuncia — ou promete anunciar — metamorfoses inéditas. São cada vez mais pluridirecionais, intensivos e acelerados os deslocamentos geográficos de culturas inteiras, enquanto a *mass media* as põem todas na frente de nossos narizes.

A transculturação se faz promissora precisamente pelo perspectivismo que ela possibilita ou precipita. Se a comunidade de vontades de poder está determinada pela permeabilidade recíproca e a interpenetração na produção de sentidos, uma ordem multicultural intensiva e hiperexpressiva, como a que nos cabe viver até o final do milênio pareceria colocar a plasticidade no altar dos valores onde antes jazia a tolerância ou o consenso. "Perspectivismo ou aniquilação da subjetividade", tal poderia ser o slogan de sobrevivência numa comunidade atravessada pela multiplicidade de culturas, o (des)encontro de imaginários, o baile das sensações. Ou o entrincheiramento no particularismo, ou a criatividade da mistura. A súbita explosão de cruzamentos e o inédito transbordamento nas mestiçagens sugerem uma nova utopia: as autocriações se fazem tão frequentes e familiares num novo mundo perspectivista que pulverizam o velho estigma da anomalia. O olhar fica liberado do prejuízo moralista, disciplinar ou racionalizador quando viaja, uma e outra vez, por tantos outros olhares.

Não obstante...

A vibração transcultural faz com que hoje se abra o campo simbólico para afirmar a diferença, entendida essa diferença como singularidade ou autocriação. Mas também, mais do que nunca, há irracionalidade no consumo, miséria evitável, injustiça social, violência nas cidades e entre culturas. A pluralidade tem dupla face. A instabilidade de referenciais não é garantia de um maior pluralismo. A dissolução de identidades perduráveis e a multiplicação de referenciais de valor não levam, necessariamente, a um desenlace libertador. Entre os possíveis efeitos poderão ser encontrados tanto o enrigecimento de fronteiras (desenlace reativo), quanto a diminuição do compromisso social (desenlace passivo), ou a atomização em referentes grupais de tom particularista, ou saídas intermediárias entre a maior tolerância e novas formas de regulação do conflito etc. Não assistimos a um *happy end*, mas à história em seu desenvolvimento entre o doce e o amargo.

Nunca teve tanto poder de reprodução global a *ratio*[12], inscrita nas comunicações, no consumo e na economia aberta. Nunca, tampouco, existiu tanta mistura. Nova York não é só a capital das finanças mas também a torre de Babel, a imagem condensada do mundo em que convivem o particularismo com a tolerância, a diversidade com a exclusão, a explosão com a implosão das culturas. A força centrípeta do *shopping center* e das migrações modernas, complementa a força centrífuga dos cruzamentos estéticos e da transculturação. A obsolescência acelerada toma parte tanto da exacerbação da *ratio* mercantil, quanto do descentramento dessa mesma *ratio* por efeito das metamorfoses da cultura e da caducidade de imagens que são providas pelos meios de comunicação de massas. "Sair da moda" fala do tremendo domínio da moda, porém também de sua impossibilidade de se perpetuar ou se impor de forma homogênea. A massificação da possibilidade de afirmar a diferença: É o final da diferença, ou o final da massificação? Não há fenômeno relevante, hoje, que não se preste a este tipo de ambiguidade da interpretação.

Certamente, há maior potencial autorrecriador por meio do desenraizamento cultural ou do nomadismo mental — "enraizamento dinâmico" de que fala Michel Maffesoli. Fica transcendida ou meramente debilitada a necessidade de pertinência? Atomismo e fragmentação no sistema social, diversidade dos símbolos na cultura. Utopia levada ao plano a sensibilidade, longe do campo da administração política e da organização do trabalho? O paraíso reconquistado está nas antípodas da imaginação utopizante de Moro ou de Campanella: anarquia nos valores, e total assimetria no acesso aos bens socialmente produzidos. Que racionalidade, se não é política, pode equilibrar a experiência libertária da diferenciação pessoal com a superação da pobreza? E desde qual racionalidade substantiva exaltar a transfiguração singular e a permeabilidade entre novos

---

[12] Entendo por *ratio* a primazia da razão instrumental sobre toda e qualquer consideração ética, e também o uso generalizado desta razão instrumental para consolidar uma ordem de integrados e excluídos, de dominadores e dominados.

códigos, sem deixar de regular a violência, o abuso, a discriminação e a exclusão social? A política entra pela janela.

A transculturação é promissora na medida em que prevê uma "democracia mental", na qual a opção de singularizar-se deixa de ser privilégio de minorias ou retórica de utopias. Nos fatos, porém, essa permeabilidade também provoca seu reverso: o bombardeio de hospitais em Saravejo ou o meio milhão de mortos que, em coisa de semanas, são produzidos por uma guerra entre tribos em Ruanda. A individuação cultural vai de mãos dadas com a ameaça aos direitos mais elementares dos indivíduos — não só como cidadãos, mas também como seres vivos. Já não é Schönberg afirmando a diferença mediante a descomposição de uma escala musical ou dos cânones da harmonia no pentagrama: é a vida cotidiana e a estabilidade das fronteiras o que se põe sobre o tapete. À maior torrente de interpretações enfrentada por um grupo fora de seu próprio discurso, corresponde uma maior tentação de entrincheiramento interno. Quanto mais se descentra o mundo, mais também se diversificam as fontes de agressão.

Isso coloca o maior problema ético à vontade de autocriação. Se existe uma tendência forte à diferenciação e à recombinação da sensibilidade, esta tendência se manifesta com a dupla face do singular-afirmativo e a negação do outro. Por certo, a noção positiva da vontade de poder sempre leva a pensar em bons termos a interpenetração com o outro, como permeabilidade recíproca que transborda recriando e que opera fora da lógica da rigidez dualista (este *ou* o outro). A solução radicaria então em buscar a filiação necessária entre esta forma positiva da vontade e as dinâmicas contingentes de interpenetração transcultural. Esse é um caminho possível, porém não é seguro. A filiação, pode-se argumentar, não é inexorável. Por se tratar de vontades, a aposta pela interpenetração positiva sempre está exposta a que lhe censurem seu voluntarismo.

A paixão pela diversidade convida a estabelecer um compromisso ao qual se obrigam certas regras que possam ser reconhecidas como base mínima na reciprocidade de compromissos. A *razão comunicativa* de Habermas adquire aqui toda sua pertinência. Como outras reflexões em torno à Modernidade democrática, a de Habermas busca conjugar a subjetividade com a compreensão recíproca e quer uma ordem em que a diferença nem seja estigma nem, tampouco, leve à negação do outro. Seja mediante a reivindicação do institucionalismo democrático moderno, como marco coletivo no qual inscrever as autoafirmações singulares; seja mediante a reivindicação de novos movimentos sociais e culturais como expressões desta vontade de diferenciação de novos movimentos sociais e culturais como expressões desta vontade de diferenciação: em ambos os casos se busca combinar, sem aniquilar, a ética da reciprocidade com a paixão pelo múltiplo.

Parece imprescindível reivindicar tanto o valor irredutível da tolerância — como princípio de convivência em grande escala —, como o valor expansivo da vontade de poder — como disposição a se permeabilizar pela diversidade. Tolerância reguladora *versus* compreensão ativa, aceitação da diferença *versus* permeabilidade à diferença. Racionalidade comunicativa com os deslocamentos do perspectivismo. Difícil equilíbrio entre as tarefas de construção social e o impulso de fratura. E sem este último: como transmutar as regras da liberdade em ações liberadoras, como romper o cerco gregário da reprodução social com os deslocamentos de perspectiva?

O eterno retorno e a nova estrutura temporal da utopia

A vibração transcultural nos fala de um espaço a partir do qual as distâncias entre culturas foram ultrapassadas pelas migrações, pelos deslocamentos das gentes, e pela circulação global de imagens e informações nos meios de comunicação. Virtual e real, o fenômeno liquida a categoria do espaço e faz que tudo se congregue em um mundo sem fronteiras e quase sem distâncias. A utopia de "comunidade global", como possibilidade de recriar-se com o outro-radicalmente-distinto, está alí, às nossas portas.

A esse estreitamento espacial corresponde, também, uma nova percepção do tempo: já não linear, mas recorrente; já não espesso, mas poroso. A essa nova forma de conceber o tempo pode nos conduzir outro conceito nietzschiano, a saber, o conceito do eterno retorno. Esse conceito rompe com a ideia de um tempo acumulativo ou progressivo. Tal como no espaço, as culturas se deslocam e entremesclam; no tempo não há um passado definitivamente superado nem um futuro prefigurado. Tudo se torna dobra, recorrência, mescla do que já foi e do inédito. Tal é, também, a noção pós-moderna do tempo não linear. O eterno retorno privilegia a sincronia sobre a diacronia, a força recorrente do instante sobre a lógica progressiva da história, a viagem rápida para trás e para a frente.

A partir da perspectiva do eterno retorno, não há um tempo totalmente-alienado-a-superar-definitivamente, nem um tempo libertário instaurado para sempre, ao final da história. O que há é mobilidade *e* recorrência. O paradoxo fixa-se nisto: enquanto se aceita que a liberação da subjetividade não é uma condição que o sujeito possa *estabilizar* nem dentro nem fora de si, mais pode se abrir à *recorrência* da liberação em seu próprio devir-sujeito. Dito de outro modo: *a expectativa de duração* do sentimento expansivo da liberdade (individual e coletiva) é inversamente proporcional à *recorrência efetiva* de dito sentimento. Quanto mais se quer constituir a emancipação em uma ordem perdurável, mais se afasta seu eterno retorno. É aqui que Nietzsche e Baudelaire parecem coincidir, um a partir do pensamento filosófico e o outro a partir da intuição poética: *o devir da emancipação não é senão que seu eterno retorno às dobras do tempo*. Em lugar do rigor do tempo acumulativo, a desordem das recorrências que alteram a linearidade do tempo. O sentimento de eternidade não é eterno, mas, ao contrário, pertence ao instante, e só retorna com o instante. Detonando nos desdobramentos do tempo ou nos seus extremos, esta é a forma que assume a liberdade uma vez que se admite a morte do metassentido. Não por ser contingencial, deve a aposta passar sem deixar marca, mas ao contrário: é por sua *dimensão contingencial* que este jogo da liberdade se sustenta, deixa marcas e recria a história.

Mas tudo isto é possível, ou sequer imaginável? Poder-se-ia argumentar, em favor dessa recolocação da experiência emancipatória no interior da contingência, que a liberdade já tem tido suficientes *oportunidades históricas de redimir a história*, e em todas essas oportunidades, em medidas variáveis, tem sido reabsorvida pelo remoer dessa mesma história que se mostra irredimível. Sem dúvida, desses fracassos parciais está feito também o movimento da liberdade. As estruturas mudam, e a liberdade sempre pode ir *um pouco mais adiante*, retornar mais completa e aprender com suas derrotas. Não como acumulação de sucessos até a redenção do tempo, mas como um *princípio de seleção* que tem sido medular nos conceitos nietzschianos de vontade de poder e eterno retorno. Em contraste com a progressão integradora da dialética, na seleção do eterno retorno a liberdade fixa-se na dimensão intensiva da experiência.

O caráter intensivo da liberdade a coloca mais *entre*, do que *dentro* de um topos: mais na diferença do que na identidade — e a diferença não entendida como identidade "outra", mas como incessante movimento de diferenciação, processo sempre inacabado de singularização na vontade de poder. O que a Pós-Modernidade hoje pode ter de impulso emancipatório inscreve-se nesta resistência à integração sistêmica. Contra a totalização, a emancipação nas margens do sistema ou nas dobras do tempo. Constitui, assim, parte de uma rebelião muito mais profunda, *contra o tipo de racionalização do ímpeto libertário* que prevaleceu, talvez tempo demais, como uma aposta redentora da Modernidade. Tal racionalização fundamentou-se numa associação entre *progresso acumulativo* no tempo e *integração progressiva* no espaço. O caminho da liberdade tem sido pensado, talvez com demasiada insistência, no cruzamento destas duas coordenadas.

Frente ao *leitmotiv* acumulativo-integrador da modernidade levanta-se esta outra visão em que a liberdade muda seu eixo, e se posiciona no cruzamento entre a *singularização progressiva* no espaço, e o retorno seletivo no tempo. Não mais acumulação progressiva, nem integração exaustiva, mas *seletividade crônica* — o retorno recriativo contra a repetição neurótica — e *singularização tópica* — a diferenciação versus a totalidade.

Recorrência singular significa que a liberdade não é uma utopia realizada. Ela não funda uma nova essência para a identidade, mas revela a identidade como eternamente não essencial e, paradoxalmente, como sempre suscetível de enriquecer-se com novas perspectivas. É possível, então, conjurar o efeito corrosivo do tempo e nosso consequente temor de morrer, não já mediante uma ilusão de eternidade, mas através destes *umbrais do vir-a-ser*, marcos que fazemos fulgurar como lampejos de luz na borrasca do tempo?

Mas se a liberdade funda-se na recorrência do seu ato, mais do que na perenidade do seu valor, até onde poderá a vontade renunciar ao *valor* da liberdade para intensificar a *experiência* da liberdade? E se a Pós-Modernidade provê a subjetividade de uma abertura *inédita* na história, como configurar uma *recorrência seletiva* desta experiência da liberdade — ou da liberdade como experiência —, se não transitamos experimentalmente por uma ampla *pluralidade de formas* de liberação?

Quanto mais estendemos o arco de configurações em que se *revela* — e se *rebela* — a liberdade, mais energia de liberação produzimos. A *profundidade está na largura*. Só recriando abertamente a experiência, poderá a vontade vir-a-ser artista de sua própria expansão. E quem, senão o sujeito libertado pela dinâmica da Modernidade, está chamado a julgar *ao mesmo tempo* com múltiplas racionalidades, por heterogêneas ou desconcertantes, e refazer-se com a argamassa de múltiplas interpretações? Porém uma vez mais, a configuração de liberdades contingenciais convive com a dissolução do sentido no horizonte, e o sujeito que experimenta a expansão libertária também padece sua própria *evanescência*. Nesse paradoxo, habitam os estilhaços de utopia, esperando que nós redobremos as apostas.

A palavra múltipla: por uma educação (po)ética

Joan-Carles Mèlich

> Sobre aquilo que não se pode falar, deve-se calar.
> Ludwig Wittgenstein

Desde há muito tempo o homem tem sido descrito como um animal dotado de *palavra*. "Que a fala articulada seja a linha que divide o homem das formas inumeráveis da vida animal, que a fala deva definir a singular eminência do homem sobre o silêncio da planta e o grunhido do animal — mais forte, mais astuto, de vida mais longa que ele". Essa era a doutrina clássica muito antes de Aristóteles. Encontramo-la já na *Teogonia* de Hesíodo. O homem, para Aristóteles, "é o ser da palavra". Como chegou até ele a palavra é algo que, como adverte Sócrates no *Cratilo*, é um enigma, uma pergunta que só vale a pena ser feita para avivar o jogo do intelecto, para abrir os olhos ao portento de seu gênio comunicativo; porém não é uma pergunta cuja resposta segura esteja ao alcance dos humanos."[1]

A palavra humana é plural. Nunca há uma só palavra humana, mas *palavras,* todo um conjunto de formas expressivas, distintas, diversas.[2] O ser humano é o ser que fala, porém que *fala de diferentes maneiras.* E o ser humano é o ser que também é capaz de expressar-se *silenciosamente.*

A tese principal que quero desenvolver neste texto é a seguinte: *na pluralidade da palavra humana há lugar para o silêncio.* O silêncio não é o fracasso da comunicação, mas uma das formas fundamentais através das quais o ser humano pode se expressar.[3] A partir de diferentes autores danubianos (especialmente Rilke, Wittgesntein e Schönberg), veremos esta dimensão silenciosa da palavra humana; uma dimensão

---

[1] STEINER, G. *Lenguaje y silencio.* Barcelona: Gedisa, 1994, p.63.

[2] DUCH, Ll. *Mite i interpretació.* Montserrat: Publicacions de l'Abadia de Montserrat, 1996, p.247. (Trad. Esp..: *Mito, interpretación y cultura.* Barcelona: Herder, 1998).

[3] LE BRETON, D. *Du silence.* Essai, París, Métailié, 1997.

que não somente oferece um excesso de sentido, mas que é a fonte de todo sentido. Resumindo: se há um sentido existencial na palavra humana é precisamente porque a palavra humana não pode dizer, mas somente *mostrar*.

***

O mundo moderno, o mundo da Viena de princípios do século XX — Viena de Wittgenstein, Trakl, Rilke, Mahler, Schönberg, Hofmansthal, Kafka, Schiele, Klimt, Musil, Broch, Canetti e outros — é um mundo no qual se perderam as "seguranças protetoras", onde já não fica nada indiscutível, nenhum fundamento seguro ao qual agarrar-se. A queda deste mundo, — *a morte de Deus* —, leva consigo a ideia da natureza humana substancial, imutável, "um mundo humano no qual se poderia encontrar abrigo".[4]

Na primeira de suas *Elegias de Duino*, Rilke diz que "o belo não é outra coisa senão o começo do terrível".[5] Quando o poeta se dá conta do que acaba de escrever, sabe que a partir de agora o sentido rompeu-se, talvez definitivamente.

O poeta descobre que o mundo humano é um mundo interpretado e, portanto, um mundo em perpétuo vir a ser, sem verdades fixas às quais ele possa se agarrar, um universo sem pontos de apoio: "Não há permanência em parte alguma". Vivemos em um mundo sem segurança ontológica. Viver em um mundo interpretado supõe habitar na incerteza, em um mundo no qual as verdades definitivas desapareceram. A diferença das coisas, das árvores, das casas... "só nós passamos por diante de tudo como o ar que muda de lugar"[6] Nada permanece, nada nos dá segurança. A obra de Rilke mostra a fugacidade da vida. As coisas são fugazes, e nós somos mais fugazes ainda. E nossa fugacidade consiste em ser *terrestres,* em ser finitos, em habitar *um* tempo e em *um* espaço. Isso parece irrevogável. Escreve Rilke na *Nona Elegia*: "A nós, os mais fugazes. Cada coisa, *uma vez*, só *uma*. *Uma* vez e nada mais. E nós também *uma* vez. Nunca mais. Porém esse haver sido *uma* vez, ainda que seja *uma* só: haver sido *terrestre* parece irrevogável."[7]

As "elegias" de Rilke expressam a condição do homem moderno. Não há nenhum lugar que nos pertença por direito. O ser humano não

---

[4] BLANCHOT, M. *El espacio literario. Op. cit.*, 1992, p.114.
[5] RILKE, R. M. *Elegías de Duino*. Madrid: Hiperión, 1999, p.15.
[6] Ibidem, p.27.
[7] Ibidem, p.95.

possui um espaço nem um tempo próprios. Somos nômades à busca de um sentido que nunca poderá ser encontrado:

> Se nós pudéssemos encontrar também algo humano puro, contido,
> uma estreita faixa de terra fecunda que nos pertencesse,
> entre a pedra e a corrente. Pois nosso próprio coração nos segue
> sobrepassando sempre, como a eles. E já não podemos
> contemplá-lo em imagens
> que o acalmem, nem nos corpos divinos
> que, por ser maiores, o moderam.[8]

A condição do homem moderno é a crise, a ruptura daquele mundo dado por hipotético, da abóbada que dava tranquilidade e respostas seguras à contingência, ao mistério da vida e da morte. "Não nos entendemos...", segue Rilke na *Quarta Elegia*. Vivemos em perpétuo movimento entre a vida e a morte, "entre o florescer e o murchar-se"[9], e já não há deus que nos libere desta tensão. Diferentemente do leão — "que não sabe de nenhuma impotência enquanto lhe dura seu esplendor" —, o ser humano pensa na dor no momento do prazer, porque é próprio do homem, quando pensa em algo, sentir o desdobramento de outra coisa. "Nossa vida passa se transformando", escreve na *Sétima Elegia*.[10]

A consciência do animal está segura, porém em nós não há tal segurança: "E onde nós vemos porvir ele vê totalidade, e a si mesmo nela e a salvo para sempre."[11] A totalidade se rompeu em múltiplos fragmentos, e o porvir está aberto. A liberdade do homem é agora imensa e, ao mesmo tempo, é terrível. O havia advertido Nietzsche: "Abandonamos a terra firme..."[12]

Em Rilke, observa-se com nitidez esta fratura que se abre na Modernidade entre as palavras e as coisas, entre o eu e a vida.[13] Com quais palavras se pode nomear o mundo? Como traduzir por escrito a experiência? Quem

---

[8] *Op. cit*, p.31.

[9] Ibidem, p.45.

[10] Ibidem, p.79.

[11] Ibidem, p.87.

[12] NIETZSCHE, F. *El gay saber o gaya ciencia*. Madrid: Espasa Calpe, p.184. O influxo de Nietzsche em Rilke foi manifestado por Claudio Magris: "Na obra de Rilke, a lição de Nietzsche está presente também no acento ambíguo que vem a assumir a relação entre a vida e a palavra". Magris, C. (1993): *El anillo de Clarisse,* Barcelona: Península, 2000, p.205.

[13] MAGRIS, C. *El anillo de Clarisse*. Barcelona: Península, 1993, p.207.

fala? Parece que já não há alguém que sustente o discurso, o sujeito se dissolveu e, não obstante, como o narrador em *O inominável* de Beckett, é preciso continuar falando, é preciso continuar...

Já não estamos em casa, seguros, sob o manto divino que nos protege. Vivemos em um mundo interpretado. O mundo moderno é o da morte de Deus, é o mundo desencantado, estranho... Um mundo no qual o eu se dissolve em uma cidade na qual já não é possível estabelecer relações com os demais, como conta o protagonista de *Los apuntes de Malte Laurids Brigge*.[14]

A cidade moderna é uma metrópole vazia, na qual a subjetividade, longe de se formar, se deforma; na qual, longe de se construir uma vida, se morre; porém se morre anonimamente.[15] Nem a vida nem a morte são, na cidade moderna, pessoais:

> Agora se morre em quinhentas e cinquenta e nove camas. Em série, naturalmente. É evidente que, por causa de uma produção tão intensa, cada morte particular não fica tão bem acabada; porém isto importa pouco. O número é o que conta. Quem ainda se importa com uma morte bem acabada? Ninguém. Até mesmo os ricos, que poderiam se dar a este luxo, começam a se tornar descuidados e indiferentes; o desejo de ter uma morte própria é cada vez mais raro. Dentro de pouco será tão raro como uma vida pessoal.[16]

Por esta razão, a propósito da obra de Rilke, Maurice Blanchot escreveu que

> a angústia de Malte está bem de acordo com a existência anônima das grandes cidades, com esse desamparo que converte alguns homens em errantes, caídos fora de si mesmos e fora do mundo, já mortos de uma morte ignorante que não se realiza. Esse é o horizonte próprio desse livro: a aprendizagem do exílio, esse roçar o erro que toma a forma concreta da existência vagabunda, até onde se evade o jovem estrangeiro, exilado de suas condições de vida, lançado na insegurança de um espaço onde não poderia viver, nem morrer ele mesmo.[17]

---

[14] RILKE, R. M. *Los apuntes de Malte Laurids Brigge*. Madrid: Alianza, 1997, p.9.

[15] Viena é a expressão mais relevante deste vazio que se concretiza, como manifesta Hermann Broch, num vazio de valores. Ver BROCH, H. "Hofmannsthal y su tiempo". In: *Poesia e investigación*. Barcelona: Barral, 1974, p.105.

[16] RILKE, R. M. *Los apuntes de Malte Laurids Brigge*. Op. cit., 1997, p.11.

[17] BLANCHOT, M. *El espacio literario*. Barcelona, Paidós, 1992, p.113.

Já não tem importância nem viver, nem morrer. Vive-se em massa, morre-se em série. Cada um de nós perdeu seu nome, somos um produto anônimo, uma peça da máquina burocrática, sem herança, sem passado e sem futuro. Escreve Rilke, em *Malte*:

> E cada um não tem nada nem ninguém, e viaja através do mundo com sua maleta e uma caixa de livros, e, em resumo, sem curiosidade. Que vida é esta? Sem casa, sem objetos herdados, sem cachorros. Se ao menos tivesse recordações! Porém quem as tem? Se a infância estivesse aqui; mas ela está como que enterrada. Talvez seja necessário ser velho para poder conseguir tudo. Penso que deve ser bom ser velho.[18]

* * *

Rilke, como Wittgenstein, Hofmannsthal ou Schönberg, mostra a irreparável ruptura entre o mundo e a linguagem. As questões verdadeiramente importantes já não encontram resposta, porque as respostas às perguntas fundamentais não podem ser ditas, talvez somente *mostradas*, como disse Ludwig Wittgenstein no *Tractatus*. Como escreveu Claudio Magris:

> A crise da linguagem parece remeter também a Rilke, como a Lord Chandos, em busca de outra língua "na qual falem as coisas mudas", de uma epifania do sentido, uma revelação da existência não atribuível às revelações da própria linguagem. Lida com essa entonação do ânimo, a famosa e ambígua frase que conclui o *Tractatus* de Wittgenstein — Sobre aquilo que não se pode falar, deve-se calar — acabaria por significar que fora dos limites do dizível se situa não o irrelevante, o indigno de ser considerado, mas o essencial, o sentido da vida.[19]

E, nós acrescentaríamos, a *ética*.

A cisão entre a linguagem e a vida é definitiva, e o que se acha fora do mundo (ou da vida, que para Wittgenstein é o mesmo[20]), não se pode dizer, pode-se somente mostrar. E nessa cisão anda em jogo o próprio sujeito: perda de atributos — como em Robert Musil —, ou simplesmente a afirmação de que o sujeito pensante não existe — como disse Wittgenstein no *Tractatus* (5.631). Porque o sujeito necessita da palavra para se constituir,

---

[18] RILKE, R. M. *Los apuntes de Malte Laurids Brigge*. Op. cit., 1997, p.18.
[19] MAGRIS, C. *El anillo de Clarisse*. Op. cit., 1993, p.204.
[20] WITTGENSTEIN, L., *Tractatus*. 5.621.

para se formar, e necessita da palavra para se orientar no mundo, para se situar na vida. Para esses autores danubianos, o mundo interpretado

> comporta o fim das correspondências criadoras entre o que se diz e o que está além das palavras, entre a dicção e a evocação que deveria surgir, como uma espécie de epifania, da mesma dinâmica das palavras, entre o significante e o significado. Então, o mundo se converte em um deserto, no qual a palavra já não é uma expressão da verdade e da beleza, mas um mero instrumento de dominação e de propaganda.[21]

Em um mundo no qual a palavra não serve para colocar, para situar o sujeito no mundo, na vida, este não pode senão se deformar, porque todo processo de formação é um processo de dar sentido ao mundo e a alguém mesmo; porém não se pode encontrar o sentido fora da palavra. Perdido na massa, no sistema, no labirinto burocrático, o sujeito moderno descobre também o absurdo. Nesta sociedade completamente administrada, o sujeito encontra-se isolado, perdido no mundo e em si mesmo. O Eu, uma das grandes conquistas da Modernidade ilustrada, entra numa crise irreversível.

Agora "o sujeito não pertence ao mundo, mas é um limite (*Grenze*) do mundo", escreverá Wittgenstein no *Tractatus* (5.632). Nada pode salvar o Eu, o Eu ilustrado, o Eu burguês.

Na sociedade da indiferença, no mundo desencantado, o espírito econômico, tecnológico e burocrático invade tudo. A arte, a literatura, a música, a filosofia não podem ser portadores de sentido, senão que descritores da voragem, do desencanto da sociedade moderna, uma sociedade na qual Deus está ausente. Os artistas e filósofos "danubianos" dão-se conta de que a capacidade evocadora das palavras havia deixado de existir. E nesse mundo despalavreado, o sujeito se deformou. Porém, definitivamente?

É muito conhecida a carta de Wittgesntein a Ludwig von Ficker, recolhida por Paul Engelman, na qual o primeiro sustenta que "O *Tractatus* é um livro de ética".[22] E a ética não diz nada do mundo, não diz nenhum fato, nada "do que acontece" (*Tractatus 1*). A ética e a estética, que são o mesmo (*Tractatus,* 6.421), são *transcendentais*. Pertencem ao

---

[21] DUCH, Ll. *L'enigma del temps*. Montserrat: Publicacions de l'Abadia de Montserrat, 1997, p.141.
[22] JANIK, A./Toulmin, S. *La Viena de Wittgenstein*. Madrid: Taurus, p.27. Ver, também, o comentário dessa afirmativa em BARRETT, C. (1994). *Ética y creencia religiosa en Wittgenstein*. Madrid: Alianza, 1998, p.15.

reino do místico e do místico não se pode falar. Porém se pode mostrar o místico. Nem a ética nem a estética podem ser ditas (*sagen*), não são expressáveis, só podem ser mostradas (*zeigen*).[23]

Porém, o que não se pode dizer (*sagen*), tampouco se pode pensar (*denken*). Nem a ética nem a estética são pensáveis.

E o sujeito? A obra de Ludwig Wittgesntein se inscreve de cheio nas filosofias de dissolução da subjetividade. O sujeito pensante, representante, não existe.[24] O sujeito não pertence ao mundo, é seu limite, sua fronteira. O sujeito é o limite entre o dito e o mostrado, entre a lógica e a mística. O sujeito é metafísico. (O que se *pode* mostrar não se *pode* dizer", 4.1212.)

A partir do aforismo 6.41 do *Tractatus,* Wittgesntein abandona completamente as questões de lógica. Além do limite do mundo e da vida ("o mundo e a vida é o mesmo"), se acha aquilo que é realmente importante, o sentido (*Sinn*) (6.41). *O sentido do mundo encontra-se fora do mundo,* no místico. No mundo, no qual se pode dizer, as coisas são como são. Por isso Wittgenstein dirá que no mundo não há valor (*Wert*). Os valores transcendem o mundo, estão além de seus limites. Não se pode falar dos valores, porque a linguagem da lógica só sabe, só pode dizer o que é, o que pertence ao mundo.

A conclusão está clara, não pode ser outra: não há proposições de ética (*Tractatus,* 6.42). A linguagem da ética não pode ser a linguagem proposional. As palavras fracassam ao tratar da ética. A ética é transcendental (*Tractatus,* 6.421).

Wittgenstein recuperará sta questão na *Conferência sobre ética* (1929-1930). Se começássemos a ler esta conferência pelo final, talvez tudo ficasse mais claro. O propósito de Wittgenstein, seu propósito, diz ele, é mostrar que a ética, na medida em que trata do sentido último da vida, não pode ser uma ciência.[25] A ética não entra dentro do âmbito do conhecimento. Wittgesntein recupera na *Conferência* o que anteriormente já havia desenvolvido no *Tractatus.* "Parece-me evidente que nada do que somos capazes de pensar ou de dizer pode constituir o objeto (a ética)."[26]

---

[23] JANIK, A. & Touknin, S. *La Viena de Wittgenstein Op. cit.,* 1998, p.35. Como vemos, o problema de fundo é linguístico. Nesse sentido, Wittgenstein não é indiferente à preocupação fundamental dos filósofos, escritores e artistas da Viena de sua época. A questão da linguagem, a crise da linguagem, é o grande tema da Viena de Wittgenstein.

[24] TUBERT, S. *Malestar en la palabra.* Madrid: Biblioteca Nueva, 1999, p.182.

[25] WITTGENSTEIN, L. *Conferencia sobre ética.* Barcelona: Paidós, 1989, p.43.

[26] WITTGENSTEIN, L. *Conferencia sobre ética.* Barcelona: Paidós, 1989, p.37.

Ele insiste na *Conferência* que a ética é sobrenatural. As palavras dos seres humanos dizem aquilo que é, as coisas que são, os fatos. A ética, porém, não diz o que é; a ética valoriza o mundo, julga-o. Isso posto, com que linguagem? O problema é difícil de resolver. Por um lado, Wittgenstein reconhece a importância da ética, admite que as questões éticas são de grande interesse para os seres humanos, porém ao mesmo tempo não há linguagem para dizer a ética. A ética mostra o fracasso da linguagem.

Isso é o que situa Wittgenstein junto a Hofmannsthal, Musil, Schönberg...[27] Todos eles têm em comum uma profunda preocupação pela linguagem, todos eles se dão conta de que a linguagem não serve para expressar o verdadeiramente importante. Por essa razão, dirá Wittgenstein ao final da *Conferência*, é que as coisas que têm mais importância são inexpressáveis. E para Wittgenstein, o verdadeiramente importante é a ética.

E esse é o problema. Insolúvel. "Uma xícara de chá só poderá conter o volume próprio de uma xícara de chá por mais que se verta um litro nela."[28] Se o sentido é o que se acha ao outro lado do limite, então a pergunta pelo sentido da vida não pode ser respondida. Todas as palavras, todas as proposições, fracassam na intenção. Daí que Wittgenstein sustenta que ainda que as questões científicas pudessem ser resolvidas, a resposta à pergunta pelo sentido continuaria sem se resolver. A única solução é que a própria pergunta desapareça. Mas Wittgenstein, diferente dos neopositivistas do *Círculo*, não diz em nenhum lugar que a pergunta deve desaparecer, mas que a única resposta para a pergunta sobre o sentido da vida é o desaparecimento da própria pergunta. Porém não diz, insistimos, que não se possa formular a pergunta. Porque a pergunta toma parte do espírito humano, é o testemunho do espírito humano que "por nada do mundo poderia ser ridicularizado".

***

Na música de Gustav Mahler encontramos a melancolia, a *nostalgia* de um lugar perdido. Em Mahler aparece toda a força de um destino trágico.[29] É o caso, por exemplo, do segundo movimento de sua *Oitava*

---

[27] No caso de Schönberg, veja-se sua ópera inacabada *Moses und Aron*.
[28] WITTGENSTEIN, L. *Conferencia sobre ética*. Barcelona: Paidós, 1989, p.37.
[29] Para Eugenio Trías, o destino trágico que encarna a obra de Mahler é superior a seus discípulos da Escola de Viena. Veja-se Trías, E. *Drama e identidad.* Barcelona: Destino, 1993, p.66.

Sinfonia; mais ainda, porém, na *Nona Sinfonia*, no último *lied* de *A canção da Terra* e o adágio de sua *Décima Sinfonia*. Se alguém é capaz de resistir à audição destas peças, dar-se-á perfeitamente conta de que se encontra ante um mundo em decomposição.

Herdeiro de Mahler, Arnold Schönberg é o compositor que, a meu juízo, representa a situação do ser humano nessa época de transição e de crise da palavra.

A música de Arnold Schönberg não conhece a referência a um tom fundamental, não há um ponto de partida desde o qual ele construa a composição. Tampouco há um final de viagem; trata-se de uma aventura sem princípio nem fim, sem pontos de referência. O espectador desconhece o caminho pelo qual caminhará a peça. É impossível adivinhar qual será a seguinte nota. Não há pontos de referência absolutos, não há refúgio tonal. Como escreveu Ernest Bloch, a música de Schönberg converte-se numa espécie de existência que vai se formando só enquanto acontece.[30]

Habitante da Viena do fim do século, contemporâneo de Wittgenstein, Freud, Klimt, Mach, Rilke..., a música de Schönberg é a música da morte de Deus, porque não permite vislumbrar um horizonte seguro desde onde se possa contemplar a vida e a morte. Porém sua música também mostra, como na maioria de seus contemporâneos, a crise da palavra, o abismo entre o eu e a vida.

A arte de Schönberg reflete *o espaço vazio de sua época*,[31] uma época que ainda é a nossa.[32] Resulta completamente impossível entender a crise do homem atual sem ter a música de Schönberg como pano de fundo. Sua música "está cheia das chagas de uma época de transição dura e nada paradisíaca."[33] A música de Schönberg expressa a crise na qual se acha imerso o homem moderno. O espectador, ao escutá-lo, tem a sensação de encontrar-se no caos. Em certas passagens, suas notas oprimem, intranquilizam, provocam resistência, porque Schönberg não resolve a dissonância. Em termos antropológicos, diríamos que não soluciona a contingência. Ao contrário, expressa-a, mostra-a. Parece que nos encontramos ante um

---

[30] BLOCH, E. *El principio esperanza*. Vol. III. Madrid: Aguilar, 1980, p.187.

[31] BLOCH, E. *El principio esperanza*. Vol. III. Madrid: Aguilar, 1980, p.188.

[32] Sobre a relação entre a Viena do fim do século XIX e nossa sociedade atual, veja-se LE RIDER, J. *Modernité viennoise et crises de l'identité*. París: PUF, 2000, p.39 e seguintes.

[33] BLOCH, E. *El principio esperanza*, Vol. III. Madrid: Aguilar, 1980, p.188.

drama sem final, ante um mistério sem solução, ante um problema sem resposta. E esse é o drama do homem moderno.[34]

Ernest Bloch escreveu a propósito da música de Schönberg: "Chegou-se a dizer que o único tom fundamental que resta nesta música é o da desesperança... [...] Porém tudo isso não é mais do que um absurdo exagero..."[35] Uma boa mostra disto poderia ser o grande afresco do expressionismo que está exemplificado no *Pierrot lunaire* (1912) de Schönberg.[36]

Porém é o *Sobrevivente de Varsóvia* o lugar em que Schönberg alcança, a meu ver, o clímax de sua produção. Se o expectador escuta esta última peça, muito breve — em torno de uns sete minutos —, poderá comprovar como não se resolve a contingência, como esta estrutura dramática sem final, essas chagas do homem contemporâneo às quais Bloch fazia referência, são agora mostradas ante a catástrofe do século XX: a *Shoa*.

Em seu exílio nos Estados Unidos, Schönberg recebe a notícia dos assassinatos perpetrados pelos nazistas. A deportação, os campos de extermínio, as câmaras de gás. Então escreve um texto impressionante, arrebatador. A *Shoa* é a última herança dessa época, é a manifestação mais relevante, mais empírica da morte de Deus e da morte do homem.

***

A finitude humana é insuperável. A vida humana tem lugar nesta tensão entre o dizer e o dito, entre o texto e sua interpretação. Cada novo nascimento abre um campo imenso de possibilidades a partir da casualidade, da *contingência* de haver nascido em um tempo e em um espaço concretos. Os seres humanos não somos somente o resultado de nossas ações premeditadas, mas também das casualidades, da contingência.[37] E é nesta tensão que se inscreve toda vida humana, toda identidade.

A palavra humana, uma palavra múltipla que abriga em seu interior a expressão do indizível, *o silêncio,* nos conduz a uma educação (po)ética. Uma educação poética é uma educação na qual a palavra

---

[34] Veja-se FUBINI, E. *La estética musical desde la Antigüedad hasta el siglo XX*. Madrid: Alianza, cap. XVI: " La estética y la dodecafonía". 1990.

[35] BLOCH, E. *El pricipio esperanza*, Vol. III. Madrid: Aguilar, 1980, p.187-188.

[36] Nesse mesmo ano, 1912, aparece *A sagração da primavera*, de Igor Stravinsky, dando lugar a um grande escândalo. Ambas são duas obras centrais do expressionismo. Veja-se MUSCHG, W. *La literatura expressionista de Trald a Brecht*. Barcelona: SixBarral, 1972, p.17.

[37] Para o conceito de contingência, sigo Marquard, O. *Apologia de lo contingente*. Valencia: Alfons el Magnànim, 2000, p.127 e seguintes.

humana expressa uma dimensão inexprimível. Essa dimensão na qual o dizer não pode ser dito é a condição da ética, da alteridade, do nascimento e da novidade.

Cada nascimento leva consigo uma radical novidade, uma irresistível surpresa.[38] Se esta novidade desaparecesse, o nascimento não existiria, e a educação ficaria reduzida a doutrinação. Mas a radical novidade não surge do nada, do vazio, mas da *contingência* e da *finitude*.

Uma educação poética é uma educação estabelecida na finitude; uma educação que expressa a tensão entre novidade e contingência, entre o indecidível e o que pode ser de outro modo, entre a situação e o sentido.

A *finitude*, e suas diferentes expressões — tais como a contingência, a novidade, o silêncio, a utopia... — são as figuras que levam consigo toda ação educativa. A palavra humana é uma palavra múltipla, é a palavra que pode ser dita de outro modo, a palavra que acolhe e deseja, que recebe e que dá. A palavra múltipla, a palavra (po)ética , é a palavra que nos ensina que existe no mundo a capacidade de inovar, de inventar, de não ficar preso pelo dito, pelo dado, pelo destino. Em toda vida humana tem lugar uma tensão antropológica fundamental, a tensão entre a contingência e a novidade: a *finitude*.

* * *

Somos o relato que nos contamos e que nos contam, um relato inacabado, que não se pode terminar. Somos o relato que só finaliza com a morte. A morte é o fim do trajeto, *o final da partida*, para dizê-lo com Samuel Beckett. Porém, enquanto isso, vivemos brincando, narrando. Os finais do trajeto acabam sendo sempre suspeitosos de totalitarismo.

Uma educação poética é uma educação que sabe que o ser humano está de passagem no mundo, que somos convidados da vida. Uma educação poética é uma educação que sabe que a palavra humana é plural e que esta palavra, ou palavras, tem sentido não somente pelo que dizem, pelo que podem dizer, mas também e essencialmente, pelo indizível, pelo silêncio, pelo testemunho, pela alteridade, pela ausência. E também pela fragilidade e a vulnerabilidade, pela mestiçagem e a fronteira, pelo desaparecimento de pontos de referência estáveis e absolutos.

Claudio Magris disse:

---

[38] Num outro texto, ocupamo-nos com essa ideia, em mais profundidade. Veja-se BÁRCENA, F. y MÈLICH, J.-C. *La educación como acontecimiento ético. Natalidad, narración y hospitalidad*. Barcelona: Paidós, 2000.

Não está mal encher folhas e folhas sob as máscaras que se riem enganosas e entre a indiferença da gente que está sentada ao redor. Esse bondoso desinteresse corrige o delírio de onipotência latente na escrita, que pretende ordenar o mundo com alguns pedaços de papel e pontificar sobre a vida e a morte. Assim a pena se submerge, queira-se ou não, em uma tinta diluída com humildade e ironia.

O café é um lugar de escrita. Se se está a sós, com papel e pena e tudo o mais, dois ou três livros, preso à mesa como um náufrago batido pelas ondas. Poucos centímetros de madeira separam o marinheiro do abismo que pode tragá-lo; basta um pequeno furo no casco e as grandes águas negras irrompem calamitosas, e te levam para o fundo. A pena é uma dança que fere e sara; transpassa a madeira flutuante e a põe à mercê das ondas; mas também a recompõe e devolve, a ela, novamente a capacidade de navegar e manter o rumo.[39]

* * *

A educação poética se situa em uma tradição, em um texto, em um *dito*. Porém não está fixada nesta tradição, neste texto. Seu modo de existir é interpretando e traduzindo. Portanto, educador e educando tomam o dito, o texto, e o voltam a dizer, o leem, o interpretam, o traduzem, se desdizem dele, o redizem de outro modo.... e assim até o final, até a morte.

Uma educação poética vive no jogo, no conflito das interpretações, na contradição, porque nunca se está de todo em uma interpretação; sempre se vive no conflito. A educação poética vive em um mundo interpretado, esse universo ao qual nos referíamos no início deste artigo. O mundo interpretado que Rainer M. Rilke assim descreve:

> Assim pois me contenho e sufoco o clamor em minha garganta
> de um obscuro soluço. Ai! A quem poderemos
> recorrer? Aos anjos não, nem tampouco aos homens.
> e até o sagaz instinto dos animais os faz perceber
> que não nos sentimos bem, nem seguros,
> neste mundo interpretado.[40]

---

[39] MAGRIS, C. *Microcosmos, Op. cit.*, 1999, p.19.
[40] RILKE, R. M. *Elegías de Duino. Primera Elegía*, trad. de Jenaro Talens. Madrid: Hiperión, 1999, p.15.

Dar a palavra. Notas para uma dialógica da transmissão[1]

Jorge Larrosa

> ... com cada nova consciência começavam as mesmas possibilidades de sempre, e os olhos das crianças em meio ao gentio — olha para eles! — transmitiam o espírito eterno. Pobre de ti, se não percebes esse olhar!
> Peter Handke. *História de crianças.*

Gostaria, antes de mais nada, de fazer três esclarecimentos sobre o subtítulo deste artigo, sobre isso de "Notas para uma dialógica da transmissão". O primeiro que gostaria de dizer é que se trata realmente de notas: notas de leitura, reflexões fragmentárias em forma de esboços, pequenos desenvolvimentos a partir de uma frase, de uma citação, de uma ideia. Visualmente, se parece com uma colagem ou, melhor, com um desses murais de cortiça nos quais se vai cravando, com percevejos diferentes, papeizinhos em torno de um assunto. Musicalmente, se pareceria a uma série de variações sobre um tema. Mas, talvez, simplesmente minhas notas não sejam nada mais do que anotações preparatórias para um texto sobre uma concepção da transmissão educativa, que eu até agora não fui capaz de escrever.

A segunda coisa que gostaria de dizer é que oscilei durante muito tempo entre "*dialógica* da transmissão" e "*diabólica* da transmissão". A palavra *diabólica* me agradava, em primeiro lugar, porque podia sugerir uma ideia não angelical da transmissão educativa. E me agradava também porque se o *simbólico* tem a ver com a união, com a sutura, com a totalidade, com a reconciliação, com a correspondência, o *diabólico* tem que ver mais com a separação, com a fissura, com a fratura, com a ruptura. A palavra "dialógica" tinha a vantagem de que colocava a questão da transmissão no lugar onde eu queria colocá-la, no lugar do *logos*, da linguagem. Mas a linguagem entendida como lugar da pluralidade e da

---

[1] Publicado em Alain Vergnioux, Henri Peyronie (eds.) *Les Actes du Colloque Cérisy: Le sens de l'école et la démocratie.* Bern: Peter Lang, 2001. Agradecemos ao autor e à Editora Peter Lang a autorização para reproduzir aqui o artigo.

descontinuidade, entendida diabolicamente. Eu queria que, em meu título, soasse uma dialógica diabólica, isto é, um pensamento da transmissão que não tem a ver só com o transporte do próprio sujeito, com a criação do comum ou com a mediação do heterogêneo, mas com a possibilidade do outro e com o desdobramento da diferença. Algo assim como uma *hetrológica* da transmissão ou, no contexto deste livro, uma *babélica* da transmissão.

O terceiro esclarecimento tem a ver com a palavra *transmissão*, com essa palavra que a linguagem pedagógica convencionalmente progressista pode omitir, enquanto que privilegia a aquisição sobre a transmissão, a aprendizagem sobre o ensino, a atividade sobre a receptividade, a produção sobre a reprodução, a competência sobre a realização, a autonomia sobre a heteronomia, a investigação sobre o estudo. Nesse contexto, pareceu-me oportuno pôr o acento na transmissão, e não para ir na contracorrente, mas porque vou tratar especificamente da transmissão, do transporte, no tempo. E da transmissão no sentido de dar e receber, de dar e de tomar, de dar a palavra e de receber a palavra e de tomar a palavra, do que acontece na transmissão do dom da língua.

Infância e acontecimento

A primeira nota é um esboço, a traço muito grosso, de uma figura da infância que vem substituir — ou talvez transtornar, introduzindo-se nelas e fazendo-as explodir a partir do interior — outras figuras milenares e ainda presentes em nosso imaginário, como, por exemplo, a infância como paraíso perdido, a infância como natureza domada, a infância como matéria prima para a fabricação de um mundo novo, ou a infância como ponto zero de um processo de desenvolvimento ou de formação. A imagem da infância, da qual tentarei fazer aqui um apontamento esquemático e provisório, é aquela que se constitui como figura de acontecimento. O acontecimento é talvez a figura contemporânea do *álteron*, do que escapa a qualquer integração e a qualquer identidade: o que não pode ser integrado, nem identificado, nem compreendido, nem previsto. Outras palavras que podem nomear também, ainda que de outro modo, o acontecimento são, por exemplo, interrupção, novidade, catástrofe, surpresa, começo, nascimento, milagre, revolução, criação, liberdade.

Com o objetivo de oferecer uma primeira ilustração dessa figura, transcrevo a continuação às últimas linhas de um dos primeiros textos onde aparece claramente delineado, concretamente, o discurso de "As três metamorfoses" do *Zaratustra* de Nietzsche:

> A criança é inocente e esquece; é uma primavera e um jogo, uma roda que gira sobre si mesma, um primeiro movimento, uma santa afirmação. Oh, irmãos meus! Uma afirmação santa é necessária para o jogo divino da criação. Quer agora o espírito sua própria vontade; aquele que perdeu o mundo quer ganhar seu próprio mundo. Mostrei a vocês três metamorfoses do espírito: como o espírito se faz camelo, como o espírito se faz leão, e, enfim, como o espírito se faz criança.

Obviamente, não vou fazer um comentário desse famosíssimo fragmento e limitar-me-ei a assinalar que a criança das três metamorfoses não é uma figura do passado, mas do por-vir; não da origem, mas da abertura; não do ponto de partida de uma narrativa de amadurecimento, mas o horizonte de um relato de libertação.

E essa figura pode ser lida também, ainda que modulada de outro modo, nessa fascinação pela infância que percorre as vanguardas artísticas do século que terminou. Recorde-se, por exemplo, a declaração de Paul Klee: "...quero ser como um recém-nascido, não saber nada, absolutamente nada da Europa... ser quase um primitivo". Ou a de Pablo Picasso: "...aos doze anos, pintava como um adulto... e precisei de toda uma vida para pintar como uma criança". Ou os *Exercícios de ser criança*, do poeta brasileiro Manoel de Barros, que incluem uma *Didática da invenção* que começa pelo imperativo de "desaprender oito horas por dia". Ou esse "Ter que olhar com olhos de criança e pedir a lua", em que Federico García Lorca cifrava a chave da inspiração em uma conferência proferida em 1928. Ou essa declaração programática de Peter Handke, que poderia ser utilizada como emblema de toda a sua obra: "Quem diz, pois, que agora não há aventuras? O caminho que vai do amorfo, simplesmente selvagem, ou do formalmente selvagem, ao selvagem repetível, é uma aventura (do espírito de criança à criança de espírito)". Ou os *Esboços de crianças; desenhos de crianças*, nos quais Henry Michaux expõe alguma das chaves de sua pintura. Ou as *Reflexões sobre as crianças, os brinquedos e a educação*, de Walter Benjamin, nas quais palpita essa ânsia messiânica de começo que atravessa sua teoria da história. Ou a reivindicação da imaturidade e da não formação, do *ferdydurkismo*, na qual Witold Gombrowicz via a exigência e a possibilidade da criação. Ou esse imperativo de desaprendizagem que Dubuffet considera como premissa de todo descobrimento. E poderíamos multiplicar os exemplos.

É como se o homem moderno estivesse cansado de si mesmo, prisioneiro de sua própria história, farto de sua própria cultura. Demasiado peso, demasiado lastro, demasiados condicionamentos, demasiada maturidade, demasiado trabalho, demasiada consciência. E nesse contexto, a difícil conquista da infância aparece como uma figura da inocência recuperada, como uma imagem da dificuldade do novo. Mas, além de todas as ambiguidades e paradoxos inscritos nessa figura, além do perigo de degradação em clichê que sempre assedia qualquer forma de expressão artística ou de pensamento, o que a reiteração da figura da infância revela é a relação inquieta que o homem contemporâneo mantém com a história — com a tensão não dialetizável entre continuidade e descontinuidade — e, talvez mais importante, a relação atormentada que o homem contemporâneo mantém consigo mesmo enquanto sujeito.

A figura da infância que estou tentando dar a entender, nesta primeira nota, não tem a ver com o novo como futuro, visto que aí ela estaria prisioneira de um tempo linear e progressivo e seria, portanto, aliada da história; nem com o novo como renascimento ou como *revival,* visto que aí ela estaria próxima dessa nostalgia que, no fundo, não encontra no passado a não ser aquilo que previamente foi nele colocado. A infância como acontecimento é capaz de apagar tanto o caráter de "meramente passado" do passado, quanto o caráter de "meramente futuro" do futuro. A criança não tem nada a ver com o progresso nem com a recuperação: não remete a uma pontuação do tempo ao passado, como ainda fazia a velha cultura humanística, para a qual a idade de ouro já passou e é irrecuperável, embora suscetível de uma emulação sempre insuficiente; e tampouco remete a uma pontuação do tempo ao futuro, para a qual o paraíso se projeta sempre em um horizonte inalcançável, ainda que suscetível de uma aproximação sempre incompleta. A criança não é nem antiga nem moderna, não está nem antes nem depois, mas agora, atual, presente. Seu tempo não é linear, nem evolutivo, nem genético, nem dialético, nem sequer narrativo. A criança é um presente inatual, intempestivo, uma figura do acontecimento. E só a atenção ao acontecimento, como o incompreensível e o imprevisível, pode levar a pensar uma temporalidade descontínua.

Educação e descontinuidade

Visto que cada uma das figuras da infância implica uma modalidade de relação com ela, e a educação não é outra coisa que uma forma particular de relação com a infância; proponho-me agora, nesta segunda nota, desenvolver brevemente qual figura da educação corresponde a essa figura da infância-acontecimento que acabo de apontar. E o nome dessa figura será aqui *descontinuidade*. Gostaria, portanto, de esboçar uma ideia de educação como figura da descontinuidade: pensar a transmissão educativa não como uma prática que garanta a conservação do passado ou da fabricação do futuro mas como um acontecimento que produz o intervalo, a diferença, a descontinuidade, a abertura do porvir. Entendo por descontinuidade, por temporalidade descontínua, uma forma de temporalidade que não pode ser reconstruída como totalização ou integração ou síntese ou mediação ou comunicação, que não pode ser pensada a partir do ponto de vista da identidade, nem sequer a partir do ponto de vista da identidade na mudança. Entendo também por descontinuidade uma forma de temporalidade que nada tem a ver com a ideia de processo, ou com as ideias subordinadas de desenvolvimento ou de progresso, com todas essa ideias que pressupõem um tempo contínuo dotado de direção e de sentido, cronologicamente orientado.

Com a palavra *descontinuidade*, portanto, pretendo nomear um pensamento da educação que perturbe o esquema dessa totalização temporal de corte humanista, ainda sob o modelo da *Bildung*, que subjaz às formas dominantes demasiado seguras e asseguradas da história e às figuras demasiado tradicionalistas da tradição. Ou um pensamento da educação que perturbe o modelo da comunicação ou, pelo menos, essa imagem demasiado tranquila e tranquilizadora da comunicação enquanto construção do comum, tanto no espaço quanto no tempo. Ou um pensamento da educação que perturbe as figuras demasiado tranquilas do diálogo, da compreensão, da mediação entre o passado e o futuro. Um pensamento da educação que se encarregue, em suma, do irremediável do tempo.

Fazendo soar a palavra educação junto à palavra *descontinuidade*, gostaria de sugerir, nesta segunda nota, um pensamento da educação que se encarregue de uma experiência libertadora da historicidade humana, que permita pensar o acontecimento não como determinação, mas como liberdade. Um pensamento da educação que seja ao, mesmo tempo, libertação do passado e abertura do porvir.

Futuro e porvir

Traçarei agora, nesta terceira nota, uma distinção retórica — isto é, uma distinção que se baseia no uso das palavras e não na lógica dos conceitos — entre as duas palavras que existem na nossa língua para nomear o tempo que vem: futuro e porvir. E, uma vez traçada essa distinção, jogarei um pouco com ela com o fim de abrir aí, entre o futuro e o porvir, um espaço para pensar a educação como uma das modalidades de relação com a infância.

Com a palavra *futuro* nomearei nossa relação com aquilo que se pode antecipar, que se pode projetar, predizer ou prescrever; com aquilo sobre o qual se pode ter expectativas razoáveis; com aquilo que se pode fabricar — se entendemos, com María Zambrano, que "o que se fabrica é o que vai do possível ao real"); com aquilo que depende de nosso saber, de nosso poder e de nossa vontade.

Com a palavra *porvir* nomearei nossa relação com aquilo que não se pode antecipar, nem projetar, nem prever, nem predizer, nem prescrever; com aquilo sobre o que não se pode ter expectativas; com aquilo que não se fabrica, mas que nasce — se entendemos, com María Zambrano, que "o que nasce é o que vai do impossível ao verdadeiro";[2] ou se entendemos, com Hanna Arendt, que o nascimento tem a forma do milagre[3] —; com aquilo que escapa à medida de nosso saber, de nosso poder e de nossa vontade.

Quando dizemos de um adolescente que ele "tem muito futuro", estamos dizendo que "ele tem muito claro aquilo que quer", que "ele tem um projeto nítido sobre si mesmo, no futuro", e que toma o presente como um tempo utilitário, como um tempo que tem de aproveitar, que tem de tornar rentável, que tem de converter em meio ou instrumento, e da forma mais eficaz possível, para a consecução daquilo que ele antecipou. Quando dizemos que um adolescente "tem muito futuro" dizemos que ele é capaz de fabricar-se a si mesmo, de "fazer-se a si mesmo", de "chegar a ser alguém". Quando dizemos que um adolescente "tem muito futuro" dizemos que ele é uma pessoa ambiciosa e, ao mesmo tempo, realista, entendendo por "realista" o que se conforma com o possível, o que se resigna ao possível, a um possível às vezes tão estreito que margeia o necessário. E dizemos também que ele é uma pessoa à qual a vida situou entre circunstâncias especialmente favoráveis pela condição,

---

[2] A distinção entre *fabricação* e *nascimento* está no prólogo de *Filosofia y Poesia.*. Madrid: Fondo de Cultura Economica, 1993. Desenvolvi essa distinção em "El enigma de la infancia, o lo que va de lo impossible a lo verdadero". In: *Imagenes del otro*. Barcelona: Virus, 1997, p.59-76.

[3] *La condición humana*. Barcelona: Paidós, 1993, p.262-266.

naturalmente, de que seja capaz de aproveitá-las de forma eficientemente oportunista e calculadora.

Parece claro que esse adolescente que "tem muito futuro" tem um presente particularmente estreito e não tem apenas porvir. O futuro está relacionado com o estreitamento do presente e com o cancelamento do porvir, e isso porque o futuro é uma figura da continuidade do tempo e do caminho reto, enquanto que o porvir é uma figura da descontinuidade do tempo e do aberto. Enquanto o futuro se conquista, o porvir se abre. Enquanto o futuro se anuncia ruidosamente, o porvir, como dizia Nietzsche, "vem com passos de pomba". E enquanto o futuro nomeia a relação com o tempo de um sujeito ativo definido por seu saber, por seu poder e por sua vontade — um sujeito que sabe o que quer e que pode convertê-lo em real, um sujeito que quer se manter no tempo —, o porvir nomeia a relação com o tempo de um sujeito receptivo, não tão passivo quanto paciente e passional — de um sujeito que se constitui desde a ignorância, a impotência e o abandono, desde um sujeito, enfim, que assume a sua própria finitude, a sua própria mortalidade.

Talvez

Para expressar a relação entre acontecimento e porvir, valha, como quarta nota, a seguinte citação de Derrida, na qual aparece um *talvez* que é um possível impossível e que ressoa muito bem tanto com o "milagre" com o qual Hanna Arendt configura suas ideias da novidade e da natalidade, quanto com esse "o que vai do impossível ao verdadeiro", com o qual María Zambrano expressa sua ideia daquele que nasce. A citação diz assim:

> o pensamento do talvez envolve talvez o único pensamento possível do acontecimento. E não há categoria mais justa para o porvir do que a do talvez. Tal pensamento conjuga o acontecimento, o porvir e o talvez para abrir-se à vinda daquele que vem, isto é, necessariamente sob o regime de um possível cuja possibilitação deve triunfar sobre o impossível. Pois um possível que fosse somente possível (não impossível), um porvir segura e certamente possível, de antemão acessível, seria um mal possível, um possível sem porvir. Seria um programa ou uma causalidade, um desenvolvimento, um desdobrar-se sem acontecimento.[4]

Aqui, o *talvez* leva a pensar na interrupção, na descontinuidade, na possibilidade, talvez, do acontecimento, enquanto essa possibilidade se

---
[4] DERRIDA, J. *Políticas de la amistad.* Madrid: Trotta, 1998, p.46.

abre no interior do impossível. Só o possível impossível é um bom possível, um possível com porvir. O *talvez* leva a pensar a vinda do porvir, do que não se sabe e não se espera, do que não se pode projetar, nem antecipar, nem prever, nem prescrever, nem predizer, nem planificar, ou, em outras palavras, do que não depende do nosso saber, nem do nosso poder, nem da nossa vontade.

O talvez nos leva, assim, a pensar a interferência entre o futuro e o porvir, numa experiência do tempo que permite a irrupção do acontecimento. O talvez surge quando o porvir interrompe a concepção futurocêntrica do tempo, a orientação do tempo para o futuro entendido como meta ou finalidade. Por isso, na concepção futurocêntrica do tempo, o sentido dos acontecimentos se determina por sua finalidade, o porvir abre um acontecimento sem finalidade prevista ou prescrita, um acontecimento que aparece como um sem-sentido, quando se pensa tal acontecimento a partir do ponto de vista do futuro. Por isso, no talvez, o acontecimento é um contratempo, algo que "não pode ser". E, se, em francês, o *peut-être* vincula, de uma forma paradoxal, o poder e o ser, a possibilidade de que seja o que não pode ser, em castelhano, o *talvez — qui sapit, qui lo sa, quizabes*, quién sabe?, quem sabe? — vincula, também de forma paradoxal, um sujeito inexistente a um saber que não se tem. *Quem sabe?* Quer dizer que ninguém sabe e, ao mesmo tempo, abre sua possibilidade. Como se somente fora do saber e do poder, o talvez fosse capaz de interromper tanto a determinação e a causalidade, quanto a projeção e a prospectiva, isto é, o caráter determinante do passado e o caráter normativo do futuro.

Se o futuro é o tempo da fabricação — e o que se fabrica é *o que vai do possível ao real*—, quando a educação se relaciona com o futuro, com a fabricação do futuro, constitui-se em uma figura da continuidade do tempo, em uma figura de *chrónos*. Se o porvir é o tempo do nascimento — e o que nasce é *o que vai do impossível ao verdadeiro*, isto é, outro nome para o acontecimento, para o milagre, para a interrupção, para o talvez e para a vinda do novo —, quando a educação se relaciona com o porvir, com a abertura do porvir, ela se constitui numa figura da descontinuidade do tempo, numa figura de *aiôn*. O paradoxo está em que o tempo humano é um tempo ao mesmo tempo contínuo e descontínuo. Por isso, o paradoxo da educação é que ela tem a ver, simultaneamente, com a continuidade e com a descontinuidade. Porque a educação é uma figura da continuidade e do futuro; mas, também, uma figura da descontinuidade e do porvir. Quando a educação se faz capaz de ser acontecimento é quando ela aparece como uma figura do bem possível, do possível com porvir, e não desse possível sem porvir, meramente futuro, que Derrida relaciona com "um programa ou uma causalidade, ou um desenvolvimento, ou um desdobrar-se sem acontecimento".

O dom e a fecundidade

Na minha quinta nota, vou esboçar a relação entre porvir e fecundidade. A educação como figura do porvir é, por exemplo, dar uma vida que não será a nossa vida nem a continuação da nossa vida, porque será uma outra vida, a vida do outro, e porque será o porvir da vida ou a vida por vir. Ou dar um tempo que não será o nosso tempo nem a continuação de nosso tempo, porque será um outro tempo, o tempo do outro, e porque será o porvir do tempo e o tempo por vir. Ou dar uma palavra que não será a nossa palavra nem a continuação da nossa palavra, porque será uma outra palavra, a palavra do outro, e porque será o porvir da palavra ou palavra por vir. Ou dar um pensamento que não será o nosso pensamento nem a continuação do nosso pensamento, porque será um outro pensamento, o pensamento do outro, e porque será o porvir do pensamento ou o pensamento por vir. Ou dar uma humanidade que não será a nossa humanidade nem a continuação de nossa humanidade, porque será uma outra humanidade, a humanidade do outro, e porque aí entra em jogo o porvir do homem ou o homem por vir.

Desse ponto de vista, a educação tem a ver com o talvez de uma vida que nunca poderemos possuir, com o talvez de um tempo no qual nunca poderemos permanecer, com o talvez de uma palavra que não compreenderemos, com o talvez de um pensamento que nunca poderemos pensar, com o talvez de um homem que não será um de nós. Mas que, ao mesmo tempo, para que sua possibilidade surja, talvez, do interior do impossível, precisam de nossa vida, de nosso tempo, de nossas palavras, de nossos pensamentos e de nossa humanidade.

E é aí, no desprendimento, que a educação se relaciona com o *talvez* e que o *dar* da educação tem a ver com a fecundidade[5]. A citação de Lévinas diz assim: "um ser capaz de outro destino diferente do seu é um

---

[5] Desenvolvi a relação entre pluralidade e fecundidade em "Uno más uno igual a Otro". Meditaciones sobre la fecundidad. In: *Revista Latinoamericana de Estudios Avanzados. RELEA,* n.5. Caracas (Venezuela), 1998.

ser fecundo"[6]. Algumas variações dessa citação podiam ser as seguintes: uma vida capaz de dar outra vida diferente da sua é uma vida fecunda; um tempo capaz de dar outro tempo diferente do seu é um tempo fecundo; uma palavra capaz de dar outra palavra diferente da sua é uma palavra fecunda; um pensamento capaz de dar outro pensamento diferente do seu é um pensamento fecundo; um homem capaz de dar outra humanidade diferente da sua humanidade é uma humanidade fecunda. E aí, *dar* é dar o que não se tem; é um dar que escapa à propriedade e a reapropriação e, portanto, como o talvez, uma figura do impossível.

Dar a palavra

Na sexta nota, vou situar a figura da educação-descontinuidade na linguagem. Porque, na fecundidade, a palavra que se dá não é a palavra que se recebe ou, melhor, não é a palavra que se toma. E a educação-descontinuidade acontece justamente no intervalo entre o dom da palavra e a tomada da palavra.

Para começar, vou reescrever uma das *Voces* de Antonio Porchia, um poeta argentino que foi reconhecido em seu país depois que Roger Caillois o traduzira para o francês: "O que dizem as palavras não dura. Duram as palavras. Porque as palavras são sempre as mesmas e o que dizem não é nunca o mesmo".[7] Ou, como em um eco, este fragmento de um dos seus maiores discípulos, Roberto Juarroz: "Entre quem dá e quem recebe, entre quem fala e quem escuta, há uma eternidade sem consolo".[8] Ou, acrescentando alguma complexidade, o começo de outro poema de Juarroz: "Jogo triplo da palavra: a palavra que te digo, a palavra que ouves, e a palavra que é. E se agrega outro jogo todavia que envolve às outras, como manto que não pode partir-se: a palavra que não é".[9] O tema de todos estes fragmentos é o da divisão constitutiva da palavra, a divisão original entre a palavra e o seu *dizer*, sempre já dividido, multiplicado. A "palavra que é" diz cada vez coisas diferentes em uma repetição que é diferença e uma diferença que é repetição. A palavra duplica-se cada vez que se comunica. Por isso, a comunicação, o dizer-se da palavra, não transporta o único

---

[6] LEVINAS, E. *Totalidad e Infinito*. Salamanca: Sígueme, 1977, p.289.
[7] PORCHIA, A. *Voces*. Buenos Aires: Edicial, 1989, p.111.
[8] JUARROZ, J. Decimocuarta poesía vertical. Fragmentos verticales. Buenos Aires: Emecé, 1997, p.148.
[9] *Op. cit.*, p.90.

e o comum, mas cria o múltiplo e o diferente. A palavra, que é, que dura, que se mantém sempre a mesma, se multiplica e se pluraliza porque diz, cada vez, algo singular, porque o dizer-se da palavra é, cada vez, um acontecimento único.[10]

Dar a palavra, então, é fazer com que as palavras durem dizendo cada vez coisas diferentes, fazer com que uma eternidade sem consolo abra um intervalo entre cada um de seus passos, fazer com que o devenir do que é o mesmo seja, em sua repetição, de uma riqueza infinita. Dar a palavra é dar o porvir da palavra, isto é, dar o que não se tem. Essa impossibilidade, entretanto, é a própria condição da ética: a ética do dom.[11] Dar a palavra, então, é essa paradoxal forma de transmissão na qual se dão simultaneamente a continuidade e o começo, a repetição e a diferença, a conservação e a renovação.

No *dar a palavra*, somente aquele que não tem pode dar. Aquele que dá como proprietário das palavras e de seu sentido, aquele que dá como sendo dono daquilo que dá... esse dá, ao mesmo tempo, as palavras e o controle sobre o sentido das palavras e, portanto, não as dá. *Dar a palavra* é dar sua possibilidade de dizer outra coisa diferente daquilo que já dizem. *Dar a palavra* é dar a alteridade constitutiva da palavra. A força atuante do *dar a palavra* só é aqui generosidade: não apropriação das palavras para nossos próprios fins, mas desapropriação de nós mesmos no dar. As palavras que se dão são palavras que se dão abandonando-as. As palavras se dão no mesmo movimento em que se as abandona a uma deriva que não se pode controlar. Aquele que *dá a palavra* fica despossuído de toda soberania, porque as palavras que dá não são nem suas próprias palavras, nem as palavras sobre as quais ele poderia exercer alguma sorte de domínio, nem as palavras nas quais ele ainda estaria, de algum modo, presente.

A tomada da palavra

Eu disse antes que a educação-descontinuidade acontece justamente no intervalo entre o dom da palavra e a tomada da palavra. Vou agora, na sétima nota, esboçar o movimento complementar a esse *dar a palavra*, cujas condições paradoxais tentei mostrar na nota anterior. E para isso

---

[10] Desenvolvi este tema em "Las paradojas de la repetición y la diferencia. Notas sobre el comentario de texto a partir de Foucault, Bajtín y Borges". In: *Apuntes filosóficos*. nº 14. Caracas (Venezuela), 1999.

[11] Para um desenvolvimento em relação à leitura, ver "Dar a leer... quizá. Notas para uma dialógica de la transmisión". In: *Revista Latinoamericana de Estudios Avanzados. RELEA*. nº 9 Caracas (Venezuela), 1999.

vou utilizar a figura da infância como dimensão original (histórico-transcendental) do homem enquanto sujeito falante, tal como o elabora Giorgio Agamben em *Enfance et histoire*. A "in-fância" do homem, é, nesse livro, aquilo que no homem se encontra antes do sujeito, isto é, antes da linguagem. Esta "in-fância", não obstante, não é um mero substrato psicológico anterior à expressão linguística, e tampouco pode tomar-se como uma origem temporal no sentido de um ponto de partida em uma cronologia, como uma origem historicizada, mas como uma origem transcendental, historicizante. Por isso, a "in-fância" do homem coexiste a cada momento com a linguagem e é constitutiva da linguagem: "a infância da qual aqui se trata não pode ser simplesmente algo que precede cronologicamente à linguagem e que cessa de existir em um momento dado para aceder à palavra; não se trata de um paraíso que um dia deixaríamos definitivamente para nos pormos a falar; ela coexiste originalmente com a linguagem, ou melhor, se constitui no próprio movimento da linguagem, que a expulsa para produzir cada vez mais o homem como sujeito".[12] O que Agamben tenta levar a pensar são as consequências do fato de que o homem não seja sempre já falante, que tenha sido e seja ainda criança, "infante". E, para isso, explora algumas categorias da linguística, especialmente a cisão entre linguagem e fala, entre semiótica e semântica, entre sistema e discurso. A "in-fância" não é outra coisa senão a figura que permite pensar essa cisão original, a figura que permite pensar o fato de que o homem não está sempre já na língua, que não é sempre já falante, e que para falar não só necessita aceder a uma língua preexistente e sem fratura, mas transformar a linguagem em fala, a semiótica em semântica, o sistema em discurso. E essa transformação, essa passagem, esse trânsito, é a história. Em palavras de Agamben:

> A infância, a experiência transcendental da diferença entre linguagem e fala, é aquilo que abre à história seu espaço próprio [...]. Eis aí por que a história não pode ser o progresso contínuo da humanidade falante, ao longo de um tempo linear; em sua essência, a história é intervalo, descontinuidade, começo. Aquele que tem a infância por pátria e origem deve continuar o seu caminho até a infância e na infância.[13]

A educação como relação com a infância consiste, talvez essencialmente, em dar a palavra, em dar a possibilidade de que a criança, que não fala, tome a palavra. A educação é o processo pelo qual os recém-chega-

---

[12] AGAMBEN, G. *Enfance et histoire*. Paris: Payot. 1989, p.62-63.
[13] *Op. cit.*, p.68.

dos, os novos, os que não falam nossa língua, são introduzidos em nossa língua. Porque tem uma infância, cada novo ser humano se constitui em novo sujeito de linguagem, afirma sua singularidade de ser falante. Por isso, a infância introduz a diferença e a descontinuidade e, nessa diferença e nessa descontinuidade, a possibilidade da comunidade e da história humana. Uma comunidade que não pode ser concebida a partir do comum, mas a partir da pluralidade, como um entre de onde se desdobram singularidades. E uma história que não pode ser concebida a partir de um tempo contínuo, mas a partir da descontinuidade, como um devenir no qual emerge o acontecimento, isto é, a liberdade.

Desse ponto de vista, a educação implica uma responsabilidade para com a linguagem, dado que a linguagem é esse dom que nós recebemos e que temos que transmitir. E implica também uma responsabilidade com os novos, isto é, com esses seres humanos que, na linguagem de todos, têm que tomar a palavra, sua própria palavra; essa palavra que é palavra futura e inaudita, palavra ainda não dita, palavra porvir. Introduzir os novos na linguagem é, portanto, dar a palavra, fazer falar, deixar falar, transmitir a língua comum para que nela cada um pronuncie sua própria palavra.

A mortalidade

Quando a educação se relaciona com o futuro, quando ela tem a ver com o projeto e com a fabricação, o educador se constitui em um ser com vocação de totalidade, de presença, e de permanência, em um ser que não quer morrer. Visto que com seu saber, seu poder e sua vontade pretende projetar e fabricar a vida, o tempo, as palavras, o pensamento e a humanidade do outro, ele quer que sua vida continue estando presente na vida futura, seu tempo no tempo futuro, sua palavra na palavra futura, seu pensamento no pensamento futuro e sua humanidade na humanidade futura. E essa pretensão, justamente por sua vontade abrangente, é totalizante e totalitária. Mas quando a educação se relaciona com o porvir, quando ela tem a ver não com a fabricação, mas com o nascimento, não com o projeto, mas com a fecundidade, o educador é alguém atravessado pela finitude e pela ausência, é alguém que aceita sua própria morte, a morte de si mesmo e de qualquer forma de propriedade. Só é capaz de dar uma outra vida, aquele que aceita a morte de sua própria vida; só é capaz de dar um outro tempo, aquele que aceita a morte de seu próprio tempo; só é capaz de dar uma outra palavra, aquele que aceita a morte de suas próprias palavras; só é capaz de dar um outro pensamento, aquele que aceita a morte de seu próprio pensamento; só é capaz de dar uma outra humanidade, aquele que aceita a morte de sua própria humanidade. Porque só aceitando essa morte e essa ausência que as faz fecundas, essa vida, esse tempo, essas palavras, esse pensamento e essa humanidade têm porvir.

Parece, então, que há uma correspondência entre nascimento e mortalidade. Como se a descontinuidade da história humana só fosse possível mediante a conjunção do acontecimento-novidade, representado pela figura da infância e do desprendimento-finitude, representado pela figura da morte. E não deixa de ser interessante, nesse sentido, a correspondência temática e, sobretudo, de tom, entre o livro de Agamben, que utilizei para minha nota, sobre a tomada da palavra, de 1978, e outro livro, publicado poucos anos depois, em 1982, significativamente intitulado *El lenguaje y la muerte*. Terminarei, portanto, esta oitava e última nota, com uma versão muito livre do motivo central dessa obra. O livro abre com uma célebre citação de Heidegger que diz o seguinte:

> Os mortais são aqueles que têm a possibilidade de experimentar a morte enquanto morte. O animal não pode. Porém o animal tampouco pode falar. A relação entre morte e linguagem, um claro se ilumina; porém está ainda impensado.[14]

E Agamben comenta:

> Na tradição filosófica ocidental, de fato, o homem aparece como o mortal e, ao mesmo tempo, como o falante. É o animal que tem a faculdade da linguagem e é o animal que tem a faculdade da morte [...]. A faculdade da linguagem e a faculdade da morte: a relação entre essas duas "faculdades", sempre pressuposta no homem e, portanto, nunca questionada radicalmente, pode permanecer impensada? E se o homem não fosse nem o falante, nem o mortal, sem deixar portanto nem de morrer nem de falar?[15]

Sugiro reler os dois parágrafos anteriores substituindo a palavra "morte" pela palavra "vida". Porque na vida afogam-se morte e vida. Os mortais são, como dizia Heidegger, "os que têm a possibilidade de experimentar a morte enquanto morte". E os viventes seriam, então, os que podem experimentar a vida enquanto vida e dizer, por exemplo, que esta

---

[14] HEIDEGGER, M. *De camino al habla*. Barcelona: Serbal, 1987, p.193.

[15] AGAMBEN, G. *Le langage et la mort*. Paris: Bourgeois, 1997, p.14.

vida não é vida ou que a vida está em outra parte ou — como San Juan de la Cruz e Santa Teresa — que "vivo sem viver em mim". E o homem tanto poderia ser o mortal que tem a "faculdade" da vida como o vivente que tem a "faculdade" da morte. O vivente que não vive — que não tem sua própria vida —, sem deixar por isso nunca de viver. O mortal que não morre — que não tem sua própria morte — sem deixar por isso nunca de morrer. O falante que não fala — que não tem sua própria fala — sem deixar por isso nunca de falar.

O que interessa é, assim, a conexão entre os modos de se dar a palavra e as condições existenciais de se dar a vida humana. Como se o ser humano fosse o ser ao qual lhe foi dada a palavra e o ser ao qual lhe foi dada a vida, o ser que tem que encarregar-se, em sua existência, de dois dons essenciais, o da palavra e o da vida, aos quais acessa por nascimento. Porque se recebe a vida como um dom, no momento em que se nasce para a vida, e se recebe a palavra como um dom, no momento em que se nasce para a palavra. Porém receber a vida e a palavra por nascimento não é possuir a vida nem possuir a palavra. A vida e a palavra são esses dons que nunca se têm. Viver é desviver-se por aquilo que nunca se poderá possuir e falar é dizer o que não se diz e não dizer o que se diz. O homem seria então o falante que pode experimentar a fala como fala, isto é, que não pode saber o que diz e que não pode dizer o que quer dizer mas, ao mesmo tempo, diz o que não sabe dizer e o que não quer dizer, o que está além de seu saber, de seu poder e de sua vontade. E daí não deriva a impossibilidade de dizer, mas, ao contrário, sua própria possibilidade, porém uma possibilidade que se abre, talvez, no coração do impossível, uma possibilidade que se remete ao porvir.

OS AUTORES

Jorge Larrosa é professor de Filosofia da Educação na Universidade de Barcelona. É doutor em Pedagogia e realizou estudos de pós-doutorado no Instituto de Educação da Universidade de Londres e no Centro Michel Foucault da Sorbonne em Paris. Dentre os seus livros destacam-se: *La experiencia de la lectura* (1996) e *Pedagogia profana* (1998), publicado em português, pela Autêntica Editora, 1999. Organizou os livros: *Trayectos escrituras, metamorfosis. La idea de formación en la novela* (1994), *Escuela, poder y subjetivación* (1995), *Déjame que te cuente. Ensayos sobre narrativas y educación* (1995) e *Imágenes del otro* (1996) — *Imagens do outro*, publicado em português pela Editora Vozes, 1998, além de vários textos em revistas europeias e latino-americanas. Foi professor convidado em várias universidades europeias e latino-americanas.

Carlos Skliar é professor no Programa de Pós-Graduação em Educação da Universidade Federal de Rio Grande do Sul. Participa da atual gestão política e pedagógica da Secretaria Municipal de Educação de Porto Alegre, como coordenador do Núcleo de Pesquisas e Formação Docente. No ano 2000 recebeu o prêmio como pesquisador destaque na área da Educação e Psicologia do Estado do Rio Grande do Sul, outorgado pela FAPERGS, Fundação de Apoio à Pesquisa do Estado do Rio Grande do Sul.

Publicou o livro *La educación de los sordos. Una reconstrucción histórica, cognitiva y pedagógica.* (Mendoza: Ediunc, 1997) e organizou: *Educação & Exclusão. Abordagens sócio-antropológicas em educação especial* (Porto Alegre: Mediação, 1997); *A surdez: um olhar sobre as diferenças* (Porto Alegre: Mediação, 1998); e *Atualidade da Educação Bilíngüe para Surdos* (Porto Alegre: Editora Mediação, 1999). Publicou recentemente os ensaios: "Os nomes dos outros: reflexões sobre os usos escolares da diversidade" (*Revista Educação & Realidade*, Porto Alegre, 2000) e "La diversidad bajo sospecha. Reflexiones sobre los discursos de la diversidad y sus implicancias educativas" (*Cuadernos de Pedagogía*, Rosario, 2000) juntamente com Silvia Duschatzky; "La invención de la alteridad deficiente a partir de los significados de la normalidad" (Propuesta Educativa, Buenos Aires, 2000) e "Las exclusiones del cuerpo, del lenguaje y de la mente", in: P. Gentili (Org.). *Códigos para la ciudadanía* (Buenos Aires: Santillana, 2001).

As suas questões centrais de pesquisa são: a produção e a construção da alteridade *deficiente*; políticas e pedagogias para as diferenças; a construção das alteridades nos espaços colonial, multicultural e pós-colonial.

Félix de Azúa é professor de Estética na Universidade Politécnica de Catalunha. Dentre as suas novelas destacam-se *Mansura, Historia de un idiota contada por él mismo, Diario de un hombre humillado, Cambio de bandera y Demasiadas preguntas*. Entres suas principias obras, destacam-se: *Salidas de tono, Diccionario de las artes, La paradoja del primitivo, El aprendizaje de la decepción, La Venecia de Casanova, Lecturas compulsivas y La invención de Caín*. A sua obra poética encontra-se no livro *Poesía* (1968-1989).

Magaldy Téllez é professora do Doutorado em Educação, Faculdade de Humanidades e de Educação da Universidade Central de Venezuela e faz parte do corpo de pesquisadores do Centro de Pesquisas Pós-doutorais da Faculdade de Ciências Econômicas e Sociais da mesma Universidade. Publicou, entre outros ensaios recentes, "Educación y diversidad cultural en América Latina: Notas desde la inquietud por la reinvención de las culturas democráticas" (*Alternativas*, 18, fevereiro 2000); "Los cambios de época y el espacio público. Sobre la pérdida del confin de la ciudadanía como figura de identidad política" (In: Xiomara Martínez, *Paradojas de la política en tiempos posmodernos*. Caracas, Sentido/CIPOST, 2000. Organizou o livro *Otras miradas, otras voces. Repensando la educación en nuestros tiempos* (Buenos Aires: Novedades Educativas, 2000). Atualmente trabalha sobre a questão da alteridade e as suas implicações nos âmbitos do pensamento sobre a política e o espaço educativo.

Fernando González Placer é professor do Departamento de Teoria Sociológica, Filosofia do Direito e Metodologia das Ciências Sociais da Universidade de Barcelona. Trabalha sobre o imaginário e as dimensões simbólicas do controle social no capitalismo contemporâneo. As suas últimas publicações foram: "Tiempo de fiesta, fiesta al tiempo", no Programa de Festa Maior de Inverno, Ajuntament de S. Pere de Ribes (2000) e "La frigidez del lenguaje: la sociedad de la información" em *RELEA*, Caracas, nº 9, 1999.

Enrique Santamaría é professor de sociologia na Universidade de Barcelona. Membro da Equipe de Pesquisas em Antropologia y Sociologia dos Processos Identitarios (ERAPI). Entre as suas publicações se destacam *Contra el fundamentalismo escolar. Reflexiones sobre educación, escolarización y diversidad cultural* (Barcelona: Virus, 1998) livro coordenado com F. González Placer, e *La incognita del extraño. Ensayo sobre la significación sociológica de la 'inmigracion no comunitaria* (Barcelona: Anthropos, no prelo).

Alfredo Veiga-Neto é professor-titular da Universidade Federal do Rio Grande do Sul (Programa de Pós-Graduação em Educação).

Graduou-se em História Natural e em Música. Após ter trabalhado alguns anos em Genética (quando obteve o grau de Mestre em Ciências), a partir de meados dos anos oitenta passou a se dedicar ao estudo da Filosofia — especialmente Epistemologia — e da Educação — especialmente as Teorias Críticas do Currículo. Veio daí seu interesse pelos estudos pós-estruturalistas, o que o levou a se valer das perspectivas foucaultianas para descrever e analisar os discursos e as práticas educacionais; foi aí que obteve seu título de Doutor em Educação, com uma tese sobre o movimento pedagógico pela interdisciplinaridade, no Brasil (*A ordem das disciplinas*).

Entre suas publicações mais recentes, destacam-se a organização do livro *Crítica Pós-Estruturalista e Educação* (publicado na Espanha, pela Editora Laertes/Barcelona) e vários capítulos de livros e artigos em periódicos, sobre Michel Foucault e Educação. Tem traduzido, para o português, vários autores de língua espanhola — como Mariano Narodowski, Pablo Gentile, Jorge Larrosa, Antonio Viñao-Frago, Agustín Escolano, entre outros — e de língua inglesa — como Thimoty Lenoir.

Atualmente, vem estudando os novos dispositivos disciplinares e de controle, as ressignificações do espaço e do tempo na Pós-Modernidade e os deslocamentos na governamentalidade sob a lógica do neoliberalismo. Orienta um grupo de pesquisas na linha dos Estudos Culturais em Educação, com alunos de mestrado e doutorado que se ocupam em estudar e compreender — numa perspectiva que combina os pensamentos de Foucault, Elias, Bauman, Deleuze, entre outros — os discursos pedagógicos e as novas práticas que se dão dentro e fora da escola — como em museus, *shopping centers*, vias públicas etc.

É Vice-Presidente da Associação Nacional de Pós-Graduação e Pesquisa em Educação (ANPEd), e participa do Conselho Editorial de vários periódicos no campo da Educação. Implantou e coordena um grupo virtual de estudos foucaultianos — Grupo Foucault (www.ufrgs.br/faced/foucault).

Silvia Duschatzky é docente da Faculdade Latino-americana de Ciências Sociais, FLACSO, em Buenos Aires, Argentina. Publicou o livro: *La escuela como frontera* (Buenos Aires: Paidós, 1999) e organizou os livros: *Tutelados y asistidos. Perspectivas sobre Programas Sociales, Políticas Públicas y Subjetividad* (Buenos Aires: Paidós, 2000) e *¿Dónde está la escuela? Ensayos sobre la gestión institucional en tiempos de turbulencia* (Buenos Aires: Manantial, 2001). Dentre os seus últimos ensaios estão: "Os nomes dos outros: reflexões sobre os usos escolares da diversidade" (*Revista Educação & Realidade*, Porto Alegre, 2000) e "La diversidad bajo sospecha. Reflexiones sobre los discursos de la diversidad y sus implicancias educativas" (*Cuadernos de Pedagogía*, Rosario, 2000) em colaboração com Carlos Skliar.

Seu principal interesse como temática de pesquisa é a constituição subjetiva em condições de mercado, particularmente em relação aos jovens.

Durval Muniz de Albuquerque Júnior é professor Adjunto do Departamento de História e Geografia da Universidade Federal da Paraíba, Campus de Campina Grande, Mestre e Doutor em História Social do Trabalho pela Universidade Estadual de Campinas, autor do livro *A invenção do Nordeste e outras artes*, São Paulo: Cortez; Recife: Massangana, 1999. Desenvolve pesquisas em torno de questões pertinentes à Teoria da História, História Regional, História de Gênero e História da Cultura Popular.

Manuel Delgado Ruíz é professor de antropologia religiosa na Universidade de Barcelona. Tem trabalhado nas relações entre violência e ritual em contextos urbanos e é responsável pelo Laboratório de Etnografia Urbana do Instituto Catalã de Antropologia. Sobre estas questões, publicou *De la muerte de un dios* (1986), *La ira sagrada* (1992), *Las palabras de otro hombre* (1993), *El animal público* (Prêmio Anagrama de Ensaio 1999) e *Luces iconoclastas* (2001).

Alexis López é atualmente estudante de doutorado no Departamento de Pesquisas Educativas do Centro de Pesquisas e Estudos Avançados de México. É mestre em Ciências com especialidade em Educação pelo mesmo Centro.

Trabalhou como professor de tempo integral na Universidade Pedagógica Nacional (1978-1983), da qual também foi Secretario Acadêmico (1990). Desempenhou a função de Delegado Federal do Instituto Nacional Indigenista em Oaxaca (1985-1988). Como Diretor Geral de Educação Indígena (1995-1998), coordenou a elaboração de textos em línguas indígenas para a educação primária e atuou como consultor da Organização dos Estados Ibero-americanos para a realização de oficinas sobre educação intercultural na América Latina. Tem publicado artigos sobre educação bilíngue e intercultural em diversas revistas acadêmicas. Atualmente trabalha a questão da constituição do sujeito ético em ambientes interculturais, temática sobre a qual realiza a sua pesquisa de doutorado.

Núria Pérez de Lara Ferre é licenciada em Filosofia e Letras, Seção Pedagogia (1966) e doutora em Psicologia (1992) pela Universidade de Barcelona. Após vinte anos de trabalho em escolas e instituições psiquiátricas, fundamentalmente em Educação Especial e integração e em experiências de transformação institucional, teve acesso à Universidade de Barcelona na qual trabalha desde 1987, no Departamento de Didática e Organização Educativa. Tem participado em jornadas, seminários e grupos de reflexão em associações de pessoas com diminuição ou de familiares e amigos destas, tais como ASPANIAS, "Associação de Mulheres não estandar","Associació Catalana per la Síndroma de Down", "ASPACE"... assim como com grupos de professores e professoras de escolas especiais e de integração. É membro do Coletivo Crítico para a Saúde Mental que trabalha em prol de uma assistência digna e comunitária e contra a violência institucional nos tratamentos. Nos últimos anos publicou, em colaboração com outros autores e autoras, *Déjame que te cuente. Ensayos sobre narrativas y educación* na Editorial Laertes, Barcelona, e *Imágenes del otro* na Editorial Virus, Barcelona — *Imagens do Outro*, publicado em português pela Editora Vozes, 1998. Como autora publicou, em 1998, *La capacidad de ser sujeto. Más allá de las técnicas en la Educación especial,* em Laertes (próxima publicação em português pela editorial Mediação de Porto Alegre, Brasil). Colaborou com múltiplos artigos em revistas de Educação e de pensamento espanhóis, tais como *Cuadernos de Pedagogía, Aprender a Pensar* e *Duoda. Revista de estudos feministas,* assim como também em revistas latino-americanas como *Relea. Revista latino-americana de estudios avanzados.*

José Luis Pardo é professor de Filosofia da Universidade Complutense de Madri. Colaborou em publicações periódicas como *El* (viejo) *Viejo Topo, Los Cuadernos del Norte, Revista de Occidente* o *Archipiélago,* e proferiu cursos e conferências em diversas Universidades, assim como em outras instituições como o Círculo de Belas Artes de Madri, o Centro de Arte Reina Sofia, o Centro Atlântico de Arte Moderno, a Fundação Miró de Palma de Mallorca, a Residência de Estudantes, a Fundação Díaz Caneja de Palencia, o Centro Galego de Arte Contemporânea, o Centro Internacional de Arte de Asturias, Arteleku de San Sebastián, o Centro de Cultura Contemporânea de Barcelona, a Universidade Internacional da Andaluzia e o Institut d'Humanitats de Barcelona. Tradutor ao castelhano de autores de filosofia contemporânea como F. Jameson, G. Debord, M. Serres, E. Levinas, G. Agamben e G. Deleuze, publicou os livros: *Transversales. Texto sobre los textos* (Editorial Anagrama, Barcelona, 1977), *La Metafísica. Preguntas sin respuesta y problemas sin solución* (Barcelona: Editorial Montesinos, 1989), *La Banalidad* (Barcelona: Editorial Anagrama, 1989), *Deleuze. Violentar el pensamiento* (Madrid: Editorial Cincel, 1990), *Sobre los Espacios. Pintar, escribir, pensar* (Barcelona: Editorial del Serbal, 1991), *Las formas de la Exterioridad* (Valência: Editorial Pre-textos, 1992) y *La intimidad* (Valência: Editorial Pre-textos, 1996). É coautor e coordenador do volume *Preferiría no hacerlo. Ensayos sobre Bartleby* (Valência: Editorial Pre-textos, 2000), e tem no prelo o texto *Estructuralismo y ciencias humanas* (Akal, *Historia del Arte y la cultura*).

Eugénia Vilela, Professora Assistente na Faculdade e Letras da Universidade do Porto (Portugal), é mestre em Filosofia da Educação e pesquisadora do Centro de Filosofia da mesma Faculdade. É ainda pesquisadora do Groupe de Recherche "Symbolique des Corps" da Universidade Marc Bloch, Estrasburgo (França). Tem centrado o seu trabalho no domínio da Antropologia Filosófica, com particular incidência nos processos de legitimação da construção simbólica do corpo. Atualmente, desenvolve a sua pesquisa em um território onde se cruzam a antropologia, a estética e a ética. Publicou, entre outros trabalhos: *Do Corpo Equívoco – reflexões sobre a verdade e a educação nas narrativas epistemológicas da modernidade*, Braga-Coimbra: Editora Angelus Novus, 1998; "Os arquivos da dor", In: *Educação e limites dos direitos humanos – Ensaios de Filosofia da Educação*, Porto: Porto Editora, 2000; "De l'Exil. Le Corps des Ombres", In: *Le Corps, son Ombre, son Double*, Paris: Harmattan, 2000.

Martín Hopenhayn desenvolve as suas atividades acadêmicas na Comissão Econômica para América Latina e o Caribe, CEPAL, e é Professor ocasional na Universidade de Chile.

Principais livros publicados: *¿Por qué Kafka? Poder, mala conciencia y literatura* (Paidós, Buenos Aires 1983, y LOM, Santiago de Chile, 2000); *Ni apocalípticos ni integrados: aventuras de la modernidad en América Latina* (Santiago, Fondo de Cultura Económica, 1994 y 1996, Prêmio Ibero-americano de LASA 1997); *Después del nihilismo: de Nietzsche a Foucault* (Barcelona: Editorial Andrés Bello, 1997, finalista no Concurso Ensaio Anagrama 1995); *Así de frágil es la cosa* (Buenos Aires: Norma, Aforismos, 1999); *Repensar el trabajo* (Buenos Aires: Norma, 2000); e *Crítica de la razón irónica: de Sade a Jim Morrison* (Buenos Aires: Sudamericana, no prelo).

Os temas de interesse são: crises dos estilos de desenvolvimento, aspectos culturais da globalização, tensões modernidade/pós-modernidade, crítica cultural e literária.

Joan-Carles Mèlich é professor titular de Filosofia da Educação do Departamento de Pedagogia Sistemática e Social da Universidade Autônoma de Barcelona. Publicou, entre outros, os livros *Antropología simbólica y acción educativa* (Paidós, 1996), *Totalitarismo y fecundidad* (Anthropos, 1998), *La educación como acontecimiento ético* (em colaboração com Fernando Bárcena) (Paidós, 2000) e *La ausencia del testimonio* (Anthropos, 2001).

Atualmente desenvolve um projeto sobre uma "Antropologia da Finitude", no qual desenvolve questões relacionadas com a interpretação, a memória, a contingência e o corpo.

Rua Aimorés, 981, 8º andar – Funcionários
Belo Horizonte-MG – CEP 30140-071

Tel: (31) 3222 6819
Fax: (31) 3224 6087
Televendas (gratuito): 0800 2831322

vendas@autenticaeditora.com.br
www.autenticaeditora.com.br

Este livro foi composto com tipografia Palatino e impresso em papel Chamois Fine 80 g na Formato Artes Gráficas.